한국지방자치학회 30년사

한국지방자치학회 편

도서출판 대영문화사

발간사

2018년 올해, 한국지방자치학회는 창립 30주년의 뜻깊은 해를 맞이했습니다. 1988년 서울올림픽을 떠올리는 시점에 한국정치행정의 변화에 대응한 분야는 바로 세계화 속에 지방자치의 준비였습니다. 그동안 중앙집권적 방식으로 국가발전을 유도해 내었던 불균형적 발전행정적 시각은 더 이상 자치분권적 시대적 상황에 적응해 가기에는 어렵다고 보아 새로운 균형발전과 지방분권적 국가발전론으로서의 지방(자치)행정을 논의하게 되었던 배경이 되었습니다. 그러면서 우리 학회는 우리나라 지방자치의 설계, 구성, 전개과정에서 나타난 수많은 문제에 대한 진단과 분석을 통해 보다 나은 정책적 대안을 제시하려고 꾸준히 노력해 왔습니다. 그 과정에서 한국지방자치의 부활에 견인차 역할을 담당하였고, 수많은 시행착오 속에서도 강한 사명감과 열정으로 지방자치제도의 정착을 학회의 존재이유로 하여 지방민주주의의 확립에 결정적 공헌을 하였습니다. 그러나 여전히 1987년 중앙집권적 패러다임에 입각한 헌법체계를 가지고 제약된 지방자치를 실시하다 보니 많은 시행착오를 겪고 있는 것이 사실입니다. 이제는 그동안(대한민국 정부수립 이후 36년) 지방자치의 소중한 경험을 바탕으로 분권형 헌법개정과 자치분권의 재설계를 통해 대한민국 지방자치의 '제2 도약'을 이끌어내야 하는 역사적 전환점에 직면해 있다고 할 것입니다.

그런 시대적 맥락에서 우리 학회가 지난 30년간의 자치분권의 노력의 흔적을 되새겨 보면서 새로운 30년을 다시 준비하는 데 이정표로 삼을 책자를 발간함은 매우 의미있는 일이 아닐 수 없습니다. 학회 창립배경 및 태동기 역사에서부터 민선자치 부활 이후 학회의 활동상을 연구자의 업적과 회고, 학회운영 등을 통해 살펴보면서 한국지방자치학회의 학술활동 30년의 연구 내용 및 경향을 분석・정리하였습니다. 이와 함께 『한국지방자치학회보』의 발간현황 및 학술상 및 고주상 수상과 학술연구사업실적, 전문학술서적 발간 내용, 우수조례 선정 내용 등을 정리하였습니다. 이를 토대로 우리 학회가 새롭게 도전해야 하는 급변하는 미래사회에 능동적으로 대처하여 자치분권의 새로운 동력으로서의 미래과제를 진단해 보았습니다. 그동안 학회발전에 남다른 관심과 지원 아끼지 않으셨던 노융희 초대 회장님, 최창호, 김안제, 정세욱, 김동훈, 최상철 고문님을 비롯한 역대 회장님들과 고문님들의 아낌없는 사랑과 지도편달에 깊은 감사를 드립니다. 특별히 고주 노융희 선생님께서 살아생전 기뻐하실 30년사의 발전된 우리 학회의 모습을 전해드리지 못하는 아쉬움이 크지만 선생님께서 대한민국의 자치분권의 씨를 뿌리신 선구자적 학문적 자산을 우리 학회가 발전적으로 계승하여 열매를 거두어 들여야만 하는 당위적 자세와 역할을 다짐해 봅니다. 그동안 30개 성상(星霜)이 흐르면서 우리 회원님들이 고민하고 성찰했던 수많은 과제 속에서 쌓였던 노력과 경험을 토대로 새로운 시대에 맞는 한국지방자치의 제2단계 도약으로서 자치분권의 새로운 재설계를 준비해야 하겠습니다.

이런 배경에서 하혜수 학회 30주년 준비위원장을 중심으로 2년여의 노력을 아끼지 않으셨던 교수님들(문병기 부위원장, 김철회 간사, 김주원, 김찬동, 배귀희, 이주희, 임승빈, 정광호, 채원호, 최병대, 최진혁, 홍준현 위원), 바쁜 일정에도 불구하고 소중한 원고를 보내주신 많은 학회 회원님들의 노고을 통해 이 소중한 책자가 발간되었음을 고맙게 여기며 우리 모두에게 깊은 감사의 마음을 전하고자 합니다. 『한국지방자치학회 30년사』는 진정으로 한국지방자치학회의 과거, 현재, 미래가 담긴 우리의 소중한 자산이 될 것입니다.

2018년 10월

한국지방자치학회 제22대 회장 최 진 혁

편찬사

2018년은 한국지방자치학회가 창립된 지 30주년이 되는 뜻깊은 해이다. 한국지방자치학회는 1988년 지방자치의 올바른 실시와 계몽을 위해 창립총회를 열고 끝없는 걸음을 시작하였다. 지나온 발자취를 기록한 역사의 교훈을 되새기는 것만큼 소중한 일도 흔치 않을 것이다. 과거는 지나간 시간이지만 현재를 있게 한 원인이자 미래를 비춰볼 수 있는 거울이다. '今朝我行跡 遂作後人程'이 말해주듯 오늘 또한 내일을 사는 사람에게는 소중한 이정표가 될 것이다. 『한국지방자치학회 30년사』를 통해 학회의 과거와 현재를 조명하고, 나아갈 미래 방향을 재점검하는 것도 이러한 의미일 것이다.

학회의 역사를 간단히 상고하면, 1988년 4월 6일 정부의 지방자치법 전문 개정을 계기로 학회 창립에 대한 논의가 시작되었다. 노태우 정부는 1961년 이후 27년간 중단된 지방자치를 부활하기 위해 법적 기반을 다지고 있었고, 이러한 상황에서 1988년 8월 노융희 교수 등이 학회 설립의 필요성을 인식하고 학회의 창립을 준비하기 시작하였다. 그해 9월부터 최창호 교수의 주도 하에 김안제 교수, 최상철 교수, 조창현 교수 등이 자주 만나 인적 자원의 규합, 정관 작성, 재원조달, 창립절차 등에 대하여 협의하였다. 이러한 준비를 거쳐 1988년 12월 3일 한국지방행정회관에서 창립총회를 개최하여 초대 회장으로 노융희 교수를 선출하였다. 이것이 학회의 출발을 알리는 신호탄이자 30년 대장정의 시작이었다. 이후 제2대 최창호 회장, 제3대 김안제 회장, 제4대 정세욱 회장, 제5대 김동훈 회장을 거쳐 제22대 최진혁 회장에 이르기까지 학회의 금자탑을 쌓아왔다.

학회는 수년 전부터 20년사의 발간에 이어 30년사도 준비해야 한다는 공감대를 형성하고 있었다. 이러한 공감대를 바탕으로 2015년 제19대 회장으로 취임한 권경득 교수는 30주년 준비위원회를 구상하고 본인에게 준비위원장을 맡아달라고 부탁하였다. 본인은 당시 한국지방행정연구원장을 맡고 있어 중임을 감당하기 어렵다고 고사하였으나 거듭되는 요청에 겁없이 수락하고 말았다. 권경득 회장은 2015년 4월 29일 프레스센터에서 전임회장(고문)단 회의에서 학회 30주년 준비위원장으로 하혜수(제20대 회장)를 선임한다고 발표하였다. 그것이 2015년부터 2018년까지 3년간 이루어진 준비위원회 활동의 시작이었다.

준비위원회의 활동을 시작하면서 가장 우선적인 일은 편찬 작업에 참여할 분들을 모시는 것이었다. 먼저 20년사를 준비한 경험이 있는 문병기 교수(부위원장)와 김주원 박사를 모시고, 김철회 교수(간사), 김찬동 교수, 배귀희 교수, 정광호 교수, 채원호 교수, 홍준현 교수에게 합류를 요청하였다. 이후 준비위원회 회의를 거듭하면서 20년사 출간 경험이 있는 이주희 교수(제9대 회장)와 최병대 교수(제13대 회장)를 자문위원으로 모셨고, 차기 회장 신분이던 임승빈 교수(제21대)와 최진혁 교수(제22대)에게 회의 참석을 요청하여 편찬사 준비의 연속성을 꾀하고자 하였다. 준비위원회의 첫 회의는 2015년 10월 5일 코리아나호텔에서 개최하였다. 1차 회의에서는 30년사의 기본 콘셉트, 전체 분량, 다른 학회의 사례 검토, 홈페이지에 30주년 준비 코너 신설 등을 결정하였다. 이후 2015년 11월과 12월에 두 차례 회의를 개최하여 미국과 일본 사례 검토, 20년사의 내용 검토, 목차 준비, 원로학자의 공간 마련 등에 대하여 논의하였다. 2016년은 4차부터 7차까지 네 차례 회의를 개최하여 30년사의 목차와 주제를 확정하고, 주제별 집필진을 선정하였다.

2017년부터는 지난 1년여 활동의 연장선상에서 보다 세부적인 사항을 논의하고, 원고 청탁과 점검에 집중하였다. 2017년 5월 23일 8차 회의를 개최하여 학술지 연구경향 분석을 위해 12개 분야로 압축하고, 주제별 집필자를 편집위원회에서 공개 모집하고 준비위원회에서 최종 결정하는 것으로 의결하였다. 이후 집필된 학술지 연구경향 분석은 하계세미나 특별 세션에서 발표 및 토론되었고, 소정의 심사절차를 거쳐 학술지에 게재되었다. 이 과정에서 홍준현 편집위원장의 세심한 기획과 준비가 있었음을 밝힌다. 또한 2017년 7월과 9월에 두 차례 회의를 개최하여 30년사의 목차를 최종 수정하고, 주제별 집필자에게 원고를 청탁하여 원고 마감일을 2018년 6월 말로 결정하였다. 2018년 6월 16일 12차 회의를 개최하여 목차별 진행사항을 점검하고 30주년 기념행사(장소와 기획)에 대하여 논의하였다. 2018년 10월 5일 13차 마지막 회의를 개최하여 원고의 분량과 내용을 점검하고, 책 제목을『한국지방자치학회 30년사』로 확정하였으며, 그리고 출판사를 최종 선정하였다.

학회 30년사를 위해 지난 3년간 9명의 위원과 2명의 자문위원들이 13차례 회의를 거쳐 고민을 거듭하였다. 이를 통해 학회 원로들이 흘리신 땀과 발자취를 찾아냈고, 제한된 지면을 감안하여 적절한 내용과 주제를 선정하였으며, 그리고 주제 집필에 가장 적임자를 발굴하려고 노력하였다. 또한 20년사에서 10년의 기간을 연장하였을 뿐만 아니라 학회의 과거 발자취에 더하여 미래 전망이라는 장을 추가하였다. 그럼에도 불구하고 학회 회원님들이 보시기에 흡족하지 않을 수 있고 준비위원들도 아쉬움이 없지 않을 것이다. 부족한 부분은 40년사나 50년사에서 보완되기를 희망한다. 지금까지 학회 30년사를 위해 원고를 보내주신 역대 회장님들, 특히 기념사의 출간을 보지 못하고 유명을 달리하신 노융희 고문님께 감사드린다. 그리고 지난 3년간『한국지방자치학회 30년사』의 편찬을 위해 수고해 주신 문병기 부위원장님을 비롯한 준비위원들께 사의를 표하고, 특히 궂은일을 도맡아 처리해주신 김철회 간사에게 각별한 마음을 전한다.

2018년 10월

한국지방자치학회 30년사 준비위원장 하 혜 수

차 례

제 2 부 한국지방자치학회 학술활동 30년

제 3 부 한국지방자치와 학회의 미래

제 1 부

한국지방자치학회사 30년

제 1 장

학회 창립 전사(前史)

강형기(충북대학교 교수)

우리는 지난 세월에 이루어진 역사를 두 가지 측면에서 살펴보아야 한다. 먼저 그 역사에 주어져 있는 사실을 살피는 것이고, 나머지는 그 역사에 부여할 의미를 찾는 것이다.

우리의 거대한 정치사에서 보더라도 한국지방자치학회의 창립은 아주 특별한 의미를 갖는다. 한국지방차지학회의 창립과정을 들여다보면 아픈 시대적 상황이 투영되어 있고, 그러나 당시의 학자들이 살아가는 모습이 반영된 비사(秘史)로서의 의미만 갖는 것이 아니다. 그 역사를 통해 지방자치제가 부활되었고 이제 지방분권은 헌법의 기본 가치로 널리 인식되고 있다. 또한 새벽에 빗장을 풀던 지방자치설계자들의 의도가 지금 어떻게 구현되고 있으며 우리는 어디로 가야 하는 지의 길을 묻는 기점으로서의 의미도 가지는 것이다.

길을 가다가 목적지로 향하는 방향을 다시 점검하려면 현 위치부터 파악해야 한다. 그러나 한참이나 걸어 온 길의 한 복판에서 사람들은 자신이 어디쯤 있는 지를 놓치기 쉽다. 그래서 현 위치를 바르게 파악하려면 세 가지를 살펴야 한다. 첫째, 과거와 현재를 비교하는 것이다. 둘째, 평소 부럽게 생각하던 사람들은 어디에 있는지를 살펴보는 것이다. 셋째, 자신이 꿈꾸던 이상과 현실을 비교해 보는 것이다.

그러나 많은 경우 첫 번째의 관문도 넘지 못한다. 대부분의 사람들은 비록 그것이 자신의 역사라 할지라도 자신의 과거를 객관적으로 기억하고 있지 못한다. 지방자치학회 30년사는 이러한 의미에서 우리에게 시사하는 점이 많다.

하나의 역사가 만들어지는 요인에는 시류나 세력의 역학관계도 중요하지만 끝내는 사람의 결심이고 행위의 모듬이다. 따라서 본고는 한국지방자치학회를 창립하기 위해 준비하던 시점의 사회정치적 상황과 아울러 당시 학회 창립을 주도했던 분들의 결심과 활동을 중심으로 기술하려고 한다.

1. 학회 창립의 사회적 배경

1) 정지된 지방자치 조롱받던 학문

쇼펜하우어는 모든 진리는 3단계를 거친다고 했다. "처음에는 조롱을 받고, 다음에는 반대에 부딪히다가, 결국에는 자명한 것으로 받아들여진다."

지방자치제 부활의 과정도 한국지방자치학회의 창립도 그러했다. 한국지방자치학회가 설립될 당시 기득권층에서는 지방자치제를 아주 불순한 제도로 폄하했었고, 지방자치라는 학문도 조롱받는 주제였었다. 한국 지방자치의 아버지들은 조롱받는 무대에 기꺼이 올라서서 그 조롱의 무대를 자명한 광장으로 만드는 초석을 놓았다. 한국지방자치학회의 창립은 그러한 의미에서의 역사인 것이다.

학회 창립 상황을 회고해 보려면 당시의 정치사회적 상황을 살펴볼 필요가 있다.

우리나라는 1948년 정부수립 이후, 1949년에 지방자치법을 제정하여 민주적인 지방자치제의 시행을 규정하였다. 하지만 계속되는 정치적인 불안정과 뒤이은 6·25 동란으로 지방선거를 실시하지 못하다가, 1952년 전쟁의 와중에서 지방자치를 실시하게 되었다. 이어서 1956년에는 제2대, 1960년 제3대 지방자치선거가 실시되어 지방의회와 단체장을 민선으로 선출하는 지방자치의 시대로 진입하였다.

그러나 1961년 군사정부의 포고에 의하여 지방의회가 해산되고, '지방자치에 관한 임시조치법'에 의하여 지방자치법의 효력이 정지되었다. 지난 30여 년 간 우리의 지방자치는 이렇게 하여 긴 동면에 빠진 것이다. 그 결과 우리나라에는 전체는 있어도 부분은 없고, 구심력만 강조하면서 원심력을 억제하는 나라가 되어 지역마다의 고유한 창발력이 쇠잔해지고 있었다.

이러한 상황에서 지방자치를 연구하던 학자들은 더 이상 이대로는 안 된다는 위기감을 갖기 시작했다. 그러나 당시의 기득권자들은 중앙집권을 더욱 강화해야 한다고 생각하고 있었다. 기득권자들의 상당수는 그렇게 하는 것이야말로 국가를 더욱 효율적으로 경영할 수 있다는 확신을 가지고 있었기에 개선의 가능성은 그만큼 미약했다. 사실 해방 이후 우리의 중앙집권은 여당의 강력한 지배와 서울 일극집중, 그리고 대기업 중심주의 등과 그 궤를 같이 하면서 국민소득 1만 달러 시대를 견인하고 있었기 때문이었다.

당시 중앙집권논자들은 아직 돌이 많은 데 왜 석기시대를 마감해야 하느냐고 항변하는 사람과도 같았다. 그들은 국민들이 살아가는 방식과 국가경영 시스템을 바꾸려는 지방자치학자들의 주장을 분열의 조장으로 받아들였다. 그들은 중앙집권을 더욱 강화하여 제한된 자원과 인력을 집중시키고 중앙의 의지에 따라 그것을 배분하는 것이 더 효율적이라는 확신에 차 있었기 때문이다.

그러나 현장의 문제까지 중앙이 직접 당사자가 되어 해결하려 한 만큼 지역에서 힘쓸 근육은 이완되었고, 지역의 문제는 국가라는 '이방인'의 문제로 전락되고 있었다. 실제로 중앙에서 파견된 관선 단체장들은 지역을 가꿀 수가 없었다. 예컨대, 지방자치제 실시 이후 지역의 브랜드를 만들고 있는 함평군, 순천시, 완주군의 경우 민선단체장을 뽑기 시작했던 1995년 이전의 20년 동안 관선단체장은 각각 15명, 14명, 18명이었다.

그레고리 헨더슨(Gregory Henderson)은 한국정치의 특성을 '소용돌이'로 풀이했다. 소용돌이는 회오리바람을 타고 일어난다. 한국정치에 회오리바람이 부는 것은 마을과 청와대 사이에 매개체가 없기 때문이었다. 한국의 정치소용돌이는 초라한 향토와 강력한 궁정(宮廷) 사이의 정치 황무지에서 발생하고 있었다. 따라서 지방자치가 나무가 되고 지방자치단체가 산맥이 되도록 해야 한다는 것이 학회 창립을 주도 했던 사람들의 절실한 인식이었다.

2) 희망은 지방에 있다는 것을 알기에

일체의 모든 존재는 발현(發顯)·분화(分化)·발전(發展)을 본령으로 하는 '양(陽)의 원리'와 조화·통일·영원성을 본령으로 하는 '음(陰)의 원리'로 움직인다. 즉, 음양의 상대적 원리(相待的 原理)에 의하여 돌아가는 것이다. 음의 원리가 그 사회의 전통에 귀속시키려는 구심력(求心力)이라고 한다면, 양의 원리는 새롭게 발현하고 분화하려는 원심력(遠心力)을 말하는 것이다.

하나의 원은 그것을 지탱하고 있는 원심력과 구심력이 조화를 이룰 때 만들어지는 것이다. 원심력의 크기가 커지면 커질수록 원의 둘레는 더욱 커진다. 원심력이 구심력보다 걷잡을 수 없이 커서 감당할 수 없게 되면 원은 허공으로 사라지게 된다. 그러나 구심력을 키운다면서 원심력을 억제하면 원은 활기를 잃고 쪼그라들고 만다. 한 나라의 살림살이나 지역발전의 상태도 이와 같다.

원심력이 왕성할 때 구심력도 탄탄하게 된다. 따라서 힘차게 돌아가는 나라를 만들기 위해서는 원심력과 구심력을 동시에 키워야 한다. 중앙은 중앙의 일을 효율적으로 수행할 수 있도록 해야 한다. 그리고 동시에 지방의 자율을 높이고 개성을 증폭시키는 시스템을 정착시켜야 한다.

그러나 음양의 상대적 원리라는 관점에서 볼 때 우리나라는 역사적으로 분화와 발현을 본령으로 하는 양의 원리보다는 구심력을 본령으로 하는 음의 원리가 압도적으로 강하게 작용해 왔다. 특히 그 발현이 억제되고 무기력하게 되고 있던 대표적인 분야가 바로 국가의 통제력에 대한 지방의 자율성이었다. 한국 지방자치의 아버지들은 구심력을 중시하면서도 원심력을 키우는 것이야말로 유일 최선의 길이라는 것을 뼈저리게 느끼고 있었다.

3) 지방자치제 부활의 기운은 싹뜨고

1980년대에 들어서면서 새로운 시대를 갈망하는 지도자들이 늘어나기 시작했다. 그러나 전선은 너무 넓고 싸울 병사는 뿔뿔이 흩어져 있었다. 이러한 상황에서 학자들이 모이고 힘을 결집하는 것이 절실해졌다. 드디어 일사불란을 외치고 있던 당시의 황량한 벌판에서 새로운 시대로의 전기는 조용히 전개되고 있었다.

지방자치법 개정작업이 그것이다.

지방자치법의 전문개정은, 1985년 정부에 지방자치제도연구위원회가 설치되고 그 연구가 진행되면서 시작되었다. 1987년에 '지방자치법 전문개정(안) 기초소위원회'(위원: 김보현, 노융희, 서원우, 최창호)가 구성되어 밤낮을 가리지 않은 작업 끝에, 초안을 작성하여 국회에 제출하였다. 그러나 복잡한 정치권의 사정으로 그 심의가 계속 지연되다가, 드디어 1988년 4월 6일에 채택된 것이다.

1988년 지방자치에 관한 임시조치법의 폐지와 동시에 지방자치법 전문이 개정되어 법적으로 지방자치제가 부활하게 된 과정은 순탄치 못했다. 필자가 경험한 에피소드를 소개하자면, 1988년 2월 서울 서대문에 소재한 당시 스위스그랜드 호텔에서 4당의 지방자치관련 국회의원들과 지방자치세미나를 개최하는 자리가 있었다. 그때 토론자로 참여 하고 있던 필자는 참으로 놀라운 광경을 목격했다.

방송 카메라 앞에서 지방자치는 민주주의의 기본초석이라며 조속히 실시해야 한다고 열변을 토하던 야당의 중진 국회의원이 카메라를 철수하자 당시 여당이던 민주정의당의 토론자를 향하여 욕설을 퍼부었다. "야, 이 민정당 놈아 니들이 지방자치 안한다고 말해야 우리가 적당히 하자고 하는 척하다가 말지, 니들이 한다고 해버리면 우리는 뭘 어쩌란 말이냐?"

나는 정색을 하고 물었다. "아니 조금 전에 지방자치는 민주주의의 초석이라고 말씀하시지 않았던가요? 그리고 조속한 실시를 촉구한다고 방송 카메라에 대고 말씀하신 그 분이 아닙니까?"

대답은 어처구니가 없었다. "아, 교수님 아까 말은 언론용이고요, 지금의 말은 소신을 말하는 것입니다. 정치라는 것이 그런 것입니다."

최근 학회 등 토론의 장에서 1988년의 지방자치법은 지방분권을 너무 미약하게 담고 있다고 성토하는 학자들을 종종 볼 수 있다. 그러나 당시는 노태우 군사정권 시절이었다. 내무부로 상징되는 중앙집권적 군사정권 하에서 가능한 범위 내에서 우선 시작이라도 하자면서 나온 타협안이 1988년의 지방자치법이었던 것이다.

배경이 되고 힘을 결집할 학회도 없었고, 시민단체의 지원사격 같은 것은 애초에 생각할 수도 없는 상황이었다. 당시로는 내무부의 방해전선을 넘고 만든 것이어서 결국 만족할 수 없는 지방자치법이 탄생하게 된 것이다.

노태우 대통령은 광주사태를 넘어 대통령이 되려고 민주화선언을 했지만 그의 기본 사상은 일사분란을 최고의 미덕으로 하는 군사문화 그 자체였다. 1988년 제13대 국회가 여소야대로 구성되고 이어서 야 3당인 통일민주당, 평화민주당, 신민주공화당이 공조체제를 형성하여 지방자치제의 온전한 조기 실시를 합의했지만, 노태우 정부는 이를 교묘히 회피하고 있었다. 나중에 거부권까지 행사한 것을 감안하면 당시 민주정의당이 지방자치법을 통과시켰어도 실제로 실천할 생각은 전연 없었다는 것이 증명된 것이다.

당시의 정치상황에서 5공청산과 민주화는 핵심 과제였었고, 외형적으로는 지방자치의 조기 실시가 민주화 의지를 표명하는 중심 테마가 되었다. 전두환 정부에서 정치활동이 금지되었다가 연금이 해제되어 정치활동을 재개한 당시 평화민주당 김대중 총재는 당의 기본 정책과 아울러 1987년의 선거에서 지방자치제의 전면실시를 기본 강령으로 설정했다.

그러나 실제로 평화민주당 국회의원들마저도 지방자치의 실시를 탐탁하게 생각하고 있던 사람은 많지 않았다. 앞에서 예를 든 세미나에서 욕설을 한 국회의원이 평화민주당 출신이라는 것이 이를 잘 나타낸다. 심지어 1990년 10월 김대중 총재가 3당 합당 이전에 합의한 지방자치제 실시 이행을 내걸고 13일 간의 단식 투쟁을 했지만 국회의원들의 생각은 그만큼 동의하는 것이 아니었다.

지방자치는 정치권에서 약방의 감초처럼 인용되는 주제였지만 실제로 그 현실은 전연 달랐다. 주요 언론도 지방자치는 낭비와 비능률, 그리고 혼란으로 치부하고 있었다. 다양성을 혼란으로, 민주적 경비를 낭비로, 민주적 절차를 비능률로 보는 시각은 오랜 군사문화의 소산이기도 했고 고려와 조선을 거친 천년의 구심적 역사가 잉태시킨 유물이기도 했다. 내무부로 대변되고 중앙언론으로 상징되는 중앙집권 기득권자들의 성곽은 그만큼 높았던 것이다.

이러한 나라에서 늦가을의 개울물처럼 싸늘한 광야로 나가 이제 우리의 희망은 지방에 있다는 것을 외친다는 것은 참으로 쉬운 일이 아니었다. 그러나 새로운 전기를 만드는 지도자가 나타났다. 하나의 역사가 만들어지는 요인은 결국 사람의 결심이고 행위의 모듬이다. 드디어 한국 지방자치학자들의 결심과 행위의 모듬이 잉태되는 출발이 시작된 것이었다.

1988년 8월, 미국 조지아대학에서 연구생활을 마치고 돌아온 최창호 교수의 귀국을 기하여 노융희 교수가 자리를 마련했다. 노융희 교수는 최창호 교수가 돌아오기를 기다렸다고 했다. 노융희 교수가 역사적인 제안을 했다.

"이제 지방자치시대를 열어야 합니다. 지방자치의 올바른 실시를 위한 연구와 계몽이 시급합니다. 이를 위해서는 한국지방자치학회의 설립도 시급합니다."

참석자들은 이러한 노융희 교수의 의견에 찬동하여 학회의 설립을 서두르게 되었던 것이다. 이리하여 1988년 9월부터 한국지방자치학회의 창립을 위한 준비작업이 시작되었다.

2. 학회 창립 준비

1) 준비작업

학회 창립 준비는 주로 고주(古州) 노융희(盧隆熙) 교수님의 제자들(최창호, 김안제, 최상철)과 한양대 조창현 교수 등이 자주 모여 주도하기 시작했다. 이때부터 팔레스호텔에서 아침 7시의 조찬회의 역사가 시작되었다. 필자도 가끔 불려 나갔는데 청주에서 아침 7시에 강남의 팔레스호텔까지 가는 일은 쉽지 않았다.

당시 지방자치에 대한 사회의 이해도가 낮은 상황에서 주도자들의 결속은 노융희 교수의 절대적 지도력과 최창호(崔昌浩) 교수의 헌신적인 노력으로 이루어진 것이다. 지방자치학회를 창설하고 또 연구자들을 독려하던 초기의 핵심 멤버들은 노융희 교수를 '지방자치교' 교주라고 불렀다. 당시 정채진 전 부산시장, 장병구 전 제주지사, 이창수 전 제주지사 등 관료출신들이 학회 창립에 적극 협조했던 것도 모두 노융희 교주의 지도에 힘입은 것이었다.

당시 내무부의 지도교수라는 자리는 전국의 시장・군수・도지사와는 전화 한 통화로 직결되는 자리였고, 지방에 강의라도 가면 도(道)의 지방과장(당시는 지방과장이 가장 요직이었다)이 고속도로 톨게이트까지 마중을 나오는 경우도 많았다. 이처럼 지금의 학자들은 상상도 할 수 없는 대접을 받는 자리였다. 노융희 교수를 위시한 학회 창립 핵심 멤버들은 그런 자리를 박차고 내무부와 싸웠고, 국회를 피고인으로 하여 위헌심판청구를 했던 사람들이다.

노융희 교수를 '지방자치교' 교주에 비유한다면 베드로는 최창호 교수다. 최창호 교수의 은사이기도 했던 노융희 교수는 평소 최창호 교수에게 고맙고 미안한 마음을 가지고 있었다. 5·16 쿠데타 이후 지방자치제가 정지된 상태에서 지방자치를 연구하는 학자가 없어지고 있었다.

이러한 상황에 노융희 교수는 최창호 교수에게 "자네만이라도 학문으로서의 지방자치를 지켜 달라"는 당부를 했고, 최창호 교수는 그 당부를 실천했다. 최창호 교수는 상대적으로 정부의 프로젝트나 현장참여의 길이 막혔지만 일관되게 지방자치를 연구해 온 유일한 교수다. 당시 공식적인 사무실이나 지원조직도 없는 상황에서 이러한 최창호 교수의 개인적인 노력과 인맥은 학회 창립의 밑거름이 되었다.

이제 당시의 학회 창립을 위한 일련의 협의에서 논의된 주요사항을 정리하면 다음과 같다.

(1) 인적 자원 규합

학회 창립에 있어 가장 중요한 사항은 인적 자원을 널리 발굴하여 규합하는 것이었다. 인적 자원 발굴을 위해서, 먼저 전국 각 대학(4년제 및 전문대학)에서 지방자치(당시는 지방자치라는 과목을 두고 있는 대학은 거의 없었고 대부분이 지방행정론으로 개설하고 있었다) 관련분야의 교과목을 담당하고 있는 교수들을 조사하여 명단을 작성하였다.

지방자치론, 지방행정론, 지방재정론, 도시행정론, 지역개발론, 지역사회개발론, 도시학, 도시계획론, 도시사회학, 지역경제론, 지역사회학 등 과목담당자가 약 150명으로 파악되었다. 그리고 행정학, 행정법, 헌법, 정치학, 경제학, 사회학, 환경론, 국토건설, 부동산학 등 교과목 담당자로서 지방자치에 관심을 가지고 있는 교수들을 조사하여 합치니 600명 정도가 되었다. 그 외에도 지방행정 실무계에서 거의 일생을 바친 전문가들을 조사해 보니 그 수도 약 100명이 파악되었다.

다음으로 파악된 대상자들이 학회에 참여할 의향이 있는지는 직접 확인을 하는 작업이 필요했다. 이를 위하여 노융희, 최창호, 김안제, 서원우, 정세욱, 최상철, 김동훈 교수 등이 열심히 움직였다. 전화와 인편으로 의견을 묻고, 해당 대학이나 자택까지 부지런히 방문했다. 특히 꼭 참여해주기를 바라는 사람들의 리스트를 정하고 그런 사람들에게는 직접 찾아갔다.

회원 모집을 위해 여러 지방을 두루 다닌 교수는 주로 최창호 교수였다. 이처럼 학회 창립에 동참하는 인사들을 규합하는 작업에 약 2개월이 소요되었다. 이 작업이 가장 어려운 일이었다.

(2) 정관(안) 작성

학회 창립에 있어서 또 하나 중요한 것은 학회 정관을 비롯한 조직·운영에 관한 제반 규정들을 정하여 학회의 골격을 짜는 것이었다. 이 부분에 관해서는 여러 인접 학회들의 정관과 규정들을 참조하여 작성하는 길이 지름길이었다. 정관작업은 김안제 교수가 주도했다. 김안제 교수는 이 밖에도 분위기를 만들고 인맥을 연결하는 데에 발군의 능력을 보였다.

정관 작성 시에 주로 논의한 것은 ① 회원의 자격을 어떻게 하느냐, 회원의 종류로 정회원 외에 특별회원, 단체회원을 어떻게 하느냐, ② 회장 1인 외에 부회장을 담당분야별로 몇 명을 두느냐, ③ 이사를 몇 명으로 하느냐, ④ 상임이사를 담당분야별로 몇 명을 두느냐, ⑤ 임원의 임기를 몇 년으로 하느냐, ⑥ 임원의 선출 방법을 어떻게 하느냐, ⑦ 지방의회의 조직을 어떻게 하며 본회와 지회와의 관계를 어떻게 하느냐, ⑧ 어떤 분과위원회를 두며, 특별위원회를 어떻게 하느냐, ⑨ 이사회를 몇 명으로 조직하며, ⑩ 총회와 이사회의 의결사항 및 관계를 어떻게 하느냐, ⑪ 학회를 법인으로 하느냐의 여부 등 복잡하고 어려운 문제들이었다.

(3) 학회의 재원 마련

학회에 있어 학회의 재정과 재원도 중요한 문제였다. ① 학회 회비로서 회원의 입회비, 연회비, 회장·부회장·이사·감사의 연회비를 얼마로 정하느냐, ② 회계의 종류, 회계연도, ③ 예산·결산의 절차 등을 논의 하였다. 아울러 ④ 학회의 사업 종류도 논의하였다.

(4) 학회 창립 절차 결정

학회의 창립 절차도 중요한 사항이었다. ① 발기인 명단을 정하고, ② 발기인 총회를 언제, 어디서 어떤 형태로 거행하느냐, ③ 그 개최 공지를 어떤 방법으로 하느냐가 논의되었다.

이어 창립총회를 개최하여야 하는데, ① 그 총회를 언제, 어디서 하느냐, ②

발기인총회와의 관계(특히 일자)를 어떤 형태로 하느냐, ③ 총회 개최 홍보를 어떻게 하느냐가 논의되었으며, ④ 총회의 식순을 다듬고, ⑤ 임시의장의 선출, 회장의 선출, 이사회의 결의와 총회의 승인 절차 등을 구체적으로 논의하였다. 창립 후 ① 정부의 학회설립승인 절차, ② 법인등기 절차 등도 논의되었다.

2) 창립 주비(籌備)회의

치밀한 준비작업 끝에 학회 창립 주비회의를 소집하여, 발기인총회 및 창립총회 개최 사항을 최종 결정하였다. 이때 참석자 및 그 (내부) 결정사항은 다음과 같다.

- 일　　시: 1988년 11월 14일
- 참 석 자: 김보현, 김안제, 서원우, 조창현, 최상철, 최창호
- 결정사항:
  - 가. 정관(안)
  - 나. 발기인 명단
  - 다. 임원(회장, 부회장 3인, 이사 30인, 감사 2인)
  - 라. 분과위원회(연구위원회, 출판위원회, 섭외위원회, 총무위원회)
  - 마. 발기인총회
    - 가) 일　　시: 1988년 12월 3일, 14 : 00~14 : 30
    - 나) 장　　소: 한국지방행정회관 세미나실
    - 다) 결의사항: 발기선언문 채택
정관(안) 채택
  - 바. 창립총회
    - 가) 일　　시: 1988년 12월 3일, 14 : 30~16 : 30
    - 나) 장　　소: 한국지방행정회관 세미나실
    - 다) 식　　순: 임시의장 선출(김보현으로)
    - 라) 결의사항: · 정관 채택　· 임원 선출
· 사업계획　· 회비 등

3. 발기인총회 및 창립총회

1) 개최공고 및 초청장 발송

창립 주비회의 결의에 따라 발기인총회 및 창립총회를 개최함을 각 신문에 공고하고, 발기인 등 유력인사들에게 아래와 같은 초청장을 발송하였다.

초 청 장

____________________귀하

한 해의 마무리에 수고가 많으십니까

다가오는 지방자치시대에 대비하고, 국가의 진정한 민주적 발전과 국민의 복리증진에 이바지하고자 이 분야의 전문가들이 뜻을 같이하여 한국지방자치학회 창립을 준비해 왔습니다.

이제 모든 준비를 마치고 한국지방자치학회 발기인총회 및 창립총회를 다음과 같이 개최하고자 하오니, 공사다망하실 줄 아오나 부디 참석하시어 자리를 더욱 빛내 주시고 한국지방자치학회의 발전에 협력하여 주시기 바랍니다.

－ 다 음 －

- 일 시: 1988년 12월 3일 발기인총회: 14:00~14:30
  창립총회: 14:30~16:30
- 장 소: 한국지방행정회관(서울특별시 마포구 공덕동, 약도 참조)
- 연락처: 한국지방자치학회 창립주비위원회(02-567-3372)

1988년 11월 25일

한국지방자치학회 창립 발기인 일동

〈발기인〉

강형기, 강신택, 고병호, 구민상, 구자용, 권순복, 권원용, 권인석, 권철현, 김경식, 김공열, 김광식, 김기태, 김남진, 김동건, 김동훈, 김만송, 김명환, 김병준, 김보현, 김성국, 김수학, 김신복, 김안제, 김연기, 김영기, 김영모, 김영선, 김우성, 김운태, 김원주, 김유혁, 김이열, 김정민, 김종찬, 김종표, 김종후, 김진호, 김찬동, 김춘식, 김타열, 김태경, 김학로, 김형배, 김호진, 나경식, 나종성, 남치호, 노융희, 노화준, 문동주, 문창수, 박대순, 박동서, 박동수, 박문옥, 박상우, 박수영, 박영희, 박우서,

박욱성, 박윤흔, 박응격, 박종두, 박종순, 박종철, 박홍식, 배재연, 백완기, 변재옥, 봉재종, 서원우, 서재근, 손봉숙, 손수익, 손재식, 송인성, 신경훈, 신방현, 신은식, 신환철, 안성호, 안용식, 안정근, 안청시, 안태환, 안해균, 양승주, 양영철, 오무근, 오세윤, 오연천, 오을림, 유경춘, 유영휘, 유왕열, 유종해, 유 훈, 이계만, 이규이, 이규환, 이기옥, 이달곤, 이석봉, 이성근, 이성복, 이승철, 이영교, 이영호, 이용연, 이원호, 이정식, 이정용, 이정의, 이주희, 이창수, 이치수, 이태일, 임성재, 임승달, 장병구, 장지호, 장태옥, 장형태, 전수일, 정영춘, 정규서, 정기섭, 정덕주, 정세욱, 정정길, 정채진, 조문부, 조석준, 조재륙, 조정재, 조창현, 조철주, 주익수, 지병문, 천대승, 최대권, 최상철, 최종기, 최진호, 최창호, 최호준, 하성규, 하종근, 한양수, 한영환, 한원택, 한인숙, 허 영, 홍석표, 홍성웅, 황갑손, 황명찬, 황용주, 황청일 (이상 160명, 가나다순)

1988년 12월 3일
한국지방자치학회 발기인총회 · 창립총회

1988년 12월 3일
한국지방자치학회 발기인총회 · 창립총회

2) 발기인총회 개최

(1) 총회의 개최

- 일 시: 1988년 12월 3일 14 : 00~14 : 30
- 장 소: 한국지방행정회관
- 식 순: 개회선언 ……………………………… 사회－이주희
  국민의례 ……………………………… 사회－이주희
  의장선출 ……………………………… 사회－이주희
  발기선언문 채택 ……………………… 의장－최창호
  정관초안 채택 ………………………… 의장－최창호
  기타 사항 ……………………………… 의장－최창호
  폐회선언 ……………………………… 사회－이주희

(2) 총회의 결정사항

가) 발기선언문 채택

다음과 같은 발기선언문을 채택하였다.

발 기 선 언 문

다가올 지방자치시대에 대비하여 이 분야에 관심 있는 여러 전문인들이 모여, 지방자치의 시행과 그 정착에 관계되는 제반 문제를 조사 · 연구함으로써 국가의 민주발전과 국민의 복리증진에 이바지하고자, 한국지방자치학회의 창립을 발기하는 바이다.

1988년 12월 3일

한국지방자치학회 창립 발기인 일동

나) 정관(안) 채택 – (정관안 생략)

3) 창립총회 개최

(1) 총회의 개최

- 일 시: 1988년 12월 3일, 14 : 30~16 : 30
- 장 소: 한국지방행정회관 세미나실
- 참석자: 관심인사 600여 명
- 식 순: 개회선언 ······ 사회-이주희
  국민의례 ······ 사회-이주희
  창립경위 보고 ······ 준비위원-최창호
  임시의장 선출 ······ 준비위원-최창호
  정관 의결 ······ 임시의장-김보현
  임원(이사, 감사, 회장단) 선출 ······ 임시의장-김보현
  회장 인사 ······ 회장-노융희
  '88사업계획 및 '89예산 심의 ······ 회장-노융희
  기타 사항 ······ 회장-노융희
  폐회선언 ······ 사회-이주희

(2) 총회의 의결

가) 정관 채택

창립총회에서 채택된 '한국지방자치학회 정관'은 다음과 같은 내용을 그 골자로 하였다.

■ 학회 창립목적

- 지역주민의 복리증진과 국가발전에 기여한다.
- 지방자치 정착을 위한 제반 문제를 조사 · 연구한다.
- 지방자치에 관한 국제적인 교류와 상호 이해를 증진한다.

■ 학회 목적사업

– 지방자치 및 지방행·재정에 관한 조사·연구 및 발표
– 학회지, 연구발표회, 자료의 출판 및 연수·강연회 개최
– 외국 지방자치제도에 관한 비교연구 및 연구자료 소개
– 외국 유관학술단체와의 교류를 통한 각종 정보, 자료 교환
– 기타 본회 목적달성에 필요한 사업

■ 회원

- 정회원: 관련분야의 연구에 종사하는 자 및 이와 동등한 자격을 가졌다고 인정되는 자
- 준회원: 관련 분야의 학문을 전공하는 대학원, 대학, 전문대학 재학생 또는 이에 준하는 자
- 특별회원: 본회의 목적에 찬동하는 공공단체 및 학술단체
- 찬조회원: 본회의 사업에 찬동하는 개인 또는 단체
- 명예회원: 관련분야에 전문지식과 조예가 깊고, 본회 발전에 적극 협조한 국내·외 인사

■ 임원: 학회에 다음의 임원을 두며, 그 선임방법은 다음과 같다.

- 회장 1인, 부회장 3인–이사회가 선출하여 총회가 인준한다.
- 이사 30인 이내, 감사 2인–총회에서 선임한다.
- 상임이사 6인 이내–회장이 이사 중에서 추천하여 이사회가 승인한다.

  * 다만 최초의 임원은 모두 창립총회에서 선임한다.

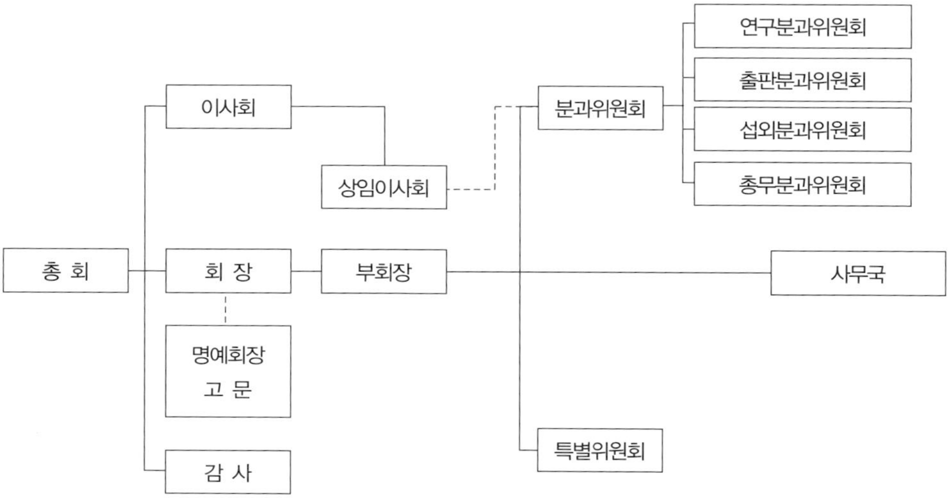

[그림 1-1] 한국지방자치학회 최초의 조직도

■ 회비

- 연회비: 정회원－20,000원
  특별회원－200,000원
- 입회비(찬조회원 포함): 500,000원

* 신규회원의 경우 입회비 5,000원 별도 납부

■ 1989년 사업계획

－ 지방자치 관련법령 개정에 관한 세미나 개최

－ 지방자치 학회지 및 뉴스레터 발간

－ 지방자치사전 편찬

－ 외국 유관 학술단체와의 교류 추진

－ 기타 상임이사회에서 결정한 사업

나) 임원 선출

창립총회에서 '한국지방자치학회'의 초대 임원으로 다음의 회원을 각 선출하였다.

■ 회장단

회　장: 노융희(서울대학교 교수)

부회장: 김동훈(충남대학교 교수, 지방담당), 정채진(전 부산직할시장, 총무담당), 최창호(건국대학교 교수, 학술담당)

■ 이사

[학계]

강형기(충북대학교 교수), 김남진(고려대학교 교수), 김만송(강원대학교 교수), 김안제(서울대학교 교수), 김원주(경북대학교 교수), 김종표(단국대학교 교수), 김학로(부산대학교 교수), 박동서(서울대학교 교수), 박문옥(단국대학교 교수), 박종순(전주우석대학교 교수), 서원우(서울대학교 교수), 안청시(서울대학교 교수), 정세욱(명지대학교 교수), 조문부(제주대학교 교수), 조창현(한양대학교 교수), 지병문(전남대학교 교수), 최상철(서울대학교 교수), 한원택(성균관대학교 교수), 한인숙(이화여자대학교 교수), 허영(연세대학교 교수) (이상 20명, 가나다순)

[실무계]

권순복(지방행정연구소장), 김보현(전 농수산부장관), 김수학(토지개발공사사장), 손재식(전 국토통일원장관), 손수익(전 교통부장관), 이창수(전 제주도지사), 장병구(지방재정연구원장), 장형태(해양도시가스회장), 전영춘(지방행정연구원장), 홍석표(전 전라북도지사) (이상 10명, 가나다순)

(이사: 이상 총 30명)

■ 감사

김태경(전 경기도 지사), 오연천(서울대학교 교수)

■ 상임이사

강형기(충북대학교 교수), 김종표(단국대학교 교수), 서원우(서울대학교 교수), 이창수(전 제주도 지사), 정세욱(명지대학교 교수), 최상철(서울대학교 교수) (이상 6명, 가나다순)

4. 설립승인 및 등기

한국지방자치학회를 사단법인으로 하여 정부의 설립승인을 받고 법원에 등기를 하였다.

1) 설립승인

내무부에 사단법인 한국지방자치학회 설립허가를 신청하였던 바, 1989년 8월 9일에 허가번호 '89－4호로 허가증을 받았다.

2) 법인등기

한국지방자치학회가 사단법인으로서 법원에 등기신청을 하여, 1989년 9월 5일에 등기번호 000527호로 등기필증을 받았다.

제 2 장

학회 창립 직후 태동기 역사 및 1987년 체제 헌법의 평가

1. 청구인의 참정권 침해에 대한 헌법소원심판청구

정세욱(명지대학교 명예교수)

1) 헌법소원심판청구 당시의 상황

1987년 10월 29일 전부 개정되고 그 이듬해인 1988년 2월 25일 시행된 대한민국헌법은 다음과 같이 규정하였다.

> 제118조 ① 지방자치단체에 의회를 둔다.
> ② 지방의회의 조직·권한·의원선거와 지방자치단체의 장의 선임방법 기타 지방자치단체의 조직과 운영에 관한 사항은 법률로 정한다.

헌법은 지방의회와 지방자치단체의 장(이하 '지자체장')을 반드시 설치해야 하는 기관으로 규정함으로써 명확히 지방자치의 제도적 보장(la garantie institutionnelle)을 하였다. 지방의회를 구성하면 설령 지자체장을 따로 두지 않더라도 지방자치를 시행할 수 있다. 미국(일부 지방정부)·영국(대도시 제외)·프랑스·독일(일부 지자체)·이탈리아·오스트리아·스웨덴 등 선진제국의 지방자치단체(이하 '지자체')에는 민선(民選)지자체장이 없다. 의회형, 위원회형 지방정부형태를 가진 지자체들은 지방의회가 집행기능까지 담당하며, 의회-집행위원회형(議會-執行委員會型) 지방정부형태를 가진 곳에서는 의회의 과반수 내지 다수 의석을 점하는 정당의 의회지도자가 의원들로 집행위원회를 구성하여 집행기능을 수행한다. 이런 의미에서 지방의회야말로 지방자치의 핵심기관이며 불가결한 기관이라고 하겠다. 헌법 제118조 제1항에 "… 의회를 둔다"고 한 입법취지는 바로 여기에 있다고 할 것이다.

헌법 제8장 지방자치(제117조 및 제118조)에 관한 규정은 지방에서도 민주주의의 근간인 대의제(代議制)민주정치를 시행토록 하여 자유민주주의 기본 질서인 지방자치를 제도화한 것이라고 해석된다.

1987년의 헌법 전부개정은 그 해 6월 29일 노태우 민주정의당(민정당) 대표위원 겸 대통령후보가 '6·29 민주화선언'(시국수습 특별선언)을 발표하고 민정당이 이 선언을 당의 공식입장으로 추인했으며, 전두환 대통령도 이 구상을 수용하겠다고 밝힌 이후 4개월 만에 이루어졌다. 대통령 직선제 개헌, 1988년 평화적 정부이양, 지방자치제 및 교육자율화 실시 등 8개항을 담은 이 선언은 그 후 개정된 헌법에 따라 1987년 12월 16일 치러진 대선에서 민정당 노태우 후보가 당선됨으로써 대통령과 여당이 지방자치의 추진세력이 되었다. 따라서 1987년도 개정헌법은 이전의 헌법과는 달리 부칙에 지방자치 실시 유보조항[1])을 두지 않았다.

헌법 제118조에 의하여 지방의회의 구성에 관한 입법절차는 순조롭게 진행되었다. 즉,

(가) 1949년 7월 4일 제정된 구(舊) 「지방자치법」[법률 제32호]은 그 후 7차에

1) 1987년 전부 개정되기 이전의 헌법은 '제8장 지방자치'에 관한 규정을 두었으나, 부칙 제10조에 "이 헌법에 의한 지방의회는 지방자치단체의 재정자립도를 감안하여 순차적으로 구성하되, 그 구성시기는 법률로 정한다"고 유보조항을 두었다.

걸쳐 일부 개정되었으나, 1987년 개정헌법이 시행된 지 불과 40여 일 후인 1988년 4월 6일에 「지방자치법」이 전부 개정되었다[법률 제4004호, 시행 1988.5.1].

(나) 1988년 4월 6일 「지방의회의원선거법」[2][법률 제4005호, 시행 1988.5.1]도 제정되었다.

2) 국회의 입법 부작위 및 헌법소원심판청구

(1) 지방의회의 구성시기에 관하여 「지방자치법」과 「지방의회의원선거법」은 각각 "이 법에 의한 최초의 지방의회는 시·군 및 자치구부터 구성하되, 지방의회의원 선거는 이 법 시행일로부터 1년 이내에 실시'하고(부칙 제2조 제1항), "… 최초의 시·도의회는 시·군 및 자치구의회가 구성된 날로부터 2년 이내에 구성한다"(부칙 제2조 제2항)고 규정했다.

그러나 시·군·자치구의회 구성시한인 1989년 4월 30일까지 지방의원선거를 실시하지 않았다. 법을 개정하여 지방의회 구성시기를 변경하지 않은 채 법정시한을 넘겨버린 것이다.

(2) 그로부터 8개월 후인 1989년 12월 30일 국회는 「지방자치법」을 다시 개정하여 "이 법에 의한 최초의 시·도 및 시·군·자치구 의회의원선거는 1990년 6월 30일 이내에 실시"하고(부칙 제2조 제1항). "… 최초의 시·도지사 및 시장·군수·자치구청장 선거는 1991년 6월 30일 이내에 실시한다"(동조 제2항)고 지방의회의 구성시기를 뒤로 미루었다. 그러나 이 기한 내에 시·도 및 시·군·자치구 의회의원선거를 실시하지 않았고 국회와 정부는 법을 개정하지 않은 채 또 법정기한을 넘겼다. 아직 준비가 덜 되었다, 시기상조라는 게 정부의 해명이었다. 국회와 정부는 법정시한을 어기는 위법행위를 하는데 너무 순치(馴致)되어 있었다.

---

2) 1994년 3월 16일 「공직선거및선거부정방지법」[법률 제4739호]을 제정하여 하나의 단일법으로 통합되기 전까지는 「대통령선거법」·「국회의원선거법」·「지방의회의원선거법」·「지방자치단체의장선거법」의 별개의 선거법 체계로 되어 있었다.

(3) 지방의회의원선거를 실시하려면 지방의원 선거권과 피선거권, 선거구역과 의원정수, 선거일, 선거인명부, 후보자, 선거운동, 선거비용, 선거와 관련있는 정당활동의 규제, 투표, 개표, 당선인, 재선거와 보궐선거, 선거에 관한 쟁송, 벌칙 등을 규정한 「지방의회의원선거법」을 제정해야 했다. 하지만 이런 규정의 일부만이 「지방자치법」에 담겨 있을 뿐 법체계가 미비한 실정이었다. 이에 따라 국회는 그 내용을 「지방의회의원선거법」에 일괄 규정하기로 하고 1989년 12월 30일 「지방자치법」 제27조 내지 제30조[3]를 삭제했다.

따라서 당시의 법제상으로는 지방의회를 구성하려면 새로이 「지방의회의원선거법」에서 규정하기로 하고 「지방자치법」에서 삭제한 지방의회의 위원정수, 인구의 기준, 및 의원정수의 조정에 관한 입법조치를 비롯하여 선거관련 조항이 포함된 「지방의회의원선거법」을 조속히 개정하여 개정 「지방자치법」 부칙 제2조가 규정한 시한 이내에 지방의회가 구성되도록 입법을 해야 할 헌법상의 책무를 지고 있었다고 할 것이다.

그럼에도 피청구인 국회는 지방의원선거를 위해 전술한 바와 같은 입법적 조치를 취하지 않음으로써 지방의원 선거에 관한 입법미비로 결국 지방의원선거를 실시하지 못하였고 또다시 법정시한을 어기는 위법행위를 저지르고 말았다.

(4) 본건의 경우, 법률의 제정 · 개폐가 일정한 이행시한에 의하여 입법자에게 구체적으로 의무 지워진 구속적 명령이라 하겠다. 그러므로 입법 부작위, 즉 입법적 조치의 불이행은 이른 바 헌법위탁(Verfassungsauftrag)에 대한 명백한 침해 내지 위반이라 할 수 있다. 또한 법률의 제정 · 개폐의 내용도 국민의 직접적 권리 · 의무와는 상관이 없어서 입법자에게 광범위한 재량의 여지가 부여된 이른바 "프로그램적 규정"에 관한 것이 아니라, 구체적 입법과정에 있어서 당해 제도를 폐지하거나 그 본질을 공동화하는 것이 허용되지 아니하는 이른바 헌법상의 "제도적 보장"에 관한 국민의 기본권 침해에 관련되는 것이다.[4]

---

3) 제27조(시 · 도의회의 의원정수)
제28조(시 · 군 및 자치구의회의 의원정수)
제29조(인구의 기준)
제30조(의원정수의 조정).

4) 『참정권 침해에 대한 헌법소원』(1990.9.28, 사건번호 90헌마167).

(5) 이에 (사)한국지방자치학회(회장 노융희) 몇몇 회원들은 국회의 입법 부작위로 인하여 국민의 참정권이 침해되고 지방의회의 구성이 계속 지연되는 위헌적 사태를 더 이상 묵과할 수 없다고 판단, 헌법소원심판청구를 내기로 의견을 모았다. 마침내 회원이 주축이 된 8명의 청구인[5]은 국회를 피청구인으로 하여 1990년 9월 28일 헌법재판소에 『참정권 침해에 대한 헌법소원』을 청구하게 되었다.

3) 헌법소원의 사유

(1) 청구인들은 헌법 제24조에 의하여 법률이 정하는 바에 따라 선거권을 가지며, 제25조에 의하여 법률이 정하는 바에 따라 공무담임권을 가지고 있다. 이러한 참정권은 국가나 지자체의 의사 자체를 구성하여 국가나 지자체에 있어서의 국민 또는 주민의 주체성을 보장하는 권리이며, 단순한 수동적 의무와는 구별되는 것이다.

이러한 참정권이 인정됨으로써 청구인 각자에게 공무에의 관여가 보장되고, 공무의 집행이 위임되게 되므로 이러한 공무에의 참가는 국민의 주체성을 전제로 한 중요한 권리이며 민주적인 보편원리를 반영하는 기본적 인권의 성격을 가지는 것이라 하겠다.

피청구인 국회는 헌법이 그에게 위탁한 지방자치제도 실시의 필수적 전제가 되는 「지방의회의원선거법」을 법률이 명시한 기한 내에 개정하지 않음으로써 법률의 미비로 인하여 전술한 국민의 헌법상 보장되어 있는 참정권을 적시에 행사하지 못하게 하였는바, 이는 명백히 헌법상의 입법의무를 해태한 헌법위반이라고 하지 않을 수 없다.[6]

(2) 또한 입법당시의 상황이 달라져서 일정 법률의 시행이 어려운 경우에는 피청구인 국회는 국민의 기본권에 대한 침해가 없도록 정당한 법절차(Due process of law)에 따라 사전에 법률을 개정할 의무를 부담하고 있다. 따라서 피청구인은 지방의회의원 선거가 법정기한인 1990년 6월 30일까지 불가능하다면

---

5) 청구인 명단: 노융희, 김동훈, 최창호, 서원우, 김종표, 정세욱, 박종순, 강형기.
6) 헌법소원의 사유, 『참정권 침해에 대한 헌법소원』(1990.9.28, 사건번호 90헌마167).

부칙 개정 등을 통하여 청구인들의 법치주의와 법률에 대한 신뢰, 기본권의 하나인 참정권, 즉 선거권과 공무담임권이 침해되지 않도록 법률을 개선했어야 함에도 법률을 개정하지 않음으로써 역시 청구인들의 선거권 및 공무담임권을 침해하였다.[7]

(3) 우리 헌법이 표방하는 법의 지배(Rule of Law) 내지 법치국가의 원리는 입법권을 포함하여 국가권력의 발동이 모두 법에 따르며 법에 기속(羈束)되어야 함을 의미하거니와, 입법기관인 국회 스스로가 명백하게 확정적인 시한을 정하여 규정한 법규의 내용을 한 번도 아닌 두 번씩이나 위반함으로써 국가권력의 행사에 대한 주권자인 국민의 신뢰를 손상케 한 행위는 마땅히 헌법규범적 차원에서 준엄한 심판의 대상이 되어야 하며,[8] 이것은 주권자로서의 국민의 당연한 요구라고 생각한다.

(4) 이에 청구인은 「헌법재판소법」 제68조에 의하여 피청구인 국회의 이상과 같은 입법조치 부작위를 "공권력의 불행사로 인하여 헌법상 보장된 기본권을 침해받은 경우"로 보고, 또한 사안의 성질상 "다른 법률에 구제절차가 있는 경우"에 해당하지 않으므로, 이에 헌법소원심판을 청구하기에 이른 것이다.[9]

(5) 청구인은 피청구인 국회가 「지방자치법」 부칙 제2조 및 「지방의회의원선거법」 부칙 제2조를 개선하지 아니한 것과 법정시한인 1990년 6월 30일 이내로 「지방의회의원선거법」의 입법조치를 취하지 아니하였음은 청구인의 헌법상 보장된 기본권을 침해한 헌법위반임을 확인하고, 조속한 시일 내에 필요한 입법조치를 강구하도록 심판하여 주기를 청구하는 바이다.

4) 헌법소원심판청구 이후의 지방의회 구성

(1) 헌법재판소는 본 사건을 심사한 후 접수 24일 후인 1990년 10월 22일 심판에 회부했다. 본 사건의 성질상 청구이유가 명확하고 국회가 법적 의무사항인 입법조치를 해태함으로써 청구인의 헌법상의 기본권(참정권) 침해가 명확하여

7) *op. cit.*
8) *op. cit.*
9) *op. cit.*

다툼의 여지가 거의 없었으므로 심사가 신속히 진행되었던 것으로 판단된다.

이런 상황에서 정부와 국회는 지방자치 실시를 위한 입법조치를 서두르기 시작했다. 헌법재판소가 청구인의 주장을 받아들여 국회의 입법 부작위가 기본권을 침해한 헌법위반임을 확인하고, 조속히 입법조치를 강구하라는 결정을 내린 후에 피청구인인 국회가 입법적 조치를 취하게 된다면 국회는 필요한 입법을 하면서도 정치권이 민주화 추세에 역행한다는 국민적 비난을 받을 것이 명약관화(明若觀火)하였으므로 이를 피하기 위해 헌법재판소의 결정이 내려지기 전에 입법조치를 마무리하려고 서둘렀던 것으로 생각된다. 어떻든 헌법재판소가 본 사건을 심판에 회부한지 불과 2개월여 후인 1990년 12월 31일에 국회는 지방자치제 관련 3개 법안(지방자치법, 지방의회의원선거법, 지방자치단체의장선거법)을 만장일치로 통과시켰다.

(2) ① 「지방자치법」[법률 제4310호]: "이 법에 의한 최초의 시 · 도 및 시 · 군 · 자치구 의회의원선거는 1991년 6월 30일 이내에 실시"하고(부칙 제2조 제1항), "최초의 시 · 도지사 및 시장 · 군수 · 자치구청장 선거는 1992년 6월 30일 이내에 실시한다"(동조 제2항).

② 「지방의회의원선거법」[법률 제4311호]: 선거구성과 의원정수(시 · 도의회의원정수, 구 · 시 · 군의회의원정수), 선거구 획정, 의원정수의 조정, 개표구, 투표구, 선거인명부, 후보자(등록) 및 기탁금, 선거운동, 선거비용 등을 상세히 규정하여 지방의원선거를 치룰 수 있는 법체계를 갖추었다. 1991년 2월 1일 「지방의회의원선거법시행령」[대통령령 제13301호]도 제정되었다.

③ 「지방자치단체의장선거법」[법률 제4312호]: 1990일 12월 31일에 제정, 시행되었다.

(3) 일각에서는 정부가 이 법률들도 시행하지 않고 또 준비부족 등의 이유를 내세워 지방의회의원 선거를 연기할 것이라고 우려했다. 이전에 정치권이 여러 구실을 붙여 지방의회 구성시한을 지키지 않았기 때문이다. 그러나 이번에는 여건이 달랐다. 청구인들의 헌법소원심판청구 내용이 법리상으로 다툼의 여지가 거의 없어 헌법재판소의 결정이 조속히 내려질 것이라는 분위기가 조성되어 있었기 때문이다.

(4) 위의 법에 의하여 중앙선거관리위원회는 구·시·군의회의원 선거를 오히려 앞당겨 1991년 3월 26일에 실시하였다. 헌법재판소의 결정이 내려지기 전에 지방의회의원 선거를 치르려고 했기 때문이 아닌가 추단된다. 시·도의회의원 선거는 그 3개월 후인 1991년 6월 20일에 실시되었다. 7월 1일 지방의회가 출범함으로써 1961년 5·16 군사혁명의 발발로 30년간 중단되었던 지방자치제가 불완전하나마 부활되었다.

5) 지방의회 구성과 종국결정(취하)

(1) 피청구인 국회는 지방의회의원선거는 1991년 6월 30일 이내에, 지자체장 선거는 그 1년 후인 1992년 6월 30일 이내에 각각 실시하도록 「지방자치법」(부칙 제2조)을 개정하였고, 「지방의회의원선거법」을 전부 개정하여 지방의회의원 선거를 실시하는 데 필요한 입법조치를 완료하였다.

(2) 또다시 법정시한인 1991년 6월 30일을 도과하지 아니하고 법정기한 내에 지방의회의원선거를 실시하였다.

(3) 따라서 청구인의 헌법상 기본권(참정권)을 침해한 헌법위반이 해소되어 심판청구의 실익이 소멸되었으므로 헌법재판소는 청구인의 헌법소원심판청구에 대하여 1991년 11월 6일 종국결정(취하)하였다.

(4) 그러나 본 사건이 종국결정된 이후 국회와 정부는 최초의 지자체장 선거 법정시한인 1992년 6월 30일을 지키지 못하고 또다시 넘기고 말았다. 법정시한을 위반한 후 약 1년 9개월이 지난 1994년 3월 16일이 되어서야 국회는 "최초의 지자체장 선거는 1995년 6월 30일 이내에 실시하여야 한다"고 또 「지방자치법」(부칙 제2조)을 개정하였다. 지방의회가 이미 구성되어 운영되는 상황에서 지자체장 선거를 더 이상 후일로 미룰 수 없는 상황이었다. 마침내 1995년 지방의회의원 및 지자체장 선거가 실시되어 1995년 7월 1일부터 지방자치시대를 열게 되었다.

6) 헌법소원심판청구의 함의(含意)

지방자치의 실시를 거부하는 기득권세력의 반대는 매우 거세었다. 심지어는 당시 노태우 민정당 대표가 '6·29 선언'이 받아들여지지 않을 경우 당대표직과 대통령후보직을 사퇴하겠다고 배수진을 쳤고, 여당인 민정당이 이를 추인했으며, 대통령직선제 개헌 이후 노태우 후보가 대통령으로 당선된 매우 유리한 상황에서도 중앙집권 기득권자들의 저항에 부딪쳐 지방자치는 계속 뒤로 미루어졌다. 6·29 선언은 전 국민적 항쟁으로 위기에 몰린 제5공화국 집권세력이 내놓은 일시적 양보조치에 불과했으므로 대통령 선출방법을 직선제로 바꾸는 것을 제외하고는 지방자치를 실시할 의사가 처음부터 없었다는 견해도 설득력이 있다. 6·29 선언에는 지방자치제도 개혁에 관한 구체적 내용은 없었다. 하지만 집권세력이 대(對)국민 약속을 한 사항인데 이 호기를 놓친다면 향후 지방자치의 실시를 성취할 수 없을 것이라고 헌법소원 청구인 일동은 판단했다.

지방자치 반대세력의 저항은 집요했다. 국회의 입법적 조치의 기피, 지방의회 의원 선거시한의 도과 등으로 인하여 지방선거는 차일피일 미루어졌다. 이런 위기상황에서 지방자치를 연구대상으로 한다는 어느 학회도 이를 반박하고 조속한 지방자치 실시를 촉구하는 성명서를 발표하거나 법적 투쟁에 나서지 않았다.[10] 오직 (사)한국지방자치학회 소속 몇몇 회원만이 주축이 되어 지방자치 저항세력에 맞서, 그들의 만류에도 불구하고 헌법재판소에 헌법소원심판청구를 냈던 것이다. 학회의 활동영역이 연구가 주된 업무이지 성명서를 내거나 법적 대응을 하는 단체가 아니라고 주장한다면 할 말이 없다. 그러나 학회의 존립근거인 연구대상이 존폐(存廢)의 위기에 내몰린 상황에서 이를 방관하고 그 입법 여부에는 개의치 말라는 주장은 결코 타당하지 않다고 생각한다.

1961년에 중단된 지방자치를 30년 후에 되살리는데 한국지방자치학회가 나름의 역할을 했다는 사실이 한국 지방자치사(自治史)에 기록될 것이다.

---

10) 1990년 이후 설립된 지방자치 관련 학회들은 관련이 없다.

2. 헌법상 지방자치조항의 문제점과 개선방안[11)]

이기우(인하대학교 법학전문대학원 교수)

1) 현행 헌법의 지방자치관련 조항의 문제점

현행 헌법은 지방자치 발전의 디딤돌이 아니라 걸림돌이 된다. 헌법 제117조를 비롯하여 제37조 제2항, 제59조, 제13조 등이 지방의 손발을 묶고 있기 때문이다. 지방이 아래로부터 창조적인 혁신을 하려고 해도 할 수 없도록 가로막고 있다. 지방정부는 헌법에 의해 손발을 묶여 기능이 마비되어 있다. 그렇다고 중앙정부가 대신할 수 있는 것도 아니다. 중앙정부는 과부하로 인하여 제대로 작동할 수 없기 때문이다.

(1) 법률유보의 원칙

헌법은 법률의 위임이 없으면 주민을 권리제한하거나 의무를 부과하는 자치입법을 할 수 없도록 하여 지방의 자치활동을 제한하고 있다. 헌법 제37조 제2항이나 헌법 제59조, 제13조 제1항 등 여러 조항에서 국민의 자유와 권리를 제한하는 경우에 법률로 하도록 규정하고 있기 때문이다(법률유보의 원칙). 예컨대, 헌법 제37조 제2항은 "국민의 모든 자유와 권리는… 법률로써 제한할 수 있으며…"라고 규정하고 있으며, 헌법학자들은 절대다수가 여기서 "법률로써"라고 함은 국회가 법률의 형식으로 제정한 형식적인 의미의 법률에 근거해서라는 의미로 해석한다. 법률에 근거가 없는 한, 즉 법률에 의해서 위임을 받지 않는 한 조례로는 주민의 권리제한이나 의무부과에 관한 것을 규정할 수 없다는 것이 된다.

이는 민법에서 정신적 제약이 있어 사무를 처리할 능력이 부족한 사람에 대해서 행위능력을 제한하여 후견인의 동의 없이는 활동할 수 없도록 하는 무능력자제도와 유사하다. 헌법은 국회가 제정한 법률의 위임이 없으면 지방자치단체

11) 이 글은 2018년 4월 5일 한국공법학회에서 발표한 원고를 기초로 하여 수정・가필하여 작성하였음.

가 활동할 수 없도록 하여 지방의 행위능력을 제한하고 있다. 즉, 헌법은 지방자치단체를 행위능력이 제한되는 제한능력자로 취급하고 있는 것이다. 그러다 보니 지방에서는 주민에게 혜택을 베푸는 조례만 제정할 수 있어 지방의 재정난을 가중시킨다. 뿐만 아니라 주민이 공공의 이익을 위하여 당연히 해야 하거나 하지 말아야 할 것도 법률의 위임이 없는 한 조례로 의무를 부과하거나 금지를 할 수가 없어서 주민이 혜택이 없으면 실천하지 않아 주민을 타락시킨다. 예컨대, 집 앞의 눈을 치운다든지, 차고지 확보 등의 의무도 부과할 수 없다.

지방정부의 자치권은 행정권뿐만이 아니라 입법권까지 포함한다. 법률의 위임이 있는 경우에만 지방정부가 조례를 정할 수 있다면 지방정부는 국가가 법률로 위임한 것을 집행하는 하청집행기관에 불과하게 된다. 지방정부는 더 이상 자치(Autonomie)기관이 아니라 타치(Heteronomie)기관에 불과하게 된다. 지방정부는 넓은 의미의 국가권력을 자율적으로 행사하는 통치기관으로 국회가 정한 법률을 집행하는 일반 행정기관과는 근본적으로 다른 지위를 가지고 있다. 이에 헌법 제75조나 제95조는 대통령이나 국무총리 또는 각부장관이 명령을 제정하기 위해서는 법률에 의한 위임을 요구하지만 지방자치단체에 대해서는 이러한 제약을 두고 있지 않다. 그럼에도 불구하고 권리제한이나 의무부과를 위한 조례제정에 법률의 위임을 요구하는 법률유보의 원칙은 지방정부를 자치기관이 아니라 단순한 행정기관으로 전락시키는 결과를 초래한다. 이로 인하여 지방정부는 국가가 법률로 시키는 것만 하고, 시키지 않는 것을 해서는 안 되는 국가하급기관에 불과하게 된다.

(2) 법률우위의 원칙

헌법 제117조는 지방정부는 자치입법권을 인정하지만 법령의 범위 내에서만 인정한다. 자치입법권은 법령의 범위 안에서 인정되므로 국가가 법령으로 자치사무에 대한 세세한 규정을 하고 있으면 자치입법권을 통한 입법의 여지는 거의 없다(법률우위의 원칙). 정책자율성은 거의 보장되지 않게 된다. 지방정부는 국가의 법령에서 시키는 대로만 해야 한다. 지방정부는 국가의 법령을 지방에서 베껴내는 복사기에 불과한 것이 된다. 전국의 도시 모습이 특성이 없고 미니서울로 획일화되어가는 것도 법령에 의한 제한 때문이다.

지방자치단체가 처리하는 위임사무에 대해서는 물론이고 자치사무에 대해서도 법령으로 상세한 지침을 정하고 있기 때문에 지방자치단체에게 독자적인 지방정책을 추진할 수 있는 여지가 거의 없다. 자치사무도 그 지침이 중앙정부에 의해서 법령의 형식으로 이미 다 정해진 경우가 대부분이므로 지방자치단체는 독자적인 정책구상에 의해서 이를 수행할 수 있는 자치주체가 아니라 사실상 중앙정부의 하급집행기관이 된다. 즉, 지방의 실패는 중앙정부가 법령의 형식으로 입력한 정책의 실패에 기인하는 경우가 많다.

많은 국회의원들이 제왕적 지방자치단체장 때문에 지방분권을 하면 폐단이 더 심해진다고 한다. 하지만 그러한 제왕적 지방권력구조는 결국 국회가 지방자치법을 통하여 설계한 것이라는 점에서 국회에 책임이 있다고 볼 수 있다. 학계와 시민사회에서는 20여 년이 넘게 이러한 지방권력구조를 개선하기 위한 방안을 주장하고 법률의 개정을 요구했지만 국회는 여전히 권력집중적인 지방권력구조를 고치려 하지 않는다. 오히려 지방에게 지방조직권을 부여하면 이를 시정하기 위한 다양한 혁신 방안이 나올 수 있을 것이다.

중앙정부가 법령으로 규정하기만 하면 지방은 법령이 요구하는 대로만 해야 한다. 법령이 지역실정에 맞지 않고, 지방에서 더 좋은 문제해결 방안을 가지고 있어도 지방에서는 법령에서 시키는 대로만 하여야 한다. 헌법이 지방정부의 손발을 묶어놓고 중앙정부만 쳐다보도록 만들고 있다. 중앙정부는 지방의 살림살이까지 세세하게 챙기고 간섭하는 데 진력하다보니 막상 전국적인 큰 과제에는 집중하지 못하고 있는 실정이다. 국가가 법령을 통해 전국적으로 지방에 하달한 획일화된 정책은 지방 실정에 맞지 않아 무용지물이 되거나 지역발전에 걸림돌이 되는 경우가 적지 않다. 중앙정부는 과부하로 기능장애에 시달리고, 지방정부는 수족이 묶여 능력을 발휘하지 못한다.

중요한 것은 중앙정부도 지역발전을 위해 어떻게 해야 할지 정답을 갖고 있지 않다는 점이다. 정답도 모르는 중앙정부가 법률이나 명령으로 시키는 것만 하고 시키는 대로만 해서는 지방이 발전할 수 없다. 지방정부는 지방을 발전시키고, 주민들의 복리를 향상시키기 위하여 중앙정부가 시키지 않은 것도 해야 한다. 중앙정부가 시키는 것이 지방의 실정이나 특성에 맞지 아니하는 경우에는 중앙정부가 법령으로 시키는 것과 다른 활동을 할 수도 있어야 한다. 그래야 혁신이 일어날 수 있는 토양이 형성되고, 지방과 국가의 발전을 기대할 수 있다. 우리 헌법은 이를 가로막고 있어서 국가의 문제해결 능력은 현저히 떨어지고, 지방의 활력은 발휘되지 못하고 있다. 헌법이 국가발전과 지역발전을 가로막고 있다.

(3) 지방조직법률주의

헌법 제118조는 의회와 지방자치단체장의 선임방식을 비롯하여 지방자치단체의 조직과 운영방식 등을 법률로 정하도록 하고 있다(지방조직법률주의). 지방자치단체의 조직은 지역에 따라 다양한 특성이 반영될 필요가 있고, 행정혁신은 대체로 조직혁신을 통해서 일어난다. 지방조직을 어떻게 하는지의 문제는 지방의 민주주의와 효율성에 관련된다. 지방조직법률주의는 지방정부형태를 기관의 존형으로 할 것인지, 기관독립형으로 할 것인지, 합의제기관으로 할 것인지, 지방자치단체장과 지방의회의 관계를 어떻게 설정할 것인지, 지방선거를 어떤 방식으로 할 것인지를 일일이 국가가 법률로 규정하도록 하고 있는 것이다. 지방특성과 지방주민의 요구에 상관없이 전국적으로 획일적으로 규정한다. 이는 독립하여 분가한 자식의 집에 가구배치까지를 부모가 결정하고 자식들이 따라야 한다고 강요하는 것과 같다.

지방분권이 잘된 스위스에서는 중앙정부의 조직은 지방정부의 조직 중에서 잘 운영되는 것을 본받아 혁신하는 경우가 적지 않다. 중앙정부를 합의제기관으로 운영하는 것, 직접민주제의 도입, 복식부기제도의 도입 등이 이에 해당한다. 아래로부터의 정부혁신은 지방의 조직자율성을 보장함으로써 큰 위험 없이 검증된 제도를 채택할 수 있게 되는 것이다. 지방자치단체의 조직법정주의를 통하여 우리는 아래로부터의 혁신효과를 원천적으로 봉쇄하고 있으며, 지방이 필요에 따라 조직을 변용할 수 있는 가능성을 배제하고 있다. 예컨대, 부시장을 몇 명으로 할 것인지, 의회와 집행기관의 관계를 어떻게 설정할 것인지, 집행기관을 독임제로 할 것인지 합의제로 할 것인지 다양한 실험과 지역특성의 반영이 요구되는 분야이다. 이를 전국적으로 획일적으로 법률로 규정하는 것 자체가 반분권적인 발상이다. 지방조직법률주의는 지방입법권과 관련된 문제이다.

(4) 지방재정의 빈곤과 무책임

지방자치단체가 재정난을 해소하기 위하여 지방세를 조례로 신설하고자 하나 법률의 위임이 없는 한 헌법 제59조의 조세법률주의에 가로막혀 법정외세의 도입이 불가능한 것으로 보고 있다. 더구나 국세와 지방세의 조정 등에 관한 법률에 특별한 규정이 있는 경우를 제외하고는 중복과세를 다른 법률로 규정하는 것도 금지하고 있어서 주요 세원인 소득세나 법인세 등을 조례로 지방세원으로 할 수 있도록 법률로 위임하는 것조차도 원천적으로 봉쇄하고 있다. 지방자치의 근간이 되는 자체수입의 확보 방안이 헌법과 법률에 의하여 봉쇄되고 있는 실정이다. 이로 인하여 지방의 재정적 국가의존은 심화되고 지방의 자기책임성은 실종되고 있다. 지방정부가 중앙정부의 재정지원으로 필요한 비용을 조달하다 보니 절약의 동기는 사라지고, 아래로부터 혁신을 통한 효율성의 향상도 기대하기 어렵게 된다. 지방정부가 스스로 필요한 세금의 종류와 세율을 정할 수 있는 과세권의 부재는 세금에 관한 지방입법권의 문제와 관련되어 있다. 조세법률주의가 지방의 과세권을 제약하고 있는 것이다.

특히 국가적인 과제로 각종 복지정책을 도입하여 포퓰리즘(populism) 정책을 양산하고 있으나 국가가 그 비용부담의무를 일부만 부담하여 지방정부에게 비용을 전가시키고 있다. 이로 인하여 지방재정이 취약해지고 있으며 복지비용부담으로 자체사업을 수행할 재원이 고갈되고 있다. 국가적인 과제를 지방이 수행하도록 함으로써 중앙정부는 비용을 고려하지 않고 인기영합정책을 양산하게 되어 도덕적 해이에 빠지고 무책임하게 된다. 중앙정부가 지방의 비용부담으로 선심을 쓰고 있다. 지방정부는 국가사무 수행비용을 충당하느라 자치사무를 수행하는 데 필요한 재원이 고갈된 실정이다. 지방자치단체의 자체사업을 할 수 있는 재원이 거의 없다. 이는 자치 없는 명목상의 자치가 된다. 역시 헌법상의 한계에 부딪혀 국가의 비용전가를 방어하기가 매우 어려운 실정이다.

2) 왜 지방분권개헌인가?

(1) 왜 개헌인가?

오늘날 대부분의 사람은 네비게이션을 보면서 자동차를 운전한다. 길이 새로 나고, 있던 길이 없어져도 네비게이션을 업데이트하지 않으면 자동차는 엉뚱한 곳으로 가게 된다. 헌법은 정치 네비게이션이다. 헌법이 잘못되어 있으면 정치가 제대로 작동하지 않게 되는 것이다. 우리 헌법은 30년이 넘도록 업데이트를 하지 않고 있다. 그동안 정치환경이 많이 바뀌었음에도 불구하고 헌법은 개정되어 관리되지 못하고 방치되어 있다. 그래서 정치가 엉망이 되는 것이다.

정치환경이 바뀔 때마다 헌법을 업데이트시켜야 한다. 그래서 정치적으로 선진화되고 경제적으로 번영하는 나라인 독일과 스위스에서는 거의 매년 헌법개정을 한다. 독일은 1949년 헌법을 제정한 이후 60여 차례 헌법을 개정했다. 스위스도 1848년 헌법을 제정한 이래 지금까지 200차례나 헌법을 개정하였다. 그런데 독일에는 16개의 주헌법이 있고, 스위스에는 26개의 칸톤헌법이 있다. 이들 주헌법이나 칸톤헌법도 개정된다. 따라서 이들 나라에서는 매년 수차례 헌법개정이 있게 된다.

MIT 경제학과 교수인 대런 에스모글루(Daron Acemoglu)와 하버드대학 정치학과 교수인 제임스 로빈슨(James A. Robinson)은 현대의 국부론이라고 불리는 『국가는 왜 실패하는가』라는 책에서 한 나라의 번영과 빈곤을 결정하는 결정적인 요인은 정치제도라고 했다. 바로 그 정치제도의 핵심이 헌법이다. 한 나라의 번영도, 빈곤도 그 근본 원인은 헌법에 있다는 것이 된다. 포용적인 정치질서가 국가의 번영을 가져온다는 점을 실증적인 자료를 가지고 논증한다. 하지만 이 책에서는 포용적인 정치질서를 갖추었던 나라가 중앙집권을 강화하여 절대적인 국가로 변질되어 착취적인 정치질서를 갖게 되는 원인을 잘 설명하지 못한다. 수평적인 권력공유에 분석의 틀을 한정하였기 때문이다. 만약 지방분권에 의한 수직적인 권력의 공유를 논의했더라면 이론의 완성도가 훨씬 높아졌을 것이라는 아쉬움이 있다.

(2) 시대변화와 국가운영체제

단군 이래 최대의 국난이라고 불렀던 IMF 외환위기를 어떻게 극복할 것인지 고심하고 있을 적에 세계적인 미래학자인 토플러(Alvin Toffler)가 2001년 6월 7일 김대중 대통령과 점심을 함께 하면서 대한민국을 위한 자문 보고서를 제출하였다. 이 보고서는 다음과 같이 시작한다.

"한국은 지금 선택의 기로에 있다. 그 선택은 현재의 모든 한국인뿐만 아니라 향후

수십 년 동안 자손들에게도 영향을 미칠 것이다. 한국인이 스스로 선택하지 않는다면, 타인에 의해 선택을 강요당할 것이다. 선택은 다름 아닌 저임금 경제를 바탕으로 하는 종속국가(dependant country)로 남을 것인가 아니면 경쟁력을 확보하고 세계 경제에서 주도적인 역할을 수행하는 선도국가(leading country)로 남을 것인가 하는 것이다. 선택은 반드시 조속히 이루어져야 한다."

그는 산업구조를 IT와 BT를 결합한 고부가가치 산업으로 전환하고 노사관계와 교육체제, 시민사회 등의 근본작인 변화를 요구하였다. 마지막으로 정부의 근본적인 변화가 필요하다고 역설하였다. 특히 그는 정부의 근본적인 변화를 다음과 같이 강조하였다.

"기업들과 노동조합, 시민사회, 그리고 학교들을 변화시킴으로써 한국은 그것이 아니면 신경제가 불가능할 새로운 사회를 위한 기반을 다질 수 있을 것이다. 하지만 이러한 변화들조차도 정부 자신 역시 새롭게 변화하지 않으면 불가능해질 것이다. 각국의 정부들은 근대화에 맞추어 변화해 왔다. 표준화, 전문화, 동시화, 집중화, 극대화 및 무엇보다도 중앙집중화의 산업화의 핵심원리들이 정부에게 적용되었다. 이들이 함께 작용했을 때 관료제를 낳았다. 이러한 시스템은, 잘 알려진 그 모든 결점들에도 불구하고, 한국의 경제개발시대 동안 적절하게 작동될 수 있었다. 하지만 산업시대에 대응하여 고안된 정부 시스템의 경우 지식기반경제 및 사회에서는 적절하게 기능을 다할 수 없기 때문에 그러한 시스템의 효능은 점점 더 퇴색되어져 가고 있다. 만약 기업이 위계적인 조직구조를 평평하게 하고, 수평적인 네트워크를 지향하면서, 관료적 운영형태를 줄이고, 권한을 이양하고, 신속하게 운영됨에도 정부가 그러하지 않다면 이들이 업무를 처리하면서 생겨나는 격차는 양자 모두를 비효율적으로 만들 것이다. 간단히 말해 정부의 근본적인 변화가 절실히 요구된다."

1960년대와 1970년대의 한국 산업화시대, 즉, 조국근대화시대는 정답이 있는 사회였다. 후발주자로서 선국국의 모델을 따라하는 것이 정답이었다. 목표가 분명하였다. 선진국을 모방하기다. 중앙정부의 엘리트관료들이 국가와 지방의 발전방안을 기획하여 중앙정부와 지방정부는 물론 국민과 주민의 행동메뉴얼을 만들고 일사분란하게 집행함으로써 목표를 효율적으로 달성할 수 있었다. 수차에 걸친 한국의 경제계획 5개년 계획은 이러한 시대의 산물이었다. 대한민국의 압축성장의 비밀이 여기에 숨어 있다. 중앙집권적인 관료적 중앙집권제도가 효율적으로 작용하였다.

하지만 1990년대에 들어서면서 한국이 서서히 지식정보사회로 접어들게 되자 정답이 없는 사회를 맞이하게 되었다. 이미 후발주자가 아니라 선두주자로 나서기 시작한 것이다. 따라할 선두주자가 없어진 것이다. 중앙정부도 지방정부도 정답이 무엇인지를 모른다. 목표가 불분명해지고, 정답을 스스로 찾아야 하는 시대가 된 것이다. 정답은 그냥 주어지는 것이 아니다. 시행착오를 거치면서 정답을 찾을 수밖에 없다. 국가가 나서서 정답을 찾다가 실패하면 전국민이 피해를 보게 된다. 위험을 분산시켜야 한다. 지방이 나서서 정답을 찾아야 한다. 그래야 실패하더라도 그 피해는 그 지방의 주민에게만 그칠 수 있게 된다. 지방이 혁신실험실이 되어야 한다. 지방끼리 일자리와 납세자를 유치하기 위한 경쟁을 하면서 아래로부터 혁신이 일어난다. 한 지방이 실패하는 다른 지방에서는 다른 방법을 찾을 것이다. 한 지방에서 성공하면 다른 지방에서 벤치마킹을 할 것이다. 보다 새로운 방법을 찾을 것이다. 이를 위해서는 지방정부가 지방문제와 주민복리문제를 자율적으로 해결할 수 있도록 하여야 한다. 즉, 지방분권적 국가운영체제로 전환이 요구되는 것이다. 중앙집권적인 국가운영체제는 위험의 집중을 가져온다. 문제해결의 다양성과 속도면에서 지방분권적 국가운영체제를 따라갈 수가 없다. 이것이 1970년대의 발전모델이 오늘날 지식정보사회에 적용될 수 없는 이유이다.

이명박 정부와 박근혜 정부에서 우리는 산업화시대의 중앙집권적 모델이 더 이상 통하지 않는다는 것을 값비싼 대가를 치르고 이미 경험을 했다. 1960년대와 1970년대 산업화시대에 중앙집권적인 국가운영체제가 큰 기여를 했다고 해서 지식정보사회에서도 이를 고집하는 것은 불가(佛家)의 얘기처럼 배를 타고 강을 건넌 사람이 배가 너무나 고마워서 버리지 못하고 배를 짊어지고 육지를 걷는 사람처럼 어리석다.

토플러는 우리가 매우 지방분권적인 국가운영체제를 갖고 있다고 생각하는 미국에 대해서도 미국이 불황을 극복하고 세계를 선도하는 국가로 남고 싶다면 연방정부가 가진 권한을 과감하게 지방정부로 이양해야 한다고 했다(앨빈 토플러, 2009).

3) 지방분권을 위한 헌법개정의 과제

지방분권개헌은 무엇보다도 지방정부의 손발을 풀어서 지방정부가 지방문제를 해결하고 지방발전을 위해 나설 수 있도록 하기 위한 것이어야 한다. 지방분권개헌이 제대로 되었는지의 평가기준도 그렇게 헌법을 개정하면 지방정부의 손발을 묶어놓고 있는 헌법상의 족쇄가 풀리는지 여부가 되어야 한다. 그렇다고 답할 수 있어야 올바른 개헌이다. 지방의 손발을 묶고 있는 헌법상의 족쇄를 풀지 못하는 지방분권개헌은 하나마나한 개헌이 된다.

지방분권이란 권력의 수직적 배분을 의미한다. 중앙정부와 지방정부간의 수직적 권력의 배분이다. 권력이란 공동체문제의 결정권을 의미한다. 우리는 흔히 지방분권이라 함은 행정권의 분권만을 생각하기 쉽다. 하지만 행정권은 이차적인 권력이다. 일차적인 권력인 입법권에 종속적이다. 입법권력에 의하여 정해진 법률을 집행하는 기능이 행정이다. 이에 많은 나라에서 행정부를 집행부(executive)라고도 한다. 사법부도 마찬가지로 입법종속적이다. 법률을 적용하여 구체적인 사건을 해결하는 것이 사법이다.

중앙정부와 지방정부간의 권력배분인 지방분권에서 가장 핵심적인 것은 입법권의 분권이다. 지방분권에서 입법권의 분권이 차지하는 비중은 80% 이상이다. 이에 비해 행정권이 차지하는 비중은 15% 정도에 불과하다. 사법권이 차지하는 비중은 5% 정도라고 할 수 있다. 이 점에서 입법권의 분권이 없이 행정권만 분권한다면 행정권을 100% 지방정부에게 부여한다고 하더라도 15% 지방분권에 불과한 것이 된다. 이 점에서 지방분권에 있어서 핵심적인 것은 입법권의 분권이다. 이에 모든 나라에서 지방분권을 규정하는 경우에 가장 큰 비중을 두고 있는 것이 입법권의 배분이다. 분권적 국가의 헌법에서 국가와 지방간의 입법권배분에 가장 큰 비중을 두는 것은 이런 이유다.

(1) 지방입법권의 헌법적 보장

지방의 조례가 법령의 범위 내에서만 제정할 수 있도록 하고, 국회와 중앙정부의 각 부처가 세세한 부분까지 법령으로 규정하게 된다면 지방정부는 결국 중앙정부가 법령의 형식으로 규정한 정책을 집행하는 하급기관에 불과하게 된다.

그렇게 해서는 지방정부에 의한 아래로부터의 혁신을 기대할 수 없다. 지방자치단체가 단순히 중앙정부의 하급기관이 아니라 독자적인 정책기관으로 자리매김하고, 혁신이 지방에서 일어나서 중앙정부를 혁신하도록 하는 지방분권의 기능이 발휘될 수 있도록 하게 위해서는 다음과 같은 다양한 방법을 생각할 수 있다.

① 입법권의 귀속과 행사

헌법 제40조는 "입법권은 국회에 속한다"고 규정하고 있다. 만약 입법권이 국회에 속하면 헌법 제1조 제2항과 정면으로 충돌된다. 헌법 제1조 제2항은 "대한민국의 주권은 국민에게 있고, 모든 권력은 국민으로부터 나온다"고 규정하고 있다. 헌법 제40조의 규정처럼 입법권이 국회에 속하면 입법권은 국민으로부터 나오는 것이 아니라 국회로부터 나오는 것이 아니라 국회로부터 나오는 것이 된다. 이는 모든 권력은 국민으로부터 나온다는 조항과 정면으로 충돌된다. 더구나 헌법 제66조 제4항은 "행정권은 대통령을 수반으로 하는 정부에 속한다"고 규정하고 있고, 헌법 제101조 제1항은 "사법권은 법관으로 구성된 법원에 속한다"라고 규정하고 있다. 그렇다면 국민에게 속하는 권력은 무엇인가? 아무 것도 없다. 이를 종합하면 모든 권력은 국회와 정부, 그리고 법원에 속하는 것이 되고, 모든 권력은 국가(국회, 정부, 법원)로부터 나온다는 것이 된다. 이는 제1조 제2항의 국민주권조항을 무력화시킨다. 이에 제헌헌법에서는 "입법권은 국회가 행한다"라고 했다. 입법권은 국민에 속하고 국회가 대신 행한다고 한 점에서 제1조 제2항과 양립 가능하였다.

직접민주주의와 조화를 이루고 지방자치를 보장하는 취지에 부합하기 위해서는 헌법 제40조를 "입법권은 국민과 주민에게 속한다. 국민과 주민은 입법권을 직접 또는 국회나 지방의회에 위임하여 행한다"로 개정해야 한다. 지방문제에 대해서는 입법권이 주민에게 권한이 속하고, 국가전체문제에 대해서는 국민에 속한다고 보아야 한다.

행정권과 사법권의 귀속과 행사방법도 다찬가지로 개정되어야 한다.

헌법 제40조의 입법권은 법률제정권을 의미하며, 법률제정권을 국회에만 속하도록 하여 독점의 폐단을 초래하고 있다. 국회가 경쟁자가 없으므로 법률의 품질을 개선할 필요가 없다. 오늘날 국회의 입법능력이 현저하게 떨어지고 국민적인 불신을 받고 있는 것도 독점의 폐단이라고 할 수 있다. 법률제정권을 국회와 지방의회가 행사하도록 법률제정권을 공유하고 경쟁구도를 만들어 주는 경우에 국회와 지방의회의 입법경쟁을 통한 혁신기능을 기대할 수 있게 될 것이다.

② 국가와 지방간의 입법권의 배분

국가와 지방정부의 입법권을 배분을 위해서는 먼저 국가의 배타적인 입법권을 정하고 다음으로 국가와 지방간의 경합적인 입법권을 규정하고, 그 밖의 입법권은 지방정부가 배타적으로 갖는 것으로 규정하는 것이 일반적이다(예컨대, 독일, 스위스, 이탈리아 등). 지방정부의 배타적인 입법권을 인정한다는 것은 국가의 법률제정권이 인정되지 않는다는 것을 의미한다. 우리의 경우도 지방입법권을 강화하고, 법률의 다양성을 보장하기 위해서 이러한 내용의 헌법규정이 필요하다고 본다. 국회개헌특위의 자문위에서는 이를 다음과 같이 제안하고 있다.

① 외교, 국방, 국가치안 등 국가존립에 필요한 사무 및 금융, 국세, 통화 등 전국적 통일성을 요하거나 전국적 규모의 사업에 대해서는 중앙정부만 입법권을 가진다.

② 제1항에 해당하지 않는 사항에 대하여는 중앙정부와 지방정부가 각각 입법권을 갖는다.

경합적인 사무를 넓게 인정하고 지방정부의 배타적인 입법권을 인정하지 않고 있다. 이는 국회입법권을 배제하는 것이 현실적으로 쉽지 않다는 것을 감안한 현실적이고 실현가능한 방안이라고 본다.

③ 지방정부의 자치입법에 의한 권리제한이나 의무부과

지방의 손발을 풀기 위해서는 우선 국가의 법령으로 지방정부에게 위임하지 않아도 지방의 자치입법을 통하여 권리제한이나 의무부과를 할 수 있어야 한다. 국가가 법령으로 위임하지 않는 일을 지방정부가 할 수 없다면 지방정부는 수동적이고 피동적인 역할을 하는 데 그칠 수밖에 없다. 이는 지방정부가 주민복리를 실현하기 위해 적극적인 조치가 필요함에도 불구하고 법령의 위임이 없으면 손발을 묶어놓고 있어야 한다는 것을 의미한다. 예컨대, 어린이 놀이터에서 동네청년들이 술을 마시고 병을 깨뜨려도 법률의 위임이 없는 한 지방정부는 속수무책이 된다. 탄산음료가 청소년에게 유해한 영향을 미칠 수 있어 청소년 시설에서 탄산음료의 자판기를 설치할 수 없도록 하고자 해도 법률에 위임이 없어 할 수가 없는 실정이다. 이에는 다시 여러 가지 방안을 생각할 수 있다.

• 제1안: 지방정부의 자치법을 법률과는 다른 입법형식(자치법률 또는 조례)으로 하되 관련 헌법조항에 법률유보와 자치법률유보를 병기하는 방안

예컨대, 지방정부의 자치입법을 자치법률 혹은 조례로 명명하게 되면 헌법에서 법률로 정하도록 한 사항(법률유보사항) 중에서 지방의 입법권에 속하는 사항은 모두 법률 또는 자치법률(또는 조례)로 부기하는 방법을 생각할 수 있다(참고로 조례는 우리 조선시대 500년 법제사의 조례개념과는 전혀 다른 개념으로 오늘날 사용되고 있다. 조선시대와 현재 중국에서는 조례는 국가와 지방의 모든 행정법을 의미하였지 오늘날처럼 지방의 법간을 의미하는 것으로 사용하지는 않았다). 여기서는 국가가 제정하는 법률과 구별하는 의미에서 지방의회가 제정하는 입법을 자치법률이라고 부르기로 한다. 이에 다음과 같은 개헌 방안을 생각할 수 있다.

제13조 ① 모든 국민은 행위시의 법률 또는 자치법률에 의하여 범죄를 구성하지 아니하는 행위로 소추되지 아니하며, 동일한 범죄에 대하여 거듭 처벌받지 아니한다.
제26조 ① 모든 국민은 법률 또는 자치법률이 정하는 바에 의하여 국가기관에 문서로 청원할 권리를 가진다.
제34조 ⑥ 학교교육 및 평생교육을 포함한 교육제도와 그 운영, 교육재정 및 교원의 지위에 관한 기본적인 사항은 법률 또는 자치법률로 정한다.
제35조 ② 환경권의 내용과 행사에 관하여는 법률 또는 자치법률로 정한다.
제37조 ② 국민의 모든 자유와 권리는 국가안전보장・질서유지 또는 공공복리를 위하여 필요한 경우에 한하여 법률 또는 자치법률로써 제한할 수 있으며, 제한하는 경우에도 자유와 권리의 본질적인 내용을 침해할 수 없다.
제38조 모든 국민은 법률 또는 자치법률이 정하는 바에 의하여 납세의 의무를 진다.
제59조 조세의 종목과 세율은 법률 또는 자치법률로 정한다.
제118조 ② 지방의회의 조직・권한・의원선거와 지방자치단체의 장의 선임방법 기타 지방자치단체의 조직과 운영에 관한 사항은 자치법률로 정한다.

• 제2안: 지방정부의 자치법률을 법률과는 다른 입법형식(자치법률 또는 조례)으로 하되 추상적으로 법률유보가 자치법률유보를 포함하는 것으로 표기하는 방안

자치법률유보를 일일이 열거하는 것이 번거로우므로 이를 피하기 위해서는 지방정부의 입법권을 규정하는 조항에서 "이 헌법에서 법률로 규정하기로 한 사항 중에서 지방정부가 입법권을 가지는 사항에 대해서는 자치법률로 규정할 수 있다. 이 경우 자치법률은 형식적 의미의 법률로 본다"는 정도로 규정할 수 있을 것으로 본다.

스위스에서는 지방정부의 자치법(Gemeindereglement)이 형식적 의미의 법률이라는 규정은 없지만 법학계나 실무에서 자치법률을 형식적 의미의 법률로 인정하고 있다. 따라서 법률의 근거가 없어도 자치법률로 권리제한이나 의무부과도 가능한 것으로 인정하고 있다. 하지만 우리나라에서는 자치법률을 형식적 의미의 법률로 인정하지 않으려는 학자들이 많으므로 헌법규정에 명백히 규정하여 다툼의 여지가 없도록 하는 것이 바람직하다.

• 제3안: 지방정부에게 법률을 제정할 수 있도록 하는 방안

지방정부의 이러한 무능력을 극복하기 위해서는 지방의회의 법률제정권을 헌법에 보장하면 헌법상의 법률유보조항에 자치법률을 병기할 필요가 없어지므로 입법기술상 매우 간명해진다. 지방의회는 국회와 마찬가지로 민주적인 정당성을 가진 기관이므로 지방의회가 법률을 제정하지 못할 이유가 없다. 지방의회가 스스로 법률제정권을 갖도록 헌법에 보장한다면 권리제한이나 의무부과, 지방세의 부과나 벌칙을 법률의 위임을 받을 필요가 없이 지방정부가 직접 제정할 수 있게 되어 지방정부는 비로소 자치주체가 된다.

국회개헌특위 자문위원회에서는 지방정부의 법률제정권을 다음과 같이 보장하여 법률유보조항에 의한 자치권의 제한문제를 해결하고 있다.

"지방정부는 그 관할구역에서 효력을 가지는 법률을 제정할 수 있다."

④ 중앙정부의 입법권 제한

중앙정부가 입법권을 행사하는 경우라도 불필요하게 세세한 부분까지 법령으로 규정할 수 없도록 중앙정부의 입법권의 한계를 설정하는 방식이다. 중앙정부가 법령을 규정하는 것은 전국적인 통일이 반드시 필요한 최소의 범위에 그치고, 지방정부가 독자적인 정책을 채택할 수 있도록 입법자율의 영역을 남겨두는 방식이 있다. 예컨대, "국회와 국무총리, 각부장관은 전국적인 통일을 위하여 불가피한 경우에만 입법권을 행사할 수 있다"라고 헌법에 규정하여 국회와 각 부처의 입법권의 한계를 설정하는 방식이다.

국가의 입법권을 제한하는 또 다른 방식은 이탈리아 헌법 제117조에서 채택하는 방식으로 국가는 지방정부와 경합적인 입법영역에서 원칙규정만 할 수 있도록 제한하고 세부적인 규정은 지방의 법률로 규정하도록 하는 방식도 생각할 수 있다.

⑤ 지방의 전속적 입법영역의 설정

중앙정부가 입법권을 행사할 수 없는 지방의 독자적인 입법권을 행사하도록 하는 방안이다. 즉, 지방정부의 독자적인 입법 분야를 헌법에 규정하는 방식이다. 헌법에서 규정하는 분야에 대해서는 지방정부만 입법권을 행사할 수 있도록 하고, 국회와 중앙정부의 각 부처에서는 아예 입법권을 행사할 수 있도록 하는 것이다. 만약 이러한 입법사항에 대해서 국회나 중앙부처가 입법권을 행사하면 관할권 위반으로 무효가 되도록 하는 방안이다. 예컨대, 독일에서는 연방정부는 교육, 문화, 경찰, 지방자치 등에 관해서는 연방정부는 입법권을 가지고 있지 않으며 지방정부인 주만 입법권을 가진다. 지방입법권을 가장 확실하게 보장하는 방안이지만 모든 영역에서 이미 국가가 법률과 명령으로 규율하고 있다는 점과 실현가능성을 생각하여 지방정부의 배타적입법권을 이번 헌법 개정에서는 제안하지 않기로 한다. 대신 이를 완화하여 다음에 제안하는 변형입법권을 채택하는 것이 보다 현실적이라고 본다.

⑥ 지방정부의 변형입법권 보장(법률우위의 원칙에 대한 예외 허용)

지방의회가 법률을 제정하도록 한다면 국회가 제정한 법률과 관계를 어떻게 설정할 것인지가 문제된다. 현행 헌법은 무조건 국회의 법률과 중앙정부의 법령이 지방입법에 우선하도록 규정하고 있다. 국가법령우월주의를 채택하고 있어서 지방정부를 중앙정부의 하급기관으로 만들고 있다. 이는 정책의 전국적 획일화를 가져오고, 아래로부터 혁신이 불가능하게 만든다.

지방자치를 통해서 실현하려는 지역특성에 다른 다양성의 보장과 아래로부터 혁신이 가능하도록 하기 위해서는 국가법령과 지방법령의 관계를 재설정할 필요가 있다. 경우에 따라서는 지방법령의 국가법령에 대한 우선성을 보장할 필요가 있다. 전국적으로 획일화된 국가법령이 지역실정에 맞지 않거나 지방정부가 중앙정부보다 더 나은 입법을 할 수 있는 경우에 국가의 법령에도 불구하고 지방에서 달리 규정할 수 있도록 하는 것이다(변형입법권, "불구하고" 조항). 2006년에 제정된 제주특별법에는 "○○법률 제○○조에 불구하고 제주도에서는 조례로 정할 수 있다"는 규정을 다수 포함하고 있다.

또한 2006년 개정된 독일 헌법 제72조는 자연보호, 사냥, 공간정서, 수리, 대학입학 등의 분야에서 주는 연방법과 다른 규정을 할 수 있도록 하여 연방법 우선주의에 대한 예외를 규정하고 있다. 국회개헌특위 지방분권분과에서는 이러한 점을 고려하여 중앙정부법률의 우선을 원칙으로 하되 다음과 같이 예외를 둘 것을 제안하고 있다.

"중앙정부의 법률은 지방정부의 법률보다 우선하는 효력을 가진다. 다만, 지방정부는 지역특성을 반영하기 위하여 필요한 경우에는 행정관리, 지방세, 주민복리와 관련한 주택, 교육, 환경, 경찰, 소방 등에 대해서 중앙정부의 법률과 달리 정할 수 있다."

국가법령에 대해 지방법령의 우월적인 효력을 예외적으로 보장함으로써 법령의 다양성, 즉 지방간의 정책다양성을 보장하고, 지방간의 정책경쟁을 가능하게 한다. 또한 중앙정부와 지방정부 간에도 정책경쟁을 가능하게 한다. 국가는 지역에 관련된 법률이나 명령 등을 규정함에 있어서 지방정부에 의해 다른 규율이 이루어질 수 있다는 것을 의식하며 입법에 신중을 기하고 보다 높은 수준의 정책을 입법화할 수 있도록 노력하게 된다. 또한 지방정부도 국가의 법령에 반하는 입법을 하기 위해서는 주민을 납득시킬 수 있어야 한다. 주민이 납득하지 못하는 지방입법은 지속성을 갖기 어렵게 된다. 이를 통하여 지방정부와 국가는 보다 나은 입법을 하기 위해 서로 경쟁을 하게 된다. 이러한 입법경쟁을 통하여 입법의 품질이 높아질 수 있게 된다.

대통령 헌법개정안에 대한 평가

대통령이 2018년 3월 26일 국회에 제안한 헌법개정안은 지방입법권에 대해 다음과 같은 제안을 하고 있다.

"제123조 ① 지방의회는 법률에 위반되지 않는 범위에서 주민의 자치와 복리에 필요한 사항에 관하여 조례를 제정할 수 있다. 다만, 권리를 제한하거나 의무를 부과하는 경우 법률의 위임이 있어야 한다."

대통령 헌법개정안은 지방분권의 관점에서 보면 최악이다. 개헌안 제123조 제1항은 현행 헌법의 규정보다 지방입법권을 더욱 제한하고 있다. 지방분권국가에서 유래를 찾기 어려움 중앙집권적 발상의 표현이다.

먼저 법률우위의 원칙에 의한 지방입법권 제약이다. 현행 헌법 제117조 제1항의 "법령의 범위안에서"를 개정안 제123조 제1항에서는 "법률에 위반되지 않는 범위에서"라고 바꾸었지만 개정안 제79조(대통령령)와 제99조(총리령과 부령)를 폐지하지 않는 한 법률에서 명령에 위임하는 것을 막을 수 없다. 설사 막는다 하더라도 국회가 법률로 정한다고 하여 지방정부에 대한 간섭이 줄어들 것을 기대할 수 없다. 오히려 행정실정을 모르는 국회가 법률로 자치권을 더욱 제약할 수도 있다. 따라서 현행 헌법규정과 달라지는 것이 없다. 국가입법권의 한계를 정하는 안전장치도 없다. 그렇다면 지방정부는 국가의 무제한적인 입법에 의하여 시키는 대로만 해야 하는 하급기관에 지나지 않게 된다.

둘째로, 개정한 제12조 제1항의 단서규정 신설이다. "지방의회는 법률에 위반되지 않는 범위에서 주민의 자치와 복리에 필요한 사항에 관하여 조례를 제정할 수 있다. 다만, 권리를 제한하거나 의무를 부과하는 경우 법률의 위임이 있어야 한다. <u>다만, 권리를 제한하거나 의무를 부과하는 경우 법률의 위임이 있어야 한다.</u>" 현행 헌법에도 없던 규정을 추가하였다.

현행 헌법에서는 제37조 제2항이나 제59조 등의 법률유보와 제117조 제1항의 관계를 여러 가지로 해석할 여지가 있었다. 제117조 제2항은 헌법 제37조 제2항에나 제59조 등의 특별법에 해당한다는 해석도 가능하였다. 이에 현행 지방자치법 제22조 단서["제22조(조례) 지방자치단체는 법령의 범위 안에서 그 사무에 관하여 조례를 제정할 수 있다. <u>다만, 주민의 권리 제한 또는 의무 부과에 관한 사항이나 벌칙을 정할 때에는 법률의 위임이 있어야 한다</u>"] 조항이 헌법위반이라는 유력한 학설이 주장될 수 있었다(박윤흔, 1992; 이기우, 2007 참조).

하지만 대통령 헌법개정안은 지방자치법 제22조 단서를 아예 헌법에 규정함으로써 이런 학설도 성립할 수 없도록 차단하고 있다.

지방입법권의 범위를 확대하기 위해서 헌법을 개정한 것이 아니라 지방입법권을 축소하기 위한 헌법개정을 한 것이다. 세계 어느 나라 헌법에도 없는 내용을 덧붙이고 있다. 이로써 지방입법권은 철저하게 법률에 의존되어 버렸다. 일차적인 입법권은 철저히 봉쇄되어 버린다.

현행 헌법 하에서는 열려 있었던 해석을 통한 입법권 확대의 숨통마저 완전히 틀어막아버린 최악의 헌법개정안이다. 이로써 지방정부는 중앙정부가 법령으로 시키는 것만 해야 하고(법률유보원칙), 지방정부는 중앙정부가 법령으로 시키는 대로만 해야 하는(법률우위의 원칙) 국가의 하급기관으로 전락되었다. 지방정부는 더 이상 자기결정을 통한 자기책임을 지는 자치기관이 아니라 국가가 법령으로 지시하는 대로, 지시하는 것만 행해야하는 타율기관으로 전락하게 된다. 지방정부라고 이름을 바꾸어도, 대한민국이 지방분권국가를 지향한다고 헌법에 규정해도 달라지는 것은 없다.

(2) 지방재정의 헌법적 보장

① 지방과세권의 헌법적 보장

지방자치의 본질은 각자 자신의 돈으로 스스로 살림을 꾸리도록 하는 데 있다. 스스로 결정한 업무를 수행하는 데 소요되는 비용을 자기책임으로 받아들이고 이를 주민들이 조세로 부담하도록 연결하는 것이 필요하다. 이를 위하여 지방세를 어떻게 부과하고 징수하고, 이를 쓸 것인지를 가능한 한 지방이 스스로 정하도록 하는 것이 바람직하다. 현행 헌법은 지방의 과세권을 인정하지 않고 있다. 세목과 세율이 모두 국회가 정한 국가의 법률로 결정되기 때문이다. 지방정부에게 세목과 세율을 스스로 결정할 수 있는 과세권을 부여하는 것이 지방재정의 자율성과 책임성을 보장하기 위하여 필요하다.

지방정부를 중앙의존에서 해방하여 자율의 주체로 설 수 있도록 하기 위해서는 지방의 과세권을 보장하고 소득세나 법인세, 부과가치세 등 중요 세원을 지방정부에서도 필요에 따라 과세할 수 있도록 헌법에서 보장해 주어야 한다. 이에 개인이나 법인의 소득세에 대해서 지방정부도 부과할 수 있는 세원공유제도를 도입할 필요가 있다. 중앙과 지방간에 수직적인 이중과세 내지 중복과세를 허용해야 한다. 국세와 상관없이 지방에서도 소득세나 법인세 등 현재 국세로 분류되어 있는 세금을 부과할 수 있도록 하는 것이 필요하다. 독일이나 스위스 등과 같이 선진국에서는 국세와 지방세의 세목이 중복하도록 하고 있어도 큰 문제가 없다.

② 위임사무의 비용부담은 위임한 정부가 부담하도록 헌법에 보장

복지지출의 급증으로 지방정부들이 몸살을 앓고 있다. 국가가 결정한 복지정책 수행비용의 상당한 부분을 지방정부로 전가하고 있다. 중앙정부는 선심만 쓰고 비용은 지방정부가 상당한 부분을 부담하도록 하는 왜곡된 구조 속에서 도덕적 해이가 발생한다. 지방정부는 국가사무인 복지사무를 수행하는 손발에 불과하다. 국가사무인 복지사무의 소요비용은 당연히 국가가 부담해야 한다. 국가의 복지사무를 수행하는 지방정부는 복지의 배달책임을 맡고 있다. 그럼에도 불구하고 지방정부에게 복지비용을 부담하게 하는 것은 배달부에게 물건값도 내라고 하는 것처럼 부당하다.

중앙정부가 결정한 복지비용은 중앙정부가, 지방정부가 결정한 복지정책은 지방정부가 그 비용의 전액을 부담하도록 해야 한다. 중앙정부가 결정한 복지를 일반재원인 지방교부세로 비용을 충당하도록 해서는 안 된다. 이는 결국 중앙의 비용을 지방으로 전가하는 결과를 초래하기 때문이다.

③ 재정조정제도에 관한 헌법적 보장

지역 간의 재정격차문제를 해결하기 위한 헌법적인 규정이 필요하다. 지방정부의 과세자율성 보장은 자칫하면 지방 간에 빈익빈 부익부를 고착화할 수 있으며, 재정이 빈약한 지역에서는 재정에 관한 지방자율 대신에 중앙정부의 개입을 선호하는 경향이 나타날 수 있다. 지역 간 연대차원에서 재정이 풍부한 지역의 세금 중에서 일부를 재정이 빈약한 지역에 이전하는 수평적인 재정조정제도를 통해서 재정격차는 해소하고, 중앙의 간섭은 배제하는 방법이 바람직하다. 가능하면 재원이 풍부한 서울과 경기도, 울산 등에서 먼저 이를 제안하면서 다른 지방과 함께 세원공유와 함께 지방과세권의 요구에 지방이 한목소리를 내도록 하는 것이 필요하다.

또한 중앙정부는 지역 간 재정격차를 조정하는 역할을 수행하여야 한다. 즉, 수직적인 재정조정제도도 존치하도록 한다. 하지만 그 규모면에서는 수평적인 재정조장을 일차적으로 고려하고 수직적인 재정조정은 보충적으로 보장하는 것이 바람직하다. 헌법에서는 자세하게 규정하기 어렵기 때문에 "지역 간 재정격차를 완화하기 위하여 법률이 정하는 바에 따라 지방과 지방 간의 수평적인 재정조정과 국가와 지방 간의 수직적인 재정조정을 한다"는 규정이라도 하는 것이 바람직하다. 또한 재정조정의 기준도 단순하고 객관적으로 명확하게 규정하여야 중앙정부의 간섭을 배제할 수 있게 된다.

(3) 양원제의 도입

연방제도를 포함하여 지방분권적인 권력구조를 가진 국가에서는 대체로 양원제도를 취하고 있다. 국가전체의 이익을 대표하는 하원과 지방의 이익을 대변하는 상원이 상호 견제하도록 함으로써 중앙정브가 지방정부의 자치권을 일방적으로 침해하는 것을 방지하고, 지방의 자치권을 방어하는 것을 가능하게 한다. 양원제는 의회 내의 권력분립을 의미한다. 동시에 국가전체의 의사결정과정에서 지방의 참여를 의미한다. 이 점에서 양원제는 국가와 지방 간의 수직적인 권력분립을 구체화한 것이라 볼 수 있다.

양원을 구성함에 있어서 하원은 인구비례로 구성하지만(민주주의 원리) 지역을 대표하는 상원은 지역 간에 동등한 참여를 보장하거나 인구가 적은 지역에게 인구가 많은 지역보다도 상대적으로 많은 대표성을 인정함으로써 대규모 지방과 소규모 지방 간의 균형을 이루도록 하고 있다(지역주의 원리). 이에 대규모 지방과 소규모 지역 간의 권력분립이 이루어지고 있다.

(4) 자치조직권의 헌법적 보장

지방정부의 조직형태를 어떻게 할 것인지에 대해서 법률로 전국적으로 획일적으로 규정하는 방식과 지방마다 다양한 형태로 구성할 수 있도록 하는 방안 사이에 여러 가지 절충적인 방안이 있을 수 있다. 우리나라에서는 지방조직(중앙)법정주의를 채택함으로써 지방조직을 전국적으로 획일화시키고 있다. 조직혁신을 위해서는 지방마다 다양한 실험이 가능할 수 있도록 지방정부에게 자치조직을 자율적으로 규정할 수 있도록 하는 것이 필요하다. 우리나라에서도 지방정부 형태 다양화에 관한 논의가 오래전부터 있어 왔다. 이는 당해 지방정부를 위해서도 요구될 뿐만 아니라 중앙정부의 조직혁신을 위한 사전 검증과정으로서도 매우 필요하다. 지방정부의 조직은 다른 지방정부나 중앙정부에 미치는 영향이 거의 없다는 점, 조직혁신을 통한 민주성과 효율성의 요구가 크다는 점에서 지방정부의 조직자율성은 광범위하게 보장하는 것이 바람직하다. 이를 위하여 지방조직은 지방의 법률로 정하도록 해야 한다. 아울러 지방조직의 구성을 위한 인사에 대해서도 지방정부의 다양성을 보장하기 위한 자율성을 가능한 넓게 보장하는 것이 필요하다.

(5) 보충성의 원칙

지방분권의 핵심적인 내용은 여러 단계의 정부 간의 역할배분이다. 정부 간의 역할배분에 대해서는 개별적인 내용을 헌법에 규정하는 것도 중요하지만 업무배분의 원칙을 규정하여 입법이나 해석의 기준을 마련하는 것이 필요하다. 중앙정부와 지방정부 간의 역할배분원칙으로서 유럽의 각국 헌법에서 채택하고 있는 보충성의 원칙이 거론된다. 한편으로는 정의의 원칙으로, 다른 한편으로는 효율성의 원칙으로 보충성의 원칙이 논의된다. 보충성의 원칙은 원래 개인과 공동체간의 업무배분과 공동체 상호간의 역할배분에도 적용될 수 있다.

보충성의 원리는 국가와 지방정부의 관계에서 가장 기본이 되는 법원칙이므로 헌법개정안에 반드시 포함되어야 하며, 개인과 공동체와 공동체 상호간의 역할분담원리로 규정하는 방식이 가장 바람직하다고 본다. 보충성이라는 추상적인 표현보다는 구체적인 내용으로 규정하는 것이 일반의 이해를 쉽게 하기 위하여 바람직하다고 본다. 이러한 보충성의 원칙은 행정기능에만 적용되는 것이 아니고, 입법과 사법을 포함한 모든 역할의 배분에 모두 적용된다고 본다.

다만, 보충성의 원칙은 그 구체적인 내용과 사법적인 실효성이 반드시 명확한 것은 아니지만 입법과 해석에 우선 도움이 되기 때문에 헌법에 규정하는 의미가 크다. 보충성의 원칙은 유럽공동체의 소속국가 헌법에서는 모두 헌법에 규정하고 있다. 왜냐하면 유럽공동체협약에서 보충성의 원칙을 각 구성국가의 헌법에 명시하도록 의무를 부과하고 있기 때문이다.

4) 맺는 말

현행 헌법은 지방자치를 뒷받침하지 못하고 지방자치의 발목을 잡는 족쇄가 되고 있다. 현행 헌법은 지방정부에게 국가가 법률로 시키는 것만 하고, 시키는 대로만 할 것을 요구하고 있다. 앞에서 논의한 것처럼 오늘날 지식정보사회는 정답이 없는 사회이다. 정답을 스스로 찾아야 하는 시대이다. 국가도 지역발전에 대한 정답을 갖고 있지 않다. 정답도 모르는 국가가 시키는 것만 하고 시키는 대로만 해서는 지방발전과 주민복지를 달성하기 어렵다. 만약 국가가 지방발전정책을 법률로 전국적으로 획일적으로 실시하다가 잘못되면 전 국민이 피해를 본다. 이에 위험을 분산시켜야 한다. 지방이 지역발전의 정답을 찾기 위해 나서야 한다. 지방이 지역발전을 위한 혁신발전소가 되어야 한다. 이를 위해서는 지방의 손발을 풀어서 자유롭게 활동할 수 있도록 해야 한다. 지방의 손발을 묶고 있는 헌법상의 족쇄를 헌법개정을 통해서 풀어야 한다.

핵심적인 헌법개정의 과제는 자치입법권의 보장과 강화이다. 지방분권개헌에서 자치입법권이 차지하는 비중은 80% 이상이다. 자치조직권, 자치재정권, 자치행정권은 모두 입법에 종속적인 것이기 때문이다. 자치입법권을 확대하기 위해서는 입법권을 국회뿐만 아니라 주민과 지방의회에게도 귀속되도록 해야 한다. 지방입법권의 범위를 헌법에 보장해야 한다. 지방의 배타적인 입법권을 보장하는 것이 가장 이상적이지만 현실적으로 어렵다면 외교와 국방 등 전국적인 통일성이나 전국적 규모의 사무를 제외하고는 지방정부가 입법권을 행사할 수 있도록 해야 한다. 또한 자치입법권의 질적 수준을 위임입법이 아니라 자치입법으로 보장해야 한다. 즉, 주민의 권리제한이나 의무부과를 국가법률의 위임이 없어도 할 수 있도록 헌법에 보장해야 한다. 이를 헌법에 규정하는 방식은 여러 가지가 있겠으나 지방정부에게 그 지방에서 효력을 갖는 법률제정권을 부여하는 방식이 가장 명확하다. 지방정부의 법률제정권을 헌법에 도입하는 것이 어렵다면 자치입법으로 주민의 권리제한이나 의무부과가 가능하다는 취지를 헌법에 명확히 규정하는 것이 필요하다. 주민의 권리제한이나 의무를 부과하는 조례는 법률의 위임이 있어야 한다는 대통령의 헌법개정안은 지방분권을 강화하는 개정안이 아니라 중앙집권을 강화한 개정안이라는 점에서 시대적 요구에 역행한다. 이로 인하여 대통령개헌안의 일부 긍정적인 부분도 빛이 바랬고, 2018년 5월 24일 국회에서 의결정족수미달로 폐기되었다.

헌법개정은 아직 살아있는 불씨이고, 국가발전과 지방발전을 위하여 반드시 실현되어야 하는 시대적 과제이다. 지방분권을 위한 헌법개정에서 핵심적인 과제는 자치입법권의 강화이다. 지방발전과 주민복리를 실현하기 위해 주민의 삶을 스스로 규정할 수 있는 법률제정권이 지방정부에게 부여되어야 한다. 자치입법을 법률로 부르면 좋지만 다른 명칭을 사용하더라도 주민의 권리제한이나 의무부과를 할 수 있도록 명시를 해야 학설이나 판례의 혼란을 방지할 수 있다. 이 글의 서두에서 사례로 제시한 여러 지방의 현안문제들도 주민과 지방의회에게 자치입법권을 강화하여 주민의 권리제한이나 의무부과를 자치입법으로 규정할 수 있을 때 비로소 해결될 수 있게 된다.

참고문헌

박윤흔(1992). 법령과 조례와의 관계. 『경희법학』, 제27권: 49-62.

엘빈 토플러(2009). 『불황을 넘어서』. 김원호(역), 창림출판.

이기우(2007). 부담적 조례와 법률유보에 관한 비판적 검토. 『헌법학연구』, 13(3): 353-389.

제 3 장

학회 원로의 생애와 제자의 회고

1. 초대 노융희 학회장(1989~1992)

이주희(전 행정안전부 지방행정연수원 교수)

1) 선생님과의 인연

필자가 고주(古州) 노융희(盧隆熙) 선생님을 처음 뵌 것은 1975년 서울대학교 환경대학원에 입학 했을 때이다. 그 이후 1976년에는 석사논문 지도교수님으로, 1980년부터 1985년까지 서울대학교 환경대학원 환경계획연구소 연구원으로 근무할 때는 직장에서 모시게 되었다. 1985~1990년에는 한국지방행정연구원에 근무할 때는 연구원 자문교수님으로, 1990년 이후 2000년까지 행정자치부 지방행정연수원 교수로 일할 때에는 연수원 지도교수로서 모시게 되었다. 1990년부터 1992년까지 선생님이 우리 학회장직을 맡으셨을 때에는 필자는 상임이사 및 자치통신 편집위원으로 활동하였다.

2017년 9월 선생님이 세상을 뜨실 때까지 40여 년이란 긴 세월 동안 가르침을 받았으니 필자로서는 여간 큰 행운이 아닐 수 없었고, 한국지방자치학회 창립 30주년을 맞이하여 선생님의 발자취를 더듬게 되니 감회가 새롭다.

2) 비이장목(飛耳長目)의 선구자

고주 노융희 선생님은 1952년 모교인 휘문고의 교사로 사회활동을 시작해서 서울대학교 환경대학원 교수로 1992년에 정년퇴임을 하셨는데, 그 40년의 삶은 본인의 표현대로 요철면경(凹凸面鏡)이었다.

서울대학교의 법과대학의 법학도로 입학한 이후 법학자인 동시에 행정학자로, 지방자치학의 선구자로, 도시 및 지역계획학의 창시자로서, 환경학자로서 독자적인 지평을 열었다고 해도 과언이 아니다. 선생님은 종국적으로 모든 학문은 하나로 귀일한다는 진정한 과학융합적 접근을 실천에 옮기려고 동분서주하셨다.

우리나라 행정학의 요람이라 할 수 있는 서울대학교 행정대학원의 창립멤버로 참여하였으며, 1968년 서울대학교 행정대학원 도시 및 지역계획학과의 설립하여 학과장을 맡았다. 1972년 스톡홀름에서 개최된 유엔인간환경회의 이후 우리나라에 지구적 환경문제에 학문적 초석을 놓으신 환경학자로도 새로운 인생을 시작했다. 환경과학의 종합과학화에 대한 노력을 개관적으로 인정받아 UNEP가 제정한 "글로벌 500인상"을 수상했다. 1973년에는 서울대학교 환경대학원을 창설하여 초대 원장을 역임하면서 불모지였던 도시 및 지역개발계획분야의 인재양성에 크게 이바지하였다. 이는 행정학자가 도시 및 지역계획학자로 새로운 전환점이 되었고, 1974년에는 도시 및 지역계획 관련 학자와 전문가들의 모임인 대한국토・도시계획학회 회장을 역임하셨다. 1978년에는 국토개발연구원(현 국토연구원) 창설과 초대 원장을 역임함으로써 명실 공히 우리나라 국토, 지역, 도시환경학의 선구자로서 족적을 남기셨다.

1988년에는 한국지방자치학회를 창립하여 초대 회장을 역임하였으며, 1993년에는 한국환경정책학회를 창립하여 초대회장을 역임하였다.

나는 법학・행정학(지방자치)・도시계획학・환경관리학 등 새로운 학문영역을 개

척했다. 세분화 · 전문화를 거듭해 온 학문영역을 하나의 디시플린(discipline)을 고수하는 것이 학자의 길로 나갈 길로 되어 있는 우리나라 풍토에서는, 잡학을 섭렵했던 나를 이해하기 힘들다는 말을 자주 들어 왔다. 그러나 이것이 나의 자랑일 수 밖에 없는 내 과거이다(요철면경, 발간에 즈음하여). 이러한 종합과학적 접근방법에 도전해온 지난 날의 노력이 훌륭한 제자들의 덕으로 본 궤도에 올랐음을 여간 다행이 아니라고 생각한다.

3) 우리나라 '지방자치학'의 토대 구축

• "지방자치교"의 교주

한국지방자치학회를 창립하시고 초대 회장을 역임하신 선생님은 『한국지방자치학회 20년사』에서 우리나라 지방자치에 대하여 다음과 같이 회고하셨다.

우리나라 지방의회가 구성된 것은 1952년이었다. 전시 중이라서 통치권이 못 미치는 한수 이북과 지리산 지역을 제외한 지역에만 지방의회가 구성되었던 것이다. 민주주의의 '학교'라고 일컬어지는 지방자치제도는 헌법상 제8장으로 독립되어 규정되어 있기는 하였으나, 참여와 분권을 내용으로 하는 지방자치의 역사적 경험을 지니고 있지 못한 우리들에겐 낯선 체제였다. 주민의 자치의식의 결여는 권한과 재정의 지방이양을 꺼리는 정부의 자세와 아울러 지방자치는 철따라 실시되는 지방선거에 껍질만 남겼을 뿐 민주주의의 학교로서의 구실을 기대할 형편까지 이르지는 못하였다.

4 · 19 이후 각종 자치단체장을 모두 주민이 직선하는 제도까지 도입하였으나 중앙집권적 관치적인 지방행정은 그대로 지속되었다. 지역적 다양성을 인정하기에 앞서 전국적 통일성을 강조하는 것이 사회풍조였기 때문이다. 그나마 지방자치제는 실시 9년 만에 군사정부에 의해서 중단되고 관치지방행정의 효율화를 위한 내무행정으로 전락하여 한 세대 가까운 세월을 보내야 했다. 이 기간 동안 우리 정부는 경제의 압축성장을 통해 민주화의 길을 터놓았다고는 하나 지방자치는 명목적 단체자치에 머물러 있었다. 오랜 동면을 끝맺고 신장된 경제력을 바탕으로 하는 민주정치가 차원 높게 발전하여 대북관계를 중심으로 표류할 정도로 발전하였으나 지방자치의 발전은 아직도 전국적 통일성을 강조하는 사회논리에 부딪혀 허우적거리고 있는 형편이다. 하루 속히 지방자치란 지역적 특이성을 인정하자는 것이고 그 특이성의 인정은 전국적 통일성을 부정하는 것이라는 점을 깨달아야 하겠다.

선생님은 이른바 '수영법이론'으로 우리나라의 분권화 촉진에 앞장서게 된다. 즉, 수영을 못한다고 해서 물속으로 들어가지 않으면 평생을 수영할 줄 모르고 물 밖에서 물을 두려워 할 뿐이라는 것이다. 수영을 못해도 물속에 들어가야 수영을 배울 수 있다고 주장하셨다. 자치의 여건을 탓하는 것이 아니라 미흡한 여건에서라도 지방자치를 실시해서 시행착오를 겪어봐야 지방자치가 발전된다는 주장이었다. 이런 주장 때문에 "지방자치교의 교주"라는 칭호를 얻게 되었다.

• **지방자치학의 기수**

선생님이 지방자치에 관심을 가지게 된 배경을 『한국지방자치학회 20년사』에서 다음과 같이 밝히고 있다.

> 학문으로서의 지방자치가 독자적인 연구대상으로 인정받은 것은 1959년부터이다. 서울대학교에 신설된 행정대학원에 '지방자치'와 '지방자치 세미나'가 개설되었기 때문이다. 이때까지 우리나라 지방자치는 행정법상의 조직법론이나 정치학개론의 권한분배론으로 거론될 정도이고 독자적인 학문적 연구대상이 아니었다. 4 · 19 이후 전국 대학에 보급되면서 법학과 정치학에서 독립된 새로운 학문체계로 탄생한 것처럼 그 일환으로 독자적인 연구대상으로 인정받은 지방자치도 새로운 디씨플린으로 독립할 기회를 마련한 것이라고 하겠다. 과학이란 연구대상이 뚜렷하고 그 대상을 체계적으로 인식하는 이론이 뒷받침되어야 하기에 대학 강단에 독자적인 강좌가 설정된 것은 연구대상의 독자성을 인정한 것이라 행정학이 정치학과 법학의 이론을 포함한 인접과학의 이론을 원용하는 것처럼 지방자치학도 행정학의 이론을 원용하여 새로운 학문체계로 발전할 수 있음을 뜻하는 것이었다. 그러나 지방자치학이 새로운 학문체계로 소리 높이기에는 현실적 여건이 부적당하였다. 이리해서 지방자치 강좌는 지방행정, 도시행정 등으로 바뀌어서 '지방자치학'이란 학문적 영역이 출현할 때까지 짧지 않은 기간 동안 기다려야 했다.
>
> 1957년 여름 나는 서울대학교의 전후 복구계획으로 미국 정부가 지원하는 미네소타 프로젝트에 추가된 행정대학원 교수요원 훈련생으로 도미하였다. 그 당시 나는 숭실대학교의 형법담당 조교수였고, 므교인 서울법대의 영미법 담당강사였다. 현직 대학교수라고는 하나 미국의 대학교육 운영방식은 우리나라와는 판이하여 문화적 충격을 받지 않을 수 없었다. 미네아폴리스 캠퍼스에서 떨어져 인터캠퍼스 버스를 이용해

야 하는 쎄인포올에 기숙하던 나는 지도교수와의 면접을 마감 날에야 하게 되었고 결과적으로 지방자치 전공을 본의 아니게 받아들일 수밖에 없었다. 우리나라 대학에는 강좌조차 없고 명목적인 단체자치 속에서 중앙집권적 지방행정을 자치행정으로 연구해 보아야 무얼 할 것인가 하는 생각이 앞섰기 때문이다.

그러나 지도교수(G. Warp)는 지방자치의 중요성을 강조하며, 머지않아 한국이 민주주의의 꽃을 피울 수 있게 되는 날이 올 것인데 이는 지방자치의 발전을 통해서만 가능하다는 사실을 알아야 한다고 일러주었다.

이렇게 결정된 전공 때문에 나는 앤더슨(W. Anderson) 교수의 강의를 들을 수 있었다. 정년퇴직한 그가 미네소타 대학에서 마지막으로 한 강의였다. 백발이 성성하고 기력이 쇠진해 보이는 노구를 이끌고 나지막한 목소리로 앉아서 강의하는 그의 수업을 통해 나는 나의 진로를 깨닫게 되었다.

그가 나누어준 실라버스(syllabus)에 따라 그가 미국 내의 복잡다기한 특별지방자치단체(ad hoc authorities)를 이론적으로 정리하여 유명할 뿐만 아니라 유럽 각국의 비교지방자치를 체계화한 거물교수임을 알게 되었는데, 특히 감명받은 것은 새로운 중앙집권화경향에 대한 그의 소신이었다. 즉, 민주성을 충족하는 local government와 행정의 효율성을 강조하는 local administration의 상호관계에서 민주성의 과잉 속에서 추구되는 능률성이 새로운 중앙집권화 경향임을 알아야지 민주성의 희소 속에서 능률성만 추구하면 지방자치의 부정이고 더 나아가서는 민주정치의 부정이 된다는 것이었다.

이러한 소신은 5·16 직후 중앙공무원교육원의 고급반에 마련된 지방자치론 시간에 중앙집권의 폐해를 60만 대군을 가진 군부의 수천 명이 감행한 5·16 쿠데타가 성공할 수 있었던 중요 원인의 하나라고 강의하는 등 겁 없고 어리석은 일을 해낼 수 있는 원동력이었다(한국지방자치학회 20년사).

4) 한국지방자치학회 초대 회장취임과 활동

(1) 한국지방자치학회 학회 창립

1988년 12월 3일 서울 마포 공덕동 소재 지방행정회관 회의실에서 한국지방자치학회(이하 "학회"라 부른다)를 창립총회를 개최하여 선생님은 초대 회장으로 추대되었다. 그 사무실은 서울시 강남구 역삼동 635−4 소재 한국과학기술총연합회 건물 303호에 두었다. 그 사무실은 2012년까지 14년간 학회사무실로 무상으로 제공하였다. 한국지방자치학회는 1989년 내무부의 사단법인 설립허가를 받아 각종 연구발표회 · 세미나 · 워크숍 · 콜로키움(colloquium) 개최, 연구지(학회지) 발간, 뉴스레터 간행, 지방자치 국민계몽, 강연 · 연찬 · 연수, 외국 학술단체와의 교류, 지방 지회의 창설, 지방의회 조속구성 건의 · 선언 · 소송 등 활동을 전개했다. 특히 1991년 지방의회 구성에 즈음해서는 공명선거 국민계몽, 지방의원 당선자 연수 · 연찬 등을 실시하였다.

회장이신 고주 선생님은 학회운영을 삼원화하였다. 학술담당 부회장(최창호 건국대 교수)은 학술연구발표 · 세미나 · 워크숍, 강연 · 연수 · 연찬, 국민계몽 등에 헌신 진력하도록 하였다. 지방담당 부회장(김동훈 충남대 교수)은 각 지회 결성과 이사회 · 세미나 등의 지방개최에 노력을 하도록 독려하였다. 그리고 총무담당 부회장(전 경북지사 정채진, 전 제주제사 이창수)은 학회 기금의 조성과 지방공무원들의 자치의식 제고와 학회 재정적 기반을 마련하도록 했다.

(2) 지방자치 실시촉구 건의

초대 학회장이신 고주 선생님은 지방의회의원 선거를 지방자치법 규정대로 1989년 5월 1일까지 실시할 것을 당부 · 건의하는 성명서를 4월 11일에 발표하고, 그 성명문을 관계 요로에 전달하였다. 그러나 그 건의 · 성명에도 불구하고 선거실시 기일을 도과하였을 뿐만 아니라, 그 후 사후 개정된 지방자치법에서 새로 정해진 지방자치의원 선거 실시기한인 1990년 6월 30일마저 지켜지지 않음에, 선생님이 대표인 학회가 강력한 실시촉구 활동을 전개하였다. 1990년 9월 8일에 지방자치 조속실시 촉구 성명을 발표하고, 그 성명문을 대통령, 국무총리, 내무부장관, 국회의장, 4당 대표실, 정책위원장, 중앙선거관리위원회와 각 언론기관에 전달하였다.

(3) 입법 부작위 위헌심판청구

지방자치제 실시의 계속되는 무단 연기에 대하여 국회가 적절한 입법조처를 계속 취하지 않음으로써 중대한 위헌사태를 발생하고, 그로 인해 국민의 참정권에 심대한 침해가 초래되었다고 개탄했다. 선생님이 제안하여 학회가 국회를 피청구인으로 하는 입법부작위 위헌심판청구를 하였다.

고주 선생님은 1990년 9월 26일에 긴급이사회를 소집하여 위헌심판청구를 논의하게 되었는데, 위헌심판청구는 소송행위로서 그 당사자가 개인별로 명시되어야 하므로, 이사들 중에서 심판청구를 주저하는 분들과 의사가 불명한 분들은 제외하고 적극 희망하는 분들만(노융희, 서원우, 김동훈, 최창호, 정세욱, 김종표, 박종순, 강형기)으로써, 각자의 이름을 밝혀 심판을 청구하였다.

지방자치제 실시 연기는 위헌(동아일보 기사)
- 지방자치학회 헌법재판소에 국회상대 소원 -

지방자치학회의 노융희(盧隆熙) 회장(서울대 교수) 등 교수 8명은 "국민의 권리 · 의무에 관한 법률을 제정 · 개폐하는 입법권을 가진 국회가 스스로 정한 법상의 지방의회의원선거 시기를 두 번이나 지나쳐 버리도록 한 것은 명백한 헌법위반이며 국민 기본권침해에 관련된 문제"라고 지적, 국회(의장 박준규)를 상대로 9월 28일 헌법재판소에 소원심판을 청구했다.

교수들은 "국회가 1988년 지방자치법을 고쳐 1989년 4월 30일까지 지방의회 구성을 마치기로 하고도 시한을 넘긴 데 이어, 1989년 12월 다시 1990년 6월 30일 이내에 지방의원선거(광역, 기초 모두)를 실시키로 법을 고치고도 지방의원선거법을 고치는 등 후속조치를 취하지 않아 시한을 넘겨버렸다"면서, "이는 입법자의 헌법위반"이라고 주장했다.

교수들은 스스로 선거권과 공무담임권을 갖는 국민임을 전제, "헌법이 국회에 맡긴 지방자치제 관련법을 시한 내에 개정하지 않아 국민의 참정권행사를 하지 못하게 한 것은 입법의무를 게을리한 헌법위반"이라고 주장했다. 이들은 "국회는 1990년 6월 30일 이내 지방의원선거가 현실적으로 불가능하면 마땅히 부칙개정 등을 통해 법치주의와 법률에 대한 신뢰, 그리고 국민의 참정권이 침해되지 않도록 고쳤어야 했다"며, 국회 스스로 법률개선 의무를 다하지 못했다고 지적했다.

이들은 "국회가 스스로 확정한 시한을 두 번씩이나 위반함으로써 주권자인 국민의 신뢰를 손상한 것은 마땅히 준엄한 심판을 받아야 한다"고 주장하면서, "헌법재판소는 이러한 국회의 헌법위반을 확인하는 한편 국회는 입법조치를 해야 한다"고 촉구했다.

이번에 헌법심판을 청구한 교수들은 지방자치학회 회장인 노융희 교수와, 회원인 김동훈(충남대), 최창호(건국대), 서원우(서울대 행정대학원), 정세욱(명지대), 김종표(단국대), 박종순(전주우석대), 강형기(충북대) 교수 등이다"(동아일보 1990.9.28).

이 소원심판청구는 그 소원심사 도중에 국회가 법률을 개정하고 정부가 지방선거를 실시함으로써 그 소원의 실익이 소멸하였으므로 중간에 청구취하를 하게 되었다.

(4) 지방선거에 대비한 국민계몽을 위한 순회강연 실시

1991년에 학수고대하던 지방의회의원 선거가 실시되었는데, 고주 선생님은 3월 26일의 기초의회의원 선거, 6월 20일의 광역의회의원 선거를 앞두고 공명선거 국민계몽을 전국에 대대적으로 전개하자고 제안하여 실천에 들어갔다.

2월 4일부터 21일까지 18일간 전국 33개 지역에 순회강연을 실시하였는데, 그 내용은 '지방선거 관련법의 주요내용'과, '지방자치제 정착을 위한 공명선거'였다. 1991년 지방의원선거 국민계몽 전국순회 강연은 서울, 부산, 대구, 인천, 광주, 대전, 평택, 춘천, 청주, 천안, 군산, 목포, 안동, 울산, 서귀포 등 33개 지역에서 개최하였다. 이때 학회는 각 지역마다 2인 1조의 강사들이 정해진 지역에서 강의를 순회하게 하였다. 담당 강사를 66명이나 동원했다.

(5) 제1회 한·일 학술교류 국제세미나

1992년에는 한국지방자치학회와 일본지방자치학회 간의 학술교류가 선생님의 주도로 시작되었다. 고주 선생님은 일본지방자치학회와 협의하여 한·일 지방자치 학술교류 국제세미나를 매년 1회 개최하되, 한국과 일본이 번갈아 주관하도록 하여, 그 제1회를 한국에서 개최하게 되었다. 제1회 국제세미나의 주제를 "지방자치의 좌표와 진로"로 정하고 그 일자를 10월 14일로 하여, 장소로 서울대학교 호암회관으로 잡았다. 그 일정을 세미나를 하루 열고 이튿날부터 2일간 제주도 투어(tour)를 하여 일본측 참가자들에게 한국의 지방자치 현지를 시찰할 수 있도록 하였다. 일본지방자치학회에 제1회 한·일 국제세미나 개최를 통보하고 초청장을 보냈던 바, 일본측에서 9명, 즉 교수인 佐藤竺, 宮本憲一, 柴田德衛, 山田公平, 坂本忠次, 保母武彥, 佐々木雅行, 水口憲人과, 그리고 鄭德秀 대학원생이 참가했다(이상 한국지방자치학회 20년사 축약).

1992년 10월 14일 한 · 일 세미나 일본측 참가자와 함께 – 제주도

1993년 9월 27일
한 · 일 세미나 한국측 참가자 – 도쿄

1993년 9월 27일
한 · 일 세미나 한국측 참가자 – 와세다대학교 중앙도서관

5) 고주 노융희 지방자치상의 제정

고주상의 시초는 한국지방자치연구원에서 창간한 월간지 『자치공론』에 공직자 논단에 기고한 지방공무원의 논문의 질적 향상을 도모하기 위하여 1996년 1월 고주 노융희 공직자상 논단상을 제정하여 시행하게 되었다. 지방자치의 학문적 발전을 위하여 고주 노융희 선생님과 이에 뜻을 같이하는 분들의 성금으로 1998년 9월 4일 고주 노융희 지방자치상 운영규정을 제정하여 공직자에 한정하여 시상하던 것을 학자까지 넓혀서 '지방자치학술상'을 신설하였다. 제3회에 걸쳐 사단법인 한국지방자치연구원(현 한국자치개발연구원)이 운영하였고, 2001년 6월 21일부터 우리 학회에 이관하면서 그 명칭을 '지방자치학술상'에서 2003년 12월 18일 '고주 노융희 지방자치상'으로 명칭을 변경하였다. 고주 선생님을 비롯한 30인의 개인과 3개 기관이 기금 3천만 원을 조성・출연하여 그 이자를 상금으로 매년 자치발전에 공로가 많은 인사 2인을 선발하여 시상을 하게 되었다. 그러나 금리가 낮아지게 됨에 따라 은행 정기예금 이자로 상금을 지급할 수 없게 되어 2013년, 2014년 시상자에게 상금을 지급할 수 없게 되자 2016년 본 학회(당시 회장 하혜수)에서 2천만 원을 출연하여, 이를 소급하여 상금을 지급하였다. 2018년에는 노융희 선생님의 자녀(장남 노재정 카이스트대 교수 등)들이 2천만 원을 추가로 출연하여 2018년 현재의 기금은 7천만여 원 조성되어 있다. 이 기금은 학회장이 관리하고, 고주상기금관리위원회가 수상자를 선발하여 학회장 이름으로 시상하고 있다.

6) 소탈, 자상한 인품과 기부의 생활화

선생님은 평안북도 정주에서 4대가 동거하는 부농의 7남매 중 막내로 태어나, 소학교 졸업 때까지만 가족과 함께 살았다. 서울 유학시절에는 짧은 방학 때의 귀성을 제외한 나머지 시간을 하숙생활로 보냈고, 38선으로 남북이 분단된 뒤에서는 가족과 떨어져 부모님을 북녘 땅에 남겨둔 채 남쪽에서 타향살이로 세월을 보냈다. 그러는 사이에 북쪽의 부모님은 돌아가셨고, 남쪽으로 월남해 온 중형과 자신뿐이었다. 남과는 달리 고향에 대한 사랑이 남달라 정주장학회를 결성하여 장학재단을 설립하여 이사장으로 정주 출신 자손들에게 해마다 장학금을 지급하셨다.

일반적으로 교수라면 상아탑 속에 갇혀 사는 고고한 학자와 기관형성의 대가로서 권위주의적인 인품의 선생님이라고 생각하기 십상이다. 그러나 선생님의 면모를 엿볼 수 있는 글은 선생님의 80순 기념으로 출간된『行雲流水』(작은 것이 아름답다, 2006)라는 책에 들어있다. 이 책에 기고된 각계각층에 있는 100여 명의 글을 읽으면서 선생님의 너무나 인간적인 모습을 볼 수 있을 것 같다. 격식을 넘어선 소탈한 성품, 호주(好酒)와 거구에 걸맞은 자상함과 치밀함, 선생님의 강의를 그대로 녹음하여 푼다면 그대로 책이 될 수 있다고 할 만큼 논리적이고 군더더기 없는 강의, 바리톤 음성의 보리밭 등의 애창곡, 평양냉면, 약주나 한잔 하시면 선생님 특유의 애정의 표시인 제자의 '귀 잡아 땡기기' 등 선생님의 인간적인 모습을 떠올리지 않을 수 없다(최상철,『행운유수』발간사).

40년 동안 능력만 있으면 할 수 있었고, 능력과는 무관하게 할 수 있었거나 했어야 할 여러 가지 일들을 해보지 못하고 지내 온 것은 한 두 가지가 아니다. 대학교수라면 누구나 해야 하는 것으로 되어 있는 교과서 한 권 저술한 일이 없다. …… 중앙도시계획위원 · 국토계획심의회위원 · 국토개발연구원장 등을 십수 년이나 역임하면서도 이사 한 번 못해보고 지금도 녹물 나고 비새는 강북의 단독주택에서 45년(필자 추산)이나 살고 있다.

그렇지만 수많은 논문, 수많은 자랑스러운 서울시민 600, 서울시 문화상 등 수상경력,『한국의 지방자치』등의 수많은 저서와 논문과 수필은 선생님의 그릇을 짐작하게 했다. 뿐만 아니라 후학들에게 장학금을 쾌척하는 데 앞장서시며, 스스로 창설하신 학회가 재정적인 어려움에 봉착할 때는 지나치지 않고 적잖은 기금을 기부하시는 것을 주저하지 않으셨다.

7) 향년 90세로 별세

고주 노융희 선생님은 1년여를 투병하시다가 2017년 9월 11일 용산 아산병원에서 숙환으로 별세하셨다. 이에 동료, 친지, 후학들은 공동장례위원회를 구성하였다. 우리 학회에서는 건국대학교 전 명예교수 최창호, 서울대학교 전 명예교수 김안제, 최상철 선생님이 공동으로 장례위원장을 맡아 서울아산병원에서 영결식을 올렸다. 영결식에서 최상철 선생님이 조사를, 서울대학교 법과대학 명예교수인 최종고 선생님의 조시가 낭독되었다. 노융희 선생님은 경기도 파주시 송화로 136 낙원공원묘원에 안장되었다.

〈노융희(盧隆熙) 선생님 주요 약력〉

주요 약력

1927.8.4	평안북도 정주군 마산면 동창동 1158번지에서 아버지 노혁근님과 어머니 주혁 여사의 3남 4녀 가운데 막내로 태어나셨다.
1952.2	서울대학교 법과대학 졸업
1952~1959	휘문중고등학교 교사, 서울대 법과대학 강사
1955.2	서울대학교 대학원 수료(법학석사)
1958~1959	숭실대학교 조교수
1958	미국 미네소타대학교 대학원 수료
1959~1972	서울대학교 행정대학원 조교수·부교수·교수
1968~1972	서울대학교 행정대학원 도시 및 지역계획학과 신설 및 초대학과장
1973.2	서울대학교 대학원(법학박사)
1974~1978	서울대학교 환경대학원 설립 및 초대원장
1974~1978	대한국토계획학회 회장·고문
1978~1981	국토개발연구원(현 국토연구원) 설립 및 초대원장
1979~1992	(재)정주장학회 이사
1988~1993	한국지방자치학회 설립 및 초대회장·고문
1992.2	서울대학교 정년퇴직(현 명예교수)
1992~1994	명지대학교 지방자치대학원 초빙교수
1992~1997	한국환경기술개발원 초대 이사장

1992~2012	(재)정주장학회 이사장 · 명예이사장
1993~1995	한국환경정책학회 설립 및 초대회장 · 고문
1996~1998	녹색연합 회장 · 고문
1997~1999	한국환경정책 · 평가연구원 이사장
1997~2000	일본 리츠메이칸대학 객원교수
1998~2000	중국 환경간부학원 객좌교수
2000~2003	대통령자문지속가능발전위원회 위원
2001~2005	일사회(서울에코클럽) 회장 · 고문

상 훈

국민훈장 동백장(1987), 서울특별시문화상(1989), 평안북도문화상(1991), UN Global 500인상(1991), 현정국토개발상(1992), 자랑스러운 서울시민 600인상(1994), 자랑스러운 미네소타대학 동창인상(1997), 자랑스러운 휘문인상(2000), 20세기 환경인물 50인상(2001), 제1회 지방자치 명예의 전당 헌액(2005), 인제인성대상(2006), 교보생명 환경문화상(2007)

참고문헌

고주 노융희 교수 팔순 기념문집 간행위원회(2006). 『行雲流水』(작은 것이 아름답다).
노융희(1992). 고주 수상록 『凹凸面鏡』(도시 및 지역계획연구소).
______(2004). 고주 수상록2 『飛耳張目』(작은 것이 아름답다).
한국지방자치학회(2008). 『한국지방자치학회 20년사』.

2. 원로 김안제 선생님

소진광(가천대학교 교수)

1) 초범 김안제 선생님의 생애

초범(草凡) 김안제(金安濟) 선생님은 1936년 7월 28일(당시 양력, 음력으로는 6월 10일에 해당, 호적에는 1937년 4월 25일로 기록되어 있음), 현재 경상북도 문경시 흥덕동 394번지(당시 주소는 경상북도 문경군 호서남면 흥덕4리 깃골 394번지)에서 태어나셨다. 초범 선생님은 당시 보편적인 현상이었겠지만 어릴 적 마을 서당에 다니셨을 테고, 자연 전래 유교사상을 거부감 없이 받아들였을 것이다. 초범 선생님은 1945년 3월 호서남국민학교에 입학하여 양학을 시작하였다.

초범 선생님은 1951년 7월 국민학교(초등학교)를 졸업하고, 국가고시에서 문경군 수석을 차지했다. 학비 걱정으로 타지로 중학을 갈 꿈도 못 꾸고, 가까운 문경중학교에 역시 수석 합격하였다. 수석으로 합격하고도 학비 마련이 어려워 학교를 다닐 형편이 아니었는데, 우여곡절 끝에 학교 측의 배려로 입학하여 학업을 계속할 수 있었다. 그러나 중학교를 다니면서도 생활비와 용돈을 마련하기 위해 산에서 나무를 해다 팔기도 하고, 장님 점쟁이를 도와 토정비결 등을 대신 읽어주기도 하였다. 이 시기의 초범 선생님은 신체는 초년에 해당하나 경험은 이미 중년을 넘긴 셈이다.

중학교를 마친 초범 선생님은 선생님들의 강권으로 당시 명문이었던 안동사범학교에 지원하여 6등으로 합격하였다. 안동사범학교를 마친 1957년 1월 초범 선생님은 다시 서울대학교 문리대 물리학과에 입학하였다. 1962년 2월 대학을 졸업한 초범 선생님은 출판사인 민중서관 편집사원으로 사회생활을 시작하였다. 초범 선생님은 이때부터 가정교사 생활을 그만두고 하숙생활을 시작하였다. 그러나 민중서관 일을 그만두고 1963년 2월 1일자로 수도여자사범대학 부속여고 수학교사로 근무하기 시작하였다. 이어 서울대학교 행정대학원에 지원하여 2등으로 합격하고 5·16 장학금을 받았다. '비공식집단에 관한 연구'로 석사학위 논문이 통과되어 초범 선생님은 1965년 2월 행정학석사 학위를 받았다.

초범 선생님은 대학원 재학시절인 1964년 4월부터 내무부 지방행정연구위원회 연구원으로 일하기 시작하였고, 1965년 3월부터 서울대학교 행정대학원 조교로 일하기 시작하였다. 초범 선생님은 1966년 1월 결혼하여 청량리에 새로운 가정을 꾸렸다. 1967년 3월부터 초범 선생님은 명지대학교에서 조사방법론을 강의하기 시작하였고, 같은 해 9월부터는 건국대학에서 국제행정론을 강의하였다. 1968년 서울대학교 행정대학원에 '도시 및 지역계획학과'가 신설되어 그 학과 조교로 일하기 시작하였다. 이때 학교에 와있던 미국 평화봉사단원 Rodney Lane과 친하게 지내면서 영어회화를 배웠다. 특히 Rodney Lane은 미국 신시내티대학을 졸업한 도시계획가였는데, 이러한 인연으로 초범 선생님은 미국 유학을 결심하게 되었다.

초범 선생님은 1968년 말 당시 행정대학원 이한빈 원장님과 노융희 학과장님의 주선으로 미 국무성 USAID 장학생 추천을 받았다. Rodney Lane의 권유로 학교는 신시내티대학으로 결정했다. 1969년 9월 유학길에 오르면서 초범 선생님의 동선은 한반도를 넘어 미국으로 확대되었다. 당시 신시내티대학의 학과장은 이후에도 초범 선생님과 교분을 계속해온 Kenneth Corey 교수였고, 초범 선생님의 학문세계에 큰 영향을 미쳤다.

초범 선생님은 유학 중인 1970년 9월 3주간 혼자 미국의 도시를 둘러보았다. 초범 선생님은 미국 정부 장학금 지급기간이 끝나 1972년 1월 귀국하여 3월부터 시간강사로 '계량분석', '지역경제', '조사방법'을 가르쳤다. 초범 선생님은 1972년 5월 10일 서울대학교 행정대학원의 전임강사로 발령받았고, 1973년 행정대학원 '도시 및 지역계획학과'가 승격하여 환경대학원으로 독립됨에 따라 소속이 바뀌었다. 1976년 2월 초범 선생님은 다시 미국으로 가서 박사학위 논문을 작성하였고, 8월 최종 통과되어 신시내티대학으로부터 박사학위를 받았으며, 미국 체류 중인 4월 서울대학교 조교수로 승진하였다.

초범 선생님은 1980년 8월 부교수로 승진하였고, 1984년 5월 한국토지개발공사 비상임 이사로 위촉되어 향후 6년간 전국의 지역개발현장을 돌아보았다. 초범 선생님은 1985년 정교수로 승진하였고, 1986년 2월에 대한국토계획학회 제9대 회장으로 취임하였으며, 6월에 건설부 중앙도시계획위원회 위원으로 위촉되었다.

초범 선생님은 1986년 11월 서울대학교 환경대학원 제4대 원장에 임명되었고, 1988년에는 선거를 통해 다시 환경대학원 원장을 계속하였다. 초범 선생님은 1992년 7월 한국지방행정연구원장으로 취임하면서 2년간 서울대학교를 휴직하였고, 1993년 4월 당시 김영삼 대통령으로부터 행정쇄신위원으로 위촉되었다.

초범 선생님은 '기록의 귀재'다. 1948년 9월 초등학교 4학년 때부터 읽은 만화, 동화, 소설 등 책을 중복하여 읽는 경우를 피하기 위해 읽고 난 책 이름을 기록하면서 초범 선생님은 경험세계를 기록하기 시작하였다. 아무리 사실경험에 대한 기록이더라도 길거나 짧거나 얼마간의 시차를 두고 나타날 수 있는 인지격차를 외면할 수 없다. 그러나 일기가 적는 사람의 사고방향을 포함하듯이 모든 기록은 기록하는 사람의 사고체계(현실인지와 미래희망을 연결하는 과정)를 나타낸다. 그러한 기록습관이 오늘날의 초범 선생님을 만드는 데 크게 기여하였을 것이다.

초범 선생님은 1996년 회갑을 맞아 당신의 경험세계를 기록한 『한 韓國人의 삶과 발자취』를 출간하였고, 고희(古稀, 70세, 사실상 2005년)에 회갑 이후의 경험과 새로운 항목을 추가한 『金安濟 人生白書』를 탈고하였다. 책 이름에서 알 수 있듯이 초범 선생님은 이 시대를 살아가는 '한국사람'의 일상을 후대에 알리려는 의지가 강하다. 그러나 이 책을 조금이라도 읽은 사람이라면 당장 이 책의 내용이 '평균적 한국사람'과 '草凡만의 탁월함'을 명쾌하게 구분하고 있음을 알 수 있다.

초범 선생님은 2007년 출간한 『金安濟 人生白書』에서 당신의 일생을 3기로 구분하였다. 제1기는 1936년 7월 출생부터 성장, 수학, 연마하는 과정으로 1972년 1월까지 35년 6월에 해당한다. 제2기는 1972년 2월부터 1986년 10월까지 14년 9월에 걸쳐 있으며 주로 교수생활과 학문연구로 특징지어진다. 제3기는 1986년 11월부터 2006년 7월 고희(古稀)까지로 19년 9월 동안 보직수행과 사회봉사로 보낸 세월이다. 초범 선생님의 학문세계를 이해하기 위해서는 이러한 생애주기별 생활을 아는 것이 매우 중요하다.

2) 초범 선생님의 학회에 대한 기여

초범 선생님은 1995년 2월 한국지방자치학회 총회에서 제3대 회장으로 선임되었다. 초범 선생님은 우리나라에서 1991년 지방의회 선거, 1995년 지방자치단체장 선거를 통해 지방자치가 부활되는 시점에서 한국지방자치학회 회장을 역임한 셈이다. 초범 선생님은 1995년 하순경엔 '지방자치의 노래'의 가사를 지었다. 1995년 11월 한국지방자치학회 회장으로 방일단을 인솔하여 오사카(大阪)에 가서 일본지방자치학회와 공동으로 세미나를 개최하였고, 12월 중순경에는 미국 라스베이거스에 가서 세미나를 공동 개최한 바 있다. 1996년 초범 선생님은 국무총리를 위원장으로 하는 지방자치제도발전위원회 위원으로 위촉되었고, 제1회 지방자치단체경영대상 심사위원장을 맡았다.

초범 선생님은 지방자치의 실익과 관련한 부문에서 활동을 많이 하신 분이다. 한국학술진흥재단의 지역개발연구지원사업 심사·평가 위원장, 건설부 민간투자사업 심사위원장, 중앙도시계획위원, 내무부 지방행정연수원 지도교수 등을 겸직하면서 학술활동과 실천을 병행하였다. 초범 선생님은 1999년 7월 지방자치 50주년 기념식에서 국민훈장 동백장을 받았고, 이어 8월에는 대통령 직속의 지방이양추진위원회가 발족되면서 김대중 대통령으로부터 초대 위원장으로 임명되었으며, 10월에는 한국지방자치학회 추천으로 인문사회과학 부문 서울시 문화상을 수상하였다. 이 무렵 많은 지방자치단체들이 지방자치 시대에 필요한 시민의식을 고취하고자 '시민대학'을 설치, 운영하기 시작하였는데, 초범 선생님은 단골 강사로 초청받아 전국을 다니면서 지방자치 이념을 전파하는 데 기여하였다.

2002년 하반기부터 초범 선생님은 서울대학교 환경대학원 명예교수로 신분이 바뀐다. 이후에도 초범 선생님은 지방이양추진위원회 위원장과 중앙도시계획위원 임무를 계속 수행하였고, 2003년 6월 노무현 정부가 발족한 '신행정수도건설기획단'의 자문위원장을 맡게 된다. 신행정수도건설사업은 지방자치의 실익논의와 함께 정치적 입장 차이로 험난한 과정을 거쳤다.

초범 선생님은 타고난 특유의 재치와 균형감각으로 각종 갈등을 조정, 해결하는 중책을 수차례 맡아왔다. 초범 선생님은 2004년 5월 24일 신행정수도건설추진위원회 위원장에 취임하였으나 '신행정수도건설사업'을 두고 다양한 입장이 교차, 대립되면서 8월 위원장직 사퇴를 결심하고, 11월 신행정수도 입지를 결정한 다음 청와대에 사표를 제출하였다. 이후에도 초범 선생님은 '행정중심복합도시건설추진위원회' 자문위원으로 활동하기도 하였고, 건설부 중앙도시계획위원, 각종

단체에 관여하면서 지방자치의 실익을 대변하셨다.

3) 초범(草凡) 선생님의 지방자치 관련 사상 및 이론체계

학문은 '인간에 대한 호기심'으로 출발하여 다분히 인간중심이다. 호기심은 판단을 통해 답을 얻는 과정으로 '사실'과 '기대'를 연결하는 논리구조를 띠고 있다. 초범 선생님의 학문영역은 '지방자치와 지역발전'의 접촉면이다. 흔히 지방자치를 당위적 관점에서 접근하는 경향이 있는데, 그럴 경우 지방자치를 통해 얻을 수 있는 실익, 즉 국가발전과 지역발전을 간과하기 쉽다. 실익을 담보할 수 없는 체제운용은 공허할 뿐만 아니라 구성원의 입장 차이만 드러낼 뿐 실행에 도움을 줄 수 없다. 지역사회발전과 지역발전이 국가발전의 선행조건이지, 국가발전을 나눈 것이 지역발전이 아니다. 따라서 지역의 주도권을 강화하기 위한 접근논리의 탐구, 즉 지방자치가 필요한 것이다. 초범 선생님의 실사구시(實事求是) 관점이 형성된 배경이 여기에 있을 것이다.

(1) 학문의 길에서

행정대학원에 다닐 때 초범 선생님은 조석준 선생님의 강의과목을 3개, 노융희 선생님의 강의과목을 2개(지방자치론, 지방자치론세미나), 그리고 김운태, 강신택, 김해동, 강병근, 서원우, 박동서, 차일석, 이정재, 이웅근 선생님의 과목을 각각 1개씩 수강하였다. 다른 선생님들의 과목은 행정 일반에 관한 것과 분석 틀에 관한 것이었고, 당시 우리나라 현실과는 동떨어진(군사정권이 지방자치를 중단하였음) 지방자치 관련 과목을 2개나 수강한 점이 이후 초범 선생님의 학문활동에 큰 영향을 미쳤을 것으로 여겨진다. 지방자치 관련 과목을 수강하면서 초범 선생님은 노융희 선생님의 관심을 받게 되고, 노융희 선생님은 이후 초범의 미국 유학을 추천하기도 하였다. 이후 초범 선생님은 노융희 선생님을 극진히 모셨다.

초범 선생님은 미 국무성 국제개발처(USAID)에서 주관하는 도시개발행정(Urban Development Administration) 프로그램의 일환으로 2년 반의 유학생활을 하였다. 당시 우리나라 국가운영체계와는 너무도 다른 미국식의 지방정부 운영방식을 접하면서 초범 선생님이 받았을 충격은 매우 컸으리라 여겨진다. 미국 유학시절, 초범 선생님은 Kenneth E. Corey 교수 강의를 무려 5개나 선택하였다. Kenneth E. Corey 교수로부터 들은 강의는 지역사회계획실제(연습), 학제간 계획 세미나 3회, 박사논문 연구 등이었는데, 이 과정에서 미국 지방정부의 역할에 대한 논의가 있었을 것으로 추정된다. 미국에서 초범 선생님의 석사논문 지도교수는 Margaret L. Lotspeich 박사로 주로 논문지도만 하였다. 초범 선생님의 박사논문 지도교수는 Albert J. Simone 박사로 '기업예측 계량분석', '응용 확률분석', '통계 결정론'을 가르쳤다.

이후 초범 선생님은 다양한 연구와 학문활동을 통해 자신만의 새로운 영역을 개척하였다. 현실세계를 간단명료하게 구분하고, 그 안에서 체계와 질서를 찾아 실사구시(實事求是) 관점에서 해석하는 논리구조는 초범 선생님의 '브랜드'처럼 느껴진다. 초범 선생님의 학문접근에서 한 가지 흠이 있다면 너무나 '분석적'이어서 칸트(Immanuel Kant, 1724~1804)의 선험적 인식론의 한계를 벗어나지 못했다는 점이다. 사실 모든 학자가 선험적 인식론의 한계를 벗어나본 적이 없다. 허구의 세계까지 논리 연산구조의 틀로 마름질할 수 있는 초범 선생님의 탁월한 인식도구를 많은 후학들은 본받고 싶지만 따를 수 없는 한계에 이르고 만다.

칸트가 '인식혁명'을 이루었다면 초범 선생님은 '혁명인식'을 강조하였다. 이를 입증할 수 있는 증거는 많다. 그 중 하나만 든다면 어느 책을 읽고 그에 대한 소감을 기록한데서 찾을 수 있다. 초범 선생님은 회갑을 맞이한 1996년 여름, 일본의 村上亮泰가 지은 『反古典의 政治經濟學』을 읽고, 크게 감명 받아 당신도 그런 책을 쓰고 싶었다 한다. 초범 선생님이 기존 질서를 새롭게 해석할 수 있는 발견의 논리에 심취되어 있음을 알 수 있는 대목이다.

(2) 초범 선생님의 논문, 보고서, 저서 등 연구업적

초범 선생님은 1964년 4월 내무부 지방행정연구위원회 연구원 시절부터 2006년 『金安濟 人生白書』에 포함된 시점까지 저서 26권, 논문 799편, 보고서 133편을 출간하였다. 이를 200자 원고지로 환산하면 128,351매가 된다. 이들 연구업적을 분야별로 구분하면 자치행정 분야는 324종, 공간개발 분야는 223종, 경제·기술 분야는 101종, 의식·환경 분야는 143종, 융·복합 분야가 51종, 기타 분야가 116종이다.

초범 선생님의 모든 저서는 출간과 더불어 세간의 관심을 끌었지만 그 중에서 몇 책을 꼽는다면 우선 1979년 박영사가 출판한 『환경과 국토』를 빼놓을 수가 없다. 초범 선생님은 이 책을 통해 초범의 학문세계를 표현하고 있는데, 무엇보다도 다양한 인간환경의 혁명적 변화에 대한 인식논리를 제시하고 있는 점이 특징이다. 다음으로 초범 선생님의 학문색깔을 가장 잘 표현한 저서는 1988년 대명출판사가 펴낸 『지역개발과 지방자치행정: 지방시대의 대응과 전략』일 것이다. 초범 선생님은 이 책으로 현강국토개발상(1989년 2월 18일), 한국출판문화상을 수상하였다.

이에 비해 1995년 대명출판사에서 출간된 초범 선생님의 『한국 지방자치발전론: 실천과제와 지향좌표』는 우리나라에서 지방자치가 부활된 시점에서 제도적 한계와 문제점을 파헤쳤다는 평가를 받고 있다. 이 밖에도 초범 선생님은 다른 학자들과의 공동저서를 통해 당신이 학습하고 연구한 내용과 현실에서 인지한 문제점을 해석하고 이에 대한 대응방식을 제시하였다. 1973년 한국방송통신대학 교재로 서울대학교 출판부가 출판한 『지역사회개발론』, 역시 1973년 한국방송통신대학교 교재로 출간된 『지방자치론』, 1982년의 『도시행정론』, 1993년 한국지방행정연구원장 시절 연구성과를 편집하여 출간한 『한국의 지방자치와 지역개발』 등이 초범 선생님의 학문색깔을 엿볼 수 있는 저서이다.

초범 선생님은 1965년부터 2006년까지 모두 799편의 논문을 출판하였는데, 학위논문이 3편(석사 2편, 박사 1편), 저서에 포함된 논문이 25편, 교재에 실린 논문이 43편, 부정기 간행물에 실린 논문이 137편, 정기간행물에 실린 논문이 591편이다. 이를 분야별로 분류하면 지방자치 관련 분야가 289편으로 단연 가장 많고, 공간개발 분야가 169편이며, 경제 · 기술 분야가 85편, 의식 · 환경 분야는 113편, 복합 분야가 35편, 기타 분야가 108편을 차지하고 있다. 초범 선생님의 학문적 관심을 엿볼 수 있는 대목이다.

초범 선생님은 1964년 내무부 지방행정연구위원회 연구원 시절(행정대학원 재학 중)부터 각종 연구의 책임자 혹은 공동연구 참여로 활동하여 보고서 전부 혹은 일부를 쓰셨다. 2006년까지 초범 선생님이 출판한 보고서는 모두 133편인데, 단독 연구가 29편, 책임연구가 29편, 공동 연구원으로의 참여가 75편이었다. 이들 연구보고서를 주제별로 분류하면 자치행정이 28편, 공간개발이 49편, 경제 · 기술이 16편, 의식 · 환경이 27편, 복합 분야가 10편, 기타가 3편을 차지한다. 초범 선생님의 학문일생에서 지방자치가 홀대받고 있었던 점을 감안하면 공간개발 분야 보고서가 상대적으로 많았던 이유를 짐작케 한다. 특히 단독연구로 진행된 “각국 지방행정의 중앙통제에 관한 연구”(1969), “지방행정 계층구조 개편에 관한 연구”(1983) 등은 젊은 학자의 오염되지 않은 통찰력을 담고 있다. 특히 초범 선생님은 당신의 이름으로 출판되는 모든 원고를 직접 썼다.

활자로 출판되어 세상에 알려진 연구업적 만이 저자의 학문세계를 이루는 것은 아니다. 특히 저자가 스스로 처해있는 현실세계의 구조적 한계를 외면하기는 어렵다. 초범 선생님의 각종 논문, 저서, 보고서는 시대환경의 구조적 한계와 초범 당신의 고뇌를 적절히 조화시킨 표현에 불과하다. 현실을 무시하지 않았던 초범 선생님의 탁월한 적응력을 두고 ‘현실 타협적’이라고 평하는 사람도 있다. 하지만 다른 사람을 그렇게 평가하고자 한다면 스스로 그러한 환경에 처하여 어떻게 처신할 것인가를 고민해봐야 한다. 우선 아무나 ‘인식의 한계’에 이르는 것이 아니다. 또 아무나 ‘혁명적’ 환경변화를 직접 체험할 수도 없다. 초범 선생님의 학문 접근방식을 칸트의 ‘인식혁명’에 빗대어 ‘혁명인식’으로 표현한 이유가 여기에 있다.

초범 선생님과 허심탄회한 대화를 나눈 사람이라면(실제로 그런 대화를 나누기가 드문 실정이지만) 각종 논문, 저서, 보고서에 표출된 초범의 생각이 누구도 넘보지 못할 깊은 고뇌의 산물임을 알 수 있다. 고뇌의 과정을 거친 표현과 그러한 ‘거침’ 없이 내뱉은 표현은 같은 표현이더라도 질적으로 다르다. 누구나 “악법도 법이다”라고 외칠 수 있지만 그렇게 외친 사람을 모두 소크라테스(Socrates) 수준의 성인으로 여기지 않는다. 초범 선생님은 허구의 세계까지 마름질 할 수 있는 ‘분석 틀’의 대가(大家)이고, 어찌할 수 없는 현실을 바람직한 상태로 전환할 수 있는 실증적 도구를 제시한 ‘실학자’이며, 모두가 공감할 수 있는 과정을 보여준 ‘논리실증주의자’이다. 초범 선생님을 가까이 접하지 못하고, 활자로만 접하는 사람들은 초범 선생님이 철저한 ‘논리실증주의자’라는 점을 간과하기 쉽다.

3. 최창호 선생님의 생애, 업적과 사상

김병국(전 지방행정연구원 부원장)

1) 최창호 선생님의 생애

선생님의 아호(雅號)는 월산(月山)이시다. 아호 월산에 대해 노융희(盧隆熙) 선생님은 최창호 선생님의 성품을 잘 나타낸 것이라 하셨다. 달님(月)은 해에 비해 정태적이고 수동적이며 화려하지 않지만 천체(天體)에서 가장 가까워 친근감이 있고, 칠흑 같은 밤과 만월로 인한 교교한 밝음을 주는 자유자재로운 능력을 지닌다 하셨다. 그리고 메(山)는 평지보다 높고 골이 깊어 높으며 장중한 위엄을 지닌다 하셨다. 정말 선생님은 지니신 성품과 학문적 업적 및 사회봉사 활동에서도 아호처럼 그대로 월산이시다.

선생님은 평안북도 영변군 남송면에서 태어나셨고, 어린 시절 그곳에서 서당과 초등학교를 다니셨으며, 이후 강릉사범학교 병설중학교(특차), 중앙고등학교, 서울대학교 법대와 동 대학원, 그리고 건국대학교 박사 및 교수로서 일생을 살아오셨다. 학문이라는 한길만을 걸어오시고, 학문을 통해 사회현실에서 실천적 진리를 찾으셨던 대학자(大學者)이시다.

특히 서울대학교 법과대학에서 행정법학의 태두이신 김도창(金道昶) 선생님의 지도를 받으며 성장을 계속하셨다. 그리고 서울대학교 대학원에서 평생 지방자치 분야의 학문적 스승이시고 동반자이신 노융희 선생님을 만나게 되셨다. 노융희 선생님은 "지방자치에 대한 선생님의 학구적 열의에 감동하여 사제지간으로 평생을 살아오고 있다"고 회상하신 바 있다. 사실 선생님은 지방자치가 아직 미몽의 세계에서 싹을 틔우지도 못한 혹한의 시절에 이미 그 탄생을 위해 분주한 준비를 해 오신 지방자치의 선학(先學)이시다.

그리고 1970년 건국대학교 교수로 부임한 후 지방행정을 지속적으로 연구 및 강의해 오셨다. 미국 조지아대학교에 교환교수로 가서 현지 지방자치 연구를 진행하기도 하셨다. 그리고 "지방행정구역 개편방향에 관한 연구"라는 박사학위논문을 통해 적정행정구역의 준거을 제시하여 학문적 반향을 일으키기도 하셨다. 그 외에도 정부에의 자문 및 평가, 우리 지방자치법의 전문개정안 기초(起草), 한국지방자치학회의 창립 및 사회기여 활동 등으로 남들과 다른 한길 인생을 살아오셨다. 진정으로 우리나라 지방행정의 역사가(歷史家)이시다.

최근 선생님은 지난 날 살아온 생애를 회고하시면서, 공부 잘하는 학생으로 자라, 학문적 업적을 축적하고 사회 엘리트로서 사회에 봉사하며, 학생들로부터 존경받고, 부모님의 사랑과 사모님과 자제분들과의 행복한 가정을 이루어내신 것에 대해 “신에게 감사한다”는 말씀으로 마무리하신 바 있다.

2) 최창호 선생님의 학문적 업적과 학회에 대한 기여

(1) 연구업적

① 지방자치연구

선생님의 지방자치 연구는, 1960년대 초에 대학원에서 전공으로 지방자치를 선택하시면서 시작되었다. 그리고 지방자치가 중단된 시기에도 끝까지 지방자치 전공을 고수하시면서 지금에 이르셨다. 지방자치의 중단기인 1964년에 서울대학교 대학원에서 “한국 지방자치 발달 저해요인 연구”라는 제목으로 석사학위를 받으셨다. 그때 누구도 접근하지 않은 지방자치 분야의 연구를 하셨다는 점에서 지방자치 연구의 선도자라고 할 수 있다.

특히 현대 행정개혁 동향에 부응한 지방행정개혁 방향 연구, 그리고 지방자치단체의 국제화 연구 등 시대에 부합되는 연구를 지속적으로 하시었다. 선생님은 지방자치 망국론도 잘못된 것이지만, 지방자치 만능론도 잘못된 것이라는 신념으로, 지방자치의 밝은 면과 어두운 면을 총망라 연구해 오셨다. 이러한 선생님의 지방자치에 대한 선구자적 안목과 올곧은 선비정신에 입각한 오랫동안의 연구업적들이 오늘날 더욱 돋보이는 것이다. 정말 선생님은 지방자치의 석학으로 전설(傳說) 중의 전설로 전해질 것이다.

② 저 서

선생님의 저서들은 크게 행정학과 지방자치 분야로 구분된다.

행정학 교과서가 부족했던 시기에 출간된 『행정학』(1974)은 수많은 고시생들의 필독서로 고위직 공무원들을 배출하게 된 정제된 저서였다. 그 후 분권화, 규제완화, 민간화, 경영화, 제3섹타 등 용어의 등장, 연봉제, 개방형직위제, 책임운영기관 등 새로운 제도의 분출, 시민단체, 행정품질관리운동, 행정정보체계의 발달에 따른 행정기법의 변화 등을 반영하여 출간한 『새 행정학』(1999)은 행정학의 발전에 기여했다고 높이 평가받고 있다.

지방자치 연구로는, 지방자치 중단시기인 1960년대와 1970년대의 지방행정 주요 현안들을 연구한 결과를 모은 『한국 지방행정의 재인식』(1983)이 있었다. 이 책자는 그 당시의 우리나라 지방행정의 문제사(史)라 할 수 있는 것이었다. 그리고 1988년에 전문개정된 지방자치법을 중심으로 한 저서 『지방자치제도론』(1988)을 출간하셨다. 이 저서는 지방자치 제도에 관한 체계적인 저서로서, 공무원과 지방자치에 관심이 있는 모든 사람들에게 가장 많이 읽힌 책이라 할 수 있다.

이후 본격적인 지방자치의 시대가 개막됨에, 지방자치의 모든 내용을 총망라하여 고찰하는 『지방자치학』(1995)을 출간하셨다. 이 저서 집필 당시 선생님은 "일거에 '학(學)'으로 정립·정착되는 행운은 없을 것이다"라고 말씀하셨지만, 지방자치의 과학화를 구축한 저서였음은 물론, '학(學)'으로서의 지방자치의 기초를 정립한 역작으로 평가받고 있다.

(2) 학회에 대한 기여

2015년 3월 5일 행정자치부장관 초청 '지방자치 부활 공로자 간담회'에서, 행정자치부의 "한국 지방자치는 최 교수의 작품이니, 교수님께서 '소회'를 발표해 달라"는 요청으로, 선생님이 '소회(所懷)발표'를 하셨는데, 선생님께서 소회를 발표할만 하시다고 생각된다.

선생님께서는 1960년대 초 대학원에서 지방자치 전공을 시작한 최초의 학자로서, "다른 사람들은 어떠하든 최 교수는 지방행정 전공을 고수하라"는 노융희 교수님의 당부를 끝까지 지켜, 집권시대에 학계의 지방자치 전공자 '희소의 가치'로 인정받으셨다.

1980년대 들어 지방자치 부활요구가 높아지고 여·야가 지방자치를 부활하기로 합의하여 지방자치법 전문개정 작업에 돌입할 때, 지방자치법 전문개정 기초

(起草)소위원회에 참여하셨고, 1988년 '한국지방자치학회'를 창립하시고, 연구, 연수, 계몽 등 지방자치 발전에 기여를 하셨고, 1990년에 지방자치 실시촉구 헌법소원을 제기하시는 등 지방자치 신봉 대학자로서의 면모를 보이셨다.

첫째, 지방자치법 전문개정 초안을 기안하였다. 지방자치법 전문개정은 1985년 정부에 지방자치제도연구위원회가 설치되면서 추진되었는데, 1987년에 '지방자치법 전문개정(안) 기초소위원회'가 구성되어, 최창호 선생님과, 김보현 전 장관님, 노융희 선생님, 서원우 선생님이 위원으로 함께 기초(起草)작업을 하셨다. 지방자치법 전문개정안 기초 작업의 기본기준은 "점진적 자치제도 정립"으로 정하였다. 그 이유는 급진적이고 이상적인 고도의 지방자치보다는 우리 국민의 의식 수준에 맞추어, 처음에는 저수준의 지방자치로 시작해서 국민의 민주주의 훈련을 거쳐 고수준의 지방자치로 가는 것이 바람직하다고 보았기 때문이었다. 이러한 기조 하에 입안한 지방자치법 전문개정안이 1988년 4월 6일에 국회를 통과하였다. 지금에서 보면 그 당시 지방의원 명예직 등으로 시작한 지방자치는 바람직했던 것으로 평가된다.

둘째, 지방자치제가 실시됨에 대비한 연구와 계몽의 필요성을 인식하고 '한국지방자치학회'를 창립 작업에 착수하셨다. 이때 노융희·김안제·최상철 선생님 등과 긴밀히 협의를 하면서, 학계, 지방행정 실무경험자 등을 중심으로 동참자들을 규합하고, 학회의 정관 및 규정을 정하는 등 준비를 하셨다. 1988년 11월 14일 창립주비(籌備)회의를 거쳐, 12월 3일에 학회 창립총회를 열었다. 총회에서 선생님이 회의진행(의장)을 맡아, 발기선언문 채택, 정관초안 채택 등을 하였고, 노융희 선생님을 회장으로 선출하고, 선생님은 학술 담당 부회장에 선출되었다.

선생님이 학회 창립 후 학술담당 부회장으로서 많은 활동을 한 후, 1993년 2월 정기총회에서 제2대 회장에 선출되면서 "오랫동안 중앙집권체제에서 살아온 우리 세대의 사람들이 그 타성을 깨고 새 시대에 적응할 수 있는 새로운 안목과 가치관과 지식 및 기술을 갖출 수 있도록 계몽하는 것이 우리 학회 회원들의 임무요 사명이다"라고 하면서 학회 운영 방향을 정하였다. 그리고 1995년 정계에 실시예정인 지방자치단체장 선거를 유예하려는 움직임이 있을 때, 학회에서 민선 지방자치체제의 출발을 지원하는 중요한 역할을 하셨다.

셋째, 지방자치 실시촉구 헌법소원을 제기하셨다. 1988년의 지방자치 전문개정법 부칙에 1989년 4월 30일까지 지방의회를 구성하도록 되어 있었는데 이를 지키지 않았고, 그 후 지방자치법을 고쳐 1990년 6월 30일까지 지방의회를 구성하도록 연기해 놓고도 다시 그 기한을 넘기는 사태가 벌어짐에, 1990년 9월에 지방자치학회 회원 8명(노융희, 서원우, 최창호, 김동훈, 정세욱, 김종표, 박종순, 강형기)의 서명으로 헌법소원을 제기한 것이다. 국회가 선거법 등 입법을 기간에 행하지 아니하여 국민의 참정권 침해가 있었다는 이유였다. 결국 1991년 3월 26일 기초의회 의원선거가 실시되고, 6월 20일에 광역의회 의원선거가 실시되었다. 소원에 서명한 학회 회원들의 노력으로 1991년 지방의회 의원선거가 시작되고, 그것이 지금까지 이어져 온다는 점에서 후학의 한사람으로 감사하지 않을 수 없다.

3) 최창호 선생님의 학문적 사상

(1) 지방자치 사랑

선생님의 지방자치 사랑은 지금껏 올곧게 지방자치를 연구·계몽·추진해 온 면모에서 알 수 있다. 서울대학교 대학원에서 지방자치를 전공하기로 결심한 순간부터 한 번도 지방자치 연구를 놓지 아니한 소신과, 지방자치를 학(學)으로 승화시키려는 열정으로 발간한 『지방자치학』 등은 지방자치를 사랑하는 모든 분들의 귀감이 아닐 수 없다. '한국지방자치학회'를 창설하였고, 정부정책에의 자문 등을 통해 활동한 모습에서도 우리는 선생님의 지방자치 사랑을 알 수 있다.

첫째로 선생님이 쓰신 글에서 보면 선생님의 지방자치 사랑 더욱 두드러진다. 선생님은 지방자치는 내 이웃, 내 동네, 내 마을의 문제를 1차적으로 우리들이 해결하고 우리들이 책임지는 자치이지 지방선거, 지방의회, 민선단체장 등 외형적인 제도로만으로 이해해서는 안 된다고 하면서 지방자치의 중요성을 역설하신다.

둘째로 선생님께서는, 국민의 마음속에는 무슨 일이든지 국가가 해결해주기를 바라는 마음과 지방자치가 비효율적이라는 의식이 있는데, 이는 잘못된 것이라고 일갈하셨다. 지방이 할 수 있는 일은 지방이 수행하고, 지방이 할 수 없는 일을 국가가 수행하는 것이 생산적이라며 지방자치의 필요성을 강조하셨다.

셋째로 "집권시대에 지방자치를 부등켜안고 애쓰던 그 어렵던 시절이 물러가고 오늘날에 지방자치가 학문적으로나 현실적으로 각광을 받고 그 중요성을 인식하게 되니, 감개무량하다"고 하신 말씀에서 진심으로 평생 동안 헌신하신 지방자치에 대한 애정이 묻어나는 것을 직감할 수 있다.

넷째로 1991년 지방의회 구성, 1995년 민선단체장 선거로 이어진 지방자치시대 초기에 많은 문제점이 야기되었지만 이를 과도적 현상이라 보시고, 오늘날과 같은 국제경쟁 시대에는 더욱더 지방자치가 국가 구성의 중요 요소로 자리 잡아야만 한다고 주장하시는 것에서 우리는 지방자치 사랑의 열정을 이해하게 된다.

(2) 사고의 균형

선생님은 우리나라의 풍토에 알 맞는 지방자치의 실현을 주장하시는 실용주의자라고 생각된다.

선생님은 지방자치가 나라를 망친다는 견해에 동의하지 않으신다. 이제는 모든 국가가 문호를 개방하고 세계시장에서 무한대의 경쟁을 벌이고 있는 상황에서 국가가 해낼 수 있는 일에 한계가 있어 지방자치단체가 그 몫을 대신해야 하므로 지방자치 무용론은 전혀 가당치 않다. 그러나 반면에 지방자치 만능론도 잘못된 것이라고 믿으신다. 비록 지방자치가 민주주의를 신장시키고 주민생활의 변화는 물론, 지방의 경쟁력을 신장시키지만, 지방자치에는 효용성만 있는 것을 아니고, 낭비와 비능률을 초래하고, 지역이기주의의 발현은 물론, 지역격차라는 폐해도 나타나며, 지방자치에 대한 지나친 기대가 오히려 실망을 불러올 수 있다고 강조하셨다. 지방자치 무용론은 물론 만능론도 경계해야 한다는 인식을 갖고 계시는 것이다.

선생님은 밀(J. S. Mill)이 그의 '자유론'에서 '창조적 소수자'를 말하고 소금에 비유하였듯이, 지방자치에 있어서 선생님은 창조적 소수자로서 소금의 역할을 하셨고, 특히 균형된 지방자치 사고를 통해 미래의 등불을 밝히는 '한국의 지방자치 석학'으로 불리어도 손색이 없을 것으로 인식된다.

(3) 제도보다 문화

선생님은 지방자치의 정착에 필요한 요소로 제도적 조건도 중요하지만, 원천적으로는 의식의 조건이 더 중요하다고 강조하신다. 지방자치를 백안시하거나 강 건너 불처럼 구경만 하는 주민이 있고, 지방의회 의원직을 권위로 누리는 의원이 있으며, 지방자치를 비효율로 치부하는 공무원이 있고, 지방자치를 정치적 이해로 저울질하는 정치인 등이 있는 한, 지방자치의 건전한 정착은 있을 수 없다고 하시면서, 우리들의 의식개혁을 토대로 한 '지방자치의 문화 형성'이 중요함을 강조하신다.

그런데 '문화'란 우리의 의식이 생활화, 관습화, 전통화하여서만 형성되는 것이므로, 건전한 '자치문화'의 형성은 제도 바꾸기처럼 단시일에 이루어질 수 없고, 우리 모두의 꾸준한 노력으로 오랜 세월을 거쳐서만 가능한 난제 중의 난제라고 말씀하신다.

이제 획일적인 지방자치체제 및 운영에서 벗어나 다양성 있는 주민선택형의 지방자치를 구현하고, 주민이 중심이 되는 생활자치를 구현하기 위해서는 국민들의 의식개혁을 토대로 한 올바른 자치문화를 확립아여야 한다는 선생님의 말씀에 귀를 기울여야 할 것이다.

4) 맺음말

선생님의 생애, 업적 및 학회 기여, 그리고 자치사상에 대해 사실에 맞게 표현하였는지 고민을 거듭하며 여기에 이르렀다. 이제 한국지방자치학회 30년사에 영원히 잊혀지지 않을 족적을 남기신 선생님을 참모습을 파악하면서 마무리하려고 한다.

첫째로 우리는 선생님을, 한국 지방자치의 초석을 다지시고 지금의 지방자치가 있게 하신 역사가(歷史家)로, 그리고 한국 지방자치사의 전설 중의 전설(傳說)로 말할 수 있겠다.

둘째로 선생님을 지방자치에 대한 사랑을 품고, 균형된 사고를 통해, 한국지방자치의 미래를 열으시고, 지방자치를 '학'으로 승화시키신 대학자(大學者)로 인정할 수 있겠다.

셋째로 언제나 엄격하고 원칙을 준수하면서도 관대하고 융통성을 실현하는 '아버지의 마음'을 가진 선생님을 우리는 영원히 기억해야 하겠다.

넷째로 지방자치와 관련하여 이익을 도모하는 행동이나 시류에 흔들리는 자세를 금기(禁忌)사항으로 당부하시는 선생님의 '선비정신'을 높이 평가해야 하겠다.

이제 우리는 한국지방자치학회 30주년을 기점으로 새로운 패러다임에 의한 미래 지향적인 지방자치체제를 정립해야 하는 중대한 시점에 있다. 최창호 선생님의 생애, 업적과 사상을 토대로 한 '지방자치 사랑'과 '진정성 있는 연구'를 기억하며, 우리 후학들은 학자로서, 연구자로서의 자세를 가다듬고, 새로운 제4차 산업혁명시대의 자치세계를 재창조해 가야 할 것이다.

4. 중당(中堂) 정세욱 선생님의 연구생애와 사상

최진혁(충남대학교 교수)

1) 학자의 인연: 신언서판(身言書判)의 학자

정세욱 선생님 하면 생각나는 어휘는 훤칠한 키에 준수한 외모, 센스있는 멋진 프랑스 신사, 자치행정학의 선구자적 실력자로 기억되고 있다. 워낙 풍채도 좋으신데다가 성량도 좋으시고, 어학이 출중하시어 영어와 불어를 자유자재로 구사하시는 선생님은 그야말로 당대 최고의 명강의로 정평이 나 있었으며, 국내 행정학계, 정치학계, 지방자치학계에서의 이로정연(理路整然)한 명쾌한 논리는 압도적이셨다. 특히 국제학술세미나에서에서 보여주신 탁월한 국제적 감각, 논리정연한 화법, 행정법과 실무(공직)를 연계한 해박한 지식으로 무장된 행정학 전공실력은 당시(1970년대 후반 1980년대) 많은 행정학도에게는 경외(敬畏)스런 존재 그 자체이셨던 것이다. 또한 대학행정의 실무처리에 명석한 판단력으로 대학위기를 이겨내신 진정한 신언서판(身言書判)의 학자이셨던 것이다.

물론 선생님의 파리대학(Université de Paris II)에서의 박사학위논문은 당시 우리나라와 같이 시대적 상황에서 비롯된 개발도상국가의 발전행정에 초점을 둔 것이었다. 1950~1960년대 미국 중심의 비교행정학이 신생국에 자국의 발전모델을 이식하려했던 과정에서 후진국에 있어서 기대만큼 효과를 내지 못하는 사실을 인지하면서 그 원인을 규명하는 데 관심을 피력하였고, 이는 발전행정론의 토대를 제공하게 되었던 시대적 배경에 연유하는 바 크다. 그런 맥락에서 선생님은 미국 행정학자들이 제시한 발전행정모델이 개발도상국에 그대로 적용되지 않는다는 사실을 인지하여, 개발도상국의 발전행정이 성과를 내기 위해서는 개발도상국의 절실한 요청에 부응하는 내용으로 전환되어야 한다는 논리를 제공하고 있는 것이다. 여기에서 선생님은 프랑스 행정법을 기본으로 하는 대륙법계 행정의 이해 속에서 국가중심의 강력한 행정의 주도적 역할을 강조한 것으로 볼 수 있다. 프랑스 역시 그들의 식민지 국가들에 대한 행정지원 경험이 있었으므로 미국과는 또 다른 대륙계 정치행정적 맥락에 따른 비교연구를 통해 발전행정의 학문적 토대를 이룰 수 있었지 않았나 여겨진다. 특히 당시 프랑스 행정학의 대부격인 Roland Drago 교수께서는 학위논문심사를 마치고 본인의 행정학 교과서(Science administrative)를 하사하시면서 매우 훌륭한 박사논문이라며 극찬을 아끼지 않으셨던 것도 그런 배경에서 연유한 것으로 볼 수 있다.[1] 어떻게 보면 선생님이 프랑스에서 쌓은 학문적 성과는 대한민국을 빛낸 쾌거로 받아들여졌다. 그만큼 교포사회나 학계, 외교계에서도 회자될 정도로 그 반향은 매우 큰 것이었다.

이후 국내로 복귀하신 선생님은 발전행정론에 근거하여 우리나라 행정(학)발전의 이론적 토대를 굳건히 하면서 국가발전의 모델이 국가에서 지방으로 전환되어야 한다는 (전환되고 있음을 이미 인지하시어) 학문적 혜안으로 우리나라 행정학의 방향을 지방행정학의 영역으로 확대해나가는 주춧돌을 다지기 시작하셨다. 중앙집권의 국가논리가 이제는 지방을 살려내기에는 역부족이라고 판단하고 지방이 자기문제를 스스로 역량있게 풀어나갈 수 있는 지방분권화의 논리를 부각시키는 지방행정론에 관심을 피력하시면서 지방행정학으로의 독립된 학문으로 발전시켜 나가셨다. 마침 필자가 대학원에서 지도받을 수 있는 시기였기에 우리나라 미래 행정학의 주요 분과학문으로서의 지방행정의 이론적 체계를 준비하셨던 당시의 열정과 사명감이 필자의 학문적 세계를 자연히 지방자치행정으로 하게 되는 운명적 길로 들어선 계기가 아니었나 생각하게 된다. 당시에는 잘 이해하지 못하였지만 오늘날 우리가 그렇게 고민하고 있는 수많은 논제들이 지방자치행정학에 녹아들어 있었던 주제였던 것이다. 선생님께서 미래를 보시는 혜안이 더욱 크게 느껴지는 이유이다.

이런 배경에서 필자는 본고를 통하여 미력하지만 사제인 후학으로서 선생님의 가르침과 연구생애를 뒤돌아보고 그동안 타의 추종을 불허하는 열정과 발군의 실력으로 쌓아올리신 학덕을 기리고자 한다.

---

1) A mon élève M. Chung le souvenir de la soutenance de sa très brillante thèse de doctorat./le 25 mai 1977.

2) 연구생애: 지방행정학의 탄생

(1) 발전행정에서 지방행정으로

본격적으로 선생님과 학문적으로 교감할 수 있었던 때는 발전행정론을 기반으로 지방행정에 대한 외연을 넓히시면서 체계화하는 과정에서 책자로 집필할 때였던 것 같다. 당시 선생님은 단순히 지방행정을 행정학의 한 분과로서 이해하려는 것이 아니라 지방행정학으로서의 하나의 독립된 학문으로 이해하려 하였던 것이다. 따라서 지방행정학이 과연 하나의 독립된 학문으로 성립될 수 있는가, 이것이 가능하다면 그 연구대상은 구체적으로 무엇이며 어떤 방법론에 의하여 연구해야 할 것인가에 답을 찾기 위한 시도로서 접근하였다.

이 어려운 집필과정에서 시간을 아끼고자 효율성을 극대화하기 위한 방편으로 때로는 합숙하면서 선생님과 글을 쓰는 경우가 많았는데, 그때 당시 필자의 경험은 다시 한 번 선생님을 확실한 경외의 대상으로 확인시켜 주는 시간이 되고 말았다. 우선 프랑스적 논리적 사고체계에서 비롯된 것인지 모르지만 지방행정학의 틀을 국가(중앙정부), 지방자치단체(지방정부), 주민과의 관계에서 상호작용하는 내용들을 하나하나 논리적으로 풀어내셨으며, 문장 또한 매우 매끄럽게 정돈된 글을 쓰신다는 것이었다. 불어원문을 보시면서 숙달되셨는지 몰라도 불문 원본교과서를 보시면 매우 논리적이고 명쾌하다는 말씀을 곧잘 하셨다. 요컨대, 이로정연(理路整然)하시고, 빠른 시간에 요점을 명확하게 정리하시는 탁월한 역량이 남다르셨던 것이다. 그런데 그러한 역량은 필자가 가까이에서 지켜본 결과 정선생님은 물론 천부적인 역량도 받으셨지만 근본적으로 시간을 아껴 쓰시고 열정적으로 최선을 다하시는 좋은 성품, 성실함으로 체질화된 바른 생활습관의 모범생과 학자이셨기에 가능하지 않았나 보여진다. 또한 한번 몰입하시면 매번 3~4시간 정도는 깜박할 정도로 시간이 빠르게 지나갔고, 밤늦은 시간까지 글을 쓰시고도 새벽에 일찍 일어나서 또 몰입하고 계신 상황을 보면 대단한 열정과 체력을 겸비하셨던 것으로밖에 이해되질 않았다. 이렇듯 시간을 잘 관리하시고 엄청난 몰입도, 에너지원을 발산해내시는 선생님만의 성실함과 탁월함이 아울러 상승효과를 만들어 내어 우리나라의 지방행정학이 탄생하는 성과를 보이게 된 것으로 볼 수 있다(1984년 8월).

그리고 선생님은 파리 소르본느대학 초청으로 한국인으로는 처음으로 아니 동양인으로서 최초로 파리 제I대학교 초빙교수로서 강단에 서시는 영광을 누리시게 된다. 당시 Gérard Timsit 교수 등과 함께 행정과 발전에 대한 강의를 하시게 되었다(1985.4.15~5.31).[2] 당시 파리 유학생들 사이에 화제가 되었음은 짐작할 수 있다. 그만큼 언어능력이 뛰어나셨기에 감당하실 수 있었던 것이 아닌가 싶다.

(2) 학문적 도전의 길과 학자의 자세

필자로서는 정선생님은 당시로서는 서울대학교 법과대학, 행정대학원에서의 수학만으로도 어떻게 보면 행정학 교수로서의 입지는 탄탄대로였기에 쉽게 안주하셨을 수도 있었다고 생각이 된다. 그럼에도 불구하고 국내에서의 갖은 유혹을 물리치시고 그 어려운 프랑스 파리대학 유학의 길을 선택하셨던 용기가 오늘날 정선생님이 우리나라의 대학자로서 자리매김하실 수 있었던 배양분이 아니었나 생각이 든다. 어려운 이국생활에서 수많은 저서와 논문을 섭렵해야만 했던 선생님은 때로는 건강이 악화되는 지경의 어려움에도 각고의 노력으로 프랑스 국가가 인정하는 국가박사(Doctorat d'Etat)학위의 기쁨을 얻게 된다. 그것도 최우수학위논문으로서 말이다. 이를 통해 국내에서 다 얻지 못했던 지식을 보다 체계화시킬 수 있었고 더 멀리, 더 많이, 더 깊이 볼 수 있는 학문적 혜안(慧眼)을 가지게 된 것이었다.

이를 토대로 한국지방자치학계의 '큰 별(Grande étoile)'이 되셨다. 그리고 팔순을 넘기신 오늘날까지 우리 학회에 오시어 늘 바른 자세로 경청하시고 토론을 즐기신다. 놀라운 일이 아닐 수 없다. 그 연세에도 예나 지금이나 변함없이 바른 자세로 꼿꼿하게 정좌하시어 상대방의 발표내용을 주의 깊게 경청하시고 요약정리하시는 태도는 보통 사람들은 하기 어려운 일로 늘 깊이 배워야 할 자세라고 항상 다짐해 본다. 그만큼 학자로서의 모범을 보이고 계신 것이다.

선생님은 어려운 유학생활을 경험해서인지 필자가 고단한 유학생활에 관심과

2) 정세욱 교수가 프랑스 파리 제1대학의 행정 및 국내공법학부 교수로 초빙되어 올 10월부터 강의를 맡는다. 정교수가 담당한 분야는 '발전행정론' 1년 계약이지만 두 번의 연임이 가능하기 때문에 3년 동안 근무하게 될 것이다(동아일보, 1984.3.2). 그러나 명지대 형편상 기간을 단축해야만 했다.

격려로 화답해주셨다. 가끔 공무로 파리를 들르실 때면 바쁘신 시간에도 짬을 내시어 함께 토론해주시며 논문을 발전시켜 주셨다. 때로는 센(Seine)강가에서 때로는 샤를드골공항에서도 학자로서의 예리한 통찰력과 논리로서 많은 도움을 받을 수 있었던 것은 바로 정선생님의 그동안 각고의 노력에서 나온 값진 결실물에서 비롯된 것으로 볼 수 있다.

3) 지방(자치)행정학의 연구: 전개과정

(1) 지방행정학의 이론적 토대

정세욱 선생님의 지방행정학의 이론적 토대는 한편으로는 프랑스 행정법의 틀에서 형성되었고, 또 한편으로는 발전행정의 논리 속에서 숙성된 결과로 볼 수 있다. 즉, 프랑스 행정법을 통하여 대륙계 단체자치적 논리 속에 지방행정이론을 체계화하였다. 특히 행정법은 앙드레－드－로바데르, 장 리베로(André de Laubadère, Traité de droit administratif; Jean Rivéro, Droit administratif) 등의 학자들을 원용하여 국가와 지방자치단체와의 관계의 기본적 논리를 제공하였다. 그런 의미에서 대륙법계 지방(자치)행정을 우리나라에 처음으로 소개한 선구적인 지방(자치)행정학자로 자리매김하셨다. 특히 국가와 지방자치단체간의 관계로서 자치권, 지방분권 이론, 기능배분, 국가의 지방정부에 대한 통제부분을 대륙법적 시각에서 국가의 단일성체계논리와 지방정부의 자율성, 책임성 논리에서 조화로운 해석을 제공하였다. 또한 한국 행정(학)발전에 관심을 두고 프랑스에서의 발전행정(Development Administration)에의 연구는 이미 공직자로서의 경험과 사우디아라비아 파견(기획원 인력계획관) 시의 경험을 통해 미국 행정과는 또 다른 발전행정 논의를 전개하시고자 하였다. 즉, 당시 신생국에 대한 원조가 특정국가의 정치적·사회적·문화적 성격에 대한 고려 없이 일방적으로 제공됨으로써 막대한 자금의 낭비와 사업계획의 실패를 초래하였고, 따라서 원조와 더불어 해당 국가의 행정능력, 관리기술의 향상이 절실히 요청되었고, 더 나아가 원조받는 국가의 절실한 요구에 토대를 두어 접근해야 함을 역설하는 배경이 되었다. 결국 서구적, 미국적 행정유형이나 행정기술을 역사와 가치체계가 전혀 다른 비서구적 문화에 강요하려는 시도는 실패할 수밖에 없는 값진 교훈을 체득하게 된 것이었다.

이런 배경에서 프랑스의 IIAP(Institut de l'International d'Administration Publique)는 그들의 식민지국가에게 필요한 공공행정의 내용을 프랑스적 대륙계행정의 토대 위에서 고위관료를 교육하고 확대재생산하는 모델이 될 수 있었다. 그런 의미에서 일제식민지 치하 유년시절을 보내고 해방과 더불어 6·25 동란의 비참한 전쟁시기에 소년시절을 보내야 했고, 전후의 암울한 현실, 대학에서 지식으로 배운 민주주의와는 너무 먼 현실의 괴리감 속에서 국가발전을 어떻게 이루어낼 수 있을까의 고민을 하지 않을 수 없었던 것으로 이해할 수 있다. 그리하여 정선생님은 1950~1960년대 미국 행정학의 비교행정·발전행정의 연장선상에서 프랑스의 경험을 통해 행정의 과학화를 한층 업그레이드시키면서 신생 개발도상국가에서의 국가발전은 '경제'보다는 '행정'이 중요함을 역설하게 되는 배경이 되었다.[3) "각국의 행정에 영향을 미치는 여러 가지 환경적 요인의 변화를 끊임없이 고찰함으로써 행정의 보편적 법칙이 형성될 수 있으며 이로써 행정의 과학화를 의도할 수 있다고 인식하게 되었던 달(Robert A. Dahl)의 논리와도 상통하고 있는 배경이다[The Science of Public Administration, PAR(winter, 1947)].

(2) 지방정치·행정 환경변화에 따른 지방행정학의 연구대상 및 범위

이러한 학문적 배경 하에 1980년대 정치·행정적 환경변화에 따라 지방행정론을 우리나라의 중요한 행정과제로서 파악하셨던 것이고, 어떻게 보면 지방행정을 통해 국가발전을 이끌어 낼 수 있는 시기가 도래했음을 예견하였던 것이

---

3) "국가발전의 주도적 역할을 '행정'이 담당해야 한다는 주장은 최근 세계 학계에서 돋보이는 이론 중의 하나입니다. 그러나 그 같은 발전행정은 개발도상국의 절실한 요청에 부응하는 내용이어야 하지요." 프랑스 파리 제2대학에서 "국가발전과 행정"이란 논문으로 법률학국가박사학위를 취득하고 최근 귀국한 정세욱 박사는 발전을 경제발전으로만 이해하던 것은 오래전의 일이라면서 '행정'이 그 어느 때 보다도 강조되고 있는 것이 '오늘'이라고 말했다. "발전문제가 사회과학자들의 관심을 끌기 시작한 1950년대 그것은 경제발전으로만 이해되었지요. 그러나 경제이론만을 기초로 한 발전정책이 적어도 개발도상국에서는 타당하지 않다는 사실이 많은 국가들의 경험을 통해 실증되었습니다. 발전을 제약하는 근본 요인이 경제적인 면에 있다기보다는 오히려 정치·행정적인 여건에 있다는데 학자들은 의견을 모으게 되었지요. 행정이 국가발전의 주도적 역할을 담당해야 한다는 '발전행정'이론이 대두한 것입니다. 이에 따라 1960년대에 발전행정에 관한 이론과 모델이 많이 나왔어요." 그러나 정박사는 주로 미국 학자들이 제시한 발전행정모델들이 개발도상국에 그대로 적용되지 않는다는 사실을 행정경험을 통해 알게 되었으며, 따라서 개발도상국의 절실한 요청에 부응하는 유용한 발전행정모델을 만들기 위해 학위논문을 쓰게 되었다고 말했다(조선일보, 1977년 7월 8일자 인터뷰).

다.[4] 그래서 정치 · 행정이원론적인 기술적 행정학을 넘어 최근의 복잡다기한 지방행정환경변화에 따른 지방행정의 새로운 인식하에 지방행정학으로의 독립적 학문영역으로 발전시켜 나아갔던 것이다. 거기에서 지방행정을 일반행정에서 분리하여 독자적인 학문영역으로 연구할 필요성 내지 당위성이 무엇인지에 대한 고민이 있었고, 그 필요성과 당위성이 타당하게 받아들여지려면 한편으로는 지방행정이 일반행정과는 다른 특수한 인식대상을 가지고 있어야 하며, 다른 한편으로는 그 인식대상에 대하여 연구할 가치가 있어야 한다고 판단하였다. 따라서 지방행정학으로서의 일반행정학과 다른 인식대상의 특수성을 구분하여 정리하였다. 즉, "첫째로 지방정부와 주민과의 관계를 그 주요대상으로 하고 있다는 것이다. 행정학은 목표의 설정, 정책결정, 계획수립, 관리통제와 조직, 인사, 재무, 사무의 관리 등 행정조직의 대내적인 문제를 그 인식대상으로 하는 데 비해, 지방행정학은 지방정치와 행정에 주민참여를 확보하고 자치단체가 주민에게 책임을 지며 주민으로부터 통제를 받는 등 지방정부의 대외적인 주민과의 관계를 그 인식대상으로 한다. 그러므로 지방행정학은 행정학에서 다루지 않는 지방선거, 주민의 정치의식, 주민의 행정참여, 주민조직, 민중통제 등을 그 연구대상으로 하는 것이다." 둘째로 주민의 일상생활에 직결되는 분야(예: 상 · 하수도. 쓰레기, 공설시장, 주택, 도로교통) 및 비권력적인 분야(예: 공적부조, 사회복지, 서비스)를 그 대상으로 하며, 셋째로 지역과 주민을 일반행정과는 다르게 그 특수성과 개별성의 관점에서 인식한다는 것이고, 넷째로 지방행정을 지방정치와 긴밀한 관계 하에서 연구하며 지방정부형태도 특수한 점이 다르다며 그 연구대상이 일반행정학 하고는 확연히 다름을 밝히고 지방행정을 일반행정에서 분리하여 독자적으로 연구하는 길을 제시하였던 것이다. 이상의 고민으로부터 정리한 것이 바로 지방행정학의 연구대상 및 범위였던 것이다([그림 3-1] 참조).

4) 국가 및 지역발전문제를 지방분권을 통한 자치단체의 기능으로 인식하려는 경향이 U.N 보고서에 나타나 있다. O.N.U., Décentralisation en vue du développement national et local(New York: Nations Unies, ST/TAO/M/1964).

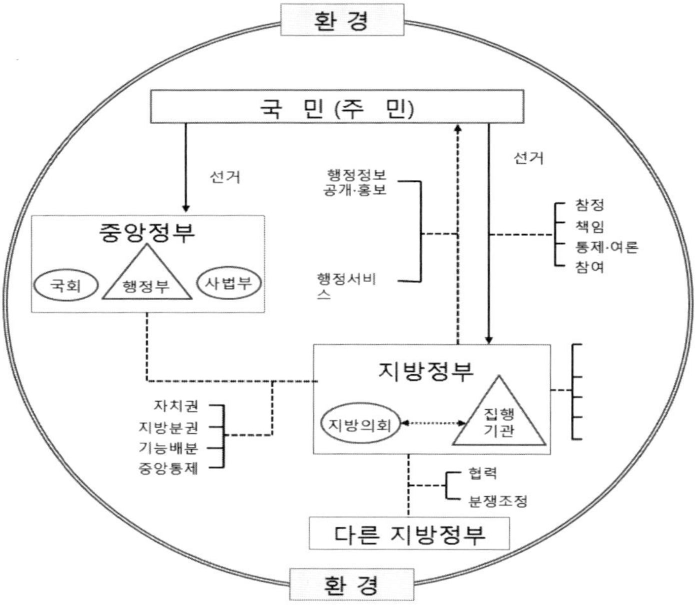

[그림 3-1] 지방(자치)행정학 연구대상 및 범위

4) '지방자치학'으로의 진화: 지방행정학의 자치행정학적 논의

지방행정학의 특수한 인식대상을 전제로 연구대상 및 범위를 설정하고 체제론적 접근(systems approaches)에 의해 그 관계를 설명하려고 하였다. 체제이론은 어떠한 일련의 현상들을 전체의 부분으로 파악하여 설명하고자 하는 것으로 정교수님은 지방정치와 행정현상을 체제적 전체의 부분으로 인식함으로써 비로소 객관적으로 분석할 수 있다는 전제 하에서 집필하셨던 것이다. 이에 따라 지방행정을 체제적 틀 속에서 전체적인 이론체계를 제시하고 그에 따라 체제-하위체제의 연계성에서 논리 있게 이론들을 정리 · 해석할 수 있으셨던 것이다. 이 서적은 지방행정의 길라잡이 역할을 선구자적 측면에서 이루어낸 것으로 당시의 주목을 받기에 충분한 것이었다. 대한민국 '지방행정학'에 대한 최초의 이론서라는 의미를 지닌 것이다.

정선생님께서 밝히시는 지방행정학의 집필 동기는 20세기 후반 급격한 지방행정환경변화에 따라 지방행정수요가 고급화되는 시대적 상황에 주민의 정치적 욕구의 충족만으로 만족하지 않고 보다 주민친화적인 행정서비스를 민주화·능률화하여 주민의 생활의 질(Qualité de la vie)을 높여야 한다는 점에서 당시 대학과 공무원교육원에서 강의하시면서, 특히 미래의 공직자들을 포함한 지방관료들에게 이 지방행정학의 이론서가 어쩌면 매우 절실하게 필요했지 않았나 본다. 이제 집필하신지 34년이 지난 시점에서 예언하신대로 우리나라가 지방자치행정의 시대가 도래하였고, 그 기운 하에 많은 주민생활이 영향을 받고 있는 민선자치 23년의 경험에 비추어 지방행정학에 대한 자치행정학적 논의들을 발전적으로 전개해 보고자 한다.

(1) 이론 정립과 실제의 진단, 처방의 종합작품서

우선 지방행정학은 지방행정의 이론적 내용을 서술하고 지방행정의 새로운 인식 하에 지방행정학의 특수한 인식대상을 밝히면서 전술한 바와 같이 지방행정학의 연구대상 및 범위를 규정하고 그에 따른 접근방법을 소개하면서 체계적으로 해당 분야에 대한 이론과 우리나라의 실제 지방행정을 진단하고 처방하는 것은 물론 이를 발전시키기 위해 단체자치모델로서의 프랑스, 독일, 일본 주민자치모델로서의 영국, 미국의 지방행정의 비교연구도 수행하였다. 요컨대, 지방행정의 이론을 준거틀로 하여 우리나라 지방행정의 실제문제를 진단하고 처방하려한 종합작품서로서의 성격을 갖는다.

예를 들면, 우리나라 지방자치의 변천을 헌법과 지방자치법의 규정내용으로 진단하고 또 그 안에 제도적, 법률적 측면에서 볼 수 없는 동태적 측면에서 지방자치행정의 경험과 교훈을 밝히고 있다. 즉, 제1·2공화국 지방자치의 진단과 평가를 다음과 같이 하고 있는 것이다(정세욱, 2004: 101－102).

① 통치권자와 정치인, 관료들이 지방자치에 대한 올바른 인식을 갖고 있지 못하거나 인식이 부족하면 아무리 완벽한 지방자치제도를 갖추고 있더라도 소기의 성과를 거두지 못한다는 교훈을 얻었다.

② 지방의회의원이나 지방자치단체의 장이 역할인식이 결여되어 있거나 부족하면 어떠한 지방정부형태와 지방자치제도 하에서도 지방자치는 원활히 운영될 수 없다는 교훈을 얻었다.

③ 지방자치제도에 문제점이 있으면 자치의 이상을 실현하기 어렵다는 교훈을 얻었다.

④ 지방자치가 독일, 프랑스 헌정사에서 볼 수 있는 바와 같이 군주의 권력에 대항하는 민권의 항의적·투쟁적 개념으로서 발전되었거나, 영국의 정치사에서 보는 바와 같이 일상적 생활방식으로서 자연히 발달해 오지 않는 한, 국민들이 정치역량이 부족하면 지방자치의 실효를 거둘 수 없다는 사실을 터득하였다.

또한 대륙계 단체자치의 핵심적 주제가 되는 국가와 지방자치단체간의 기능배분에 대한 연구도 법·제도적 분석에서 더 나아가 기능배분에 영향을 미치는 요인을 역사적 측면, 민주주의와 능률의 요구, 자치행정의 환경(정치, 경제, 사회·문화), 과학·기술과 교통·통신 등 실제적인 보다 다양한 시각에서 접근하였다는 점이다(국가와 지방자치단체간의 기능배분론, 1984).

결국 정선생님은 지방행정현상을 하나의 시각으로 재단(진단)할 때 오는 불완전한 해석을 지양하고자 법·제도적 분석을 기초로 지방(자치)행정 환경적 측면을 중시하는 생태론적·체제론적 접근, 주민생활친화적인 실제적 방식에 따른 진단으로 균형화된 평가를 도모하고자 하였다.

(2) 지방행정의 규범적 논제: 지방행정의 지도이념

정선생님은 지방행정이 추구해야 할 가치와 이상 및 준수해야 할 지도원칙, 다시 말해 지방행정의 운영방향을 제시하는 행정철학으로 민주성, 능률성, 형평성, 공정성, 합법성, 합목적성, 생산성, 신뢰성, 종합성, 다원성 등을 들고 있다. 그런데 이들 지도이념이 항상 정비례하는 것이 아니라 대립이나 모순, 상충되는 경우가 발생한다는 데 문제가 있음을 상기시키면서 지도이념간의 우선 순위를 정할 필요가 있음을 강조하였다. 다만 지도이념간의 우선순위는 시대와 장소를 초월하여 보편타당한 것이 아니라 각 국가의 환경적 요인에 따라 각각 다른 것으로 그 국가의 정치적 이데올로기와 생활수준, 국민들의 정치의식수준, 사회의 지배적 가치관 및 문화에 따라 결정된다고 본 것이다. 지방행정기능의 제일의적 목표를 주민의 생활안정과 지역발전이라고 한다면 최고의 기본적 이념은 민주성이어야 하며, 그 당연한 요청인 공정성과 신뢰성도 여기에 의당 포함되어야 한다고 보았다. 그런데 중요한 사실은 이 지도이념 문제를 통해 정선생님의 지방행정을 풀어가는 데 있어 명확한 가치관을 확인할 수 있다는 것이다. 즉, 민주성이념도 중요하지만 합법성이념의 중요성을 간과할 수 없음을 강력하게 제시하고 있는 것이다. 당시 박동서 선생님(한국행정론, 1982)이 합법성 이념[5]을 가장 하위로 둔 것에 대한 반론이었던 것이다. 그 논거는 다음과 같다.

첫째, 민주주의 국가에 있어서는 행정의 합법성이야말로 행정의 최소한의 필수요건이며 법령의 준수 그 자체가 민주성과 직결되기 때문이다. 합법성의 요구에 부합되는 행정행위가 민주성 · 효과성 · 능률성을 경시하는 것으로 인식될 수는 없다. 물론 행정의 합법성을 대륙법계 국가에 있어서의 법률의 지배로 파악하여 법과 행정의 관계를 형식적으로 규율함에 그치고 법률에 의한 개인의 권리보장을 경시하는 경우에는 위의 이론이 타당할지 모르나, 오늘날의 합법성은 실질적으로 개인의 권익을 보장하는 법과 행정의 관계를 규율하는 것이 원칙이므로 행정의 합법성이 성질상 민주성 · 효과성 등의 이념을 경시한다고 할 수는 없다. 만약 실정법 내용 중에 민주성 · 효과성의 요구에 저촉되는 부분이 있다면 그것은 법의 본질에서 나오는 하자가 아니라 현실에 맞지 않는 법의 내용을 적시에 개정하지 않고 그대로 방치한 채 운영해 온 위정자나 관계 공무원의 그릇된 사고방식에 문제가 있는 것이다.

둘째, 행정의 기능에는 사회안정화(stabilization of society)와 사회변동촉진(facilitation of social change)의 두 가지가 있는데, 오늘날과 같은 직능국가에 있어서는 먼저 사회안정을 이룩하고 그 기반 위에서 발전을 추구해야 하는데 그 사회안정을 담당하는 것이 바로 합법성이라고 본 것이다. 만약 행정이 사회안정을 시키지 못하여 혼란이 야기될 때에는 발전행정을 기할 수 없게 되는 것이다. 따

5) 박동서 교수는 발전행정의 입장에서 지도이념의 우선순위를 민주성 · 효과성 · 능률성 · 합법성으로 파악하고 있다. 박교수는 그 이유로써 첫째, 합법성은 당연히 지켜져야 하지만 그것이 충족되었다고 해서 바로 행정이 바람직한 것이 되었다고 할 수는 없다고 하면서 "합법성은 지녔지만… 민주성 · 효과성 · 능률성이 경시되어서는 보다 기본적인 것이 망각되기 때문"이라고 한다. 둘째, 법률은 항상 안정성 · 정태성을 지니고 있어 급격한 사회변동에 부합한 것이 항상 있기 때문이라고 한다. 결국 기존법령을 엄격하게 기계적으로 적용하려는 경우 무사안일주의에 빠지기 쉬운 관료에게 발전적 사업을 기대할 수 없기 때문이라고 한다(한국행정론, 1982: 70－71).

라서 합법성을 하위의 이념으로 파악할 때에는 그것은 바로 발전행정의 기반자체를 부정하는 결과가 되고 만다. 오히려 행정기관과 국민 모두가 법을 성실하게 준수하는 것이 바로 행정이나 사회가 그만큼 발전되었음을 나타내는 징표라고 생각된다.

셋째, 법치국가에서의 행정행위는 원칙적으로 법규에 근거하고 법규의 테두리 안에서 행해져야 하므로 기속행위(羈束行爲)임을 원칙으로 하나, 구체적 타당성 있는 행정의 집행을 위해서 오늘날에는 법규가 행정기관에 어느 정도까지 주관적인 판단(재량)의 여지를 부여하고 있다. 즉, 법이 '공공의 복리', '공익상의 필요', '공공의 안전' 등의 불확정개념을 행정행위의 요건으로 규정하고 있는 경우에는 법의 합리적 해석에 따르는 구체적 재량기준을 설정하여 이에 따라 행정을 처리해야 하는 것이다. 그러므로 행정기관이 법령을 기계적으로 적용하려 하거나 관료가 무사안일주의로 행정을 하는 것은 관료의 가치관과 행태에 잘못이 있는 것이지 법 자체에 내재하는 문제점이 아닌 것이다(정세욱, 1984: 37-39). 결국 정선생님은 합법성을 민주성과 같은 우선순위에 두어야 할 것으로 주장하면서, 다만 합법성과 민주성의 내용이 서로 어긋나면 안되므로 변모하는 민주성의 내용을 신속하게 입법화하여 실정법의 내용에 포함시켜야 할 것으로 정리하고 있다.

지방행정의 지도이념간의 우선순위(정세욱, 1984: 39)

① 민주성, 합법성 … 최상위목적
② 공정성, 신뢰성 … 상위목적
③ 개별성, 다원성 … 하위목적 ……… 목적 관련성
④ 합목적성, 효과성 …………………… 목적의 실현
⑤ 합리성, 능률성, 생산성 …………… 수단관련성

(3) 지방행정의 변수

정선생님은 이미 『행정학』(1974) 교과서에서 행정이 어떠한 것으로 구성되어 있는가의 근원적 질문에 대한 답으로 인체에 비유하여 '행정의 유기체계'로 설명하고 계시는데, 목적(goal), 구조(structure), 작동(action)의 세 요소가 그것이다.

즉, '목적'은 머리(head)에, '구조'는 몸통(body)에, 그리고 '작동'은 손발(limb)에 해당한다고 볼 수 있다. 이는 그동안 전통행정학에서 주장하는 왈도(D. Waldo)의 주장에 따라 당시 행정은 조직(organization)과 관리(management)로 구성되어 있다는 것이 일반적인 것이었다. 따라서 왈도의 이론의 중대한 결함이 있음을 행정의 '목적'에서 찾으셨다. 이러한 요소들이 결국 행정에 있어서는 행정의 목적은 공익(public interest)이고, 구조는 관료제(bureaucracy)이고, 작동은 관리(management)라 볼 수 있는 것이다(정세욱, 1974: 52).

이를 토대로 지방행정은 무엇으로 구성되어 있는가(무엇에 영향을 받아 움직이는가)에 대한 답으로 국가(중앙정부), 지방정부(지방자치단체), 주민이라는 세 가지 요인 혹은 변수간의 상호작용의 결과로 인식하시고, 또한 이 세 가지 요인의 상호작용은 환경이라는 체제 속에서 움직이는 관계로 보아야 한다는 개방체제론적 논의 속에서 분석하고 처방을 내리신다. 물론 국가(중앙정부), 지방자치단체(지방정부), 주민의 세 요소는 그 안에 또 다른 하위체제로서 '행정인(공무원)', '행정구조'(지방행정구조와 기능), '피행정인'(주민)을 포함하고 있는 것이다. 이런 관점에서 공무원, 지방행정구조와 기능, 주민, 환경이라는 변수로 주민참여의 모형을 제시하고 있다. 즉, 행정인에 대하여는 주민참여에 대한 공무원의 인지 및 필요성의 인식정도, 공무원의 교육수준, 지향성과 가치관, 성격, 성취지향도, 리더십과 조직화능력, 공무원의 사기에 따라 영향을 받을 것이라고 보신 것이다. 행정구조(지방행정구조와 기능)에 대해서는 지방행정의 공개정도, 참여자의 범위, 참여가능한 행정과정과 분야, 참여경로, 계획 · 정책의 난이도, 조직 내의 행정풍토 등에 영향을 받을 것으로 보셨다. 주민에 대하여는 주민들이 지식 · 이해력 · 능력 및 의식수준에 따라, 주민참여에 대한 주민들의 관심과 태도, 참여의사와 의욕, 상황인지의 정도, 리더십과 조직력에 따라 영향을 받는 것으로 보셨다. 주민조직의 특성 여하에 따라서 주민참여의 효과는 달라진다고 보셨다. 마지막으로 환경에 대하여는 중앙정부로부터의 지방자치단체의 자주성의 정도, 지역개발의 정도, 민주주의이념의 구현정도, 행정문화적 유산, 생활구조와 수준, 매스컴의 발달정도에 따라 영향을 받는다고 보셨다.

그런데 정선생님은 발전행정론에서 고민하셨듯이 행정인, 행정구조, 주민, 환경이라는 변수가 모두 중요하지만 특히 '변화의 역군(change agent)'으로서 강한 성취동기를 가진, 쇄신의지가 강한 행정인을 강조하고 있다. 또한 주민의 의식수준과 가치관을 중히 여기시어 개인의 생명과 인격·창의력이 존중되고 사회변화를 주도하는 주민을 강조하고 있는 것이다.

(4) 지방자치의 특수성: 지방선거에서의 정당공천배제

정선생님은 지방행정에 대한 국내·외 사정의 변화에 따라 '지방행정학'에서 '지방자치학'으로의 전정판을 내시며 지방선거와 관련된 쟁점사항 중 하나인 정당관여의 찬반론에 대한 논의를 전개하고 난 뒤 평소 지론이신 지방자치에 있어 정당관여의 배제를 주장하신다. 우리나라의 정치환경의 특수성에 비추어 지방선거에 있어 정당참여의 폐해가 크게 나타나고 있기 때문이다. 그럼에도 불구하고 필자는 프랑스의 경우에서 보더라도 지방선거에서 정당이 관여하는 것은 매우 자연스런 현상으로 이를 통해 주민의 의견을 잘 수렴하여 정책에 효과적으로 반영할 수 있고, 또한 주민의견에 순응한 정책수행에 대한 평가를 효율적으로 수행할 수 있어 책임정치의 근간을 제공해줄 수 있는 매우 중요한 정치적 도구로서 기능하고 있다고 여겨진다. 따라서 정당이 지방선거에 참여해서 나타나는 문제점을 해결하기 위한 방안으로 정당배제를 주장하기보다는 정당의 폐해가 드러나지 않는 방향에서 '정당의 민주화'를 추구하는 것이 오히려 타당한 대안이 될 수 있지 않을까 하는 질문을 하게 되는 것이다. 그런 면에서 정당의 관여는 불가피하다고 주장하실 줄 알았는데 그렇지 않다고 보심은 우리나라의 지방선거의 폐해가 서유럽의 상황과는 다른 정치적 환경이 지배하고 있다고 판단하시는 것이 아닌가 여겨진다. 그만큼 지방선거에 의해 구성된 지방자치단체(지방정부)가 중앙정당의 하급기관으로 전락해버릴 수밖에 없고 자치행정의 부패와 비효율성으로 우리가 바라는 민선자치는 조종(弔鐘)을 울리게 되리라고 보시기 때문이 아닌가 한다.

그런 맥락에서 지방자치제에서 정당추천제는 배제하는 것이 타당하고, 굳이 정당의 관여를 허용해야 한다면 광역단체장후보에게만 정당추천제를 채택하는 방안과 정당추천제의 폐해가 심각하기 때문에 입후보자들이 정당소속임을 밝히는 정당표방제안을 제시하고 있는 배경이 되지 않을까 본다.

"지방선거 또는 지방자치에 정당의 관여를 허용할 것인가의 여부는 자치행정뿐만 아니라 국가의 정치적 · 사회적 분야에 미치는 영향도 지대하므로 우리나라의 사회 · 문화적 특수여건을 토대로 하여 정당관여의 찬 · 반론을 충분히 검토한 다음 우리의 실정에 가장 적합한 방안을 선택해야 할 것이다. 그러나 지방자치에는 정당의 관여를 배제함이 타당하다. 다만 대의제 민주주의 하에서 민주정치란 결국 정당정치일 수밖에 없고, 따라서 지방자치도 의회를 중심으로 하는 민주정치인 점에 착안하여 굳이 지방선거에 정당의 관여를 허용해야 한다면 ① 시 · 도지사 후보에 대해서만 정당추천제를 채택하는 방안, ② 정당추천제 대신에 각 입후보자들이 자기는 어떤 정당소속임을 밝히는 정당표방제를 허용하는 방안이 우리의 정치현실로 보아 바람직할 것이다"(정세욱, 2004: 332-333).

5) 학회에의 기여

특히 정선생님은 우리나라가 1991년 지방의회(시 · 군 · 구의회의원선거, 1991.3.26; 시 · 도의회의원선거, 1991.3.26)를 재구성하게 하여 지방자치의 부활의 역사에 크게 기여하신 것으로 평가받고 있다. 1990년 어느 학회도 지방자치제 성립에 필요한 지방의회의원선거에 관련하여 국회의 입법조치 부작위에 의한 국민의 헌법상의 기본권(참정권) 침해에 대한 문제제기를 하지 못했던 상황에서 오직 유일하게 한국지방자치학회가 이 문제를 거론하며 헌법소원을 냄으로써 결국 헌재의 결정이 나기 전 국회의 지방의원선거법을 전부개정하여 지방의원선거를 이끌어 내게 하였던 것이다.

청구내용

청구인(한국지방자치학회) 등은 피청구인 국회가 「지방자치법」 부칙 제2조 및 「지방의회의원선거법」 부칙 제2조를 개선하지 아니한 것과 법정시한인 1980년 6월 30일 이내로 「지방의회의원선거법」의 입법조치를 취하지 아니한 것은 청구인의 헌법상 보장된 기본권을 침해한 헌법위반임을 확인하고, 조속한 시일 내에 필요한 입법조치를 강구하도록 심판하여 주기를 청구한다.

6) 맺는 말

정선생님께서 제시한 지방(자치)행정학의 문제의식과 연구대상 및 범위 속에 함축된 개념적 분석틀에는 오늘 현재를 넘어서 앞으로도 여전히 후학들이 깊이 있게 되새기며 완성해 나아가야만 하는 대한민국 지방자치시대의 중요한 논제들을 담고 있다. 다만 정선생님께서 강조하셨던 환경적 측면을 고려하여 21세기 또 다른 정치행정환경변화에 따라 진화되어야만 한다. 그동안 사회과학의 연구대상 및 방법론에서 논의되었던 학문적 자산을 기반으로 이제 자치행정학 후학들이 선생님의 학문적 고민과 가치를 발전적으로 계승해야 하는 당위성이 존재한다.

그동안 우리나라의 지방(자치)행정은 주로 미국의 경험을 활용하여 이해하고 개선하려는 노력이 있었지만 우리나라와 유사한 행보를 보였던 대륙계 지방자치행정에 대한 사례는 아직도 단편적으로 언급되고, 어떤 면에서는 국내적인 상황에만 몰두하는 편협성(parochialism)의 문제가 제기될 수 있다. 따라서 우리나라 자치행정의 올바른 방향 내지 대안모색에 있어서 글로벌적 사고에 기반하여 특히 대륙계 지방자치행정에 정통하신 정선생님께서 고민하셨던 비교・발전행정 연구가 새롭게 재조명되어 적실성 높은 비교자치행정연구가 뒤따라야 할 것으로 본다.

참고문헌

정세욱(1984). 『지방행정학』. 법문사.

______(2004). 『지방자치학』. 법문사.

정세욱・최창호(1974). 『행정학』. 법문사.

중당 정세욱 교수 화갑기념 논문집(1997). 『정부간관계: 이론과 실제』. 법문사.

부록: 연구업적 및 국내·외 학술활동

정선생님의 연구업적과 국내·외 학술활동결과를 보면 정말 초인이 아니면 이루어내실 수 없는 결과물에 압도하고 만다. 당대의 최고의 지방자치행정학자로서 경이로운 성과물이다. 아마 기록이 있다면 후세에 깨지기 어려운 기록(?)들이 아닌가 한다. 회갑 맞으신 해를 기준으로만 해도 공저 포함 단독저서로 9편, 연구논문으로 비교/발전, 지방행정에 관련된 논문 200여 편, 학술발표 120여 편, 전문분야와 관련된 글 120여 편, 연구보고서 34편, 수를 헤아리기 어려운 정도의 강연과 특강, 또한 칼럼을 비롯한 TV 방송출연 및 신문기사도 같은 수준이다. 다만 필자가 제한적으로나마 한정하여 간단하게 정리하고자 한다(정부간관계, 1997).

① 저 서

–『지방행정학』, 법문사(1984)
–『행정학』(개정판), 법문사(1990)
–『한국정치행정의 체계』, 박영사(1982)
–『외국수도 및 대도시의 자치제도』, 서울특별시(1987.6)
–『자치시대 수도행정의 발전전략』, 서울시정개발연구원(1993.12)
–『지방자치학』, 법문사(2004).

② 논 문

1) 학위논문

석사학위논문: 지방재정의 개선에 관한 연구, 서울대학교 행정대학원(1962.8)
박사학위논문: 국가발전과 행정: 행정학적 연구(Développement National et Administration: Etude de science administrative), 파리 제II대학교(1977.4)

2) 연구논문

"의사결정을 위한 윤리체계－발전행정의 윤리에 관한 제론," 고시계, 국가고시학회(1968.10)

"국가발전과 건설행정의 역할－발전적 행정인의 모형론," 건설경제, 건설부(1968.11)

"프랑스의 도시개발계획에 대한 고찰: 파리권 도시/지역개발종합계획을 중심으로(Schéma Directeur d'Aménagement et d'Urbanisme de la Région de Paris)," 한불기협(1971.4)

"Administration et développement: le cas sud－coréen"(행정과 발전: 한국의 사례를 중심으로), Revue française d'administration Publique(Paris, 1978 7~9월)

"국가발전과 지방행정의 역할－국가와 지방자치단체간의 행정기능배분을 중심으로," 『明大論文集』 12.

"지방의회 의원선거에 관한 비교연구," 『한국정치학회보』 21(1989.12)

"지방자치제실시에 따른 지역개발행정체제," 『한국행정학보』 23(1987.12)

"지방자치단체장의 선거," 『지방자치연구』 5(1991.12)

외 195편

③ 학술발표(120여 편)

"The Organization and Functions of Local Councils－With Reference to the Proposed Local Autonomy Law in Korea," Paper presented at the Joint International Seminar on Local－self－government: A Comparative Approach, Seminar Series 88－01(1987.12) 외 120여 편

④ 연구보고서(34편)

주요 국가의 지방자치제 실태연구, 국제문제조사연구소(1986.10) 외 34편

⑤ 전문분야와 관련된 글(120여 편)

"행정책임의 보장,"『고시계』(1971.10) 외 120여 편

⑥ 강연 및 특강

지방자치 관련 다수

⑦ 칼럼기고, TV 방송출연

"지방자치 연기는 위헌"(조선일보, 1990.9.29)(동아일보(1990.9.28) 외 다수

사설: 지방의회의 도덕성 위기(국민일보, 1991.9.13)/지방의원, 그 명예와 품위(경향신문, 1991.9.13)

심야토론: "지방자치 1년, 어떻게 보십니까?" KBS-TV(1992.4.25) 외 다수

5. 최상철 선생님의 생애, 업적과 사상

최병대(한양대학교 교수)

1) 최상철 선생님의 생애와 학문적 업적

(1) 최상철 선생님의 생애

최상철 선생님의 아호(雅號)는 벽천(壁泉)으로 1940년 9월 26일 부친 최수익(崔壽益)과 모친 곽순분(郭順粉) 사이 2남 2녀 중 장남으로 대구광역시 달성군 다사읍 매곡동 319번지에서 태어나셨다. 지금은 달성군이 대구광역시로 편입되어 있지만 최상철 선생님이 출생 당시에는 경상북도 달성군으로 전형적인 농촌 마을의 소도읍에서 유년생활을 보내셨다.

4남매의 장남으로 어릴 때부터 총명함과 부모님의 열성적인 교육열 덕분에 대구에서 동인초등학교와 경북대학교 사범대학 부설중학교를 졸업하였다. 이어서 경북대학교 사범대학 부설고등학교를 진학하였으나 2년을 수료하고 대학입학검정고시 합격으로 바로 경북대학교 사범대학 사회학과로 진학하였다. 1961년 경북대학교를 졸업하고 서울대학교 행정대학원으로 진학하여 여기서 노융희 교수님으로부터 지방자치, 지역개발, 도시계획, 환경문제에 관심을 갖게 되는 계기가 되었다. 1964년 행정대학원에서 석사를 취득한 이후에는 건설부에서 공무원으로 사회 첫출발을 시작하셨다. 이후 미국 피츠버그대학교로 유학을 가서 도시 및 지역계획학 석사와 도시계획학 박사를 취득하셨다.

주요 경력으로는 1971년 서울대학교 행정대학원 전임강사로 출발하여 환경조경학과장, 환경계획연구소장, 환경대학원장을 역임하셨다. 1992년에는 서울시정개발연구원이 출범하는 준비작업에 매진하였으며 초대 서울시정개발연구원(현재는 서울연구원) 원장으로 우리나라 지방자치단체 연구기관으로 초석을 다지는데 온갖 열정을 쏟으셨다. 또한 이명박 정부 때에는 국토균형발전을 위한 지역발전위원회의 위원장을 역임하셨다.

무수히 많은 정부자문활동을 하셨는데 대표적인 것으로는 중앙도시계획위원, 대통령농어촌발전위원회 소위원장, 청와대 사회간접자본투자기획단 자문위원, 21C 경기발전위원회 위원장, 건설교통부 개발제한구역제도개선협의회 위원장, 행정자치부 국가전문행정연수원 지도교수, 대통령지방이양위원회 위원, 수도이전반대국민연합 공동대표 등을 역임하셨다.

또한 최상철 선생님의 활발한 국외활동도 빼놓을 수 없다. 영국 쉐필드대학교(University of Sheffield) 초빙교수, 미국 하와이 East-West Center 초빙연구원, 유엔지역개발센터(United Nations Center for Regional Development) 이사 및 자문위원, 미국 남가주대학(University of southern California) 세계저명초빙교수, 미국 워싱턴대학교(University of Washington) 객원교수 등으로도 활동하셨다.

최상철 선생님의 이러한 활동이 토대가 되어 1999년에는 국민훈장 동백장을, 2001년에는 서울특별시 문화상을 수상하셨다.

(2) 학문적 업적

최상철 선생님의 연구활동은 타의 추종을 불허할 정도로 다작을 남기셔서 여기서 일일이 거론하기가 어려울 정도이다. 서울대학교 출판부에서 발간한 『도시행정론』과 『지역사회개발론』을 비롯해 『지방의 재발견』(민음사 발간) 등 7권의 저서(공저 포함)를 남기셨는데, 이 중에서 『*The Making of a Metropolis*』를 비롯해 2권은 영어로 발간하셨다.

"지방화시대의 지역개발전략", "지역경제 활성화를 위한 지방정부의 역할" 등 1971년부터 2005년까지 총 193편의 논문, 보고서, 역서 등을 남기셨는데 이는 매년 평균 약 5.5편을 저술하였음을 의미한다. 이 중에서 외국어로 된 논문이 52편으로 매년 평균 약 1.5편의 외국어논문을 저술하셨는데, 이는 최상철 선생님은 국내에서뿐만 아니라 해외에서도 활발한 학술활동을 하셨기 때문이다.

최상철 선생님의 그동안 연구활동은 지방자치분야뿐만 아니라 사회학, 도시행정, 지역개발, 도시계획, 환경분야 등 다양한 분야에서 폭 넓게 학제 간 연구에 학문적 성취를 이루셨다. 이를 뒷받침하듯이 3개 분야의 학회장, 즉 한국지방자치학회장을 비롯하여 한국지역학회장, 한국환경교육학회장을 역임하셨다.

2) 최상철 선생님의 자치학회 및 지방자치 발전에 대한 기여

(1) 학회장 재직 시의 주요 활동

흔히 최상철 선생님하면 도시계획 · 지역개발 · 도시행정 분야 전문가로 알고 있지만, 실제로 우리나라 지방자치 발전에도 큰 족적을 남기신 분이다. 최상철 회장은 1988년 한국지방자치학회가 출범한지 13년째를 맞이하여 2001년 2월 27일 김동훈 회장의 뒤를 이어 제6대 회장으로 임기를 시작하였다. 자치학회는 초대 노융희 회장 이후 2년 임기였으나 지방회원의 참여기회 확대와 유망학회장들의 봉사기회를 넓히고자 제7대 회장부터는 1년 임기제로 바뀌게 되었다. 따라서 최상철 회장은 2년 임기 마지막 회장이기도 하였다. 최상철 회장의 임기 동안은 지방자치와 관련한 주요 이슈들로 2001년 지역지식인이 2,000명이 참여한 지방분권법 청원운동, 2001년 3월 청주에서의 지방자치헌장 선포, 2001년 7월 부산에서의 지방분권선언, 2002년 10월 지방자치 발전을 위한 "여의도선언문" 채택, 2002년 11월 지방분권국민운동본부 창립 등 지방자치 발전을 위한 욕구들이 봇물처럼 쏟아지는 시기였다. 또한 2002년 4월에는 지방자치법의 개정으로 주민들의 염원이던 주민소환제와 주민투표제가 도입되기도 하였다.

특히 2002년 12월 대통령선거에서 역대 대통령 중에서 가장 적극적인 분권론자인 노무현 대통령이 당선됨으로써 지방자치 발전에 대한 부푼 꿈을 가질 수 있었던 시기이기도 하였다. 이 시대적 상황에 부응하여 학회는 2003년 2월 14일 "지방이 살아야 나라가 산다"는 주제로 분권세미나를 개최하여 지방의회의 정당공천제 폐지, 지방분권특별법 및 지방균형발전특별법 제정에 대한 건의를 당시 대통령 인수위원회 정무간사인 김병준 교수에게 전달하기도 하였다. 최상철 회장 임기 중에 우리나라 지방자치와 관련하여 굵직한 현안 이슈들이 많았다.

(2) 지방자치 발전에 대한 기여

최상철 선생님의 우리나라 지방자치 발전에 기여한 공로를 여기에서 일일이 열거할 수는 없지만 그 중에서도 대표적인 몇 가지만을 살펴보기로 한다.

① 자치구역의 개편

지방자치의 근간은 바로 자치구역에 관한 문제이다. 최상철 선생님은 구역개편과 관련한 연구단의 단장을 맡아 구역개편의 밑그림을 그리는 작업을 진두지휘하셨다. 지금은 잠잠해졌지만 한동안 구역개편과 관련한 논의가 뜨거운 쟁점이었다. 2005년 지방행정구역개편위원회(위원장 강현욱)가 만들어지고, 국회차원에서도 행정체제개편 특별위원회(위원장 허태열, 간사 권경석)가 구성되어 정부와 국회가 보조를 함께하였다. 이 당시 구역개편에 대한 대안을 검토하기 위해 여당에서는 구역개편과 관련한 연구단을 구성하여 단장에 최상철 교수, 위원으로 이규환, 심익섭 교수 등이 참여하였다. 야당 등에서도 구역개편과 관련한 여러 대안들이 논의되었지만 정부와 여당의 구역개편에 대한 큰 골격은 광역시와 도와의 통합문제와 대도시에서의 자치구 폐지가 중심이었다. 이 문제를 다루기 위하여 정부에서는 지방자치발전위원회(위원장 이숙희)를 구성하여 능동적으로 대응하고자 하였으나 단체장들의 강력한 반발, 정치권에서의 의견불일치와 위원회의 소극적 대응으로 제대로 추진되지는 못하였다.

② 지방재정력 강화에 진력

• 국세의 일부를 지방세화: 지방소비세와 지방소득세의 도입

한동안 시끄럽던 구역개편 논의가 동력을 상실하고 잠잠해지자 실질적으로 지방자치의 가장 근원적인 문제인 자치저정에 관한 문제에 관심을 가지게 되었다. 특히 이 문제에 대해서는 이명박 정부 하의 지역발전위원회(위원장 최상철)에서 주로 관심을 갖기 시작하였다. 2008년 이 문제를 본격적으로 검토하기 위하여 위원회 산하에 특별소위를 구성하여 김동건 서울대 교수가 위원장을 맡았다. 여기에서 국세의 일부를 지방재원으로 하는 안을 검토하였다. 즉, 지방소비세와 지방소득세의 도입이다. 여기서 종전의 '소득할 주민세'를 '지방소득세'로 명칭만 전환하는 지방소득세의 도입에 대해서는 중앙정부도 별다른 이견이 없어 쉽게 합의가 이루어졌다.

문제는 국세인 부가가치세의 일부를 지방소비세로 하여 지방으로 재원을 이양하는 것이었다. 이 안에 대하여 기획재정부(장관 강만수, 나중에 윤증현으로 바뀜)는 강력하게 반대하고, 행자부(장관 원세훈, 나중에는 이달곤으로 바뀜)에서는 적극 찬성하여 중앙부처간 이견을 노출하였다. 두 부처 간 의견이 갈리자 당시 한승수 총리도 명확한 입장을 정리하지 못하였다.

마침 당시 중앙공무원교육원에서 국정세미나가 개최되었는데, 여기서 지방소비세와 지방소득세 도입에 대한 찬·반이 팽팽하고 긴장감이 돌기도 하였다고 한다. 매듭이 지어지지 못한 채 점심시간이 도래하였다. 점심시간 동안에 당시 오세훈 서울시장을 비롯한 광역단체장들이 선언문을 채택하여 압박을 가하자는 움직임도 있었다고 한다. 오후에 속개된 세미나에서 이명박 대통령이 기재부장관(강만수에서 윤증현으로 바뀜)에게 양보를 요구하여 수용함으로 정리가 되었다. 특히 지방소비세 도입과정에서 국세청에서 오랜 공직 경험이 많은 강만수 장관은 반대성향이 강하였는데, 이에 비해 금융방면에 정통한 윤증현 장관은 상대적으로 낮은 편이었다고 한다. 한편 지방소비세 도입 시 부가세의 몇 %를 할 것인가가 쟁점이었다. 지방자치단체에서는 최소한 10%에서 시작하여 20% 정도까지는 해야 한다고 주장한 반면에, 기재부에서는 일단 5%에서 시작하여 점차 높여 가자고 하여 결국 5%로 하는 것으로 하였다. 당시 지방소비세가 2010년에는 약 2조 3천억 원으로 시작하여 점차 그 규모가 커져, 2014년(11%) 현재에는 금액으로는 5조 8천여 억 원에 이르러 지방자치단체의 자주재원에 큰 보탬이 되고 있다.

부가가치세는 재화 또는 용역의 공급, 재화의 수입 거래에 부과하는 국세이다. 국세인 부가가치세액의 일부(5%)를 지방세로 이양하는 지방소비세를 도입하게 되자 지방소비세 재원의 분배에 관한 문제가 쟁점이었다. 왜냐하면 부가세는 서울시, 경기도, 인천시를 중심으로 한 수도권에서 대부분 발생하는데 여타 13개 광역자치단체에서는 매우 빈약한 상황이었다. 이와 같은 지역 간 불균형문제를 극복하기 위하여 지역상생발전기금을 두기로 하고 13개 광역자치단체가 상호 협의하여 배분토록 하였다.

• 국고보조금을 포괄보조금로 전환

다음으로는 국가의 보조금에 관한 사항이다. 흔히 국가보조금은 꼬리표가 달린 재원이라고 한다. 기존의 보조금의 용도를 중앙정부에서 미리 정해서 내려 보내다보니 지방정부의 수요와 정합하지 않아 때로는 재정이 낭비되는 경우가 다반사로 발생하였다. 이러한 모순을 극복하기 위하여 지역발전위원회에서는 국가가 미리 용도를 정하는 것보다는 어차피 지방정부가 사용할 재원이라면 지방정부의 수요에 부합하도록 하는 것이 재정의 자율성을 높일 뿐만 아니라 효율성을 증대시킬 수 있는 것으로 사료되어 포괄보조금으로 바꾸도록 하는데 주도적인 역할을 하였다.

그동안 국고보조금의 종류와 규모는 정확하게 파악되지 않고 있었다. 그 이유는 국고보조금의 종류와 규모가 각 중앙부처별로 산재되어 있었고, 또한 매년 예산편성 상황에 따라 규모가 달라지기 때문이다. 약 800여 개로 추정되는 국고보조금 내역을 정확하게 파악하기 위하여 지역발전위원회에서는 2010년 대통령 특별지시로 각 부처별로 보조금의 종류와 규모에 대한 내역을 제출하도록 하였다.

지역발전위원회에서는 이를 취합하여 국고보조금 옐로우북(Yellow Book)을 발간하였다. 이 과정에서 중앙정부 각 부처는 지방자치단체의 재정남용 우려를 표명하면서 반대가 심하였는데 이를 보완할 수 있는 장치를 마련토록 하여, 꼬리표 달린 200여 개의 국고보조사업을 포괄보조금(Block Grant)으로 전환하여 지방자치단체의 자주재정권을 높이도록 하였다. 이 포괄보조금은 광역자치단체가 사용하는 광역계정과 기초자치단체가 사용하는 지역계정으로 구분하였다. 200여 개의 국고보조금이 포괄보조금으로 바뀜에 따른 중앙정부의 우려를 불식시키기 위하여 포괄보조금평가위원회를 구성하여 기재부와 지역발전위원회가 공동으로 포괄보조금을 효율적으로 사용하는 자치단체에 대해서는 10%의 인센티브를 부여하고, 반면에 그 반대의 경우에는 10%를 감액하도록 하여 포괄보조금의 오남용을 방지하는 방안을 강구하였다.

③ 그린벨트의 합리적인 조정을 진두지휘

최상철 선생님은 누가 뭐라 해도 우리나라 그린벨트문제에 대한 대표적인 전문가다. 그린벨트 도입 초기부터 지금까지 정부정책수립에 지대한 영향을 미치고 있으며, 지방자치제 부활 이후에는 자치단체 간 그린벨트 관리문제로 첨예한 갈등문제가 제기됨에 따라 이를 극복함과 아울러 광역행정기능의 원활화를 위한 그린벨트의 합리적인 조정작업에 지대한 공헌을 하셨다.

1960년대와 1970년대에 우리나라는 급속한 도시화과정을 겪으면서 국토의 난개발이 우려되자 1971년 전 국토면적의 5.3%에 해당하는 면적에 개발제한구역(Green Belt)을 설정하였다. 이후 이 그린벨트는 25년 동안 신성불가침의 영역으로 개발이 제한되자 여러 가지 문제가 제기되기도 하였다. 이러한 분위기에 편승하여 김대중 대통령후보는 그린벨트의 합리적 조정이란 정책공약을 제시하였다. 대통령에 당선되자 이 공약을 실천하였는데, 최상철 선생님이 2002년 개발제한구역제도개선협의회 위원장을 맡게 되었다. 이 위원회에서는 그동안의 여건변화를 고려하고 지나치게 불합리하게 설정된 그린벨트를 합리적으로 조정하고자 하였다.

특히 2002년에 광역도시계획이란 개념을 도입하여 지방자치단체별로 팽배해지는 할거주의를 극복할 뿐만 아니라 광역행정문제를 능동적으로 해결하고자 하였다. 즉, 인접자치단체 간 상호 협의 · 조정을 유도하고, 광역도시기본계획의 수립 시에 불합리한 그린벨트를 합리적으로 조정할 수 있도록 하여 자치단체 간에도 상호 협의 · 조정을 통해 광역도시행정체제가 작동할 수 있게 하였다.

3) 말로만 하는 자치가 아니라 지방자치를 몸소 실천하신 분

최상철 선생님은 말로만 하는 지방자치가 아니라 지방자치를 몸소 실천하신 분이시다. 한동안 우리나라는 수도이전에 대한 찬반양론으로 국론이 분열되고 헌법소원까지 가는 험난한 과정을 겪었다. 이때 최상철 선생님은 수도이전 반대 국민연합을 발족시켜 대표를 맡아 온갖 어려움을 마다하지 않으셨다.

2002년 말 대통령선거 과정에서 정치적으로 제기된 수도 이전 공약이 노무현 후보가 대통령으로 당선되면서 수도이전에 대한 뜨거운 공방이 제기되었다. 2003년 노무현 정부가 출범하면서 수도이전 공약이 공식정책으로 추진되기 시작하였으며, 2004년 1월 16일에는 '신행정수도 건설법'이 국회를 통과하였다.

2003년 초부터 최상철 선생님은 수도이전 반대에 뜻을 같이하는 교수와 전문가들을 규합하고 언론을 통한 여론을 환기시키는 주도적인 활동을 전개하였다. 2003년 11월에는 105명의 교수와 사회저명인사를 규합하여 "수도이전반대 국민연합"을 발족시키고 책임자를 맡았다. 이후 물심양면으로 수도이전 반대의 선봉에서 열정적으로 반대투쟁을 전개 · 지휘해, 2004년 4월에는 헌법재판소에 '신행정수도 건설법'의 위헌 심판을 신청하였으며, 2004년 10월 21일에 드디어 위헌판결을 얻어냈다. 그 뒤 노무현 정부는 이 위헌판결을 빗겨 가기 위해 수도이전이 아닌 수도분할이란 방법으로 대처하여 '행정중심복합도시' 건설로 탈바꿈하여 오늘 세종시로 이어지고 있다.

4) 맺음말

일반적으로 전문가나 교수들은 한 분야에 깊이 있는 지식의 탐색을 기본으로 하는 경향이 있다. 학문을 두 분류르 나누면 순수학문과 응용학문으로 구분되는데, 특히 후자에 있어서는 깊이만을 추구해서는 한계가 존재할 수밖에 없다. 특히 지방자치분야는 응용사회과학이기 때문에 지식의 깊이가 있으면서 폭이 넓으면 넓을수록 유리하다. 이런 맥락에서 최상철 선생님의 지나온 이력들이 지방자치발전을 위한 토대가 되었음이 부인할 수 없을 것이다.

수학학 학문분야인 사회학, 행정학, 지역 및 지역계획학, 도시계획학 분야를 바탕으로 해서 건설교통부 공무원으로 출발하여 서울시정개발연구원장, 건교부 전국 개발제한구역제도개선협의회 위원장, 대통령 지방이양위원회 위원 등을 거치면서 도시계획, 지역개발, 지방행정, 도시행정, 지방자치 분야에 남다른 식견을 축적할 수 있었고, 이것이 우리나라 지방자치 발전을 위한 열정을 쏟는 밑바탕이 되었으리라. 흔히 최상철 선생님을 평하는 공통의 키워드 중의 하나는 이론과 실무를 겸비한 학자라고 하는데, 바로 이러한 점이 지방소비세와 지방소득세의 도입, 국고보조금의 포괄보조금으로의 전환 등 지방자치 발전과 관련한 큰 이슈들을 해결하는데 기여하였다.

최상철 선생님은 우리나라에 지방자치가 부활한지 성년이 된 이즈음 한 단계 도약할 수 있도록 해야만 한다고 하셨다. 지금까지의 지방자치가 지방자치이론에 기반한 낭만적인 지방자치(Romantic Autonomy)가 중심이었다면 이제는 보다 알차고 내실 있는 지방자치를 구현할 필요성이 있음을 강조하고 있다. 이를 위해서는 지방자치도 과감한 혁신과 개혁이 필요하고 이를 위한 제도적 개선이 요구된다고 하셨다. 이를 테면, 앞으로는 불합리한 자치구역으로 인한 지방자치 난맥상의 극복, 농촌지역과 도시지역의 특성을 반영한 자치제도의 구축, 취약한 지방재정문제를 완화・해결하는데 역량을 모아야할 것이라고 강조하셨는데, 이는 후학들에게 보다 지방자치발전을 위해 매진해 달라는 당부의 메시지이기도 하였다.

제 4 장

역대 학회장이 회고하는 정부별 지방자치정책 및 제도 평가

1. 한국 지방자치와 분권 27년의 성과평가와 발전과제

육동일(충남대학교 교수)

우리나라의 지방자치가 부활된지 27년째를 맞으면서 그동안 지방자치와 분권을 활성화시키기 위한 다양한 정책을 추진해 왔다. 그래서 지역사회의 지방자치를 위한 제도적 장치는 최소한 마련된 것으로 보인다. 그 결과, 지난 기간 동안 지방자치는 짧은 역사에도 불구하고 우리사회 전반에 엄청난 변화를 초래한 바 있다. 무엇보다 지방자치 실시로 나타난 큰 성과는 지역주민들이 지역의 진정한 주인이 되기 시작했다는 사실이다. 이는 대한민국 5천년의 역사를 송두리째 바꾼 혁명이었다. 오랫동안 대한민국을 다스리는 주인은 관(官)이었다. 민(民)은 늘 다스림의 대상(subject)에 불과했다. 이 일방적이고 주종적인 관·민관계를 짧은 기간에 혁명적으로 바꿀 수 있었던 원동력은 지방자치제다. 아직은 갈 길이

멀지만, 이제 주민은 관의 고객(customer)으로서, 유권자(voter)로서, 상호협력자(partner)로서, 그리고 주인(owner)으로서 지방자치시대에 그 위상과 역할을 자리매김해 나가고 있다.

지방자치의 부활로 우리 정치·사회 전반에 적지않은 성과도 나타났다. IMF와 외환위기 등의 경제문제, 북핵문제와 천안함 침몰, 연평도 포격사건 등의 남북간 긴장상태, 그리고 대통령 구속, 자살, 탄핵 등의 전대미문의 정치적 혼란기에도 불구하고 지역사회가 안정을 유지할 수 있었다는 점이다. 즉, 지방자치를 통해 중앙정국의 혼란과 불안이 지방으로까지 파급되는 현상을 최소화시키고, 여·야간, 여·여간 정권교체를 가능케함으로서 정치발전을 이루었다. 그 결과로 인해, 중앙정부와 자치단체들은 경제위기 극복과 함께 주민복지 향상에 매진할 수 있었던 것이다. 이 성과만으로도 지방자치 실시에 소요되는 총비용을 보전하고도 남을 만한 성과가 나타난 셈이다. 국가사회에 미치는 바로 이 혜택 때문에 선진국들은 앞다퉈 지방자치를 지키고 또 강화시켜 나가고 있는 것이다. 그 밖에도, 지난 기간 실시된 지방자치제는 지역실정에 맞는 지역특성화 사업의 추진, 행정서비스의 수준 향상, 지역적 특성을 고려한 지방자율과 창의행정의 실현, 그리고 개성있는 지역문화의 활성화의 가능성을 열었다고 볼 수 있다.

이상과 같은 긍정적 변화와 함께 지방자치제는 아직 실망스럽고 우려할 만한 문제들을 제기하고 있다는 점도 외면할 수 없는 사실이다. 즉, 비정상적인 지방선거의 제도와 관행, 일부 단체장과 지방의원들의 고질적인 비리와 부패문제, 여전히 주민들의 신뢰를 못받고 있는 지방의회, 중앙집권적 제도와 관행, 형식적인 주민참여, 지방공무원 자치역량의 미흡 등은 지방자치가 여전히 풀지 못한 숙제로 남아 있다. 특히, 국정운영의 기본틀과 방식을 중앙집권적 통제체제에서 지방분권적 협력체제로 전환하지 못한 것은 역시 해결해야 할 중대한 과제다.

특히, 민선 지방자치의 시작과 끝이라고 할 수 있는 지방선거는 일곱 번을 치르는 동안 그 본연의 기능과 역할을 못한 가운데 정당공천을 매개로 중앙정당 정치에 종속에서 풀려나지 못하고 있다. 더욱이, 전국 자치단체가 광역이든 기초단체든, 인구가 많든 적든, 도시든 농촌이든 모두 똑같이 획일적으로 시행하고 있는 자치와 분권 제도들도 지역의 자율성과 창조성을 살리지 못하고 있어서 주민들에게 지방자치의 필요성과 중요성을 보여주는 데 성공하지 못하고 있다. 그런가 하면, 중앙정부와 지방자치단체 간, 지방자치단체 상호 간, 그리고 집행기관과 의결기관 간 경쟁과 협력을 제대로 못하고 있는 현재까지의 상황은 자치단체 간 통합이라는 결과만을 냈을 뿐, 광역행정 처리의 미비는 물론 지방자치 실시로 인한 낭비와 비효율의 문제를 근본적으로 해소하지 못하고 있다.

또한, 오래전부터 여러 정부를 거치면서 시행하고자 하였던 지방이양일괄법의 제정, 지방재정의 확충, 특별지방행정기관의 정비 등 중앙권한의 지방이양을 비롯한 지방자치권의 보장은 기대에 훨씬 미치지 못하였다. 특히, 자치경찰제의 실시와 교육자치제의 개선이 이루어지지 않은 채, 지역민들의 가장 큰 관심사인 지역의 교육과 치안문제가 지방자치의 큰 틀 속에 들어와서 주민참여와 통제를 받고 있지 못한 현실은 주민들이 지방자치를 외면하는 결과를 초래하고 있다.

지난 27년의 기간 동안, 지방자치와 분권을 위한 노력과 결과들은 우리에게 많은 교훈을 남겨주었다. 짧은 기간 내 적지 않은 성과도 있었지만, 미흡한 점도 많았고 풀어야 할 과제도 던져 놓았다. 무엇보다도 현 지방자치 운영에 있어서 가장 큰 문제점은 지방자치에 대한 지역주민들의 이해부족과 무관심이다. 지방자치가 지역사회에 미친 긍정적 또는 부정적 변화를 주민들이 정확하게 인식하고 공감할 때 비로소 지방자치가 지역사회에 정착할 수 있음에도 불구하고 아직도 그 긍정적 변화와 문제점들이 주민들에 의해 제대로 체감되지 못하고 있다. 결국, 지방자치의 원동력이 되는 주민들의 자치의식이 확립되지 못한 점은 우리의 지방자치가 '주민의, 주민에 의한, 주민을 위한 주민자치'로 가는 데 큰 걸림돌이 되고 있는 것이다.

지방자치 선진국일수록 국가와 지역경쟁력의 강화를 위해서, 국정운영의 민주성과 효율성의 조화를 위해서, 그리고 국민의 기본권이 된 자치권의 보장을 위해서 자치분권을 더욱 강화해가는 동시에 헌법을 지방분권형 헌법으로 개정해가고 있다. 이러한 선진국의 추세와 우리나라의 국가발전 단계, 그리고 국민의식 수준으로 보아서 지방자치와 분권의 길은 힘들고 고단한 과정이지만, 대한민국이 반드시 가야 할 길이다. '우리 삶을 바꾸는 자치분권'을 지향하고 있는 문재인 정부에 거는 기대가 그만큼 크다.

2. 김영삼 정부(1993.2~1998.2)의 지방자치와 지방분권의 성과

김순은(서울대학교 교수)

1991년 지방의회가 부활되었으나 실질적인 행정책임을 맡고 있는 지방정부의 장을 정부에서 계속 임명함으로써 완전한 지방자치를 실현하지 못했다. 그동안 계속 이어져 온 중앙집권적인 행정체제로 인해 지방정부가 독자적인 자치행정을 추진하는 데에는 한계가 있었다.

여당의 김영삼 대통령 후보는 대통령 선거 공약에 따라 여·야 합의에 따른 지방자치 관련법 개정에 착수하여 단체장 선거를 포함한 제4대 지방선거를 실시할 것을 내용으로 하는 제11차 지방자치법 개정 법률을 1994년 3월 완성하였다. 지방의회 부활 후 처음으로 실시된 1995년 통합지방선거를 통해 광역단체장 15명, 광역의회의원 970명, 기초단체장 230명, 기초의회의원 4,541명 등 총 5,756명의 지방정치인이 선출되었다.

주민의 직접선거로 지방정부의 장을 선출하였다는 점에서 지방자치의 외형적 틀을 마련하였고, 지방정부의 장의 직선은 정치적 지방분권의 대두라는 의미를 내포하였다. 1995년 선거관련 법률이 「공직선거 및 부정선거방지법」(일명 통합선거법)으로 통합되어 통합적 관리가 가능하게 된 것도 커다란 의의를 지녔다.

김영삼 대통령의 지방행정체제 개편도 중요한 업적으로 평가되어야 한다. 1994년 3월 "도·농복합형태의 시 설치 및 행정특례법률"을 마련하여 41개의 시, 39개의 군을 생활권별로 통합하여 40개의 도·농복합형태의 시를 설치하였다. 서울특별시와 부산, 인천, 광주의 인구가 많은 9개의 과대 자치구를 18개의 구로 분할하고 청주, 포항, 울산시에 일반 행정구 5개를 설치함과 동시에 전국적으로 61개의 동을 분통하였다.

김영삼 정부는 중앙기능 및 권한의 지방이양도 확대하였다. 경영권 및 개발권 분야의 지방이양에 역점을 두어 1993~1994년 사이에 464건의 사무이양을 완료하였다. 1995년에는 내무부 및 시·도 합동작업을 거쳐 137개 단위사무를 추가 이양대상으로 선정한 후 총무처 지방이양합동심의회 과제로 통보하여 사무이양

확대를 지속하였다.

지방재정의 확충을 통한 지역발전을 위해 창의적 능력을 발휘할 수 있도록 권한을 부여하는 지방이양을 실시하였다. 내용경영수익사업 및 지방공기업이 지방채 발행제도를 활용하도록 허용하고 1995년부터 지방자치복권이 허용되어 지방재정에 기여하였다. 담배소비세를 비롯한 각종 지방세율을 인상하였다.

김영삼 정부는 지방분권의 의지를 지방자치법의 개정을 통하여 실현하였다. 1994년 3월 16일 지방자치법 제11차 개정을 통하여 도·농복합형태의 시를 설치할 근거를 마련하고 실질적 지방자치 실현과 원활한 의정활동의 운영을 위한 제도적 보장을 실시하였다. 시와 군을 통합한 지역이나 인구 5만 명 이상의 도시형태를 갖춘 지역이 있는 군을 도·농복합형태의 시로 전환할 수 있도록 하고, 이러한 시에는 읍·면·동을 설치하도록 하였다. 지방정부의 장은 지방정부의 폐치, 분합 또는 주민에게 중대한 영향을 미치는 지방정부의 결정사항에 대하여 별도의 법률이 정하는 바에 따라 주민투표를 붙일 수 있도록 규정하고 지방의원의 명예직제도는 현행대로 유지하되, 의정자료의 수집 및 연구와 이를 위한 보조활동에 소요되는 비용을 매월 의정활동비로 지급하는 규정을 마련하였다.

1994년 12월 20일 지방자치법 제12차 개정을 통하여 지방정부의 경쟁력을 강화하기 위해 광역시에 군을 두는 등 관련 규정을 정비하고, 본격적인 지방자치시대를 맞이하여 중앙정부의 지도·감독 기능을 완화하는 개혁을 단행하였다. 이외에도 직할시의 명칭을 광역시로 변경하고 특별시와 광역시 및 도는 정부의 관할구역 안에, 시는 도의 관할구역 안에, 군은 광역시 또는 도의 관할구역 안에 두며, 자치구는 특별시와 광역시의 관할구역 안에 설치하였다. 인구 50만 명 이상의 시에는 자치구 외에 행정구를 둘 수 있게 하고, 군에는 읍·면을, 시와 구에는 동을, 읍·면에는 리를 설치하는 행정체제를 마련하였다. 1995년 8월 4일 제14차 지방자치법 개정을 통하여 도·농복합형태의 시 설치 기준을 완화하여 지방행정구역을 개선하였다.

김영삼 정부 하의 지방자치법 개정의 가장 큰 특징은 비로소 지방정부의 장의 주민직선제가 실현되고 지방의원의 의정활동 또한 제도적으로 보완되었다는 점이다.

3. 김대중 정부와 노무현 정부 하의 지방분권화 정책

오재일(전남대학교 명예교수)

1998년 한국 최초의 평화적 정권교체 속에서 탄생한 김대중 국민의 정부는 김영삼 정부 하에서 부활한 지방자치의 내실화를 위하여 국가 사무의 지방이양 등 지방분권 업무를 추진할 제도적 장치를 마련하였다. 이를 위하여 법률 제5710 호로서 1999년 1월 '중앙권한의지방이양촉진등에관한법률'를 제정하고, 이 법에 따라 대통령 소속 하에 국무총리와 민간 위원을 공동위원장으로 하는 지방지양 추진위원회를 동년 8월 발족시켰다.

지방이양추진위원회는 그 산하에 지방이양추진실무위원회를 두었다. 이 실무위원회는 다시 행정실무위원회, 산업 · 건설실무위원회, 농수산 · 복지실무위원회의 세 개의 분과위원회를 설치하여 중앙 중심의 사무배분체계를 지방화에 맞도록 재조정하였으며, 사무재배분에 따른 중앙과 지방간의 재원 조정방안에 노력하였다. 또한 지방자치법을 개정하여(법률 제6002호) 지방분권 정책의 본격적인 추진 및 주민의 직접참여 제도 도입 등 참여와 분권의 지방자치발전을 위한 기본 토대를 구축하였다. 그러나 장 중심의 정치 · 행정 문화와 남북 분단, 임기기간 중의 여소야대의 정치 환경, 그리고 자치분권 기반의 미약 등으로 주민 체감형 지방자치의 구현에는 그 한계를 드러내고 말았다.

김대중 정부에 이어 2003년 등장한 노무현 참여정부는 제16대 대선 동안 체결한 '지방분권 대국민협약'을 실현시키기 위하여 '지방분권특별법'을 제정하고, 이 법에 따라 정부혁신 · 지방분권위원회가 대통령 소속 하에 출범하게 되었다. 참여정부에서 출범한 정부혁신지방분권위원회의 특징은 다음과 같다.

첫째, 당시 시대적 요청인 정부혁신과 지방분권과의 연계성을 중시하였다. 정부재창조가 강조되고, 신공공관리론 · 민영화론이 대두하고 있던 시대적 상황에 맞추어, 정부개혁과 지방분권화 정책을 병행 · 추진하기 위한 주도적 실체로서 위원회를 설치하였다. 참여정부에 있어서 국가균형발전 · 정부혁신 · 지방분권이 국정의 주요 어젠다(agenda)였다. 이 세 주제를 어떻게 조합할 것인가에 대한 내부 논의가 있었으며, 위원회 설치에 대한 비판적 여론을 고려하여 '작은 중앙정부 · 커다란 지방정부'라는 차원에서 정부혁신과 지방분권을 하나로 하는 정부혁신지방분권위원회를 설치하였다. 그리하여 정부혁신지방분권위원회는 그 산하에 4개 전문위원회를 설치하고, 그 중 지방분권전문위원회가 정부혁신이라는 커다란 틀 속에서 지방분권화 정책의 실무적 주도 역할을 하였다.

둘째, 김대중 정부 하에 발족하였던 지방이양추진위원회도 존속시켰다. 참여정부 발족당시에는 여소야대의 상황이었다. 그리하여 노무현 정부의 국정과제의 핵심이었던 지방분권과 국가균형 발전을 위한 입법 조치들이 국회에서 잘 처리될 수 있을까 하는 의구심이 있었다. 국회에서의 입법 비협조에 대비하여 김대중 정부 하에 출범하였던 지방이양추진위원회를 그대로 존속시켰던 것이다.

셋째, 김대중 정부 하에서는 중앙행정기관이 가지고 있는 개별 사무들을 지방으로 이양시키고, 거기에 따른 인력과 재원을 지방으로 이전시키는 기능이양 중심의 지방분권화 정책이 추진되었다. 따라서 지방자치 제도 전반에 걸친 점검과 청사진을 제시한 것은 아니었다. 그러나 노무현 정부 하에서는 '지방분권로드맵'이라는 형식을 빌어, 우리나라 지방자치 발전과제 전반에 걸친 정부 차원의 개혁과제를 제시한 것이었다. 노무현 정부 하에서 추진된 지방분권화 정책은 보충성의 원칙에 충실한 주민체감형 지방자치구현을 위하여 기초중심의 교육자치와 자치경찰의 설계, 특별지방행정기관의 정비 등에 주안점이 주어졌고, 특히 대통령의 관심과 지원 속에 제주특별자치도가 탄생하였다. 이에 따라 우리나라 최초로 정부 차원의 지방자치 발전을 위한 청사진이 노무현 정부 하에서 제시되었고, 지방자치 전반에 걸친 시스템적 구조개혁이 시작되게 되었다.

넷째, 지방분권로드맵을 제정하면서, 그 중요성 여부를 떠나 전략적 차원에서 지방행정체제개편(자치구역 통 · 폐합)과 광역중심의 분권정책인가 기초중심의 분권정책인가를 구별하지 않고, 중앙중심의 국정운영시스템을 지방중심의 국정운영시스템으로 바꾸고자 하였다.

4. 박근혜 정부의 지방분권정책의 특징

최근열(경일대학교 교수)

여기서는 박근혜 정부의 지방분권정책의 특징은 선행연구(정정화, 2017)에서 제시한 지방분권정책 평가기준(6개 평가요소, 12개 세부적인 평가기준)에 의한 역대 정부(김대중, 노무현, 이명박)의 지방분권정책을 준거로 비교평가를 통하여 살펴보고자 한다.

첫째, 정책목표와 추진과제의 합리성은 역대정부와 비교하여 가장 높은 수준으로 나타났다. 즉, 박근혜 정부에서는 2013년 9월에 발족한 지방자치발전위원회가 '지방분권 및 지방행정체제개편에 관한 특별법'에 명시된 지방자치발전과제와 박근혜 정부 국정과제를 고려해 4개 분야 20개 지방분권과제를 포함하는 「지방자치발전종합계획」을 2014년 12월에 발표하였다. 이러한 지방자치발전 종합계획은 정부 최초의 지방자치발전 마스터플랜으로, 특별법 규정에 따라 국무회의 심의를 거쳐 확정된 범정부적 실천의지가 담긴 법정계획이라는 의미를 담고 있다. 특히 종합계획 수립과정에 지역주민, 학계, 지방자치단체, 분권단체, 소관부처 등 다양한 이해관계자가 참여하여 공동으로 마련되었다. 이러한 종합계획에 제시된 주민편익의 증진, 행정효율성 제고, 지방경쟁력 강화를 정책목표로 4개 분야 20개 정책추진과제는 전반적으로 지방분권 확대와 자치역량 강화에 기여할 것으로 판단되었다. 또한 정책목표와 추진과제의 부합성 및 효과성도 높은 것으로 나타났다.

둘째, 정책결정자(대통령)의 의지 측면에는 분권의지와 추진기구(지방자치발전위원회)의 활동에 대한 관심이 가장 낮은 수준으로 나타났다. 즉, 박근혜 대통령은 지방자치발전위원회 1기 출범식에 직접 임명장을 수여하고, 위원회 제1차 회의에 참석하는 등 관심을 보였으나 그 이후 위원회 활동에 거의 관심을 가지지 않았다.

셋째, 추진기구의 효율성(구성, 법적지위, 기능, 권한 등) 차원에서 박근혜 정부의 지방자치발전위원회가 가장 높은 것으로 평가된다. 즉, 추진기구의 위상은 노무현 정부나 이명박 정부와 비교하여 큰 차이는 없지만, 집행조직을 단일체제로 전환함으로써 추진기구의 이원화로 인한 역할 분담의 불명확과 국정과제의 중복 추진 및 책임소재의 모호성 등 문제점을 해소할 수 있었다. 또한 지방분권 정책과 지방행정체제 개편에 관한 정책을 통합하여 심의·의결하고 추진과정을 점검 및 평가하는 역할을 수행하였다. 다만 지방분권정책에 대한 실질적인 집행은 관련 중앙부처가 관장함으로써 이행력이 담보되지 못한 문제점은 이전 정부와 동일하다.

넷째, 추진절차와 추진전략의 적절성 측면에서는 박근혜 정부가 가장 우수한 것으로 평가된다. 즉, 박근혜 정부의 지방자치발전위원회가 정책과제선정과 추진과정에서 지역주민, 학계, 지방자치단체, 분권단체, 소관부처 등 다양한 이해관계자들의 의견을 수렴하고 정책과제를 핵심(8개)·일반(10개)·미래발전과제(2개) 등 3개 유형으로 구분하여 파급효과가 큰 핵심과제에 대해 선택과 집중을 통해 단계별로 시행하는 추진전략을 마련하였다는 점에서 긍정적으로 평가된다. 또한 종합계획 정책과제에 대한 '자치현장토론회(13회)', '대학생과 함께하는 자치토크(16개교)', '찾아가는 지방자치발전 종합계획 설명회(6회)', '강연·학술대회 및 토론회(127회)' 등을 통한 자치현장의 공감대 확산을 위한 노력도 적절한 추진전략으로 평가된다.

다섯째, 정책관련 집단의 요구와 지지를 보면, 박근혜 정부에서 지방분권운동단체와 지방4단체 등의 지방분권에 대한 정책요구와 지지 수준이 역대 정부에 비해 가장 높은 것으로 평가된다.

여섯째, 추진성과 측면에서 보면 박근혜 정부가 역대 정부에 비하여 다소 낮은 수준으로 평가된다. 즉, 지방자치발전위원회가 마련해 국무회의를 거쳐 확정된 지방자치발전종합계획 20개 정책과제 가운데 법제화가 이루어진 실적이 아주 미미한 실적이다. 가장 역점적으로 추진하였던 지방일괄이양법, 자치경찰법, 주민자치회 설치 및 운영에 관한 법률 등 제정이 무산되었으며, 중앙권한 및 사무의 지방이양, 자치경찰제 도입 등 8개 핵심과제에 대해서도 의미 있는 성과를 거두지 못하였다. 다만 지방재정 확충 및 건전성강화 과제는 다음과 같이 다소의 실적을 거둔 것으로 평가된다. 먼저 자주재원 확충 측면에서 지방소득세 독립세원화 등 제도개선 노력과 지방세 비과세·감면의 정비 및 징수율 제고(비과세·

감면율이 2013년 23%→2015년 15.5%; 징수율은 2010년 91.8%→2015년 93.6%) 등으로 지방세수가 최초로 2015년 결산 기준으로 71조 원 징수실적을 이루어 국세대비 지방세비율이 24.6%(2012년 21%)로 향상되었다. 다음 이전재원 조정 측면에서는 지방교부세 법정률 인상 관련 지방교부세법 개정은 이루어지지 않았으나 지방교부세 교부기준 및 지방교육재정교부금 교부기준 개선, 분권교부세 보통교부세 통합, 소방안전교부세 신설, 유사·중복사업 등을 대상으로 한 국고보조사업정비(2014년 919개→2017년 820개), 포괄보조금 확대(2017년 4.9조 원) 등을 추진하였다.

끝으로 지방재정 건전성 강화측면은 지방세·세외수입 체납징수율 제고, 재정위기관리제도 개선, 지방공기업 부채 감축, 지방공공기관 구조개혁 방안 등을 이행목표대로 추진하였다.

이상의 살펴본 박근혜 정부의 지방분권정책 특징을 종합하면 제도설계 측면에서 정책목표·추진과제·추진기구·추진절차·추진전략 등 추진시스템 구축은 역대 정부에 비해 높은 수준으로 나타났으며, 또한 정책결정을 둘러싼 환경요인으로 관련 집단의 요구와 지지도도 역대 정부에 가장 강하게 투입 된 것으로 나타났다. 그러나 추진시스템의 우수성과 지방분권에 대한 국민인식제고를 위한 적극적 활동에도 불구하고 추진성과는 역대정부보다 다소 낮은 수준으로 평가된 것은 최고정책결정권자인 대통령의 의지가 미약한 것이 결정적인 원인으로 작용한 것으로 분석되며, 아울러 중앙정부와 정치권이 자치권 강화를 위한 법률 개정에 미온적인 태도도 큰 원인으로 작용하였다고 판단된다.

5. 이명박 정부의 지방분권 과제 평가

정순관(순천대학교 교수)

이명박 정부는 자치단체장의 대통령이라는 특성 때문에 지방분권추진에서 적지않은 기대를 했었다. 그러나 비교적 많은 사회문제들이 정치쟁점화되어서 정치적 격랑기를 거치는 시기였다. 따라서 지방분권 과제가 국정의 핵심에 자리잡지 못하는 과정을 겪었다. 그럼에도 이전의 정부와 비교하면 그 성과는 결코 미미하다고는 할 수 없다. 우선 <표 4-1>에서 보는 바와 같이 중앙권한 중에 지방으로 이양할 사무수가 가장 많이 발굴되었다. 또 참여정부 다음으로 많은 사무수가 이양이 완료되었다.

표 4-1 역대 정부별 지방이양사무 발굴과 이양완료 사무현황

이양완료 / 이양결정	결정 사무수	국가사무 이양완료 사무수				
		소계	국민의 정부	참여정부	이명박 정부	박근혜 정부
계	3,101	2,188	232	987	763	206
국민의 정부	612	611	232	374	4	1
참여 정부	902	875	–	613	243	19
이명박 정부	1,587	702	–	–	516	186
박근혜 정부	0	–	–	–	–	–

또 2010년 지방소득세와 지방소비세가 도입되었고, 특별지방행정기관의 정비에서도 11개 법률, 16개 시행령을 개정하여 총 208명의 인력과 3,969억 원의 예산이 지방으로 이양되었다.

이명박 정부의 지방분권과제에 대한 평가에서는 앞에서도 언급한 바와 같이 고려해야 할 정치사회적 상황에 주목해야할 필요가 있다. 지방분권 과제의 추진에 순방향적 영향요소와 역방향적 영향요소가 상당히 분명하게 상존해 있었다. 우선 역방향적 요인들을 살펴보자. 이명박 후보는 상당한 표차이로 대통령에 당

선되어 2008년 2월 이명박 정부가 출범하였다.[1)] 당선 초기 서울시장 출신이라는 점 때문에 지방분권에 대한 기대가 작지 않았다. 그러나 국회의 여소야대의 상황에서 BBK 특검이 출범하여 수사가 진행되고 있었고, 그 해 4월 미국산 소고기 파동이 일어났다. 이러한 상황에서 4월 총선이 시작되어 정치적 격랑기를 맞게 된다. 또 2007년 미국의 서프라임 모기지 사건으로 2008년 9월 세계금융위기라는 파고가 닥쳐오게 된다. 한편으로 국내적으로 세종시 행정수도이전 문제로 수도분할이라는 국민분열 여론이 증폭하게 된다. 여기에 이명박 정부 내내 한반도 대운하프로젝트가 일종의 계륵으로 작용되기도 한다. 이러한 일련의 사태는 '승자의 저주'라는 말로 표현되기도 했다. 이러한 정치적 격랑기는 지방분권의 확대라는 국정과제가 국정의 중심에 서는 것을 방해해온 요인들이라고 볼 수 있다.

그럼에도 이명박 정부의 지방분권 과제의 성과평가가 평가받을 수 있었던 것은 순방향적 요인들이 지속적으로 작동하고 있었기 때문이다. 한편으로 참여 정부에서부터 시작된 많은 지방분권 과제들이 정부의제로 상존·확대되었고, 또 한편으로 지방분권추진 세력들이 더욱 활성화되는 시기였다고 할 수 있다. 환언하면 이명박 정부 출범과 함께 기존에 있었던 지방이양추진위원회와 정부혁신지방분권위원회를 지방분권촉진위원회로 통합하여 출범시킨 이명박 정부는 기존의 지방분권추진과제를 상당부분 존속시켰고, 2011년 2월에는 지방행정체제개편위원회를 출범시켜서 '지방행정체제개편'이라는 정부정책으로 지방분권에 대한 관심을 전국적으로 확산하는 데 크게 기여하였다. 이러한 관심은 시민단체와 지식층을 중심으로한 분권세력들이 활성화되는 데 기여하게 된다. 또한 분권관심세력들의 활동무대는 지방분권촉진위워희와 지방행정체제개편위원회를 중심으로 더욱 확장되었고, 결과적으로 많은 정치사회적 역방향요인에도 불구하고 지방분권 과제들이 성과를 내는 데 영향을 주었다고 할 수 있다. 이러한 결과는 지방분권 과제들이 성과를 내기 위해서 지방분권 과제들의 적절성 확보와 함께 사회변화를 요구하는 시민단체와 지식층 등 지방분권단체들이 활성화될 수 있도록 체계적인 관리가 중요함을 시사하고 있다 할 것이다.

---

1) 당시 이명박 후보는 48.7%, 이회창 후보는 15.1%로 보수층이 62.8%의 득표를 얻었고, 정동영 후보와의 득표차가 532만 표로 나타났다.

6. 너무나 힘이 없는 대통령위원회의 지방분권추진기구

양영철(제주대학교 교수)

한국지방자치학회 임원진에서 학회 고문, 전직 학회장으로서 지방분권에 대한 회고담을 요청하였다. 고민하다가 꼭 말하고 싶었던 대통령위원회인 지방분권추진기구에 대하여 소고적 차원에서 쓰고 있다. 나는 지난 15년 동안 대통령위원회를 두 번의 경험을 하였다.

첫 번째가 참여 정부에서 5년 동안 정부혁신지방분권위원회 전문위원과 본위원을 경험하였다. 그 당시 국정운영의 방식은 대통령위원회는 주요 국정에 대하여 정책결정을, 행정 관료는 집행으로 이원화되어 있었다. 때문에 대통령위원회의 역할과 활동이 매우 중차대하게 인지되고 있었다. 내가 분권전문위원 내 자치경찰 T/F 팀장을 맡았을 때도 대통령에게 직접 보고할 정도로 노무현 대통령은 위원의 경중을 따지지 않고 필요하면 직접 보고를 요청하였다. 이러한 모습은 부처 장관을 비롯한 고위 공무원들에게 대통령 위원회에게 관심과 긴장을 갖도록 하였다. 각 부처 고위 공무원들은 위원들을 쫓아다니면서 자신들의 업무를 설명할 기회를 달라고 읍소하는 일은 적어도 초기에는 일상화된 모습이었다. 어느 사립대학교 교수 위원은 소속 총장이 부처 로비를 할 정도였으니 소위 위원할 만한 시대였다.

나는 5년이 지나 2013년 9월에 박근혜 정부의 대통령위원회인 지방자치발전위원회(이하 "지발위") 위원을 제1기로 하였다. 노무현 정부의 정부혁신지방분권위원회와 지발위는 여러 면에서 크게 달랐다. 우선 위원회 구성면에서 달랐다. 노무현 대통령 때 대통령위원회 위원은 모두가 대통령이 추천하고 임명하였다. 그러나 박근혜 정부의 지발위은 이 대통령은 24명 중 6명만을 추천하고 나머지는 국회, 지방4단체협의회에서 추천하고 임명은 물론 대통령이 하였다. 나는 당시 야당인 민주당 추천으로 위원이 되었다.

두 위원회의 큰 차이는 대통령과의 접촉 빈도다. 되돌아보면 대통령위원회의 동력은 대통령뿐이다. 즉, 대통령이 위원회와 위원들에 대한 지지가 동력에 비례

관계다. 그 지지는 접촉도라고 말할 수 있다. 노무현 대통령은 앞에서 약간 언급하였지만 대통령위원회와 위원간의 접촉이 정말 많았다. 전문위원인 시절도 보고 차, 때로는 오찬 초청으로 청와대에 여러 차례 갔다. 본 위원 때는 말할 나위 없이 여러 차례 청와대에 다녔던 기억이 난다.

그러나 박근혜 정부에서 지발위에 대한 대통령의 관심과 지지는 너무 박했다. 내가 2년 동안 위원으로 있으면서 임명장 받는 날 딱 한 번 대통령 얼굴을 보았을 뿐이다. 위원회가 1여 년 동안 심혈을 기우려 작성한 지방분권 로드맵인 지방자치발전계획서까지도 대통령에게 보고할 기회는 주어지지 않았다. 후반기 위원인 2기 위원들은 임명장조차도 정무수석이 위원회 와서 수여하였기 때문에 활동 2년 동안 대통령 얼굴을 한 번도 보지 못하고 마감해야 했다. 이러한 모습은 장관들은 물론이거니와 고위 공무원, 심지어 지방자치단체 장들도 지발위에 대하여 외면하게 만들었다. 위원회 부위원장인 기재부장관과 행자부장관은 한 번도 참석한 적이 없다. 대신 참여하는 공무원도 처음에는 차관이 몇 번하다가 나중에는 당연시처럼 국장, 국장급으로 내려갔다.

그나마 다행인 것은 지발위 위원장과 부위원장이 경험과 능력이 출중한 분이었다는 점이다. 위원장은 청와대 고위직을 거친 전문 행정인, 도지사 3선, 국회의원 2선 등 중앙행정뿐만 아니라 지방분권에서서도 어느 누구보다 전문가임 동시에 최고의 지도자였다. 부위원장도 고위 공무원 출신과 국회의원 2선 등 화려한 경력에다가 추진력이 매우 강한 분이었다. 나는 처음에 이 두 분이 하고자 하면 못할 것이 없다고 생각하여 박근혜 정권에서 지방분권은 봄날이 되겠다고 기대하였다. 국회에서는 위원장, 부위원장 옛 동료들이 합심하여 지방분권특별위원회를 구성해 주었다. 그러나 이것으로 끝이었다. 대통령의 지지가 없는 대통령 위원회의 끝판을 볼 수 있는 아쉽고, 때로는 분통이 터지는 모습을 너무나 많이 보았다.

상기 두 위원회의 경험을 보면서 지방분권을 추진하는 위원회는 어떻게 구성하고 운영할 것인가를 넋두리 차원에서 제안해 본다. 이제 지방분권이 실추되어 가는 국가경쟁력을 살릴 유일한 대안이라는 학회의 분위기를 타서 하는 소리이기도 하다.

첫째, 위원회 임기는 대통령 임기보다 많을 필요가 있다.

임기 2년은 짧아도 너무 짧다. 활동계획서를 작성하다 보면 2년이다. 후반기 위원회는 힘도 떨어져서 더욱 그렇다. 임기가 대통령보다 길면 정권에 관계없이 지방분권을 장기적인 면에서 수립하고 집행할 수 있기 때문에 위원회의 안정성을 확보할 수 있다. 현재 대통령위원회는 정권과 함께 태어나고 살아진다. 후임 정권은 전 정권의 로드맵을 쳐다보는 것은 고사하고 비판의 대상이 되어 폐기처분하기 바쁘다. 심지어 이전 정권의 위원회 위원을 부역자로 인식하여 소위 말하는 블랙리스화하는 참담한 경우도 있으니 위원회가 제대로 작동할 수가 없다.

둘째, 행정위원회가 되어야 한다.

역대 정부의 지방분권추진 대통령위원회는 모두가 심의기능만 갖는 자문기구였다. 위원장을 비롯한 위원 모두가 비상근이었다. 연속성이 존재할 수 없음은 당연하다. 뿐만 아니라 지방분권이라는 대 주제를 다루는 위원회의 위상이 너무나 초라하다. 지방분권은 결국 중앙정부와 국회의 권한을 축소하는 일이다. 중앙정부와 국회처럼 힘이 좋은 기관을 상대하기 위해서는 이들보다 더 힘이 좋아야 함은 당연한데 대통령분권위원회는 임시적이고 형식적 심의기구일 뿐이다. 말이 대통령위원회이지 정권 장식용이라는 비판을 반박할 근거를 찾기 어렵다. 현재 제주특별자치도가 중앙정부로부터 10년 동안 4,500여 개의 권한을 이관할 수 있는 가장 큰 동력 중 하나는 추진기구인 제주특별자치도지원위원회가 행정위원회이기 때문이라는 데 이론이 없음을 참작하여야 한다.

셋째, 위원의 구성방법이다.

서술한 바와 같이 현재 위원회 위원구성은 한마디로 사방팔방에서 이루어지고 있다. 이러다 보니 우선 구성하는 데 시일이 많이 소요된다. 이번 문재인 정부에서도 위원 구성이 정부가 출범한지 무려 7개월이나 지난 1월 말에야 완성되었다. 역대 정부에서도 마찬가지다. 더욱 문제가 되는 것은 너무나 위원들이 정치적 고려가 많다는 점이다. 각 정당들이 위원추천을 하다 보니 지방분권과는 거리가 먼 인사들이 추천된다. 심지어 지방분권 4단체협의회는 현직 지방의원, 지방자치단체장을 추천하기도 한다. 회의 시 그들의 빈자리가 빈번하게 눈에 띤다. 대통령위원회이기 때문에 일정한 기준을 정하여 대통령이 위원회를 구성하고 다만 분권이라는 중요성이 있기 때문에 위원장은 국회에서 동의를 받는 방식을 고려했으면 한다.

7. 역대 정부의 지방자치 및 지방분권정책 비교

권경득(선문대학교 교수)

우리 사회는 지난 1990년대 이후 급격한 세계화, 글로벌 시대를 맞이하여 국경 없는 무한경쟁의 시대를 경험하고 있다. 지방자치 부활 이후 자치단체의 역할은 지역 경쟁력을 높이고 지역주민의 삶의 질을 제고하는 주요 동인으로서 작용하고 있으며, 자치단체가 주체가 되는 지방외교의 중요성이 점차 증대되고 있다.

지방자치의 실시는 우리 생활에 많은 변화를 가져왔다. 무엇보다도 지방자치의 실시는 '지역주민의 삶의 질 변화'를 가져왔다. 지방정책과정에서 지역주민의 참여를 확대하였으며, 지역주민의 의사를 반영하고, 지역경제사회의 발전에 기여하였다고 평가되고 있다. 반면에 아직도 지방분권이 미흡하고, 지방재정이 열악하며, 지방의원의 역량이 낮은 수준이며, 지방자치에 대한 지역주민의 무관심이 지방자치발전의 저해요인 또는 문제점으로 지적되고 있다. 최근 여론조사에서도 주민들은 지방자치(분권)의 헌법 명시, 자치재정권한의 강화, 자치입법권의 확대를 지방자치발전의 주요 핵심과제로 인식하고 있다.

한국지방자치학회 창립 30주년과 지방자치 부활 27주년을 맞이한 시점에서 역대 정부의 지방자치 및 분권정책을 살펴보고, 향후 지방자치의 발전과제를 되새겨 보는 것은 매우 의미 있는 일이라고 할 수 있다.

역대 정권별 지방자치 및 분권정책의 주요 성과를 살펴보면, 김영삼 정부는 '지방이양합동심의위원회(1991년)'를 설치하여 중앙정부의 사무를 지방정부로의 이양을 촉진하였으며, 지방행정체제개편(시・군통합)을 단행하였다. 1995년에는 제4대 동시 지방선거를 실시하여 자치단체장을 주민직선으로 선출하였다. 김대중 정부는 중앙행정권한의 지방이양촉진에 관한 법률(1999년)을 제정하고, 지방이양추진위원회를 설치하여 지방사무 이양을 추진하였다. 또한, 지방정치과정에 주민의 직접 참여제도를 도입하여 실질적인 주민자치를 위한 토대를 구축하였다.

참여 정부에서는 지방분권특별법(2003년)을 제정하고, 지방이양추진위원회와 정부혁신지방분권위원회를 통해 지방사무 이양과 지방분권 업무를 상호 보완하면서 추진하였다. 참여 정부는 지방분권로드맵을 제시하여 지방자치발전과제 전반에 걸쳐 정부차원의 개혁과제를 체계적으로 제시하였다. 또한, 2006년에는 제주특별자치도가 발족되어 지역자치권이 고도화되었다. 이명박 정부는 지방분권촉진에 관한 특별법(2008년)을 제정하고, 지방이양추진위원회와 정부혁신지방분권위원회를 통합하여 지방분권촉진위원회를 설치하고, 지방분권을 촉진하였다. 또한, 지방행정체제개편추진위원회를 설치하여 지방행정체제의 효율화를 도모하였다. 특히, 이명박 정부에서는 행정중심복합도시 문제가 사회적 쟁점으로 부각되기도 하였다. 2010년에는 마산·창원·진해가 창원시로 통합되어 전국 최대 기초자치단체가 되었으며, 2012년에는 세종특별자치시가 발족하였다.

박근혜 정부는 지방분권 및 지방행정체제개편에 관한 특별법(2013년)을 제정하고, 지방자치발전위원회를 설치하여 지방자치발전을 위한 종합계획을 제시하였다. 박근혜 정부에서는 마을공동체를 기반으로 하는 주민자치회를 시범적으로 실시하여 주민자치의 토대를 마련하고자 하였다. 문재인 정부는 자치분권위원회를 설치하고, 국가사무 지방이양, 지방재정 확충, 지방분권 추진 등 지방자치발전을 위한 자치분권 종합계획을 제시하였다.

위와 같이 역대 정부별로 지방분권과 지방자치발전을 위한 많은 노력이 경주되었다. 이러한 노력은 크게 세 가지 방향성 또는 특징을 가지고 있다. 첫째는 국가운영방식의 변화로 '집권에서 분권'으로의 변화이며, 둘째는 국가운영주체의 변화로 '관(官)에서 민(民)'으로의 변화라고 할 수 있다. 셋째는 지방정부 운영의 효율성과 민주성의 이념과 가치 추구에 있어서 역대 정부별로 그 우선순위의 차이가 두드러지게 나타나고 있다. 예를 들면, 보수성향 정부의 경우에는 지방행정체계의 효율성을 보다 강조한 반면, 진보성향 정부의 경우에는 참여를 주요 가치로 하는 지방정부 운영의 민주성을 보다 강조한 것으로 평가되고 있다.

이와 같은 특징에도 불구하고 역대 정부의 정책을 살펴보면, 정부들 간에 지방자치 및 분권정책의 일관성과 계속성이 결여되고, 단절적 현상이 나타나고 있다. 역대 정부마다 지방자치 발전을 위한 구호는 '장밋빛' 청사진이었지만 그 성과는 다소 미미하였다. 이러한 현상이 지금까지 우리나라 지방자치발전의 걸림돌로 작용하고 있다는 사실은 부인할 수 없다. 참여 정부가 제한적이나마 자치분권을 시도하였지만 그 성과가 기대수준에는 미치지 못하였다. 다만, 행정 및 재정분권은 역대 정권을 거치면서 나름대로 의미 있는 진전이 있었다.

이와 같은 관점에서 볼 때, 지금 우리 사회는 진정한 '지방분권형 국가'로의 국가운영방식의 전환이 필요한 시점이다. 개별 지방정부의 지역적 특성을 고려한 다양성과 자율성을 존중하고, 선의의 경쟁을 통해 지방정부의 역량을 강화하는 방향으로 지방자치의 발전이 이루어져야 한다. 또한, '보다 의욕적인 지방정부'에 보다 많은 권한과 책임을 부여하는 방식으로 지방분권과 지방개혁이 추진되어야 한다. 이를 위해서는 무엇보다도 '지방분권형 헌법 개정'이 이루어져야 한다. 이를 통해 지방자치의 핵심이라고 할 수 있는 진정한 의미의 '주민 주권'이 보장되고, '다양성'의 가치가 구현될 수 있다.

우리나라 지방자치의 미래상은 지역주민이 원하는 바람직한 방향으로 지역주민의 '삶의 질'을 질적으로 변화시킬 수 있도록 지방자치의 보편성과 특수성의 가치가 조화되는 방향으로 제도와 운영이 개선되어야 한다.

제 5 장

학회 운영의 과거와 현재

배귀희(숭실대학교 교수)

1. 학회 운영 약사

일 시	주요 내용	비 고
1988년도		
12. 3	한국지방자치학회 발기인총회 · 창립총회	지방행정회관
12. 26	이사회	충남대
12. 30	상임이사회	
1989년도		
1. 20	"지방자치법 개정방향" 워크숍 개최	한국지방행정연구원
1. 28	상임이사회	
2. 28	"지방자치법 개정방향" 세미나 개최 지방자치포럼 창간호 발간	지방행정회관
3. 16	상임이사회	
4. 1	상임이사회	
4. 10	지방자치법개정안에 대한 의견조사	
4. 11	상임이사회	
4. 15	이사회	반포회관

4. 21	광주 · 전남지회 창립	
4. 27	지방자치 조속실시를 촉구하는 건의문 전달	
5. 31	상임이사회 지방자치포럼 제2호 발간	
6. 10	상임이사회 연구발표회	한국지방행정연구원
7. 15	상임이사회	
9. 2	상임이사회	
9. 23	상임이사회 연구발표회	한국지방행정연구원
10. 5	IULA 회원 가입	
10. 31	학회지 편집위원회	
11. 04	"지방자치와 지방선거" 세미나	청주관광호텔
11. 22	지방자치대사전 편찬실무위원회	
11. 30	지방자치포럼 제3호 발간	
12. 1	상임이사회	
12. 31	『지방자치연구』 창간호 발간	
1990년도		
1. 18	"지방선거법 개정의 쟁점과 방향" 워크숍 개최	한국지방행정연구원
1. 30	상임이사회	
2. 8	"지방선거법 개정에 대한 의견조사" 실시	
2. 16	지방자치포럼 편집위원회	
2. 20	상임이사회	
2. 24	"지방선거법 개정방향에 관한 건의문" 전달	
2. 28	이사회 특별강연회(연사: 이한빈 민간경제협의회 회장) 정기총회	지방행정회관
3. 31	상임이사회 지방자치포럼 제4호 발간	
4. 21	연구발표회	한국지방행정연구원
5. 11	지방자치대사전 편찬 실무위원회 개최	
5. 12	상임이사회	
5. 21	지방자치포럼 편집위원회	
6. 1	지방자치대사전 편찬 실무위원회 개최 학술연구용역 계약(극토통일원)	

6. 26	상임이사회	
6. 28	학술연구용역 계약(경기도청)	
6. 30	『지방자치연구』 제2권 발간	
	지방자치포럼 제5호 발간	
7. 16	상임이사회	
7. 28	"지방자치시대의 주민참여" 세미나 개최	
	이사회	대전 홍인호텔
	대전·충남지회 설립	
9. 8	학회지 편집회의	
	상임이사회	
9. 20	지방자치포럼 편집위원회	
9. 22	연구발표회	한국지방행정연구원
9. 26	이사회	
9. 30	지방자치포럼 제6호 발간	
10. 20	"지방자치제 하에서 민주성과 전문성" 세미나 개최	한국학술진흥재단
12. 8	상임이사회 개최	
12. 15	연구발표회	한국과학기술회관
12. 28	지방자치포럼 편집위원회	
12. 31	『지방자치연구』 제3권 발간	

1991년도

1. 26	상임이사회	
2. 8	공명선거를 위한 순회강연회	
2. 16	자치통신 편집위원회	
2. 19	상임이사회	
2. 22	"바람직한 지방선거" 세미나	지방행정회관
	이사회	천하장사
	정기총회	지방행정회관
	이사회	〃
2. 28	자치통신 제7호 발간	
3. 3	회장단회의	
3. 8	"지방의회선거" 세미나	KBS 대전방송총국
3. 16	상임이사회	
4. 2	지방자치대사전 실무위원회	
4. 2	지방자치대사전 실무위원회	
4. 20	자치통신 편집위원회	
4. 24	상임이사회	

4. 30	자치통신 제8호 발간	
5. 18	연구발표회 "기초의회의원선거 분석에 관한 워크숍"	한국지방행정연구원
5. 25	상임이사회	
6. 15	지방자치대사전 편집위원회 개최	반포회관
6. 20	자치통신 편집위원회	
6. 24	상임이사회	
6. 25	시 · 도의회의원 당선자 대상 강연회	
6. 29	상임이사회	
6. 30	『지방자치연구』 제4권 발간 자치통신 제9호 발간	
7. 20	상임이사회	
8. 1	바람직한 지방자치상 정립을 위한 학술대토론회	광주 신양파크호텔
8. 17	지방자치대사전 분과위원장 회의	반포회관
8. 30	자치통신 제10호 발간	
9. 7	자치통신 편집위원회	
9. 14	상임이사회	
9. 28	자치통신 편집위원회	
10. 12	학회지 편집위원회	
10. 26	상임이사회 연구발표회 자치통신 편집위원회	한국지방행정연구원
10. 28	이사회 개최	천하장사
10. 31	자치통신 제11호 발간	
11. 7	상임이사회 자치통신 편집위원회	
11. 15	"도시계획법 개정에 대한 건의문" 제출	
12. 10	지방자치발전을 위한 세미나	세종문화회관
12. 14	자치통신 편집위원회	
12. 15	학회지 편집위원회	
12. 31	상임이사회 『지방자치연구』 제5권 발간 자치통신 제12호 발간	
1992년도		
1. 8	자치통신 편집위원회	
1. 27	학회지 편집위원회의 지방자치 학술대토론회	대전 홍인호텔

1. 30	상임이사회	
2. 15	자치통신 편집위원회	
2. 21	강연회(강사: 김운대 서울대 명예교수) 이사회 정기총회	지방행정회관 천하장사 지방행정회관
2. 29	자치통신 第13호 발간	
3. 14	자치통신 편집위원회	
3. 28	상임이사회	
4. 18	자치통신 편집위원회	
4. 24	연구발표회	한국지방행정연구원
4. 30	자치통신 第14호 발간	
5. 14	자치통신 편집위원회	
6. 13	자치통신 편집위원회	
6. 30	『지방자치연구』 제6권 발간 자치통신 第15호 발간	
7. 3	상임이사회	
7. 16	지방자치법개정안 및 지방자치 발전방향에 대한 의견조사 실시	
7. 20	자치통신 편집위원회	
8. 5	상임이사회	
8. 18	학회지 편집위원회	
8. 19	자치통신 편집위원회	
8. 31	자치통신 第16호 발간	
9. 16	자치통신 편집위원회	
10. 7	상임이사회	
10. 14	지방자치의 좌표와 진로 한일세미나	서울대 호암생활관
10. 24	자치통신 편집위원회	
10. 31	자치통신 第17호 발간	
11. 13	자치통신 편집위원회	
11. 20	지방의회발전을 위한 학술대토론회	대전 유성관광호텔
12. 31	『지방자치연구』 제7권 발간 자치통신 第18호 발간	

1993년도

1. 12	학회지 편집위원회	
1. 20	자치통신 편집위원회	
2. 5	상임이사회	

2. 21	회장단 회의	
2. 25	이사회 연구발표회	한일관 한국지방행정공제회관
2. 28	자치통신 제19호 발간	
3. 5	회장단 회의	
3. 13	상임이사회	
3. 20	자치통신 편집위원회	
4. 17	세미나 준비회의	
4. 23	세미나 준비회의	
4. 24	연구발표회 자치통신 편집위원회	한국지방행정연구원
4. 28	『지방자치연구』 제8권 발간	
4. 30	자치통신 제20호 발간	
5. 4	세미나 준비회의	
5. 7	세미나 준비회의	
5. 21	한국지방자치론 교재편찬위원회	
5. 29	자치통신 편집위원회	
6. 12	상임이사회	
6. 30	자치통신 제21호 발간	
7. 12	인감증명제도의 개선에 대한 회원의견 수렴	
7. 2	한국지방자치론 교재편찬위원회	
7. 16	자치통신 편집위원회	
8. 8	상임이사회	반포회관
8. 31	자치통신 제22호 발간	
9. 4	자치통신 편집위원회	
9. 10	상임이사회 연구발표회	한국지방행정연구원
9. 18	한국지방자치론 교재편찬위원회	
9. 28	한일세미나 참가	일본 와세다대학교
10. 29	『지방자치연구』 제9권 발간	
10. 30	자치통신 편집위원회	
10. 31	자치통신 제23호 발간	
11. 27	한국지방자치의 과제 세미나	제주대학교 행정대학원
12. 17	21세기 충청남도 자치행정 발전전략 세미나	충남 온양그랜드파크호텔
12. 31	자치통신 편집위원회 자치통신 제24호 발간	

1994년도		
1. 29	상임이사회	
2. 12	상임이사회	
2. 25	• 이사회 – 1993년도 사업실적 및 결산(안) 심의 – 1994년도 사업계획안 심의 – 1994년도 예산안 심의	한일관(12:00)
	• 연구발표회: 행정구역개편의 방향 – 행정구역개편의 필요성과 제약성 / 강경원(공주교대) – 행정구역의 적정규모 / 이달곤(서울대) – 도농통합과 계층문제 / 이규환(내무부 지방행정연수원)	지방행정회관 대회의실 (13:00)
	• 토론회: 지방자치법 개정방향 – 김학로(부산대) / 유지태(고려대) / 홍정선(이화여대)	지방행정회관 대회의실 (15:00)
	• 정기총회 – 1993년도 사업실적 보고 및 결산승인 – 1994년도 사업계획안 승인 – 1994년도 예산안 승인	지방행정회관 대회의실 (17:00)
2. 28	자치통신 제25호 발간	
3. 10	자치통신 제26호 발간	
4. 29	연구발표회	한국지방행정연구원
4. 30	자치통신 편집위원회	
6. 3	워크숍: 시군통합에 관한 주민의견조사와 지방의회의견의 상반에 관한 논의	서울시정개발연구원
6. 17	• 한국지방자치론 교재편찬위원회 – 집필자 및 집필경과 보고 – 편집방향 논의 – 출판사 선정 논의 • 자치통신 편집위원회	팔래스호텔 커피숍 (07:00)
6. 22	제1차 세미나 부산・경남지회 창립총회	부산 코모도호텔
6. 30	『지방자치연구』 제10권 발간 자치통신 제27호 발간	
8. 26	한국지방자치론 교재편찬위원회 – 편집분야별 집필경과 및 원고검토 – 교재편집에 관한 논의 – 출판사 선정	본학회 회의실(18:00)
8. 30	자치통신 제28호 발간	

9. 10	• 상임이사회 – 제3회 한일지방자치 국제세미나 개최 논의 – "지방자치단체에 대한 감사원의 감사방향" 연구진행 논의 – 1994년도 제3회 연구발표회 제반사항 결정	뉴월드호텔(07:00)
9. 27	제3회 한일지방자치 국제세미나	대전 엑스피아월드 국제회의장
9. 30	환경부장관(박윤흔) 초청간담회	세종레스트랑(19:00)
10. 15	연구발표회 상임이사회	서울시정개발연구원 반포회관
10. 22	자치통신 편집위원회	
10. 30	자치통신 제29호 발간	
12. 3	세미나: 지방자치의 자율화와 국제화	제주 하와이호텔
12. 10	회장단회의	팔래스호텔 커피숍
12. 24	한국지방자치론 교재편찬위원회	팔래스호텔 커피숍 (07:00)
12. 31	『지방자치연구』 제11권 발간 자치통신 제30호 발간	
1995년도		
1. 29	상임이사회	팔래스호텔
2. 18	회장단회의	삼정호텔
2. 22	이사회 강연회: WTO 시대의 세계화와 지방자치 연구발표회	동원참치 서울시정개발연구원 서울시정개발연구원
2. 28	상임이사회	팔래스호텔
3. 8	내무부장관 초청 오찬회	향원
3. 17	토론회: 바람직한 지방선거 어떻게 할 것인가?	KBS홀(목포, 순천)
3. 18	한국지방자치론 교재편찬위원회	팔래스호텔(07:00)
3. 22	자치통신 편집위원회	
3. 31	자치통신 제31호 발간	
4. 18	자치통신 편집위원회	
5. 12	국제교류분과회의	
5. 26	회원명부 발간	
5. 27	상임이사회	팔래스호텔
5. 31	자치통신 제32호 발간	
6. 19	워크숍: 6·27 지방선거	서울시정개발연구원
6. 30	『지방자치연구』 제12권 발간	
7. 1	상임이사회	팔래스호텔

7. 14	국제교류분과회의	팔래스호텔
7. 15	한국지방자치론 교재편찬위원회	팔래스호텔
7. 31	자치통신 제33호 발간	
8. 10	세미나: 6·27 지방선거와 지방자치의 과제	프레스센터 기자회견장
8. 19	한국지방자치론 발간	
8. 25	자치통신 편집위원회	
9. 2	한국지방자치론 교재편찬위원회	팔래스호텔
9. 4	회장단회의	삼정호텔
9. 15	상임이사회 – 회원의 학회명의로 용역수주시 학회기여금 6% – 제16회 연구발표회 및 초청강연회 개최 결정 – 미국 라스베이거스 세미나 참가자 선정 국제분과 위원회에 위임	삼정호텔(2층) 일식당
9. 17	회장단회의	산하
9. 23	대구·경북지방자치학회 창립총회 – 회 장: 김시영(영남대) – 부회장: 김영종(동국대), 윤용희(경북대), 최봉기(계명대), 우승기(대구광역시의원), 최성태(경상북도의회)	영남대학교 강당
9. 30	지방자치사전 편찬위원회(11시) – 지방자치사전 편찬일정 확정 – 분야별 편집책임자 선정 · 자치일반: 이기우(인하대) · 지방행정: 김병국(한국지방행정연구원) · 지방정치: 이승종(고려대) · 지방재정: 이재성(내무부 지방행정연수원) · 도시환경: 소진광(경원대)	서울시정개발연구원 2층 회의실
10. 4	자치통신 제34호 발간 초청강연회 10:00~12:00 미국 도시자치의 최근경향 / 아담센(부시장) 미국 라스베이거스시의 도시개발 / 김재성(수석국장) 15:00~17:00 미국의 지방자치 / 아담센(부시장) 미국 도시개발의 특성과 발전방향 / 김재성(수석국장)	서울시정개발연구원 한국지방행정연구원
10. 6	강연회: 지방자치의 과제와 발전방향 / 정세욱(명지대) 연구발표회 – 토지공개념제도에 대한 지역주민과 공무원의 인식태도에 관한 연구 / 심건길(동신대)	

	– 지방자치단체의 민관공동출자사업평가에 관한 연구 / 양석승(광주대) – 지방자치제하의 지역집단이기주의에 관한 연구 / 육동일(충남대)	호남대학교 강당
10. 26	지방자치사전 편찬위원회 – 지방자치사전 편찬일정 및 추진방법 논의	삼정호텔(2층) 일식당
10. 28	상임이사회	삼정호텔(2층) 일식당
11. 2	자치통신 편집위원회	
11. 11	지방자치사전 편찬위원회	삼정호텔
11. 29~12. 2	한일세미나 참가	일본 오사카국제교류센타
11. 30	자치통신 제35호 발간	
12. 12	강연회: 한국지방자치의 정착방향 연구발표회	허심청
12. 10~16	미국 라스베가스시 세미나 참가	미국 라스베가스
12. 31	『지방자치연구』 제13권 발간	
1996년도		
1. 10	상임이사회	삼정호텔
1. 20	자치통신 편집위원회	팔래스호텔
1. 31	자치통신 제36호 발간	
2. 1	지방자치사전 편찬위원회	삼정호텔
2. 23	이사회 연구발표회 강연회: 민선도지사 8개월간의 경험 / 이인제 정기총회	초교옥 서울시정개발연구원 서울시정개발연구원 서울시정개발연구원
3. 23	상임이사회 학회지 편집위원회	삼정호텔
3. 31	『지방자치연구』 제14권 발간 자치통신 제37호 발간	
4. 13	지방자치사전 편찬위원회	삼정호텔
5. 3	강연회: 지방자치단체의 새로운 국제교류방향 / 장병구 연구발표회	대전시공무원교육원
5. 6	『지방자치연구』 합본집 발간	하우출판사
5. 31	자치통신 제38호 발간	
6. 1	자치통신 편집위원회	팔래스호텔
6. 14	상임이사회	삼정호텔
6. 21	세미나: 민선단체장 출범1년의 회고와 전망	
6. 30	『지방자치연구』 제15권 발간	

7. 5	상임이사회	노보텔
7. 31	자치통신 제39호 발간	
9. 30	『지방자치연구』 제16권 발간 자치통신 제40호 발간	
10. 7	한・미세미나: 지방도시의 특수화와 세계화 전략	리츠칼튼호텔
10. 9	한・미세미나: 지방도시의 특수화와 세계화 전략	경주 코오롱호텔
10. 30	한・일세미나: 지방자치를 통한 균형적 번영, 주민복지, 세계평화	제주 KAL호텔
11. 19	상임이사회	삼정호텔
11. 20	지방자치사전 편찬위원회	노보텔
11. 30	자치통신 제41호 발간	
12. 6	공청회: 지방교육자치제도 개선방안	교육행정연수원
12. 28	지방자치사전 편찬위원회	노보텔
12. 31	『지방자치연구』 제17권 발간	

1997년도

1. 24	상임이사회	노보텔
1. 31	자치통신 제42호 발간	
2. 14	이사회 동계학술세미나	아스토리아호텔 서울시정개발연구원
2. 24	상임이사회	팔래스호텔
3. 13	지방자치리포트 편집위원회	한국지방행정연구원
3. 22	지방자치사전 편찬위원회	팔래스호텔
3. 31	『지방자치연구』 제18권 발간 자치통신 제43호 발간	
4. 12	지방자치리포트 편집위원회	가든호텔
4. 19	학회지 편집위원회	팔래스호텔
4. 25	춘계학술세미나	한국지방행정연구원
5. 16	상임이사회	팔래스호텔
5. 31	지방자치리포트 제44호 발간	
6. 14	지방자치리포트 편집위원회	가든호텔
6. 18	하계학술세미나: 지방자치 2년과 지방의 변화	전남대학교
6. 23	한미세미나: 관광산업의 개발전략	미국 라스베이거스시
6. 30	『지방자치연구』 제19권 발간	
7. 22	상임이사회	대림정
7. 31	지방자치리포트 제45호 발간	
8. 19	지방자치리포트 편집위원회	가든호텔

9. 30	『지방자치연구』 제19권 발간 지방자치리포트 제46호 발간	
10. 4	상임이사회	충남대학교
10. 11	지방자치리포트 편집위원회	가든호텔
11. 6	공청회: 지방자치법개정안에 대한 공청회	국회의원회관
11. 7	한일세미나: 대도시에 있어서 자치의 현상과 과제	
11. 30	지방자치리포트 제47호 발간	
12. 12	지방자치리포트 편집위원회	코리아나호텔
12. 13	학회지 편집위원회	팔래스호텔
12. 26	상임이사회 연구발표회	지방자치단체국제화재단
12. 31	『지방자치연구』 제20권 발간	
1998년도		
2. 11	상임이사회	팔래스호텔
2. 19	이사회 동계학술세미나: 지방경찰제와 자치교육제의 개선방안 정기총회	홍하 세종문화회관 서종문화회관
3. 20	상임이사회	
4. 24	춘계학술발표회	지방자치단체국제화재단
4. 30	『한국지방자치학회보』 제22호 발간	
6. 19	하계학술세미나: 지방선거평가와 지방자치의 과제	충청남도청
6. 26~9.10	지방의회의원 정책연수회 실시	953명
7. 14	상임이사회	
7. 15	지방자치사전 발간	도서출판 보성각
8. 31	『한국지방자치학회보』 제23호 발간 지방자치리포트 제48호 발간	
10. 10	상임이사회	지방자치단체국제화재단
10. 31	한일세미나: 지방정부개혁	안양시 문예회관
12. 30	상임이사회	
12. 31	『한국지방자치학회보』 제24호 발간	
1999년도		
1. 22	상임이사회	유성관광호텔
2. 10	이사회 동계학술세미나: 국민의 정부 출범1년과 지방자치의 과제 정기총회	프레스센터 카페테리아 프레스센터 기자회견장 프레스센터 기자회견장
3. 4	상임이사회	

3. 31	『한국지방자치학회보』 통권25호 발간 지방자치리포트 제49호 발간	
5. 8	상임이사회	
6. 22	상임이사회	
6. 29	하계학술세미나	대구 수성관광호텔
6. 30	『한국지방자치학회보』 통권26호 발간	
7. 8	상임이사회	
7. 31	지방자치리포트 제50호 발간	
9. 30	『한국지방자치학회보』 통권27호 발간	
11. 1	상임이사회	
11. 16	한일세미나 참가	일본 류고쿠대학
12. 10	상임이사회	
12. 16	이사회 콜로키움 임시총회	한국과학기술회관 한국과학기술회관 한국과학기술회관
12. 31	『한국지방자치학회보』 통권28호 발간 지방자치리포트 제51호 발간	
2000년도		
1. 15	상임이사회 이사회	
2. 11	상임이사회	
2. 18	이사회 동계학술세미나: 지방정부의 개혁과 지방자치 정기총회	서울대학교 환경연구관
2. 28	지방자치리포트 제52호 발간	
3. 31	『한국지방자치학회보』 통권29호 발간	
4. 22	상임이사회	
5. 22	한국지방자치학회보 편집위원회	
6. 3	상임이사회	
6. 16	한국지방자치학회보 편집위원회	
6. 23	하계학술세미나: 지방정부의 개혁과 변화방향	온양 그랜드호텔
6. 24	한일세미나: 지방자치단체의 문화행정과 관광개발의 방향	온양 그랜드호텔
6. 30	『한국지방자치학회보』 통권30호 발간 지방자치리포트 제53호 발간	
7. 10	상임이사회	
8. 30	한국지방자치론(제3판) 발간	도서출판 삼영사

9. 19	세미나: 통일에 대비한 지방정부의 역할	프레스센터
9. 28	상임이사회	팔래스호텔
9. 29	지방자치법 개정안에 대한 한국지방자치학회의 의견	
9. 30	『한국지방자치학회보』 통권31호 발간	
10. 19	한국지방자치학회보 편집위원회	
11. 2	상임이사회	팔래스호텔
11. 17	상임이사회	팔래스호텔
11. 31	지방자치리포트 제54호 발간	
12. 6	상임이사회	남강
12. 22	상임이사회	
12. 24	기초단체장 임명제 전환에 대한 성명서	
12. 27	토론회: 지방자치제도개선을 위한 국민대토론회	대한상공회의소
12. 31	『한국지방자치학회보』 통권32호 발간	
2001년도		
1. 15	학술상 심사위원회	
1. 19	상임이사회	
2. 27	이사회 동계학술세미나: 지방자치전망: 도전과 기회 정기총회	서울대학교 환경대학원
2. 28	지방자치리포트 제55호 발간	
3. 8	회장단회의	메리어트호텔
3. 16	상임이사회	
3. 28	세미나: 지방분권시대 어떻게 꽃 피울 것인가?	대전광역시 세미나실
3. 31	『한국지방자치학회보』 통권33호 발간	
4. 3	상임이사회 및 고문단회의	광해일식
4. 14	한국지방자치학회보 편집위원회	
5. 31	지방자치리포트 제56호 발간	
6. 16	상임이사회	
6. 30	『한국지방자치학회보』 통권34호 발간	
7. 6	하계학술세미나: 지방자치 발전 방향	
7. 10	지방분권을 위한 부산선언	
8. 16	상임이사회	
9. 30	『한국지방자치학회보』 통권35호 발간	
10. 8	상임이사회	
10. 9	한일세미나 참가	일본 요카이치대학

10. 19	상임이사회	청주관광호텔
11. 8	회장단회의	
11. 28	정책토론회: 도의 역할과 기능재정립	경기도문화예술회관
12. 20	• 상임이사회 – 한국정치학회 주관 "지방자치발전 대토론회" 후원 – 한국지방자치학회 · 미시간대학교 공동개최 국제세미나 공동개최 의결 – 한국지방자치학술상 및 고주 노융희 지방자치학술상 위원회 통합운영 – 2002년도 정기총회 개최장소 확정 – 2002년도 제1차 이사회를 1월 9일(수) 16:00 개최키로 의결	팔래스호텔(2층) 다봉
12. 27	• 고주 노융희 지방자치학술상 운영관리위원회 – 운영관리위원장(김동훈), 위원(강형기, 김안제, 이규환, 임경호, 정세욱, 최상철, 최창호, 한인숙), 감사(노재정) 선임 – 고주 노융희 지방자치학술상 운영규정 개정 – 심사위원(오재일, 육동일, 이주희, 최병대, 한인숙) 위촉	
12. 31	『한국지방자치학회보』 통권36호 발간 지방자치리포트 제57호 발간	

2002년도

1. 9	• 이사회 – 차기회장후보(강형기, 박응격, 이규환) 추천 – 학회정관 개정 – 학회장선거에 관한 규정 개정 – 투표권을 2002년 1월 31일까지 회비납부자에게 부여	한국과학기술회관
1. 15	학술상 심사위원회	
1. 20	자치제도개선특별위원회	
1. 27	자치제도개선특별위원회	서울교육문화회관
2. 2	• 상임이사회 – 차기회장 경선사퇴(박응격 후보) – 동계학술세미나 및 정기총회 개최논의 – 한국지방자치학회–미시간대학교 국제세미나 공동개최 – 제11회 한일지방자치 국제세미나 개최 – 2002년도 사업계획안 검토	팔래스호텔(2층) 다봉
	• 선거관리위원회 – 선거인단 확정 – 선거실시시기(10:00~16:00)	팔래스호텔(2층) 다봉

2. 20	• 이사회 • 동계학술세미나: 지방자치전망: 도전과 기회 • 정기총회	서울대학교 환경대학원
2. 28	지방자치리포트 제58호 발간	
3. 4	상임이사회	
3. 28	국제세미나: 21세기 지방분권과 공공재정	경기도 문화예술회관
3. 31	『한국지방자치학회보』 통권37호 발간	
4. 17	세미나: 2002 지방의 선택: 누구를 뽑을 것인가?	프레스센터 기자회견장
7. 4	상임이사회	
6. 30	『한국지방자치학회보』 통권38호 발간	
8. 30	하계학술발표 및 한일세미나	경주교육문화회관
9. 30	『한국지방자치학회보』 통권39호 발간	
10. 2	상임이사회 및 고문단초청 연석회의	
11. 20	정책토론회: 자치단체의 경쟁력 강화를 위한 자치권 확대 방안	호텔 캐슬
12. 20	회장단회의	한정식 삼정
12. 31	『한국지방자치학회보』 통권40호 발간 지방자치리포트 제59호 발간	
2003년도		
1. 14	이사회	한국과학기술회관
2. 4	지방분권추진체계와 지방자치제도 개선 방안 건의 학술상 심사위원회	
2. 14	고주 노융희 지방자치학술상 심사위원회	
2. 21	이사회 동계학술발표회: 새정부의 지방분권의 방향 정기총회	서울대학교 환경대학원
2. 28	지방자치리포트 제60호 발간	
3. 15	상임이사회 한국지방자치학회보 편집위원회	
3. 31	『한국지방자치학회보』 통권41호 발간	
4. 26	전문위원회 및 특별위원회 합동회의	
5. 2	회장단회의	한정식 중원
5. 8	지역학회장 초청 간담회	청주관광호텔
5. 15	성공적인 지방분권을 위한 대토론회	세종문화회관
6. 28	상임이사회	
6. 30	『한국지방자치학회보』 통권42호 발간	

8. 22	하계학술발표회: 지방정부혁신과 자치역량제고	여수대학교
8. 29	정책토론회: 지방정치의 활성화와 지방의회의 책임성 제고	한국언론재단
9. 25	회장단회의	코리아나호텔
9. 30	『한국지방자치학회보』 통권43호 발간	
10. 16	한일세미나	일본 오사카학원대학
11. 7	지방자치법 개정안 마련을 위한 연구위원회	엠 쉐르빌
11. 8	상임이사회	
11. 13	공청회: 지방자치법 개정	서울시정개발연구원
11. 23	지방자치법 개정안 마련을 위한 연구위원회	제주대 서귀포연수원
10. 29	회장단회의	한정식 유림
10. 31	공무원의 지방자치 소양강화를 위한 제도개선 건의서	
12. 18	고주 노융희 지방자치학술상 운영관리위원회	
12. 23	상임이사회	
12. 31	『한국지방자치학회보』 통권44호 발간	

2004년도

1. 30	• 상임이사회 – 차기회장후보 출마기호 부여 및 홍보물 제작 · 발송 결정 – 학회장선거에관한규정 개정 – 선거인단명부 작상 – 정관개정안 검토	학회회의실(15:00)
2. 13	고주 노융희 지방자치학술상 운영관리위원회	
2. 18	• 이사회 및 정기총회 – 2003년도 사업실적 및 수입지출결산안 심의 – 2004년도 사업계획 및 수입지출예산안 심의 – 정관개정 – 차기회장, 부회장, 이사, 감사 선출 – 고문, 상임이사, 이사 선출 회장단 위임 • 동계학술대회: "희망은 지방에 있다"	충북대학교 충북대학교 경영대학
2. 28	• 상임이사회 – 상임이사간 업무분담 – 2004년도 사업계획 확정 – 신규회원 승인	영남대 행정대학원 (16:00)
3. 3	회장단회의	앰버서더호텔
3. 27	한국지방자치학회보 편집위원회	
3. 31	『한국지방자치학회보』 통권45호 발간	
4. 12	회장단회의	
5. 14	상임이사회	

5. 28	새로운 지방분권 추진전략 모색을 위한 대토론회	지방재정공제회관
6. 11	춘계학술대회: 지역혁신체제 구축과 지방분권	충남대 정심화국제회관
6. 30	『한국지방자치학회보』 통권46호 발간	
7. 7	상임이사회	
7. 27	지방감사제도 개선 대토론회	프레스센터 국제회의장
8. 23	상임이사회	
8. 26	하계학술대회 및 한일세미나: 국가・지방, 그리고 지역사회	강릉대학교
9. 8	회장단회의	
9. 30	『한국지방자치학회보』 통권47호 발간	
10. 22	추계학술대회: 지방분권체제하에서 공기업과 지방정부의 관계	경원대학교
11. 11	상임이사회	
12. 24	상임이사회	
12. 29	한국・베트남 국제세미나	베트남 하노이
12. 29	베트남 도시협의회와 자매결연 체결	
12. 31	『한국지방자치학회보』 통권48호 발간	
2005년도		
1. 4	회장단회의	
1. 14	이사회	한국지방행정연구원
1. 20	우수조례선정 및 표창위운회	
1. 22	학술상 심사위원회	
1. 27	고주 노융희 지방자치학숟상 운영관리위원회	
1. 28	상임이사회	
2. 5	행정자치부 비영리민간단체 등록	
2. 11	우수조례선정 및 표창위원회	
2. 18	정기총회 및 이사회 동계학술대회: 지방자치와 혁신	자치인력개발원
3. 3	상임이사회	
3. 30	『한국지방자치학회보』 통권49호 발간	
4. 8	상임이사회	
5. 27~28	춘계학술대회: 중소도시 행정혁신과 지역발전전략	순천대 학술정보원
6. 3	부산경남지방자치학회 공동세미나: 지방정부의 발전과 정책과제	동의대 법정대학
6. 13~14	민선자치 10년의 성과와 과제에 대한 세미나	라마다호텔
6. 30	『한국지방자치학회보』 통권50호 발간	

7. 21	상임이사회	
8. 5	지방자치현안과제 회원상대 인터넷 설문조사 실시	
8. 19	한국지방자치학회보 편집위원회 회원초청간담회 하계학술대회: 지방의 혁신전략	상지대학교 교직원식당 상지대학교 학술정보원 〃
9. 30	『한국지방자치학회보』 통권51호 발간	
10. 18.	정당공천제 폐지 대국회 건의	
10. 7	제2회 대한민국 지역혁신박람회: 국토균형발전을 위한 지방자치단체의 역할	대구광역시 EXCO
10 18	지방선거에서 정당공천제 배제를 위한 정책세미나	한국언론회관
10. 28	추계학술대회: 지방분권과 지역발전의 과제 임시총회	부산시청 국제회의장 〃
11. 4~6	한일세미나	일본 시마네대학
11. 11	세반화시대 지방회교: 이론과 실제 특별기획세미나	국회 헌정기념관
11.20~12.20	지방분권 및 지역혁신 마인드 확산을 위한 시·군순회교육	완주, 김제, 정읍, 남원, 진안
12. 16	상임이사회 고문초청간담회	동해도
12. 21	BSC 기반 통합성과관리제 도입 전직원 교육	구미시
12. 31	『한국지방자치학회보』 통권52호 발간	
2006년도		
1. 6	우수조례선정 및 표창위원회	
1. 13	이사회	한국지방행정연구원
2. 7	고주 노융희 지방자치학술상 운영관리위원회	
2. 8	학술상 심사위원회	
2. 16	이사회	그린하우스
2. 17	정기총회 동계학술대회:	충남대학교
3. 10	상임이사회	
3. 16	한국지방자치학회보 편집위원회	동해도
3. 20	지방의회의원 의정비 책정에 관한 공청회	대한상공회의소
3. 29	2006년 지방선거의 혁신적 과제와 전망 세미나	프레스센터 국제회의장
3. 31	『한국지방자치학회보』 통권53호 발간	
4. 20	상임이사회 민선3기 서울시정평가와 서울시정 발전방안을 위한 국제세미나	프라자호텔

4. 28~29	춘계학술대회	충남대 언어교육원
6. 12	상임이사회 5·31 지방선거와 향후발전 과제 기획세미나	대한상공회의소 중식당 대한상공회의소
6. 30	『한국지방자치학회보』 통권54호 발간	
8. 25~26	하계학술대회 및 한일세미나	서산시청, 한서대, 하늘과바다사이리조트
9. 10	민선4기 충남도정 운영기조 정립 세미나	충남도청 대회의실
9. 15	상임이사회	
9. 21	제3회 지역혁신박람회 발표논문공모 4개학회 공동세미나	성결대학교 기념관
9. 30	『한국지방자치학회보』 통권55호 발간	
11. 10	제3회 지역혁신박람회: 지역혁신촉진을 위한 재정분권 강화방안	김대중컨벤션센터
11. 23	한국·베트남 국제세미나	베트남 하노이
11. 30	추계학술대회	대전광역시청 세미나실
12. 4	지방감사제도개선 정책토론회	전국은행연합회 회의실
12. 12	차기회장선거시 우편투표제 도입에 관한 설문조사	
12. 17	상임이사회	
12. 31	『한국지방자치학회보』 통권56호 발간	
2007년도		
2. 13	우수조례선정 및 표창위원회	
2. 14	고주 노융희 지방자치상 운영관리 위원회	
2. 15	학술상 심사위원회	
2. 22	이사회	가락관광호텔
2. 23	동계학술대회 정기총회	경원대학교 미래관
3. 19	상임이사회 공직선거법 등 선거관련제도 개선방향 공청회 한국 선진화의 길 대토론회 공동개최 고문단 초청 만찬	대한상공회의소 VIP룸 대한상공회의소 의원회 대한상공회의소 국제회 어도일식
3. 31	한국지방자치학회보 통권57호 발간	
4. 4	문회의 세기: 한일 지자체간 국저교류 국제회의 공동개최	일본국제교류기금 서울문화센터 이연홀
4. 16	상임이사회	대한상공회의소
5. 11	학회창립20주년기념사업준비특별위원회	
5. 25	춘계학술대회	숭실대학교
5. 30	지방정치제도의 현실과 과제 정책토론회	국회의원회관 대회의실

6. 30	『한국지방자치학회보』 통권58호 발간	
7. 2	하계학술대회 및 제주자치도 출범1주년 기념 국제학술세미나	라마다프라자제주호텔
8. 31	상임이사회	서울역4층 KTX 특실
9. 15	회장단회의	서울역4층 이즈미
9. 30	『한국지방자치학회보』 통권59호 발간	
10. 12~13	추계학술대회	충청대학
10. 16	학회창립20주년기념사업준비특별위원회	
10. 17	지방행정혁신한마당 세미나 제1세션: 지속적인 지방행정 혁신 추진을 위한 전략방향	킨텍스회의실 303호
10. 19	지방분권화시대의 지방행정전문직 확충방안 정책세미나	전국경제인연합회
11. 8~11	한일세미나: 지방자치단체의 규제완화현상과 과제	일본 동양대학
11. 29	전국지역혁신협의회 토론회: 지방분권과 균형발전	청주 라마다호텔
12. 6	제17대 대통령후보자 지방자치관련 공약에 관한 공청회	국회 헌정기념관
12. 31	『한국지방자치학회보』 통권60호 발간	
2008년도		
1. 4	우수조례선정 및 표창위원회	
1. 9	이사회 동계기획세미나: 작은정부 실현을 위한 국가공기업 구조 조정 방향	경원대학교 국제어학원
1. 29	우수조례선정 및 표창위원회	
1. 30	학술상 심사회의 고주 노융희 지방자치학술상 운영관리위원회	
2. 4	행정자치부 명칭변경에 관한 학회의 입장 제출	
2. 11	우수조례선정 및 표창위원회	
2. 14	이사회	부산 엔젤호텔
2. 15	동계학술대회 정기총회	동의대 석당아트홀
2. 29	상임이사회	대전 스파피아호텔
3. 31	『한국지방자치학회보』 통권61호 발간	
4. 24	춘계기획공동학술대회: 지역사회의 과제와 발전전략	구미전자정보기술원
5. 16~17	춘계학술대회	강원대 60주년기념관
6. 30	『한국지방자치학회보』 통권62호 발간	
7. 15	지방의원 의정비 개선을 위한 토론회	대한상공회의소 의원회
8. 18	경실련・한국지방자치학회 공동세미나: 지방행정체제 개편과 자치단체 자율통합방안 모색	경실련 대강당

8. 20	『지방의회의 이해』 및 『한국지방자치의 이해』 발간	(주)박영사
8. 22~23	하계학술대회	신라대 경상관
8. 27	지방자치와 헌법개정 국회토론회	국회의원회관 소회의실
9. 11	지방의회의원 의정비책정 합리화 방안 토론회	전국경제인연합회
9. 19	주민참여예산제 활성화를 위한 세미나	대전광역시 대강당
9. 26	제주지방자치학회 · 한국지방자치학회 공동세미나: 제주특별자치도의회의 위상과 향후과제	제주특별자치도의회
9. 30	『한국지방자치학회보』 통권63호 발간	
10. 23	지역경쟁력 강화를 위한 자치계층체제 개편에 관한 토론회	국회의원회관 125호
10. 31	추계학술대회	전남도청 · 전남의회
11. 27	한국 · 베트남 세미나	베트남 하노이
12. 8	충범60주년의 지방행정과 지방자치 및 지역발전세미나 우수조례시상	동의대 국제관
12. 20	회장단 및 고문단 간담회	팔래스호텔 중식당
12. 31	『한국지방자치학회보』 통권64호 발간	
2009년도		
1. 30	학술상 심사위원회	팔래스호텔
2. 5	고주 노융희 지방자치학술상 운영관리위원회	
2. 12	이사회	한국지방행정연구원
2. 13	동계학술대회 정기총회	한양대 HIT 건물
2. 19	학회지평가준비회의	프레지던트호텔 동해
2. 22	행정구역개편 TF 회의	
3. 6	상임이사회	
3. 14	학회지평가 준비회의	
3. 27	학회지평가 준비회의	
3. 31	『한국지방자치학회보』 통권65호 발간	
4. 8	자치행정구역(계층) 개편 정책토론회	한국언론회관
4. 27	위기의 정당공천제: 쟁점과 해법 –기초자치단체장, 기초의회의원의 정당공천제를 중심으로 –정책토론회	한국언론회관
5. 22~23	춘계학술대회	한국국학진흥원
6. 5	학회지평가 준비회의	프레지던트호텔 동해
6. 29	행정중심복합도시(세종시)의 발전적 방향모색 정책토론회	한국언론회관
6. 30	『한국지방자치학회보』 통권66호 발간	
7. 8	2009 지역발전 국제컨퍼런스: 광역경제권 구현을 위한 지방주권 강화방안	COEX 아셈홀

	상임이사회	
7. 24	회장단 · 고문단 연석회의	프레지던트호텔 동해
8. 10	고주상 운영회의	프레지던트호텔 동해
8. 28~29	하계학술대회: 지방자치단체의 사회안전망과 문화마케팅 선진화 방안	
9. 18	한국지방자치학회 20년사 편찬회의	
9. 30	『한국지방자치학회보』 통권67호 발간	
10. 16	바람직한 자치행정체제개편을 위한 합동세미나	대한상공회의소
10. 24	이사회	
10. 28	시 · 군 통폐합 추진에 대한 성명서 발표	
11. 6	한일세미나	일본 시즈오카대학
11. 19	한 · 중 · 일 지방분권 국제심포지엄	한국과학기술회관
11. 20	추계학술대회: 헌법개정과 지방자치 보장방안	제주월컴센터
12. 31	『한국지방자치학회보』 통권68호 발간	

2010년도

1. 11	이사회 우수조례선정 심사위원회	프레지던트호텔 동해
1. 22	민선4기 지방자치의 성과와 향후과제 기획세미나	한국언론재단
1. 27	우수조례선정 심사위원회	
2. 2	고주 노융희 지방자치상 운영관리위원회	
2. 4	한국지방자치학회 20년사 편찬회의	프레지던트호텔 동해
2. 11	한국지방자치학회 20년사 편찬회의	프레지던트호텔 동해
2. 12	한국지방자치학회 학술상 심사위원회	프레지던트호텔 동해
2. 18	이사회	금수장관광호텔
2. 19	정기총회	전남대 법학전문대학원
3. 31	『한국지방자치학회보』 통권69호 발간	
4. 27	공명선거 국민토론회	
6. 30	『한국지방자치학회보』 통권70호 발간	
7. 20	지방선거제도 개선 기획토론회: 6 · 2 지방선거평가와 정당공천제의 실태와 개선방안	
8. 17	지방선거제도 개선 기획토론회: 교육감 교육의원선거의 실태와 개선방안	
8. 25~26	하계학술대회: 지방재정의 패러다임전환과 한일지방분권화 정책	
9. 1	지방선거제도 개선 기획토론회: 지방선거제도 이대로 좋은가?	

9. 30	『한국지방자치학회보』 통권71호 발간	
12. 31	『한국지방자치학회보』 통권72호 발간	
2011년도		
2. 26	한국입법학회 학술대회: 조례입법이 자치행정에 미치는 영향–서울시 무상급식지원 조례 사례를 중심으로–	
3. 31	『한국지방자치학회보』 통권73호 발간	
5. 13	춘계학술대회: 지방자치 부활 20년의 성과와 발전과제	
6. 30	『한국지방자치학회보』 통권74호 발간	
7. 6	달서구의회 개원 20주년 기념세미나	세인트웨스튼 호텔 컨벤션홀(달서구 이곡동)
	하계학술대회: 지방자치부활 20년의 성과평과와 지역발전	
9. 30	『한국지방자치학회보』 통권75호 발간	
12. 31	『한국지방자치학회보』 통권76호 발간	
2012년도		
3. 31	『한국지방자치학회보』 통권77호 발간	
	춘계정책토론회: 자치구폐지, 타당한가?	
6. 30	『한국지방자치학회보』 통권78호 발간	
	하계국제학술대회: 선진한국의 굿 거버넌스와 제도형성 리더십–동네자치에서 지방분권형 개헌까지	
9. 30	『한국지방자치학회보』 통권79호 발간	
11. 30	추계정책세미나: 차기정부의 지방분권정책: 발전과제와 성공요건 동계국제학술대회: 선진한국의 굿 거버넌스 모색: 지방분권, 동네자치, 지역사회정책	한양대학교 사회과학관
12. 31	『한국지방자치학회보』 통권80호 발간	
2013년도		
	동계학술대회: 박근혜정부의 지방분권정책: 방향과 과제	
3. 31	『한국지방자치학회보』 통권81호 발간	
6. 30	『한국지방자치학회보』 통권82호 발간	
9. 30	『한국지방자치학회보』 통권83호 발간	
12. 31	『한국지방자치학회보』 통권84호 발간	
2014년도		
1. 16	기획세미나: 지방의외의 의정역량강화와 제도개선방향	순천대학교 박물관 시청각실(2층)
1. 17	제6회 지방분권포럼: 지방자치20년 평가와 발전방향	한국지방자치학회 세미나실

2. 14	동계학술대회: 미래 복지국가 구현과 지역상생 전략	
3. 31	『한국지방자치학회보』 통권85호 발간	
4. 18	제7회 지방분권포럼: 지방자치의 60년의 발전과 분권형 거버넌스의 모색	한국지방자치학회 회의실
4. 22	지방자치정부 20년 연합세미나: 미래지방자치 발전을 위한 새로운 거버넌스와 리더십 형성 세미나	
6. 30	『한국지방자치학회보』 통권86호 발간	
7. 22	하계학술대회: 박근혜 정부의 분권정책과 지역발전	
9. 30	『한국지방자치학회보』 통권87호 발간	
10. 31	추계학술대회: 지방분권의 추진과 균형발전	
12. 31	『한국지방자치학회보』 통권88호 발간	

2015년도

2. 4~5	동계학술대회 주민행복, 지역발전, 그리고 지방자치의 새로운 비전	온양그랜드호텔
3. 26	제1회 지방분권포럼 지방분권적 국가운영: 중앙과 지방의 새로운 역할 모색	프레스센터 기자회견장
3. 31	『한국지방자치 학회보』 제89호 발간	
4. 29	전임회장(고문)단 회의	
6. 25	제2회 자방분권포럼 민선 지방자치 20년, 회고와 전망	부산광역시청 대회의실
6. 30	『한국지방자치학회보』 제90호 발간	
7. 15	제3회 지방분권포럼 지방자치단체의 경쟁력 강화, 무엇이 문제이고 해법은 무엇인가?	광화문 프레스센터
8. 19~20	하계학술대회 청년지방자치, 희망의 메시지 & 지방자치 20년의 회고와 비전	서울대학교 행정대학원
9. 30	『한국지방자치학회보』 제91호 발간	
10. 2	제4회 지방분권포럼 지방의회의 발전 및 생활자치의 활성화 방안	강원도의회 대회의실
10. 30	지방자치 20년 대토론회	
12. 9	제5회 지방분권포럼 해외선진사례를 통한 서울시의 지방분권 추진방향	서울 프레스센터
12. 14	제6회 지방분권포럼 주민결정 행정시스템 구축을 위한 정책포럼	광주광역시 남구청 대회의실
12. 31	『한국지방자치학회보』 제92호 발간	

2016년도		
1. 7	한국지방자치학회 전체이사회	
2. 11~12	동계학술대회 지방분권, 주민자치, 새마을운동	경북대학교
3. 31	『한국지방자치학회보』 제93호 발간	
4. 28	부천시 행정체제 발전 정책토론회	
4. 28	제1회 미래행정포럼 공무원 채용혁신: 공무원, 누구를 어떻게 뽑을 것인가	
4. 29	제1회 지방분권포럼 지역사회 발전과 이민자 쌍방통합	한국지방자치학회 세미나실
6. 2	전임회장(고문)단 회의	
6. 30	개성이냐 vs 내셔널 미니멈이냐: 지자체의 무상복지를 둘러싼 논쟁과 해법모색 기획세미나	서울대학교 행정대학원
6. 30	『한국지방자치학회보』 제94호 발간	
7. 7	제주특별자치도 출범 10주년 기념 특별자치도 10년 평가와 미래계획세미나	제주농업인회관
7. 29	제2회 지방분권포럼 상생의 길을 찾아서	한국지방자치학회 세미나실
8. 19~20	하계국제학술대회 지방재정과 재정분권	판교 스타트업 캠퍼스
9. 30	한일지역발전공동세미나	
9. 30	『한국지방자치학회보』 제95호 발간	
11. 18	제3회 지방분권포럼 지방분권개헌의 방향과 전략	한국지방자치학회 세미나실
12. 6	대도시 행정 효율성 강화를 위한 대토론회	
12. 19	국가번영과 제도설계 – 발전전략과 갈등관리	서울대학교 행정대학원
12. 31	『한국지방자치학회보』 제96호 발간	

2017년도		
2. 3~4	동계학술대회 중앙 – 지방 관계의 새로운 설정	명지대학교 방목학술정보관
2. 24	권한이양 및 주민선택권 강화를 통한 제주 행정체제개편	제주특별자치도의회 대회의실
3. 21	지방분권 실현을 위한 지방자치법 개정–광역의회 정책지원 전문인력 도입 및 지방의회 인사권 독립을 중심으로	국회도서관 대강당
3. 28	춘계학술기획세미나 차기 정부의 국가재편과 지방분권과제	국회의원회관 간담회실 및 대회의실
3. 31	『한국지방자치학회보』 제97호 발간	

4. 27	한국지방자치학회, 한국정책과학학회, 한국거버넌스학회 춘계 공동 세미나 신정부의 지역발전정책과 지방분권 과제	조선대학교 정책대학원 세미나실
6. 5	제1회 지방분권포럼 문재인 정부의 지방분권 과제	한국지방자치학회 세미나실
6. 15~16	속초시 찾아가는 지방재정 세미나 속초시 재정의 현주소와 건전재정 운용을 통한 발전방향	속초시청 대회의실
6. 29	국제입법 심포지엄	경기창조경제혁신센터 국제회의장
6. 30	『한국지방자치학회보』 제98호 발간	
7. 6	행복도시 착공 10주년, 세종시 출범 5주년 기념 심포지엄	정부세종컨벤션센터
8. 17~18	하계학술대회 한국형 지방자치의 모색과 신정부의 지방분권과제	아주대학교
9. 7	신고리 5, 6호기 공론화방안 토론회	광주 국립아시아문화전당 컨퍼런스홀
9. 27	기초지방자치단체 지방분권 포럼	라비돌 신텍스 그랜드볼룸
9. 30	『한국지방자치학회보』 제99호 발간	
10. 11	신고리 5, 6호기 울산지역 순회 토론회	울산대학교 학생회관 소극장
11. 24	지방인사혁신 컨퍼런스	정부서울청사 별관 국제회의실
12. 31	『한국지방자치학회보』 제100호 발간	
2018년도		
1. 15	2018년 개헌과 분권과제	
2. 20~21	동계학술대회	충남대학교
3. 16	전국균형발전지방의회협의회 대토론회	라마다프라자 제주호텔 오라홀
3. 31	『한국지방자치학회보』 제101호 발간	
5. 10	자치분권 개헌 및 인천광역시의 자치분권 전략과 재정관리 공동기획세미나	인천연구원 대회의실
5. 31	재정분권 네트워크 포럼	한국지방재정공제회 회의실
6. 2	서울형 주민자치회에 대한 정책토론회	태화빌딩 그레이트하모니홀
6. 21	찾아가는 자치분권 헌법 패러다임전환을 위한 기획학술세미나	충남 내포신도시 충남도서관
6. 30	『한국지방자치학회보』 제102호 발간	

2. 행정자료

1) 회원수 추이

	정회원	단체회원	도서관회원	비고
제1대 노융희 회장	534	113	31	
제2대 최창호 회장	716	99	35	
제3대 김안제 회장	970	86	40	
제4대 정세욱 회장	1,028	93	56	
제5대 김동훈 회장	1,240	88	75	
제6대 최상철 회장	1,301	88	79	
제7대 강형기 회장	1,322	84	78	
제8대 이규환 회장	1,298	86	83	
제9대 이주희 회장	1,291	86	83	
제10대 육동일 회장	1,313	86	83	
제11대 소진광 회장	1,345	86	83	
제12대 김순은 회장	1,332	41	72	※ 단체회원정리
제13대 최병대 회장	1,385	50	75	
제14대 오재일 회장	1,695	46	67	
제15대 최근열 회장	1,759	47	65	※ 정회원 중 주소불명 341명
제16대 안성호 회장	1,822	42	60	※ 정회원 중 주소불명 344명
제17대 양영철 회장	1,902		21	
제18대 정순관 회장	1,970		16	
제19대 권경득 회장	2,050		11	
제20대 하혜수 회장	2,081		14	
제21대 임승빈 회장	2,095		15	

2) 수입지출 추이

(1) 수입부문

(단위: 천 원)

기 간	일반계정							특별계정
	전기 이월금	회비수입	학회지 발간수입	찬조금	잡수입	(차입금) 특별전입금	합계	연구용역외
1989.1.1~12.31	0	4,395		3,000	2	(7,500)	14,897	
1990.1.1~12.31	423	22,645	450		49	(5,000)	28,567	51,200
1991.1.1~12.31	8,824	29,295	1,700		16	9,671	49,506	155,350
1992.1.1~12.31	3,567	27,835	840	13,658	71	9,333	55,304	70,207
1993.1.1~12.31	1,483	20,140	3,000	1,100	71	15,684	41,478	18,781
1994.1.1~12.31	1,532	26,520	1,470	1,050	5,096		35,668	47,500
1995.1.1~12.31	1,157	22,895	1,900	132	4,121	46,007	76,212	226,500
1996.1.1~12.31	10,812	16,130	3,160	43,149	4,237	45,568	123,056	
1997.1.1~12.31		22,745	2,970		4,466		30,181	
1998.1.1~12.31		25,870	5,401	6,951	259	49,770	88,251	286,025
1999.1.1~12.31	9,242	34,185	9,385	11,500	18,462	2,918	85,692	31,900
2000.1.1~12.31	11,605	34,885	7,765	24,418	4,975	40,500	124,148	127,500
2001.1.1~12.31	13,290	40,990	8,900	66,021	985	25,972	156,158	450,220
2002.1.1~12.31	37,574	31,960	9,295	42,000	3,280	13,740	137,849	101,500
2003.1.1~12.31	37,341	30,225	7,940	94,300	8,340	29,039	207,185	264,874
2004.1.1~12.31	51,895	32,500	5,885	145,384	4,306	37,263	277,233	375,471
2005.1.1~12.31	58,600	32,505	7,650	105,129	6,600	49,822	260,306	632,952
2006.1.1~12.31	82,961	30,315	7,313	224,583	4,817	14,022	364,011	233,700
2007.1.1~12.31	85,322	29,600	8,682	99,155	8,095	72,693	303,547	870,907
2008.1.1~12.31	110,394	23,300	9,901	106,200	17,573	42,870	310,238	649,800
2009.1.1~12.31	115,263	48,555	10,696	138,167	8,570	87,772	409,023	563,630

(2) 지출부문

(단위: 천 원)

	지출						
	인건비	후생복리비	운영비	사업비	기타	차기이월금	합계
1989.1.1~12.31	2,600		6,022	3,352	2,500	423	14,897
1990.1.1~12.31	6,000		7,422	5,729	593	8,823	28,567
1991.1.1~12.31	17,310	1,350	18,446	8,833		3,567	49,506
1992.1.1~12.31	23,540	1,650	12,864	15,767	−1,008	2,491	55,304
1993.1.1~12.31	11,800		11,269	16,577	300	1,532	41,478
1994.1.1~12.31	11,760	600	10,940	11,211		1,157	35,668
1995.1.1~12.31	12,680	600	16,544	35,576		10,812	76,212
1996.1.1~12.31	15,960	750	12,630	93,716			123,056
1997.1.1~12.31	23,020	1,680	6,921	23,486			55,107
1998.1.1~12.31	18,975	1,120	19,708	23,856	15,350	9,242	88,251
1999.1.1~12.31	21,500	840	13,594	23,034	23,501	3,224	85,693
2000.1.1~12.31	25,400	840	36,521	47,652	445	13,290	124,148
2001.1.1~12.31	26,660	840	23,972	66,357	755	37,574	156,158
2002.1.1~12.31	29,480	840	20,702	48,219	1,267	37,341	137,849
2003.1.1~12.31	31,740	840	36,676	85,874	160	51,895	207,185
2004.1.1~12.31	34,050	2,670	30,233	151,480	200	58,600	277,233
2005.1.1~12.31	35,380	3,310	29,665	108,990		82,961	260,306
2006.1.1~12.31	38,328	5,120	27,952	205,822	1,467	85,322	364,011
2007.1.1~12.31	40,600	5,280	37,031	110,242		110,394	303,547
2008.1.1~12.31	42,536	5,720	33,960	112,759		115,263	310,238
2009.1.1~12.31	42,536	5,760	52,769	167,650	4,000	136,308	409,023
2010.1.1~12.31	44,712	5,760	36,313	138,272		146,948	372,005
2011.1.1~12.31	57,177	3,461	35,482	196,506	97,000	146,447	536,073
2012.1.1~12.31	113,923	2,297	124.865	78,136	216	155.398	474,621
2013.1.1~12.31	24,842	1,466	226,626	141,615	468	21,284	415,836
2014.2.1.~2015.1.31	22,579	2,518	79,573	131,925	3,880	59,292	270,791
2015.2.1.~2016.1.31	17,016	3,433	73,286	246,126	840	68,946	388,359
2016.2.1.~2017.1.31	19,305	2,995	72,071	202,129	6,347	59,298	333,498
2017.2.4.~2018.1.31	21,364	3,586.	93,962	147,022	13,861	116,283	352,071

제 6 장

학술상 및 고주상

1. 학술상

2000년도(시상식: 2001년 2월 27일, 서울대학교 환경대학원)

■ 논문상
- 수 상 자: 이주희(국가전문행정연수원 교수)
- 수상작품: "조례의 실효성 확보를 위한 입법정책에 관한 연구", 『한국지방자치학회보』, 제12권 제3호

■ 논문상
- 수 상 자: 문병기(한국방송통신대학교 행정학과 교수)
- 수상작품: "자치단체 자문위원회제도의 공공선택론적 해석−서울시 사례를 중심으로", 『한국지방자치학회보』, 제12권 제1호

2001년도(시상식: 2002년 2월 20일, 서울대학교 환경대학원)

■ 저작상
– 수 상 자: 강형기(충북대학교 행정학과 교수)
– 수상작품: 『향부론』(비봉출판사, 2001.1.10)

■ 논문상
– 수 상 자: 김영환(조선대학교 행정학과 겸임교수)
– 수상작품: "지방정부의 행정품질관리제도 적용에 대한 인과모형 검증", 『한국지방자치학회보』, 제13권 제4호

2002년도(시상식: 2003년 2월 21일, 서울대학교 환경대학원)

■ 저작상
– 수 상 자: 이종수(연세대학교 행정학과 교수)
– 수상작품: 『지방정부이론』(박영사, 2002.3.10)

■ 논문상
– 수 상 자: 박희서(조선대학교 행정학과 교수)
– 수상작품: "지방행정에 있어서 상급 공무원의 리더십 행태와 하급 공무원들의 조직시민행동의 관계에 관한 연구", 『한국지방자치학회보』, 제14권 제3호

2003년도(시상식: 2004년 2월 19일, 충북대학교 경영대학)

■ 논문상
– 수 상 자: 김재훈(서울산업대학교 행정학과 교수) · 홍준현(중앙대학교 공공정책학부 교수)
– 수상작품: "사무와 재원의 적합도 제고를 통한 특별시 · 광역시와 자치구간

재원조정에 관한 연구", 『한국지방자치학회보』, 제15권 제1호

2004년도(시상식: 2005년 2월 18일, 행정자치부 자치인력개발원)

■ 논문상
– 수 상 자: 김성호(한국지방행정연구원 수석연구원)
– 수상작품: "지방자치단체 전국 협의체의 국정참여 결과분석", 『한국지방자치학회보』, 제16권 제2호

2005년도(시상식: 2006년 2월 17일, 충남대학교 정심화국제문화회관)

■ 저작상
– 수 상 자: 소진광(경원대학교 도시행정학과 교수)
– 수상작품: 『지방자치와 지역발전』(박영사, 2005.4.25)

■ 논문상
– 수 상 자: 송광태(창원대학교 행정학과 교수)
– 수상작품: "공공서비스 민간위탁의 경재성 관리에 대한 실태분석", 『한국지방자치학회보』, 제17권 제2호

2006년도(시상식: 2007년 2월 23일, 경원대학교 미래관)

■ 저작상
– 수 상 자: 김영기(경상대학교 행정학과 교수)
– 수상작품: 『한국의 주민소환제』(도서출판 대영문화사, 2006.8.25)

■ 논문상
– 수 상 자: 김성배(숭실대학교 행정학과 교수)
– 수상작품: "공공서비스 전달의 적정 거버넌스 모형 모색: 특별지방행정기

관의 기능조정을 중심으로", 『한국지방자치학회보』, 제18권 제2호

2007년도(시상식: 2008년 2월 15일, 동의대학교 석당아트홀)

■ 저작상
- 수 상 자: 이주희(지방혁신인력개발원 교수)
- 수상작품: 『지방행정감사론』(기문당, 2006.11.1)

■ 논문상
- 수 상 자: 유영철(명지전문대학 교수)
- 수상작품: "신자유주의 레짐이동에 따른 로컬 거버넌스의 형성에 관한 연구", 『한국지방자치학회보』, 제19권 제2호

2008년도(시상식: 2009년 2월 13일, 한양대학교 HIT건물)

■ 저작상
-수 상 자: 이승종(서울대학교 행정대학원 교수)
-수상작품: 『지방정부의 역량과 정책혁신: 국내·외 사례연구』(박영사, 2008. 8.30)

■ 논문상
- 수 상 자: 임승빈(명지대학교 행정학과 교수)
- 수상작품: "기초지방자치단체간 지역격차와 성과비교에 관한 연구", 『한국지방자치학회보』, 제20권 제4호

2009년도(시상식: 2010년 2월 19일, 전남대학교 법학전문대학원)

■ 저작상
- 수 상 자: 양영철(제주대학교 행정학과 교수)

– 수상작품: 『자치경찰론』(도서출판 대영문화사, 2008.7)

■ 논문상

– 수 상 자: 권영주(서울시립대학교 행정학과 교수)

– 수상작품: "지방의회 의정활동의 시계열적 평가: 서울특별시의회(제3대~제6대)를 중심으로", 『한국지방자치학회보』, 제21권 제3호

<u>2010년도(시상식: 2011년 2월 10일, 호텔 인터불고 엑스코)</u>

■ 저작상

– 수 상 자: 양기호(성공회대학교 일본학과 교수)

– 수상작품: 『글로벌리즘과 지방정부』(논형, 2010.12.20)

■ 논문상

– 수 상 자: 김혜정(선문대학교 행정학과 교수)

– 수상작품: "시민의 참여동기와 정치참여", 『한국지방자치학회보』, 제22권 제3호

<u>2011년도(시상식: 2012년 2월 14일)</u>

■ 논문상

– 수 상 자: 박기관, 이상임(상지대학교 행정학부 교수)

– 수상작품: "연고주의 행태 및 조직문화의 조직효과성에 대한 실증적 분석: 기초자치단체 일선공무원을 중심으로", 『한국지방자치학회보』, 제23권 제2호

2012년도(시상식: 2013년 2월 14일)

■ 논문상
- 수 상 자: 정정화(강원대학교 행정학과 교수)
- 수상작품: "주민투표제도의 운영실태와 개선방안", 『한국지방자치학회보』, 제24권 제4호

2013년도(시상식: 2014년 2월 14일, 명지대학교 방목학술정보관)

■ 논문상
- 수 상 자: 김정완(대진대학교 행정학과 교수)
- 수상작품: "기초노령연금 차등보조율제도의 지역 간 형평성 제고 방안", 『한국지방자치학회보』, 제25권 제3호

2014년도(시상식: 2015년 2월 6일, 온양 그랜드호텔)

■ 논문상
- 수 상 자: 이석환(한양대학교 행정학과 교수)
- 수상작품: "한국 지방자치단체 출산장려정책의 효과와 평가", 『한국지방자치학회보』, 제26권 제1호

2015년도(시상식: 2016년 2월 12일, 경북대학교)

■ 논문상
- 수 상 자: 최진혁(충남대학교 자치행정학과 교수)
- 수상작품: "21세기 지방자치의 현대적 경향: 영국과 프랑스의 지방자치의 진화", 『한국지방자치학회보』, 제27권 제3호

2016년도(시상식 2017년 2월 4일, 명지대학교 방목학술정보관)

■ 논문상

– 수 상 자: 정명은(연세대학교 행정학과 BK21 사업단 연구교수), 이종수(연세대학교 행정학과 교수)

– 수상작품: “지방정부의 인력과 조직을 누가 결정할 것인가?–정원관리제도의 내용과 갈등, 그리고 적정기준의 탐색–”, 『한국지방자치학회보』, 제28권 제4호

2017년도(시상식 2018년 2월 21일, 충남대학교 정심화홀)

■ 논문상

– 수 상 자: 조경훈(경기연구원 연구위원)

– 수상작품: “지방재정권 강화와 국가경쟁력–퍼지셋 질적 비교 2단계 분석법을 활용하여–”, 『한국지방자치학회보』, 제29권 제4호

2. 고주상

1) 고주 노융희 지방자치상의 연혁

고주(古州) 노융희 지방자치상은 한국지방자치연구원에서 창간한 월간지 『자치공론』에 공직자 논단에 기고한 지방공무원의 논문의 질적 향상을 도모하기 위하여 1996년 1월 고주 노융희 공직자상 논단상으로 출발했다. 지방자치의 학문적 발전을 위하여 고주 노융희 선생님과 이에 뜻을 같이하는 분들의 성금으로 1998년 9월 4일 고주 노융희 지방자치상 운영규정을 정하여 공직자에 한정하여 시상하던 것을 학자까지 넓혀서 '지방자치학술상'을 신설하였다. 제3회에 걸쳐 사단법인 한국지방자치연구원(현 한국자치개발연구원)이 운영하였고, 2001년 6월 21일부터 우리 학회에 이관하면서 "지방자치학술상"을 2003년 12월 18일 "고주 노융희 지방자치상"으로 명칭을 변경하였다. 고주 선생님을 비롯한 30인의 개인과 3개 기관이 기금 3천만 원을 조성, 출연하여 그 이자를 상금으로 매년 자치발전에 공로가 많은 인사 2인을 선발하여 시상을 하게 되었다. 예금금리가 낮아지게 됨에 따라 은행 정기예금 이자로 상금을 지급할 수 없게 되어 2013년, 2014년 시상자에게 상금을 지급할 수 없게 되자 2016년 본 학회(당시 회장 하혜수)에서 2천만 원을 출연하여, 이를 소급하여 상금을 지급하였다. 2017년 노융희 회장께서 별세하신 후 2018년에는 노융희 교수님의 자녀(장남 노재정 카이스트대 교수 등)들이 2천만 원을 추가로 출연하여 2018년 현재의 기금은 7천만여 원 조성되어 운영하고 있다. 현재 기금은 학회장이 관리하고, 고주상기금관리위원회가 수상자를 선발하여 학회장 이름으로 시상하고 있다. 연도별 고주상 수상자는 다음과 같다.

2) 수상자 명단

연 도	수상자
1996	정하용(대전광역시 부시장)
1997	신광조(광주광역시 정보통신담당관)
	이범규(부산광역시 남구청 재난관리계장)
1998	이대영(대구광역시 북구 전산과)
	조명성(광진구 21C구정연구단)

1999	이승종(서울대학교 교수)
	이복수(강원도 지방공무원 교육지원과)
	변재국(대구광역시 중구청)
2000	김태일(경희대 사학과 교수)
	서세양(인천시 부평구청 지방행정사무관)
	조성평(목포시 기획담당관)
2001	최병대(한양대 교수), 권경득(선문대 교수), 강인호(조선대 교수)
	김흥래(충북 제천시청 세정담당)
	이상준(서울 중구청 문화체육과)
2002	이상호(밀양대 교수)
2003	소순창(국민대 연구교수)
2004	청주시의회
	프리드리히 나우만재단
2005	김동훈(충남대 명예교수)
	최창호(건국대 명예교수)
2006	김보현(전 농수산부장관, 고인)
	김용래(전 서울특별시장)
2007	김수학(박정희대통령기념사업회)
	박문옥(단국대 명예교수)
2008	조문부(제주대학교 총장)
	김남진(고려대학교 명예교수)
2009	권순복(지방행정연구소 이사장)
	김안제(서울대학교 명예교수)
2010	정세욱(명지대 명예교수)
	조창현(한양대 석좌교수)
2011	임경호(지방의회발전연구원 원장)
	최상철(서울대 명예교수)
2012	이석형(전 함평군수)
	이주희(전 지방행정연수원)
2013	김병준(국민대학교 교수)
2014	이기우(인하대학교 교수)
2015	강형기(충북대학교 교수)
2016	이규환(중앙대학교 교수)
2017	김병국(한국생활자치연구원 박사)
	육동일(충남대학교 교수)

제 2 부

한국지방자치학회 학술활동 30년

제 7 장

학회보 분야별 연구 내용 및 경향 분석

1. 총 론

홍준현(중앙대학교 교수)

1) 서 론

한국지방자치학회가 2018년에 창립 30주년을 맞이하였다. 학회 출범과 더불어 『한국지방자치학회보』 역시 1989년 12월에 『지방자치연구』라는 제호로 창간호를 발행한 이후로 1997년 9월 현재의 제호로 개명을 거쳐 2018년 3월에 통권 101호를 발행하게 되었다. 한국지방자치학회 30주년을 기념하기 위해 『한국지방자치학회보』 창간 이후 지난 98호까지 실린 총 974편의 논문의 경향을 분야별로 체계적으로 정리하였다. 여기서 분야는 지방정부 조직 및 인사, 지방행정계층 및 구역, 정부간 관계 및 기능배분(광역행정 포함), 지방공공서비스 및 행정관리(지방경영, 전자정부, 감사, 평가 포함), 지방재정, 지방선거 및 지방의회(지방정치 포함), 주민참여 및 NGO(사회자본, 자원봉사 포함), 지방거버넌스 및 갈등관리(정부 간 관계는 제외), 개별정책(교육자치, 자치경찰 포함), 지역개발, 지역경제 및 도시행정로 구분하였다. 다만 지방자치와 지방분권을 총괄적으로 다룬 논문과 지방행정사를 다룬 논문, 기타 구분이 애매한 논문 등은 분야별 분석에서 제외하고 총론에서만 다루었다. 대신 외국사례연구나 국가 간 비교연구가 포함된 논문도 상당수 있어서 이에 대해서는 위의 분야별 분류와 별개의 항목에서 그 경향을 분석하였다.

2) 논문 게재편수 추이

1989년 12월에 처음『지방자치연구』라는 제호로 창간호가 발간 된 이후 1995년까지는 6월과 12월에 연간 두 번 발간되었으나, 1996년 현재까지는 3월, 6월, 9월, 12월에 연간 네 번 발간되어 왔다.

창간호 이후 1997년 여름호까지 총 974편의 논문이 게재되었다. 1990년부터 1995년까지는 연평균 19.3편이 게재되었던데 반해, 1996년부터 2016년까지는 연평균 39.8편이 게재되어 대략적으로 발간횟수에 비례한 게재논문수를 보여주고 있다. 다만 2002년까지 게재논문수는 점차적으로 증가했다가 2003년 이후로 2006년까지는 단기간 감소했고, 다시 2007년 이후부터는 조금씩 증가해서 현재까지 안정된 논문 게재편수를 보여주고 있다.

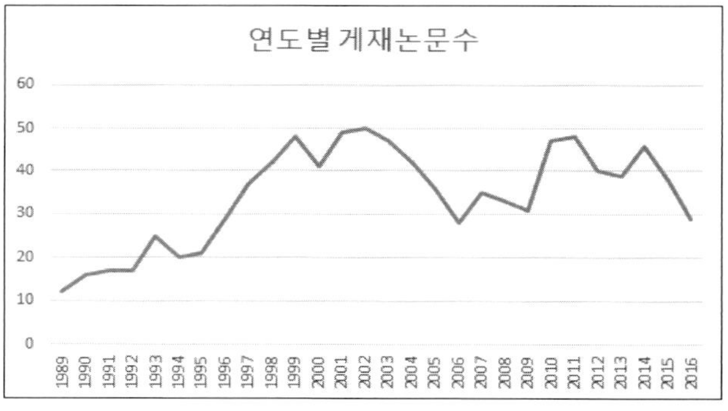

[그림 7-1] 연도별 게재논문수

3) 분야별 논문 게재 경향

분야별로 살펴볼 때 가장 많이 게재된 논문은 다양한 개별정책을 다룬 논문이었고, 그 뒤를 지방정부조직 및 인사 분야 논문과 지방공공서비스 및 행정관리 분야 논문, 지방선거 및 지방의회 분야 논문이 잇고 있다. 가장 적게 다루어진 연구 분야는 지방행정계층 및 구역 관련 연구와 지방거버넌스와 갈등관리와 관련된 연구, 지역개발, 지역경제 및 도시행정 관련 연구이었다.

표 7-1 분야별 게재 논문 편수

연구 분야	편수**	비율
지방자치/지방분권 일반(지방행정사 포함)	78	7.9%
지방정부조직 및 인사	127	12.9%
지방행정계층 및 구역	35	3.6%
정부 간 관계 및 기능배분(광역행정 포함)	93	9.5%
지방공공서비스 및 행정관리(지방경영, 전자정부, 감사, 평가 포함)	109	11.1%
지방재정	83	8.4%
지방선거 및 지방의회(지방정치 포함)	105	10.7%
주민참여 및 NGO(사회자본, 자원봉사 포함)	96	9.8%
지방거버넌스 및 갈등관리(정부 간 관계 제외)	41	4.2%
개별정책(교육자치, 자치경찰 포함)	148	15.1%
지역개발, 지역경제, 도시행정(사회적 기업 포함)	52	5.3%
기타*	16	1.6%

* 기타에는 북한지방행정(2편), 권두언(1편), 서평(5편), 연구경향분석(3편), 세미나참석후기(1편), 도가사상과 카오스이론 비교(1편), 실버타운 평가기준(1편), 원자력위험가격(1편), 관계재와 행복(1편)이 포함되어 있음.
** 일부 논문은 복수의 연구 분야에 걸쳐 있어 중복 산정되었기 때문에 각 연구 분야별 논문편수의 합은 실제 논문편수보다 크게 나타났음.

한편, 외국사례를 주된 연구대상으로 하거나 국가간 비교연구를 주된 연구내용으로 포함하고 있는 논문도 82편에 달하고 있어 전체 논문의 8.3%에 달하고 있었다. 외국사례는 주로 지방분권이나 지방자치를 큰 틀에서 분석하고자 할 때(15편)나, 지방정부의 조직 및 인사 분야(14편), 지방재정 분야(14편), 정부간 관계 분야(8편)를 다루는 논문에서 주로 활용되고 있었다.

4) 시기별 분야별 논문 게재 경향

분야별 게재 논문수도 시기별로 보면 약간의 차이가 발생함을 알 수 있다. 창간호가 발간된 1989년부터 1994년까지는 지방선거 및 지방의회 분야 논문이 가장 많았고 그 뒤를 지방자치 및 지방분권을 전체적으로 조망하는 논문과 지방재정 분야의 논문, 정부간 기능배분을 다루고 있는 논문이 잇고 있었다. 이는 지방자치의 부활이 지방의회 구성에 국한되어 이루어진 시대적 상황을 반영하는 것이고 지방자치의 부활과 더불어 중앙과 지방 간 기능 배분이 시급한 상황과 맞물려 있는 것이라고 판단된다.

그러나 민선 단체장이 본격적으로 등장한 1995년 이후부터 1999년까지는 지방행정의 각 분야를 각론적으로 다루는 연구가 가장 많아졌으며, 이와 더불어 지방공공서비스와 행정관리 등 지방정부의 내부 운영에 관한 논문과 지방정부의 조직과 인사분야를 다루는 논문이 다수를 점하게 되었다.

이러한 추세는 2000년대에 들어서도 지속되었다. 다만 2000년대 초반에 정부간 관계와 기능배분을 다루는 논문과 주민참여를 다루는 논문이 상대적으로 증가한 것은 특기할 만한 점이라고 할 수 있는데, 이는 김대중 정부와 노무현 정부에서 주민참여를 적극적으로 추진한 것과 무관하지 않다. 2005년 이후에 지방의회와 지방선거를 다루고 있는 논문이 다시 상대적으로 큰 비중을 차지하게 된 점도 눈여겨봐야 하는데, 지방분권의 진전에 따라 행정부에 대한 견제의 필요성에 대한 목소리가 높아지고 이에 따라 지방의회의 역할과 역량 강화가 요구되었던 시대적 상황을 반영하는 것이라고 할 수 있다. 또한 최근 들어 주민참여와 관련된 논문이 다시 증가하고 있는 것은 제도적 분권논의를 넘어서서 실제 생활 속 자치의 중요성이 재부각되고 있는 상황과 연계된 것으로 판단된다.

표 7-2 시기별 분야별 게재 논문 편수

	지방자치/지방분권 일반	지방정부 조직 및 인사	지방행정 계층 및 구역	정부간 관계 및 기능 배분	지방공공 서비스 및 행정 관리	지방 재정	지방 선거 및 의회	주민 참여 NGO	지방 거버넌스와 갈등 관리	개별 정책	지역 개발, 지역 경제, 도시 행정	외국 사례 및 비교 행정
1989~1994	16	8	3	13	5	14	26	6	1	6	8	16
1995~1999	20	24	2	17	28	13	11	14	6	32	9	17
2000~2004	12	36	3	26	35	18	17	23	7	45	4	17
2005~2009	11	16	9	13	17	16	20	16	8	26	11	9
2010~2014	13	33	16	19	15	16	23	22	10	35	15	19
2015~2017	6	10	2	5	9	6	8	15	9	4	3	4

이상 『한국지방자치학회보』에 게재된 논문들의 총괄적인 연구경향 분석에 이어 다음 항목에서부터는 각 분야별 연구 내용과 경향을 보다 구체적으로 살펴보고자 한다.

2. 지방조직 및 인사 분야의 연구경향 분석

권경득(선문대학교 교수)

1) 머리말

지방자치가 부활된 이후 지방자치단체의 조직 및 인사에 대한 행정학자들의 관심이 지속적으로 증대하고 있으며, 다양한 연구결과물이 축적되고 있다. 한국지방자치학회가 창립된지 올해 30주년을 맞이하여 『한국지방자치학회보』에 게재된 지방조직 및 인사분야의 연구경향이 지난 30여 년간 어떻게 변화되었는지 살펴보고, 앞으로 지방조직 및 인사분야의 연구방향을 전망해보는 것은 매우 의의가 있다.

본 연구는 한국지방자치학회의 30주년을 기념하고 그 역사를 기록하는 의미에서 한국지방자치학회의 주요 전문학술지인 『한국지방자치학회보』에 게재된 지방조직 및 인사분야의 논문을 대상으로 연구경향을 분석하였다. 보다 구체적으로 본 연구는 1989년 『한국지방자치학회보』 창간호부터 2017년 여름호까지 게재된 논문들 중 지방조직 및 인사분야의 논문을 대상으로 연구영역과 연구방법 등을 중심으로 연구경향을 살펴보았다.

또한, 본 연구는 연구주제어를 중심으로 네트워크 분석을 실시하여 지방조직 및 인사분야 연구의 동태적 연구경향을 함께 살펴보았다. 이를 토대로 앞으로 지방조직 및 인사분야 연구를 위한 제언을 제시하였다.

2) 연구영역의 분류

(1) 지방조직 및 인사 분야의 논문 수

1989년 창간호부터 2017년 여름호까지 『한국지방자치학회보』에 게재된 논문을 대상으로 지방정부의 조직 및 인사분야의 논문을 살펴보면 <표 7-3>과 같다. 『한국지방자치학회보』에 게재된 논문은 총 974편이며, 지방조직 및 인사분야의 논문은 113편(11.6%)으로 나타나고 있다.[1] 지방조직 및 인사분야의 논문은

2004년까지 꾸준히 증가하다가 2005년부터 다소 감소한 후에 2010년부터는 다시 증가하는 경향을 보이고 있다.

표 7-3 지방조직 및 인사분야 논문의 수

연 도	게재논문의 수(%)	조직 · 인사분야 논문의 수(%)
1989~1994년	107(11.0%)	7(6.2%)
1995~1999년	177(18.2%)	19(16.8%)
2000~2004년	229(23.5%)	32(28.3%)
2005~2009년	163(16.7%)	14(12.4%)
2010~2014년	220(22.6%)	31(27.4%)
2015~2017년(여름호)	78(8.0%)	10(8.8%)
합계	974(100.0%)	113(100.0%)

(2) 연구영역의 분류

본 연구에서는 선행연구들의 분류체계를 고려하여 지방조직 및 인사분야의 연구영역을 <표 7-4>와 같이 분류하였다. 지방조직분야는 ① 조직구조, ② 직무행태/조직성과, ③ 조직관리/리더십, ④ 조직문화 및 조직시민행동, ⑤ 조직이론 및 발전 등 5개 분야로 분류하였다. 반면에 지방인사분야는 ① 인사행정 체계 및 제도, ② 공무원 인력기획 및 임용, ③ 역량개발 및 인력관리, ④ 규범 및 윤리, ⑤ 신분보장 및 공무원단체 활동, ⑥ 인사행정 이론 및 발전 등 6개 분야로 분류하였다. 대상 논문의 분류과정에서 연구분야 및 연구영역이 중복이 될 경우에는 각 논문의 주제어(keyword)의 순위에 따라 연구내용과 일치여부를 확인하여 연구분야와 연구영역을 분류하였다.

1) 한국지방자치학회 편집위원회가 '지방조직 및 인사'분야로 분류한 127편의 논문 중 분류에 적합하지 않은 15편의 논문을 제외하고, 당초 분류에서 포함되지 않았던 논문 1편('중앙-지방간 인사교류에 관한 네트워크 분석')을 포함하여 총 113편의 논문을 대상으로 분석하였다.

표 7-4 지방조직 및 인사분야의 연구영역 분류

구 분	분 야	영 역	구 분	분 야	영 역
지방 조직 분야	조직구조	조직체계	지방 인사 분야	인사행정 체계 및 제도	인사행정체계
		조직개편			인사행정제도
	직무행태/ 조직성과	직무행태		공무원 인력 기획 및 임용	인력 기획(계획)
		조직성과 · 평가			공무원 임용
	조직관리/ 리더십	조직관리		역량개발 및 인력관리	역량 및 능력발전
		리더십			인력관리
	조직문화 및 조직시민행동	조직문화		규범 및 윤리	규범 및 윤리
				신분보장 및 공무원 단체 활동	신분보장
		조직시민행동			공무원 단체활동
	조직이론 및 발전			인사행정 이론 및 발전	

3) 연구경향의 분석

(1) 연구영역의 경향 분석

연도별로 지방조직 및 인사분야의 연구경향을 살펴보면([그림 7-2] 참조), 지방조직 및 인사분야 논문 총 113편 중 지방조직분야가 75편(66.4%), 지방인사분야가 38편(33.6%)으로 나타나고 있다. 조직분야의 논문은 직무행태(19편, 25.3%), 조직개편(15편, 20.0%), 조직성과(12편, 16.0%) 순으로 나타나고 있다. 인사분야의 논문은 역량 및 능력 발전(10편, 26.3%), 공무원 임용(7편, 18.4%), 규범 및 윤리(6편, 15.8%) 순으로 나타나고 있다.

연도별로 살펴보면, 1990년대에는 조직분야의 조직개편 영역에 포함된 논문이 6편, 인사 분야의 규범 및 윤리 영역에 포함된 논문이 5편으로 나타났으며, 2000년대에는 조직분야의 직무행태 영역에 포함된 논문이 9편, 조직성과 영역에 포함된 논문이 6편, 인사분야의 역량 및 능력발전 영역에 포함된 논문이 5편으로 나타나고 있다. 2010년대에는 조직분야의 직무행태 영역에 포함된 논문이 10편으로 상대적으로 많은 비중을 차지하고 있다.

1990년대에는 조직체계, 조직개편 및 조직성과에 대한 연구와 인사행정체계, 지방공무원의 규범과 윤리에 관한 연구가 상대적으로 높은 비중을 보이고 있다.

조직분야에서는 1990년대 지방자치제가 부활하면서 지방조직의 수평적 분화와 업무의 생산성을 높이기 위한 조직성과 방안을 제시하는 다수의 논문이 게재되었다. 인사분야에서는 지방공무원의 규범과 윤리에 대한 관심이 상대적으로 높게 나타났다. 반면, 2000년대 이후에는 조직개편, 직무행태, 조직성과, 인사행정제도, 지방공무원 임용, 지방공무원의 역량 및 능력발전과 관련된 논문의 비중이 높아지고 있다.

(단위: 편)

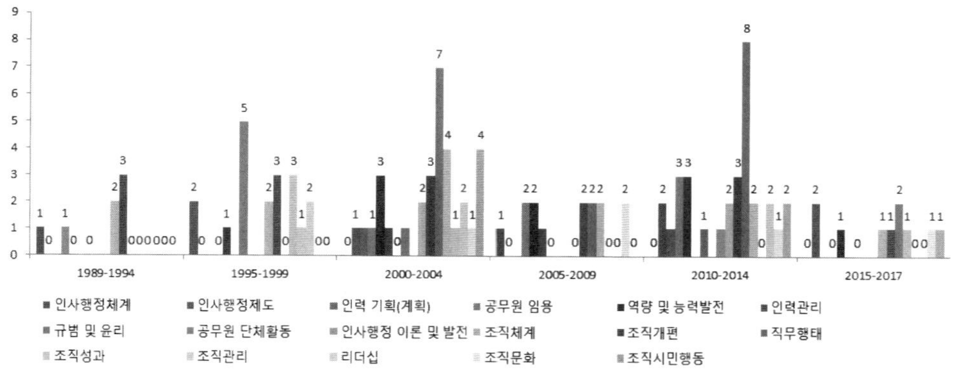

[그림 7-2] 연도별 지방조직 및 인사분야 연구경향

(2) 연구방법의 경향 분석

분석대상논문에 대한 연구방법의 경향을 살펴보면, 계량적 연구는 74편(65.5%)으로 나타나고 있다. 이 중 1차 자료(설문조사)를 활용한 연구는 69편, 2차 자료를 활용한 연구는 5편으로 나타나고 있다. 반면에 비계량적 연구는 39편으로 기술적 연구가 34편, 질적 연구가 5편으로 나타나고 있다. 1차 자료를 이용한 계량적 연구가 가장 많은 비중(69편, 61.1%)을 차지하고 있다.

이를 지방조직과 지방인사분야로 구분해 살펴보면, 지방조직분야의 경우, 계량적 연구가 48편(64.0%), 비계량적 연구가 27편(36.0%)로 나타나고 있다. 반면에 지방인사분야의 경우에는 계량적 연구가 26편(68.4%), 비계량적 연구가 12편(31.6%)로 나타나고 있다.

연구방법의 연도별 경향분석을 살펴보면([그림 7−3] 참조), 1994년까지는 기술적 연구가 상대적으로 큰 비중을 차지하였으나 1995년 이후에는 1차 자료를 활용한 계량적 연구가 상대적으로 큰 비중을 차지하고 있다. 특히, 2010~2014년에는 1차 자료를 활용한 계량적 연구가 다른 연구방법에 비해 상대적으로 큰 비중(77.4%)을 차지한 것으로 나타나고 있다.

(단위: 편)

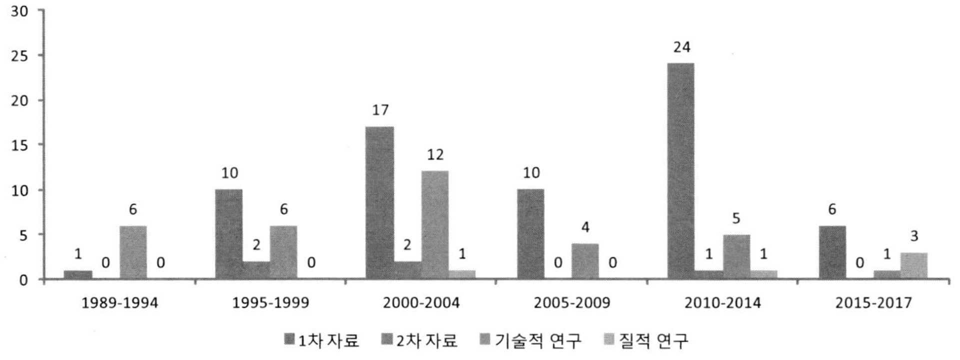

[그림 7-3] 연구방법의 연도별 경향 분석

(3) 연구초점의 경향 분석

분석대상논문의 연구초점을 살펴보면([그림 7-4] 참조), 실제적 · 문제해결지향적 연구는 총 90편(79.6%)으로 나타났다. 반면에 이론적 · 이론지향적 연구는 총 23편(20.4%)으로 나타나고 있다. 연구영역별로 살펴보면, 조직시민행동을 제

(단위: 편)

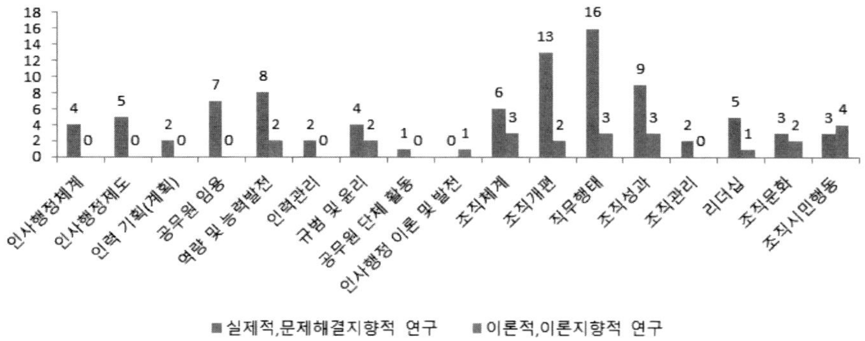

[그림 7-4] 연구분야별 연구초점의 경향 분석

외한 전 영역에서 실제적 · 문제해결지향적 연구가 큰 비중을 차지하고 있다. 직무행태 영역의 경우, 실제적 · 문제해결지향적 연구가 16편으로 가장 많이 나타나고 있다.

연구초점의 연도별 경향 분석을 살펴보면([그림 7-5] 참조), 1994년까지 총 7편의 논문 중 실제적 · 문제해결지향적 연구는 4편으로 나타나고 있으며, 이론적 · 이론지향적 연구는 3편으로 나타나고 있어 큰 차이를 보이고 있지 않다. 다만, 1995년 이후에는 실제적 · 문제해결지향적 연구논문의 수가 점차 증가하고 있는 것으로 나타나고 있다.

연도별 지방조직 및 인사분야의 연구초점을 살펴보면, 실제적 · 문제해결지향적 연구의 경우 조직분야에서는 2000~2004년에 게재된 논문과 2010~2014년에 게재된 논문이 각각 18편(31.6%)으로 가장 큰 비중을 차지하였다. 인사분야에서는 2010~2014년에 게재된 논문이 10편(30.3%)으로 상대적으로 큰 비중을 차지하였다. 반면, 이론적 · 이론지향적 연구의 경우에는 조직분야에서는 2000~2004년에 게재된 논문이 6편(33.3%)으로 상대적으로 큰 비중을 차지하고 있으며, 인사분야에서는 1995~1999년에 게재된 논문과 2005~2009년에 게재된 논문이 각각 2편(40%)으로 나타나고 있다.

(단위: 편)

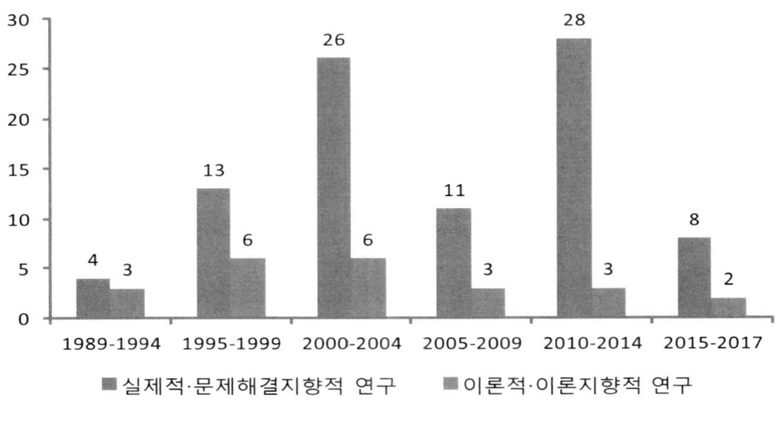

[그림 7-5] 연구초점의 연도별 경향 분석

(4) 연구 주제어 네트워크 분석

네트워크 분석은 단순하게 빈도를 보여주는 것과는 달리 실제 연구에서 어떠한 주제어와 함께 논문에서 활용되었는지, 주제어 네트워크상에서 어떠한 위상을 차지하고 있는지에 대해 입체적으로 보여준다. 본 연구에서도 이러한 점을 반영하여 주제어 네트워크 분석을 실시하였다.

네트워크상에서 중심적인 위치에 있는 주제어가 무엇인지 파악하기 위해 주요 주제어에 주제어 이름(label)을 표기하였다([그림 7−6] 참조). [그림 7−6]에서 직무만족의 중심성(연결정도)이 가장 큰 것으로 나타나고 있다. 이 직무만족은 조직몰입, 이직의도, 지식관리와 네트워크상에서 매우 가깝게 연결되어 있다. 이는 '직무만족'이라는 주제어가 포함된 연구들은 조직몰입, 이직의도 및 지식관리도 동시에 다루고 있다는 것을 의미한다.

직무만족뿐만 아니라 지방자치단체, 지방공무원, 조직성과, 지방의회, 지방자치단체장, 리더십 등의 주제어도 서로 직접적으로 연결되거나 간접적으로 연계되어 있음을 파악할 수 있다. 지방자치 관련 연구 특성상, 지방자치단체, 지방의회, 지방자치단체장, 지방공무원 등에 대한 연구가 빈번하게 이루어지고 있음을

[그림 7−6] 메인 네트워크 내 주요 주제어

파악할 수 있다. 또한, 지방자치단체의 운영에 있어서 중요한 리더십이 다른 주제어들에 비하여 상대적으로 많이 다루어지고 있는 것을 알 수 있다.

시기별 네트워크 속성을 살펴보면([그림 7-7] 참조), 우선 1989년부터 1999년까지의 경우, 행정윤리, 공직자가치, 행정개혁, 수평적 분화, 수직적 분화, 리더십, 인사관리정책, 지방공무원, 행정윤리교육, 지방의회 등의 주제어가 연결중심성 수준이 상대적으로 높은 것으로 나타났다. 이는 지방자치단체 초기 연구에 해당하는 시기로서 행정윤리, 공직자가치, 행정개혁, 수직적/수평적 분화 등 지방자치와 관련된 기본적이고도 근본이 되는 주제에 대한 연구가 많이 이루어졌음을 파악할 수 있다.

또한, 2000년부터 2009년까지의 경우, 직무만족, 지식관리, 조직몰입, 지방자치단체 등과 같이 지방자치단체 및 지방공무원의 성과(조직효과성 등)와 관련된 연구가 중심적으로 이루어졌음을 파악할 수 있다. 물론 지방자치단체, 지방자치제도 등 지방자치의 기본 사항에 대한 연구도 지속적으로 이루어지고 있지만, 지방자치단체 및 지방공무원의 성과 등과 관련된 연구가 활발하게 이루어지기 시작한 시기라고 볼 수 있다.

2010년부터 2017년까지의 경우에는 지방공무원, 직무만족, 이직의도, 조직몰입, 조직효과성, 인사교류 등 지방자치단체를 구성하고 있는 사람(지방공무원 및 단체장)에 대한 연구가 집중적으로 이루어졌음을 보여주고 있다. 이는 지방자치와 관련된 많은 제도가 변화하고 있는데, 특히 사람에 대한 부분, 예를 들면 지방공무원의 성과, 처우 등 인사제도의 변화가 있었기 때문에 이에 대한 대응 및 문제해결 방안으로서 관련 연구가 집중적으로 이루어졌다고 판단할 수 있다.

위와 같은 시기별 분석은 다양한 연구주제에 대한 연구자들의 관심의 정도가 다르다는 것을 보여주고 있다. 이는 『한국지방자치학회보』에 게재된 논문의 연구주제가 사회의 변화 및 제도의 변화에 따라 다양하게 변화하였음을 보여주는 것이다. 이러한 연구경향의 변화는 앞으로도 지속될 것으로 기대된다.

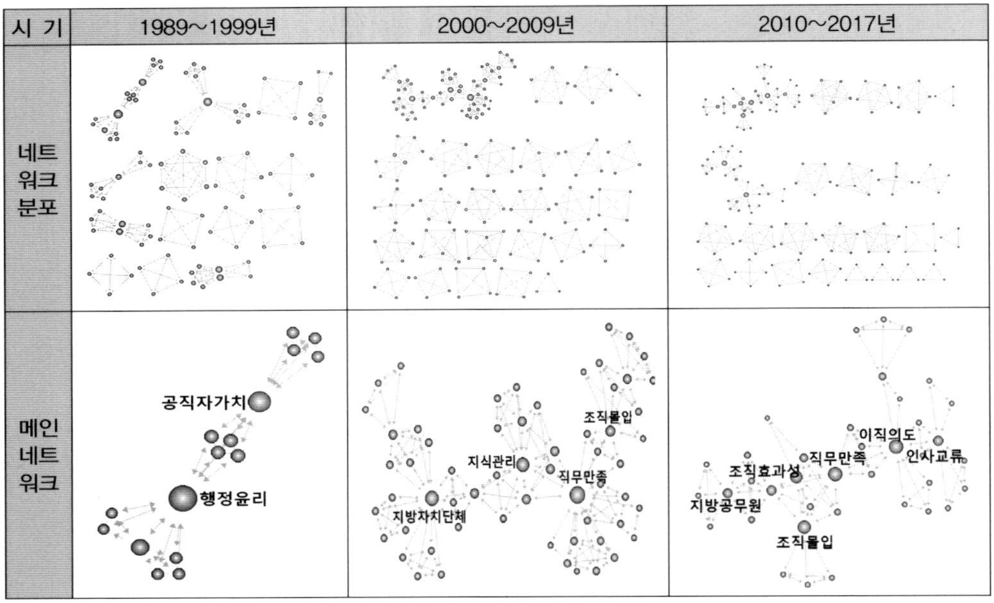

[그림 7-7] 시기별 네트워크 시각화 및 속성

4) 맺는 말

본 연구에서는 『한국지방자치학회보』에 게재된 논문을 중심으로 지방조직 및 인사분야의 연구경향을 살펴보았다. 지난 30여 년 동안 조직분야의 연구논문(75편, 66.4%)이 인사분야의 연구논문(38편, 33,6%)보다 상대적으로 높은 비중으로 나타나고 있다. 조직분야의 경우, 직무행태(25.3%), 조직개편(20.0%), 조직성과(16.0%) 영역의 논문이 상대적으로 많이 나타나고 있으며, 조직체계(12.0%), 조직시민행동(9.3%), 리더십(6.0%) 영역 순으로 나타나고 있다. 인사분야의 경우, 역량 및 능력발전(26.3%), 공무원임용(18.4%), 규범 및 윤리(15.8%), 인사행정제도(13.2%), 인사행정체계(10.5%) 영역 순으로 나타나고 있다. 이를 연도별로 살펴보면, 1990년대에는 조직개편 및 조직체계에 대한 연구, 공무원의 규범과 윤리, 인사행정체계에 관한 연구가 상대적으로 많이 나타나고 있으며, 2000년대 이후에는 직무행태, 조직성과, 지방공무원 임용, 역량 및 능력발전에 관한 논문이 상대적으로 많이 나타나고 있다.

연구방법의 경우, 1994년 이전까지는 기술적 분석을 활용한 비계량적 연구가 상대적으로 높은 비중을 차지하였으나, 1995년 이후에는 1차 자료를 활용한 계량적 연구가 상대적으로 높은 비중을 차지하고 있다. 연구초점의 경우에는 2000년대 이후 실제적 · 문제해결지향적인 연구가 급격하게 증가하고 있는 반면, 이론적 · 이론지향적 연구는 다소 감소하고 있는 것으로 나타나고 있다.

연구주제어 네트워크 분석의 경우, 직무만족을 비롯하여, 조직몰입, 조직성과, 지식관리, 리더십, 지방자치단체, 지방의회, 지방자치단체장, 지방공무원 등 지방자치 연구에서 주로 다루는 주제어가 많이 등장하고 있다. 이는 지방자치 연구의 주요 관심사를 그대로 반영하고 있다는 것을 보여주고 있다. 또한, 별도의 하위 네트워크로 연결중심성이 낮은 주제어들도 등장하고 있는데, 이는 지방자치 연구의 범위와 대상이 점차 확대되고 있음을 보여주는 것이다.

이와 같은 지방조직 및 인사분야의 연구경향에 대한 분석을 토대로 몇 가지 함의를 살펴보면 다음과 같다.

첫째, 지방자치제의 실시 이후 지방조직 및 인사분야의 연구의 범위는 점차 확대되고 있다. 1990년대에는 지방자치제의 실시로 인사행정체계, 공무원의 규범 및 윤리, 조직체계, 조직개편, 조직성과 등을 중심으로 논문이 게재되었다. 2000년대 이후에는 직무행태, 리더십, 조직시민행동, 인사행정제도, 공무원임용, 역량 및 능력발전 등 지방정부의 조직 및 인사분야에서 다양한 논문이 게재되었다. 앞으로도 지방조직 및 인사의 다양한 분야에서 연구가 활성화될 수 있도록 행정학자들의 관심과 노력이 필요하다.

둘째, 연구방법에 있어서는 설문조사를 토대로 한 계량적 연구와 기술적 분석을 중심으로 한 비계량적 연구에 상대적으로 편중되어 있다. 반면에 기존에 생산된 통계자료를 활용한 다양한 계량적 기법의 연구와 사례 중심의 질적 연구는 상대적으로 적게 나타나고 있다. 또한, 연구초점에 있어서도 이론적 · 이론지향적 연구보다는 실제적 · 문제해결지향적 연구가 큰 비중을 차지하고 있다. 앞으로 지방정부의 조직 및 인사분야의 현상을 기술하고, 이해하고 설명하는 데 있어서 보다 다양한 연구방법을 활용할 필요가 있다.

셋째, 네트워크 분석을 통해 함께 쓰이는 주제어들을 동시에 파악할 수 있었다. '지방자치단체'라는 키워드는 지방의회, 지방자치단체장과 함께 꾸준히 연구되고 있으며, '직무만족'이라는 키워드는 조직몰입, 지식관리, 이직의도 등의 주제어와 함께 꾸준히 등장하는 것을 보여주고 있다. 이러한 특징은 앞으로도 학회보 논문에서 지속적으로 나타날 것으로 전망되며, 새로운 주제어(또는 개념)에 대한 탐색적 연구를 통해 연구범위와 연구대상이 확대될 것으로 기대된다. 이러한 연구범위와 연구대상의 외연적 확대를 통해 지방자치 연구가 다양한 주제, 다양한 영역까지 포함하게 되는 '융합연구'의 성격을 가질 것으로 전망된다.

넷째, 주제어 네트워크 분석을 시기별로 구분하여 분석함으로써, 시대별 연구의 흐름을 파악할 수 있었다. 1990년대에는 행정윤리, 공직자 가치 등 주제어가 상대적으로 많이 다루어졌지만, 2000년대 이후에는 신공공관리(NPM) 및 지방정부혁신에 대한 관심으로 조직성과 제고를 위한 직무만족, 조직몰입, 지식관리 등 조직효과성과 관련된 연구가 꾸준히 수행되고 있는 특징을 보이고 있다. 앞으로 지방조직 및 인사분야 연구의 다양성을 제고하기 위해 학술대회 특별세션 또는 기획세미나 등의 확대를 통해 연구주제, 연구내용 및 연구범위의 다양성을 보다 확대할 필요가 있다.

3. 지방행정계층 및 구역

최영출(충북대학교 교수)

1) 글머리에

우리가 특정 학문 분야에서의 연구내용 및 경향을 분석하는 의미는 첫째, 해당 학문의 주요 관심영역이 무엇이며, 어떠한 방법론을 통해 접근되고 있는가를 파악할 수 있다. 이를 통하여 해당 학문의 주요 관심영역의 내용과 변화경향 및 방법론을 확인할 수 있다. 이는 결국 해당 학문의 학문성 뿐만 아니라 다른 학문과의 비교론적 관점에서 해당 학문의 성격이나 학문적 차별성 및 학문적 정체성을 판단할 수 있다. 둘째, 해당 학문의 관심영역을 파악함으로써 국가나 사회의 정책적 관심영역을 이해할 수 있다. 해당 학문분야와 관련되는 국가 정책이나 사회적 관심의 변화를 파악할 수 있기 때문이다. 셋째, 학문적 입장에서 국가와 사회의 바람직한 방향을 제시하고 학문적 탐구와 성찰을 통해서 국가와 사회발전을 선도할 수 있다고 생각한다. 이러한 입장에서 『한국지방자치학회보』를 통한 논문들의 연구내용 및 경향분석은 우리나라 지방자치 분야의 발전과정을 회고해 볼 수 있고 향후 나아가야 할 방향을 설계해 볼 수 있다는 의미에서 중요하다고 생각한다. 1989년 『한국지방자치학회보』가 창간된 이후 2017년 오늘날까지 발표된 논문들 중에서 특히, 지방행정계층 및 구역 분야의 논문들에 초점을 맞추어서 연구내용 및 경향분석을 해 보고자 한다.

2) 분석방법론

『한국지방자치학회보』가 창간된 1989년 1권 1호부터 2017년 여름호인 6월호까지의 논문들을 포괄적 성격을 기준으로 평가해 본다면, 지방행정계층 및 구역 분야 논문에 해당되는 것은 모두 33편이다. 논문의 내용 및 경향분석을 위해서는 여러 가지 방법이 있을 수 있다. 내용이나 경향 분류를 위한 일정한 카테코리를 정해 놓고 각 논문의 성격을 판단하여 분류하여 봄으로써 내용이나 경향을 분석할 수 있는 방법이다. 이 방법이 많이 사용되어 오고 있지만, 분류기준을 배타적으로 정하기 쉽지 않고 동시에 논문들의 성격이 어느 한 카테고리에 배타적으로 분류되기 어려운 경우가 많아서 너무나 주관적이 될 가능성이 많다. 따라서 본 연구에서는 학문경향 분석을 위해서 최근 많이 활용되어 오고 있는 언어네트워크 분석을 활용하기로 한다. 분석대상은 각 논문들의 핵심적인 내용을 대상으로 하는 것이 필요하다. 그러나 『한국지방자치학회보』의 경우 초반에는 논문초록이 없었으며, 후에 초록을 붙이는 경우에도 영문으로 초록을 붙이고 있다. 따라서 본 연구에서는 각 논문들의 결론부분을 별도로 정리하여 결론부분을 분석대상으로 하고자 한다.

3) 지방행정계층 및 구역분야 논문들의 분석결과

(1) 연도별 발표논문

전반적으로 볼 때, 『한국지방자치학회보』에 게재된 지방행정계층 및 구역 관련 논문들의 연도별 수자는 <표 7-5>에서 보는 바와 같다. 1989년 창간호에 실린 논문으로는 최창호 교수님의 "지방자치단체의 종류와 계층"이라는 논문이며 우리나라 연구자들이 그때까지 잘 익숙하지 않았던 이론적 측면들을 체계적으로 논의하고 있다. 이 논문 뒤에는 이 분야의 논문들이 별로 없다가 1993년 이후부터 조금씩 발표되어 오고 있다.

표 7-5 분석대상 논문

구 분	1989	1993	1998	1999	2001	2005	2006	2008
논 문	1	2	1	1	3	2	1	1
구 분	2009	2010	2011	2012	2013	2014	2015	2017
논 문	4	4	2	1	6	2	1	1

이를 그래프로 그려 보면 [그림 7-8]과 같다.

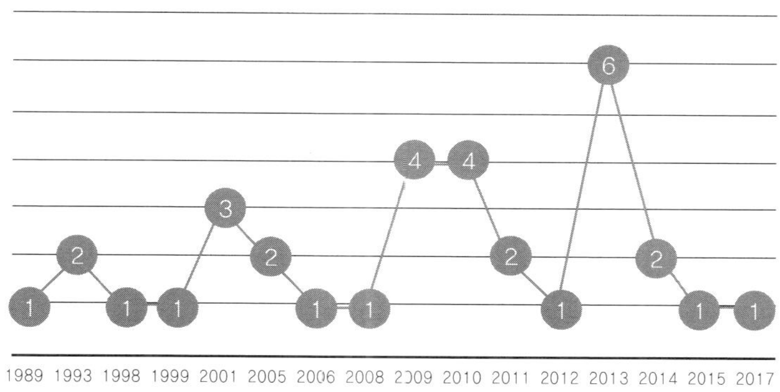

[그림 7-8] 연도별 발표논문의 수

<표 7-5>와 [그림 7-8]에서 보는 바와 같이, 1989년부터 2017년까지 지방행정계층 및 구역 관련 논문들은 모두 33개에 이르러, 연도별로 다소 차이를 보이고 있다.

(2) 정부 및 국회의 주요 관련법 제도 변화

정부 및 국회의 관련 법 제도 변화는 계층구조 및 구역문제에 대한 학술적 관심에도 영향을 미친다. [그림 7-9]는 정부 및 국회의 관련 법제도의 주요 변화 내용을 제시해 주고 있다.

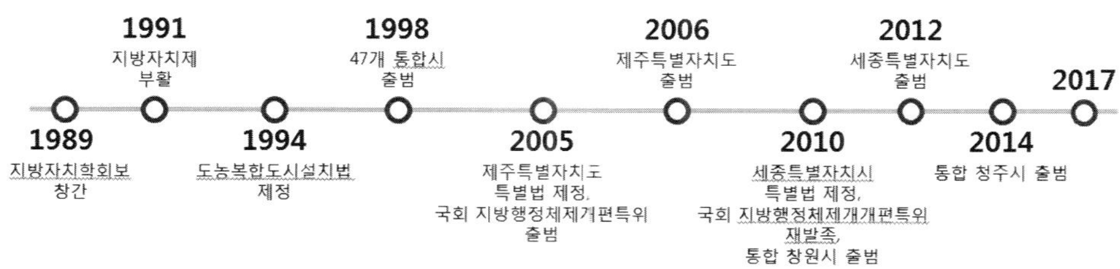

[그림 7-9] 자치계층 및 구역관련 법제도 변화

[그림 7-9]에서 보듯이 중앙정부나 국회의 관련 법제도 개편 및 추진체계로 인하여 구역개편이나 계층구조에 대한 논의가 영향을 받고 있음을 알 수 있다.

(3) 연구내용 및 경향 분석내용

33개의 논문의 결론 부분을 대상으로 언어네트워크 분석을 실시해 보고자 한다. 먼저, 언어네트워크 분석의 일종인 워드클라우드 분석을 통하여 개괄적인 내용을 시각화하여 보면 [그림 7-10]과 같다.

[그림 7-10] 워드 클라우드 분석결과

[그림 7-10]에서 보듯이 지방행정체제, 통합, 갈등, 행정구역, 주민의 등이 가장 빈도면에서 많은 수를 차지하고 있음을 알 수 있다. 특히 공무원의 역할이 같이 큰 비중을 보이면서 나타나고 있는 점을 알 수 있다. 이를 좀 더 체계적으로 분석해 보고자 한다.

먼저 동심원 분석을 실시해 보고자 한다. 동심원 분석을 통해서 얻을 수 있는 것은 단어의 빈도나 중요성이 클수록 중심부에 위치하게 된다는 사실이다. [그림 7-11]의 동심원 분석결과를 보면, 행정구역이 가장 중심부에 나타나고 있고, 그 다음이 경쟁력, 대도시 등이다. 그 뒤를 이어서 중앙정부, 정치적, 공무원 등의 단어가 뒤 따르고 있다. 즉, 행정구역 개편의 취지는 도시의 규모를 키워서 경쟁력을 강화하는 목적에서 논의가 출발함을 보여 주고 있다. 그러나, 중앙정부가 주도하고 있으며, 정치적, 경제적 목적이 같이 병존하고 있음도 보여주고 있다.

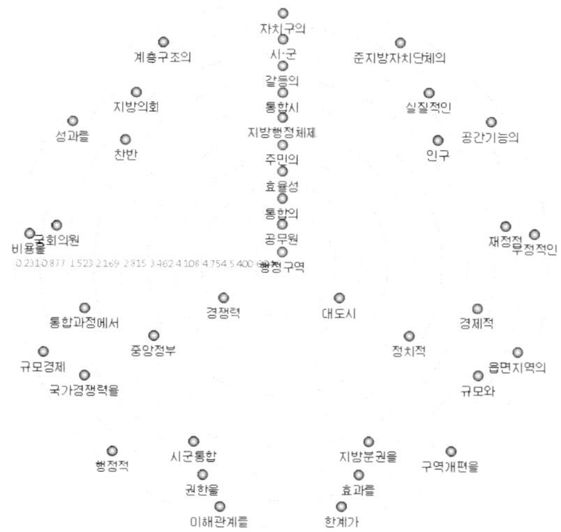

[그림 7-11] 동심원 분석결과

[그림 7-12]는 연결중심성 분석결과를 보여 주고 있다. 단어와 어떤 단어가 어떤 방향으로 연결되어 있는 지를 보여준다. 각 노드의 크기와 위치가 핵심적인 역할 여부를 알려 주고 있다.

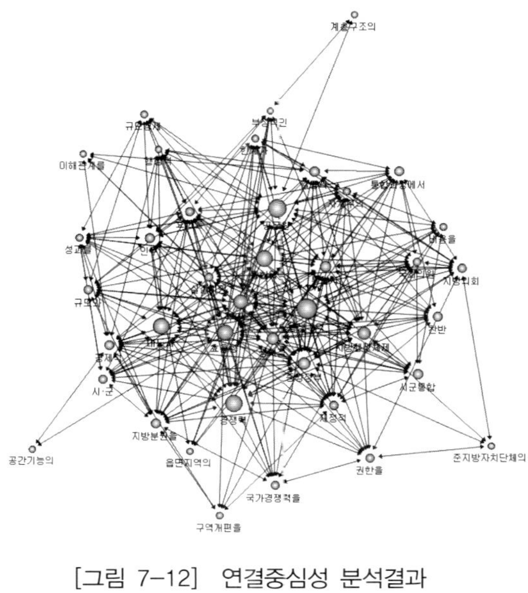

[그림 7-12] 연결중심성 분석결과

<표 7-6>은 각 키워드들이 전체 네트워크에서 차지하고 있는 내향중심성과 외향중심성의 중요성을 수치로 보여주고 있다. 내향중심성와 외향중심성 면에서 가장 큰 역할을 하고 있는 단어는 행정구역이고, 그 다음은 내향중심성의 경우는 공무원이고, 외향중심성의 경우는 통합이다. 『한국지방자치학회보』 발표 논문들의 경우 주요 관심은 행정구역문제가 계층문제보다 더 중요성을 보여 주고 있으며, 공무원의 역할이 중요함을 보여 준다고 할 수 있다.

표 7-6 내향연결중심성과 외향연결중심성

	In-Degree Centrality	Out-Degree Centrality
통합의	4.923077	5.846154
행정구역	6.692308	8.538462
지방행정체제	3.435897	5.025641
주민의	4.051282	4.051282
갈등의	2.153846	2.153846
공무원	5.820513	5.820513
정치적	3.051282	3.051282
인구	1.769231	1.769231
경제적	1.769231	1.769231
자치구의	0.769231	0.692308
준지방자치단체의	0.410256	0.410256
지방분권을	1.589744	1.564103
통합시	2.230769	1.897436
공간기능의	0.410256	0.410256
부정적인	0.487179	0.487179
시·군	1.512821	1.435897
실질적인	1.025641	0.923077
읍면지역의	0.230769	0.179487
효율성	4.461538	4.205128
구역개편을	0.717949	0.717949
대도시	5.076923	4.128205
재정적	1.487179	1.128205
한계가	0.589744	0.512821
규모와	1.358974	1.333333

시군통합	1.871795	1.820513
이해관계를	0.282051	0.282051
중앙정부	2.974359	2.692308
행정적	0.384615	0.358974
효과를	1.282051	1.205128
경쟁력	5.282051	4.410256
권한을	1.282051	1.025641
규모경제	0.641026	0.641026
비용을	0.641026	0.538462
성과를	0.769231	0.769231
통합과정에서	1.794872	1.769231
계층구조의	0.25641	0.25641
국가경쟁력을	1.25641	1
찬반	1.74359	1.717949
국회의원	0.397436	0.846154
지방의회	1.282051	1.282051

내향연결중심성과 외향연결중심성의 값을 통하여 핵심적인 역할을 하는 단어들의 관계성을 알아보았다. 이는 다른 말로 한다면, 발표논문들의 경우 이러한 핵심적인 키워드들이 새로운 연구의 주제를 만들어 내면서 또 다른 연구들을 확산시키고 있다고 할 수 있다. 특히 외향중심성이 높은 키워드들이 이와 관련된 새로운 연구주제들을 계속 연구로 확산시키고 있다고 할 수 있다.

[그림 7-13]의 덴드로그램 분석은 기존의 연구주제들을 주제 연관성별로 묶어 주고 있는 것을 보여 준다. 즉, 다양한 연구주제들이 이러한 소그룹 형태로 분류되고 있다고 할 수 있다.

[그림 7-13]의 덴드로그램 분석결과를 요약하면 다음과 같다. 지금까지 지방행정계층 및 구역에 관련된 연구논문들의 주제들은 첫째, 계층구조 개편의 경우 성과문제가 있는 지의 여부, 둘째, 구역개편이 가져올 규모경제 및 부정적 영향 측면, 셋째, 통합 시의 비효율성 문제와 자치구 문제, 넷째, 구역개편 시 국회, 지방의회, 이해관계자들의 역할 문제, 다섯째, 시군통합 시 준지방자치단체 방안의 활용문제, 여섯째, 경쟁력 강화 문제와 갈등 문제, 공무원과 주민의 역할 문제, 일곱째, 행정구역의 대도시화 등이라고 할 수 있겠다.

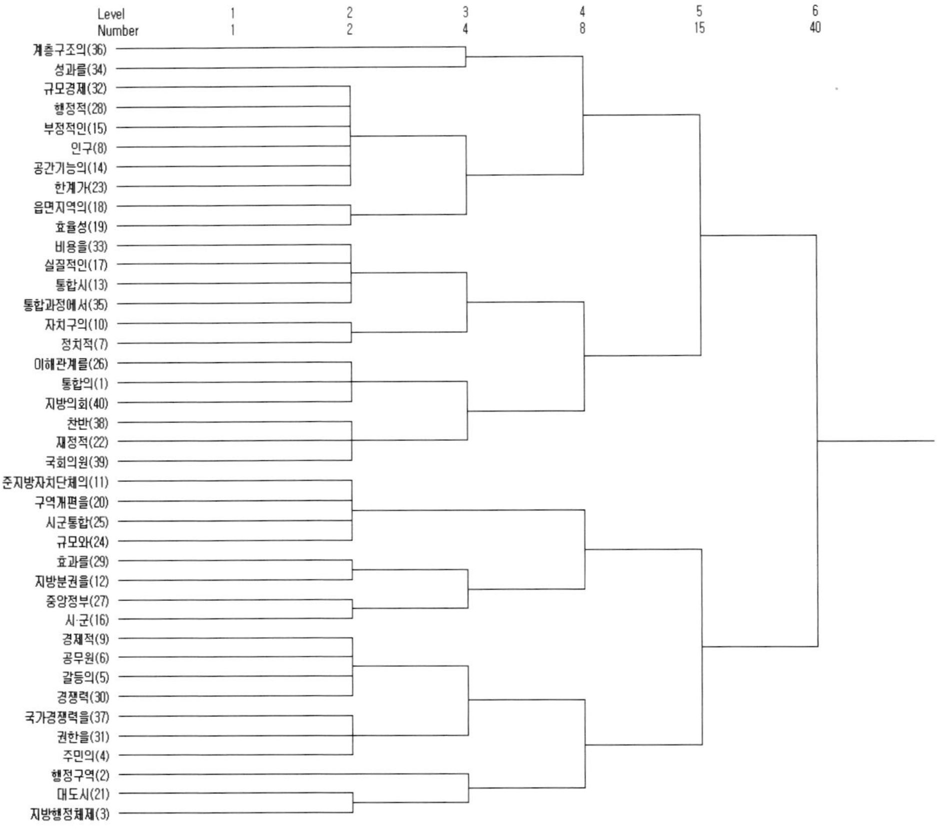

[그림 7-13] 덴드로그램 분석결과

4) 결 론

1989년 창간호부터 2017년 여름호까지 발간된 한국지방자치학회 논문 중에서 지방행정계층 및 구역과 관련된 33개의 논문을 분석해 보았다. 그 결과, 이러한 논문들은 정부 및 국회의 계층 및 구역관련 법 제도의 변화에 영향을 받은 것으로 생각되며, 정책과 학문적 내용과의 연계성을 가지고 있다고 할 수 있다. 논문의 핵심적인 키워드들은 대도시와 경쟁력 강화라는 주제가 중심이 된 것으로 보인다. 대도시와 경쟁력 강화를 찬성하는 논문도 있는 반면, 이러한 제도변화가 가져올 부정적 측면에 대한 논의도 같이 병행되어 왔다고 볼 수 있다. 한편, 주제별로 크게 분류해 본다면, 첫째, 계층구조 논의보다는 구역개편의 논문들이 많았으며, 개편의 경우 성과 문제가 있는 지의 여부에 관한 것, 둘째, 구역개편이 가져올 규모경제 및 부정적 영향 측면을 다루고 있는 점, 셋째, 통합 시의 경우 비효율성 문제와 자치구 개편 문제, 넷째, 구역개편 시 국회, 지방의회, 이해관계자들의 역할 문제, 다섯째, 시군통합 시 대안으로서 준지방자치단체 방안의 활용문제, 여섯째, 경쟁력 강화와 이에 관련된 갈등 문제, 공무원과 주민의 역할 문제, 일곱째, 행정구역의 대도시화 관련 주제 등이라고 할 수 있겠다. 물론 이러한 기존의 연구내용 및 경향들은 향후 또 다른 내용들로 바뀔 수 있을 것이다. 앞으로도 지방자치학회보가 중심이 되어 우리나라의 지방자치 특히 행정구역 및 계층문제 논의에 있어서도 선도적인 역할을 할 것이 기대된다.

4. 정부간 관계 및 기능배분

정정화(강원대학교 교수)

1) 서 론

정부간 관계(Inter-Governmental Relations)는 1930년대 미국의 연방주의 체제 연구를 배경으로 출발하여 중앙정부와 지방정부, 또는 지방정부와 지방정부 간의 상호작용, 체계, 정책망 등을 분석대상으로 삼고 있다. 초기의 연방주의에 입각한 미국의 정부간 관계 연구는 주로 연방과 주(state)의 관계로 한정하여 정치체제의 공식적·법적 구조의 틀 속에서 파악하였다. 이어 1960년에는 정부간 관계의 모든 유형과 다양한 수준의 정부 사이에 발생하는 행위 및 상호작용의 형태로 정부간 관계를 설명하고 있다. 1970년대에는 정치적 측면에서 논의되어 온 정부간 관계의 개념을 정부간 정책 및 프로그램 관리와 문제해결 차원을 강조하는 정부간 관리(Inter-Governmental Managenent)라는 새로운 시각이 제시되었다.

우리나라에서 정부간 관계는 지방자치가 실시되기 이전인 1970년대와 1980년에는 중앙부처 권한을 지방이 위임 집행하는 수준에서 중앙정부의 일방적이고 통제지향적인 관점에서 논의되었다. 그러나 1991년 지방의회 선거가 실시되고 1995년 민선단체장 선거가 부활되면서 중앙-지방간 수직적 관계에서의 집권-분권에 대한 체계적인 연구가 시작되었다. 2000년대에 들어와서는 지방정부간 수평적 관계에서의 갈등과 협력에 대한 논의가 활발해졌고, 최근에는 정부간 관계가 모든 범위 및 수준의 정부간 관계로 연구영역이 확장되는 추세를 보이고 있다.

『한국지방자치학회보』에 게재된 정부간 관계(기능배분 및 광역행정 포함)에 관한 논문은 1989년 12월 창간호에 정세욱 교수의 “중앙과 지방간의 관계”라는 제목의 논문이 처음으로 게재된 이래 2017년 9월 발간된 제29권 제3호(통권 99호)까지 총 93편이 실렸다. 이 기간 동안 『한국지방자치학회보』에 게재된 총 985편의 논문 가운데, 기능배분, 광역행정을 포함해 정부간 관계에 관한 일반논문의 게재비율은 9.4%를 차지하고 있다.

정부간 관계에 대한 연구내용 및 경향분석은 ① 정부간 관계의 연구영역, ② 정부간 관계의 방향성, ③ 연구방법론 등 세 가지 차원에서 분석하였다. 첫째, 정부간 관계의 연구영역은 관계유형화 등 이론모형, 기능배분, 광역행정, 정부간 협력과 갈등, 조직관리(재정, 인사교류, 중앙통제 · 감사), 개별정책(보건 · 복지, 도시계획, 환경 등), 외국사례 등 일곱 가지 영역으로 세분하여 분석하였다. 둘째, 정부간 관계의 방향성은 수직적(중앙－광역, 중앙－기초, 광역－기초, 포괄), 수평적(광역－광역, 기초－기초, 포괄), 수직적 & 수평적 등 크게 세 가지 영역으로 구분하였다. 셋째, 연구방법론은 이론적 및 개념적 접근방법과 실증적 접근방법으로 구분하였다. 실증적 접근방법은 양적 접근, 질적 접근, 혼합적 접근 등 세 가지로 구분하여 분석하였다.

분석 시기는 『한국지방자치학회보』가 창간된 1989년부터 2017년까지를 4단계로 구분하였다. 1단계는 1989년 창간호부터 민선단체장이 등장하기 이전인 1994년까지(5년)이며, 2단계는 민선1기와 민선2기 단체장이 활동한 1995년부터 2001년까지(7년)이다. 3단계는 민선3기와 민선4기 단체장이 활동한 2002년부터 2009년까지(8년)이며, 4단계는 민선5기와 민선6기 단체장이 활동한 2010년부터 2017년까지(8년)로 구분하였다. 이 같은 단계 구분은 민선단체장이 등장하기 이전과 민선1~6기 동안 시기별 연구영역의 변화를 살펴보기 위해서이다.

표 7-7 정부간 관계 연구내용 및 경향분석 준거

분석차원	분석 기준
연구영역	– 이론모형, 기능배분, 광역행정, 협력과 갈등, 조직 관리(재정, 인사교류, 중앙통제 · 감사), 개별정책(보건 · 복지, 도시계획, 환경, 기타), 외국사례
관계의 방향성	– 수직적(중앙–광역, 중앙–기초, 광역–기초, 포괄) – 수평적(광역–광역, 기초–기초, 포괄) – 수직적 & 수평적
연구방법론	– 이론적 및 개념적 접근 – 실증적 접근(양적 접근, 질적 접근, 혼합)

2) 연구내용 및 경향분석

(1) 정부간 관계의 연구영역

정부간 관계의 연구영역은 정부간 기능배분이 27편으로 가장 많은 29.5%를 차지하고 있고, 그 다음으로 정부간 협력과 갈등이 18편으로 19.4%를 기록했다. 이어 이론모형 16편(17.2%), 조직관리 13편(14.0%), 외국사례 12편(12.9%), 광역행정 4편(4.3%), 개별정책 3편(3.2%) 순으로 나타났다.

첫째, 기능배분은 중앙과 지방간, 광역과 기초간 사무이양과 조정에 관한 논의가 주류를 이루고 있지만 특별지방행정기관에 관한 논의도 6편에 달했다. 단계별로는 민선1 · 2기에 해당하는 2단계에서 11편의 논문이 게재되어 빈도가 가장 높았다. 1995년 민선단체장 시대가 열리면서 중앙행정권한의 지방이양에 대한 논의가 활발해진 것과 같은 맥락으로 파악된다. 3단계와 4단계에서도 각각 7편의 논문이 게재되어 기능배분에 대한 논의가 정부간 관계 연구영역에서 지속적인 관심사인 것으로 나타났다. 민선단체장 등장 이전인 1단계에서는 2편에 불과했다는 점도 이 같은 사실을 반증한다.

둘째, 정부간 협력과 갈등에 관한 논문이 기능배분에 이어 두 번째로 빈도가 높은 것은 지방자치가 뿌리를 내리는 과정에서 중앙과 지방정부간 경쟁관계로 인한 긴장과 대립이라는 현실적 문제해결이 학문적 영역에서도 큰 관심사로 작용한 것으로 풀이된다. 단계별로는 1단계에서는 1편도 게재되지 않았지만, 민선3기에 접어든 2단계에서 가장 많은 10편의 논문이 게재되었다는 사실도 지방자치가 뿌리를 내리면서 정부간 갈등이 고조되고 이에 따라 협력의 필요성도 증대한 것으로 볼 수 있다. 정부간 협력과 갈등을 주제로 한 논문은 4단계에서도 5편이 게재되어 지속적인 연구영역임을 알 수 있다. 전체 기간 동안 협력과 갈등에 관한 논문의 빈도를 보면, 정부간 협력에 관한 논문은 8편인 반면, 정부간 갈등에 관한 논문은 이보다 조금 많은 10편으로 나타났다.

셋째, 정부간 관계의 유형 등 이론모형에 관한 논문은 전체 연구영역에서는 3위를 차지했지만, 1단계에서는 가장 많은 논문편수를 기록한 주제였다. 1단계에 게재된 13편의 논문 가운데 가장 많은 4편(30.8%)이 이론모형에 관한 논문이었다. 1991년 지방의회 선거를 실시하면서 정부간 관계에 대한 이론적 정립이 필요했던 현실성이 반영된 것으로 보인다. 『한국지방자치학회보』(당시는 『지방자치연구』) 창간호에 게재된 정세욱 교수의 "중앙과 지방간의 관계"라는 논문도 중앙과 지방간의 기능배분, 자치권의 범위, 지방에 대한 중앙의 통제 및 감독에 관한 내용이었다. 이론모형에 대한 연구는 2단계에서도 4편이 게재되었고 3단계에서는 가장 많은 논문이 게재되었다. 그러나 4단계에서는 2편으로 줄어들어 이론모형에 대한 연구가 국내에서도 어느 정도 정립되어 간다는 사실을 반증하고 있다.

넷째, 재정 · 인사교류 · 중앙통제 · 감사 등 조직관리에 대한 연구는 총 13편 가운데 지방에 대한 중앙정부의 통제 및 감사에 관한 논문이 6편(46.2%)으로 가장 많았다. 이어 재정에 관한 연구 4편, 인사교류 3편 등이었다. 중앙통제 및 감사에 대한 논문은 중앙정부, 국회 등에 의한 과도한 중복감사와 권력적 통제방식에 대한 문제점을 지적하는 논문이 주류를 이루었다. 단계별로 보면, 조직관리에 대한 논문은 4단계에서 5편(38.5%)으로 가장 많았고, 2단계에서 4편(30.8%)이 게재되었다. 최근인 4단계에 게재된 조직관리 논문은 재정 2편, 인사교류 2편, 중앙통제 · 감사 1편 등으로 정부간 관계에서 조직관리 측면에 대한 학문적 관심이 높아진 것으로 보인다.

다섯째, 외국사례는 지방자치 선진국의 정부간 관계(IGR)와 기능배분 등을 소개하는 논문 12편이 게재되었다. 국가별로는 일본에 대한 연구가 6편(50.0%)으로 가장 많았고, 이어 미국 · 독일 각 2편, 프랑스 · 스페인 각 1편을 차지했다. 연구영역별로 보면, 해당국가의 정부간 관계 이론모형을 소개하는 논문이 5편으로 가장 많았고, 재정분권 3편, 기능배분 2편, 광역행정 · 유역관리 각 1편이었다. 시기별로는 4단계에서 논문 편수도 4편으로 가장 많았고, 해당 국가도 미국, 일본, 독일, 스페인 등으로 다변화되었다. 이어서 1단계와 3단계에서 각각 3편이 게재되었고, 2단계에서도 2편이 실리는 등 외국사례에 대한 연구는 시기에 관계없이 창간호부터 최근까지 꾸준하게 게재되었다. 마지막으로 광역행정과 개별정책에 대한 연구는 각각 4편(4.3%)과 3편(3.2%)으로 상대적으로 적은 비중을 차지하였다. 광역행정에 대한 연구는 절반인 2편이 1단계에서 게재된 반면, 개별정책에 대한 연구는 3 · 4단계에서 3편이 게재된 것이 대조적이다. 개별정책에 대한 논문은 복지 · 도시계획 · 환경 분야에서 각각 1편이 게재되었다.

단계별로 게재된 논문의 편수를 보면, 민선3 · 4기에 해당하는 3단계에서 가장 많은 31편(33.3%)이 게재되어 이 시기에 정부간 관계에 대한 현실적·학문적 관심이 고조되었다는 점을 알 수 있다. 이어 2단계와 3단계에서는 각각 25편(26.9%)과 24편(25.8%)이 게재되었다. 그러나 민선단체장이 등장하기 이전인 1단계에서는 13편(14.0%)으로 정부간 관계에 대한 학문적 관심이 상대적으로 떨어진 것으로 나타났다.

각 단계별 연구영역을 보면 1단계에서는 이론모형에 대한 연구가 4편(30.8%)으로 가장 많았고, 이어 외국사례가 3편(23.1%)이었다. 2단계에서는 기능배분에 관한 논문이 11편으로 44.0%를 차지했고, 이론모형과 조직관리에 대한 연구가 각각 4편(16.0%)으로 뒤를 이었다. 3단계에서는 정부간 갈등과 협력에 관한 논문이 10편(32.3%)으로 가장 많았고, 이어 기능배분이 7편(22.3%)을 차지했고, 이론모형도 6편(19.4%)이 게재되었다. 4단계에서는 기능배분이 7편(29.2%)으로 가장 많았지만, 협력과 갈등 5편(20.8%), 조직관리 5편(20.8%), 외국사례 4편(16.7%) 등 각 연구영역별로 고루 개재되었다.

표 7-8 정부간 관계의 연구영역

분류 \ 연도	Ⅰ단계 (1989~1994)	Ⅱ단계 (1995~2001)	Ⅲ단계 (2002~2009)	Ⅳ단계 (2010~2017)	합계
이론모형	4	4	6	2	16 (17.2%)
기능배분	2	11	7	7	27 (29.0%)
광역행정	2	1	1	–	4 (4.3%)
협력과 갈등	–	3	10	5	18 (19.4%)
조직관리 (재정, 인사교류 등)	2	4	2	5	13 (14.0%)
개별정책 (복지, 도시계획 등)	–	–	2	1	3 (3.2%)
외국사례	3	2	3	4	12 (12.9%)
합계	13 (14.0%)	25 (26.9%)	31 (33.3%)	24 (25.8%)	93 (100%)

(2) 정부간 관계의 방향성

정부간 관계 연구의 방향성은 수평적 관계에 대한 논문이 17편으로 18.3%에 그친 반면, 수직적 관계에 대한 연구는 74편으로 79.6%를 차지했다. 이 같은 방향성은 중앙-지방정부간 이론모형 탐색, 기능배분 등이 수직적 관계를 설정하고 있는 점과 상통한 것으로 보인다. 이에 비해 수평적 관계는 주로 정부간 협력과 갈등, 광역행정 등에서 나타났다.

시기별로 보면 수직적 관계에 대한 논문은 74편 가운데 민선단체장이 출범한 2단계에서 24편(32.4%)이 집중되어 있다. 이 같은 현상은 2단계의 연구영역 가운데 기능배분이 가장 많았다는 점과 상통한다. 마찬가지로 수평적 관계에 대한 논문은 17편 가운데 3단계에서 11편(64.7%)이 몰려있는 것도 3단계의 주된 연구영역이 정부간 갈등과 협력이 가장 많았다는 경향성과 맥락을 같이하는 것으로 볼 수 있다.

수직적 관계는 중앙정부와 지방정부간 포괄적인 관계를 분석한 논문이 56편(75.7%)으로 대부분을 차지하고 있고 광역-기초 7편(9.5%), 중앙-광역 6편(8.2%), 중앙-기초 5편(6.8%)으로 나타났다. 수직적 관계를 분석한 논문을 시기별로 보면, 2단계에서 가장 많은 24편(32.4%)이 게재된데 이어 3단계와 4단계에서는 동일하게 20편(27.0%)이 실렸다. 이에 비해 1단계에서는 10편(13.5%)으로 수직적 관계에 대한 논문이 적은 편이었다.

수평적 관계를 분석한 논문은 광역-광역, 기초-기초를 망라한 포괄적 수평관계를 대상으로 하는 논문이 12편으로 대부분인 70.1%를 차지했다. 이에 비해 기초-기초간 관계는 3편(17.6%)이었고, 광역-광역간 관계는 2편(11.8%)으로 나타났다. 수평적 관계를 분석한 논문을 시기별로 보면, 3단계에서 가장 많은 11편(64.7%)이 게재되었고, 1단계 3편(17.6%), 4단계 2편(11.8%) 순이었다.

수직적 관계와 수평적 관계를 동시에 분석한 논문은 2편(2.1%)에 불과했고, 그나마 4단계에서 게재되었다. 정부간 관계의 방향성을 수직 또는 수평이 아닌 다차원적으로 분석을 시도하는 논문은 비교적 최근에 등장한 것으로 볼 수 있다.

표 7-9 정부간 관계의 방향성

분류 \ 연도		I 단계 (1989~1994)	II 단계 (1995~2001)	III 단계 (2002~2009)	IV 단계 (2010~2017)	합 계	
수직적	중앙–광역	–	3	1	2	6	74 (79.6%)
	중앙–기초	–	2	2	1	5	
	광역–기초	1	3	1	2	7	
	포괄	9	16	16	15	56	
수평적	광역–광역	2	–	–	–	2	17 (18.3%)
	기초–기초	–	–	3	–	3	
	포괄	1	1	8	2	12	
수직 & 수평		–	–	–	2	2 (2.1%)	
합계		13	25	31	24	93 (100%)	

(3) 연구방법론

연구방법론은 실증적 접근이 57편으로 61.3%를 차지했고, 이론적 및 개념적 접근은 36편으로 38.7%로 나타났다. 연구방법론은 시기별로 큰 차이를 보이는 것이 특징이다. 전반부는 주로 이론적 및 개념적 접근방법을 사용했으나 후반부에는 실증적 접근이 대세를 이루고 있다는 점이다.

시기별로 보면, 1단계에서는 13편 가운데 10편(76.9%)이 이론적 접근이었고, 실증적 접근은 3편(23.1%)에 그쳤다. 2단계에서도 25편 가운데 19편(76.0%)이 이론적 접근방법을 사용한 반면, 실증적 방법은 6편(24.0%)에 불과했다. 이에 비해 3단계에서는 31편 가운데 이론적 접근은 6편(19.4%)에 그쳤지만, 실증적 접근은 25편(80.6%)으로 급증했다. 4단계에서도 이론적 접근을 사용한 논문은 24편 가운데 1편(4.2%)에 불과했지만, 실증적 접근은 거의 전부라고 할 수 있는 23편(95.8%)으로 큰 대조를 이루었다. 이러한 경향성은 지방자치 초기단계에서 정부간 관계에 대한 연구논문이 주로 중앙–지방간 관계설정 등 이론적 · 개념적 차원에서 접근했다면, 최근에는 이를 실증적으로 입증하고 분석하는 논문으로 전환되고 있다는 점을 알 수 있다.

실증적 접근방법도 양적 접근과 질적 접근으로 분류해 보면, 질적 접근방법이 월등하다는 것도 특징이다. 실증적 접근방법을 사용한 57편 가운데 43편(75.4%)이 사례연구, 내용분석 등의 방법을 사용했고 요인분석, 상관분석 등 양적 방법을 사용한 논문은 10편(17.5%)으로 나타났다. 양적 방법과 질적 방법을 혼합한 논문은 4편(7.0%)으로 집계되었다.

시기별로 분류할 때 최근이라고 할 수 있는 4단계의 특징은 다양한 실증적 접근방법이 활용되고 있다는 점이다. 4단계에서는 24편 가운데 질적 방법 17편(70.8%), 양적 방법 4편(16.7%), 혼합 방법 2편(8.3%) 등 거의 전부라고 할 수 있는 23편(95.8%)이 실증적 방법으로 분석한 논문들이다. 질적 방법도 이전에는 사례연구가 전부였지만, 네트워크분석, 퍼지셋 질적 비교분석(fsQCA) 등으로 다변화되었다. 혼합 방법을 사용한 2편도 사례연구, 내용분석, 상관관계분석, 요인분석, 기술통계 등 다양한 양적·질적 방법을 활용하였다. 이에 비해 4단계에서는 이론적 접근방법은 활용한 논문이 1편에 불과했다는 점도 특징적이다. 이 같은 경향성은 정부간 관계 연구에서도 양적 방법론을 선호하는 최근의 행정학계 연구방법론의 추이와 같은 맥락으로 이해된다.

표 7-10 연구방법론

<table>
<tr><th colspan="2">연 도
분 류</th><th>Ⅰ단계
(1989~1994)</th><th>Ⅱ단계
(1995~2001)</th><th>Ⅲ단계
(2002~2009)</th><th>Ⅳ단계
(2010~2017)</th><th colspan="2">합 계</th></tr>
<tr><td colspan="2">이론적 접근</td><td>10</td><td>19</td><td>6</td><td>1</td><td colspan="2">36
(38.7%)</td></tr>
<tr><td rowspan="4">실증적
접근</td><td>양적</td><td>–</td><td>3</td><td>3</td><td>4</td><td>10</td><td rowspan="4">57
(61.3%)</td></tr>
<tr><td>질적</td><td>3</td><td>2</td><td>21</td><td>17</td><td>43</td></tr>
<tr><td>혼합</td><td>–</td><td>1</td><td>1</td><td>2</td><td>4</td></tr>
<tr><td>소계</td><td>3</td><td>6</td><td>25</td><td>23</td><td>57</td></tr>
<tr><td colspan="2">합계</td><td>13</td><td>25</td><td>31</td><td>24</td><td colspan="2">93</td></tr>
</table>

3) 결 론

1989년 12월 창간호부터 2017년 9월 발간된 제29권 제3호(통권 99호)까지 『한국지방자치학회』에 게재된 총 985편의 논문 가운데 정부간 관계 및 기능배분

(광역행정 포함)에 관한 논문 93편을 ① 정부간 관계의 연구영역, ② 관계의 방향성, ③ 연구방법론 등 세 가지 차원에서 분석한 결론은 다음과 같다.

첫째, 정부간 관계의 연구영역은 정부간 기능배분이 27편(29.5%)으로 가장 많았고, 이어 정부간 협력과 갈등 18편(19.4%), 이론모형 16편(17.2%), 조직관리 13편(14.0%), 외국사례 12편(12.9%), 광역행정 4편(4.3%), 개별정책 3편(3.2%) 순으로 나타났다.

둘째, 정부간 관계의 방향성은 수평적 관계에 대한 논문이 17편(18.3%)인 반면, 수직적 관계에 대한 연구는 74편(79.6%)으로 대부분을 차지했다. 이 같은 방향성은 중앙－지방정부간 이론모형 탐색, 기능배분 등이 수직적 관계를 설정하고 있는 점과 상통한 것으로 보인다. 이에 비해 수평적 관계는 주로 정부간 협력과 갈등, 광역행정 등에서 나타났다.

셋째, 연구방법론은 실증적 접근이 57편으로 61.3%를 차지했고, 이론적 및 개념적 접근은 36편으로 38.7%로 나타났다. 연구방법론은 시기별로 큰 차이를 보였으며, 전반부는 주로 이론적 및 개념적 접근방법이 사용되었으나 후반부에는 실증적 접근이 대세를 이루었다.

그러나 앞으로 제4차 산업혁명시대에는 정부간 관계에 근본적인 변화가 예상되기 때문에 연구내용에도 이전과는 상당히 달라질 것으로 보인다. 창의성과 다양성, 분권과 자율이 요구되는 지식기반경제체제와 제4차 산업혁명시대에는 중앙정부가 주도하여 경제사회발전을 이끌어 나가는 운영방식은 더 이상 작동하기 어렵기 때문이다. 중앙정부가 정책을 수립하고 지방정부는 정책을 집행한다는 고전적이고 수직적인 정책과정이 제4차 산업혁명시대에는 현장에서 정책을 수립하고 집행하는 수평적인 관계로의 전환이 불가피해 보인다. 따라서 향후 정부간 관계에 변화를 반영한 새로운 상호작용의 양상을 분석하는 후속연구들이 이어질 것으로 보인다.

5. 지방공공서비스 및 행정관리

김필두(한국지방행정연구원 자치분권연구센터 소장)

1) 분석의 개요

1990년부터 2015년까지 25년 동안 『한국지방자치학회보』에 게재한 공공서비스와 관련된 주제를 가진 논문 34편을 분석하였다. 1990년에는 1편이 게재되었고, 5년 후 다시 1995년에 1편에 게재되었다. 그 후, 1996년에 3편, 1997년에 2편, 1998년에 2편, 1999년에 2편, 2000년에 2편, 2001년부터 2003년에 각 1편, 2004년에 5편, 2005년에 2편, 2007년에 2편, 2008년에 1편, 2011년에 2편, 2012년에 1편, 2014년에 2편, 2015년에 3편 등이 각각 게재되었다.

표 7-11 공공서비스 관련 논문 현황

번 호	저자 (연도)	제 목	연구목적
1	김영기 (1990)	지방공공서비스의 성과측정에 관한 이론적 고찰	지방공공서비스의 성과측정에 관한 접근방법 등을 이론적으로 정리: 성과의 차원, 단계나 과정, 성과평가기준, 집단별 차이
2	양석승 (1995)	지방자치단체의 민관공동출자사업 허가에 관한 연구	내부성과 평가지표와 외부성과 평가지표를 선정하고, 대표적인 민관공동출자사업인 장흥표고유통공사에 적용하여 그 성과를 평가
3	우동기 (1996)	지방자치단체 경영진단 도형개발을 위한 시론	한국과 외국에서 시행되고 있는 경영진단 사례를 검토하고 이를 기초로 경영진단의 모형을 개발하는 기초연구: 자치단체 경영진단의 의의와 필요성, 경영진단의 한계, 지방자치단체 차원의 한국과 외국의 경영진단의 사례분석, 자치단체 경영진단시스템구축에 필요한 모형과 지표에 관한 기본적 틀을 제시
4	권영모 (1996)	지방자치단체의 민관협력이 관한 연구	지방공기업법, 민자유치촉진법, 지역균형개발법을 중심으로 민관협력의 활용체계와 문제점을 검토하고, 민관협력제도를 체계화시키고 지방자치단체에서 민관협력사업을 추진할 때 그 선택적 대안을 제시: 민간부문이나 민관합동법인의 형태로 사업주체가 되는 사항에 대해서만 연구

5	김시영 김규덕 (1996)	지방정부 공공서비스의 성과평가모형에 관한 소고	객관적 성과평가와 주관적 성과평가 방법의 장·단점을 분석하고 지방정부의 통합적 성과평가모형을 모색하여 공공서비스의 성과평가를 위한 종합적·체계적 분석틀을 제공하는 이론적인 측면에서의 연구
6	황명찬 이성복 권경득 (1997)	지방정부의 행정서비스에 대한 지역주민의 평가에 관한 연구	지방자치의 제도적 정착을 위하여 지방자치단체의 행정서비스를 주민이 평가하는 것에 중점을 두고 주민에 의한 실증적 평가를 통하여 지방자치제도의 발전을 모색
7	김영수 박영강 (1997)	지방행정서비스의 분석 – 부산광역시를 중심으로 –	부산광역시가 공급하고 있는 행정서비스를 분석하고 우리나라 도시정부가 제공하고 있는 행정서비스의 성격을 파악하고 도시정부의 행정서비스 공급방향을 제시
8	이상섭 김규덕 (1998)	자료포락분석(DEA)에 의한 지방정부 공공서비스의 상대적 효율성 측정– 쓰레기수거서비스를 중심으로 –	DEA를 사용하여 기초자치단체를 개별적인 평가단위(DMU)를 책임중심점으로 설정하여 쓰레기수거서비스를 사례로 상대적 효율성을 평가: 기존 비율분석에 의한 효율성 측정과 DEA의 분석결과를 종합하여 평가의 실효성을 높이고자 함
9	김인철 유영철 (1998)	지방공공서비스의 민영화 지연요인 분석– 환경기초시설 민간위탁을 중심으로 –	환경기초시설의 민영화 제약요인을 중앙정부가 것과 전공 학자들이나 평가기관에서 제시하는 것을 포괄적으로 분석하여 향후 환경기초시설의 민영화를 촉진하기 위한 대응방안 제시
10	강형기 허훈 (1999)	지방자치단체 경영혁신을 위한 표준평가모델의 정립에 관한 연구	지방자치단체를 경영하는 공무원들 스스로가 자신이 소속하고 있는 조직의 경영상태에 대한 분야별 장·단점을 자각하고 합리적인 경영을 지향하며, 시민단체와 언론 및 중앙정부 차원에서도 합리적인 평가에 의한 통제가능성을 높이게 하고자 지방자치단체경영의 표준평가모델을 개발
11	최창호 박기관 (1999)	지방행정개혁의 실태와 발전방안에 관한 연구	설정된 분석 틀에 입각하여 그 동안 추진해 온 각 지방자치단체의 조직개편, 혁신기법, 공무원의 행태 및 의식개선 등의 실태를 파악하고 문제점을 적시하고 각각의 대안을 지방행정개혁의 발전방안으로 제시
12	정윤길 (2000)	지방자치단체의 사회복지시설 민간위탁과정에 관한 연구 – 서울시를 중심으로 –	탐색적인 차원에서 한국에서 가장 많이 사용되는 사회복지시설의 민간위탁과정의 실태를 파악하고, 문제점과 시사점을 발견
13	강성철 이원일 김상구 (2000)	지방정부의 고유사무 수행수준에 관한 연구 – 주민인식을 중심으로 –	지방정부 고유사무의 수행수준을 통하여 지역주민들이 과연 현행 지방자치제 하의 지방정부를 어떻게 인식하고 있는가를 분석하고, 주민들에 의해 상대적으로 낮게 평가된 고유사무 순위로 사무의 관리우선순위를 파악

14	강인호 안형기 김종수 현근 (2001)	지방행정서비스에 대한 주민만족도 분석 – 경기도를 중심으로 –	경기도가 제공하고 있는 5개 분야 행정서비스에 대한 실증적 평가를 통하여 경기도 지역주민의 만족도를 파악하고, 주민만족수준을 과학적으로 점검하여 주민만족도 개선전략에 필요한 기초자료를 제공
15	최은석 안희정 (2002)	지방정부의 전략적 성과관리체제 구축 사례연구 – Balanced Scorecard의 응용을 중심으로 –	기존의 성과관리체제와 평가지표 선정의 문제점을 분석하고, 지방정부에서 활용 가능한 성과평가지표의 구성방법과 성과관리체제의 구축 및 실행방안을 제시: 균형성과표를 이용한 전략적 성과관리체제 구축사례 검토, 지방정부의 효과적 성과관리방법론 제시
16	이광희 (2003)	한국 지방정부의 성과지표 개발 및 측정	이론적 고찰을 통하여 지방정부의 성과평가 영역의 확대 가능성을 탐색, 이론적 고찰에 근거한 성과지표를 토대로 하여 실제 성과측정 시도, 성과지표의 구성과 측정과정에서 다양한 문제점들을 포착하고 개선방안 모색
17	하혜수 정정화 (2004)	신공공관리론적 지방행정개혁의 성과평가	국민의 정부 출범 이후 추진된 지방행정개혁의 성과를 분석하고 평가: 지방행정개혁의 추진현황과 산출수준의 성과를 중심으로 고찰하고, 개혁추진에 있어서 조직문화 등 우리나라의 고유한 특성과 목표가치의 정합성 등에 중점을 둠
18	송광태 (2004)	지방자치단체 공공서비스의 운영성과 분석– C시의 체육 및 문화시설을 중심으로–	지방자치단체의 체육 및 문화시설이 공급하는 서비스의 운영성과에 대한 분석틀을 도출하고, 기초자치단체인 C시의 시설관리공단에 속한 체육 및 문화시설을 중심으로 운영실태를 검토하고, 향후 지방자치단체 공공시설의 설치와 운영의 개선방안 도출
19	오승은 (2004)	각국 지방자치단체의 성과평가체계 – 신공공관리론을 중심으로 –	신공공관리론의 특징 중 성과평가에 초점을 맞추어 선행연구를 통해 신공공관리론의 등장과 공공부문의 효율화를 위한 성과평가의 의의 및 유형, 과정 등을 살펴보고, 각국의 지방정부를 중심으로 이들의 성과평가체제와 활용되는 지표를 살펴보며, 그 특징을 분류하며 사례들로부터의 시사점을 고찰
20	이혜영 김건위 박해육 (2004)	지방자치단체 자체평가제도 집행실태 분석 – 정책집행론적 관점 –	왜 자체평가정책이 지방 수준에서 제대로 집행되지 않고 있는 것인지 정책집행이론을 적용하여 그 영향요인을 중심으로 집행실태를 분석: 평가제도가 좀 더 성공적인 집행성과를 확보할 수 있는 것인지, 그 집행과정과 성과에 영향을 미치는 요인을 구체적으로 파악할 수 있는 이론적인 틀을 제시

21	김영오 (2004)	지방자치단체의 공공서비스에 대한 주민만족도에 영향을 미치는 요인분석	지방자치단체 공공서비스에 대한 공급자 측면의 양적 평가와 수요자 측면의 질적 평가의 종합이 필요하지만, 먼저 지방자치단체에 대한 주민의 인식을 평가하여 공공서비스에 반영하는 것이 필요하므로 지방자치단체의 공공서비스에 대한 주민만족도를 평가하고 이에 대한 시사점을 얻고자 함
22	박홍식 (2005)	지방정부 정체성 마크의 이미지 요인 -감성공학적 접근을 중심으로-	정체성 프로그램 운영의 궁극적 관심인 기대 이미지 창출과 실제 간의 긴장 확인으로 나가기 위한 기초 분석: 관심도 정체성 요소와 이미지에 대한 1차적 정보 추출을 목적으로 정체성 마크 이미지 요인과 이들 간의 관계 구조, 영향 등 분석
23	김대원 김석용 (2005)	지방정부에 있어서 행정정보시스템의 정보질이 직무만족에 영향을 미치는 요인	행정정보시스템의 정보 질이 조직구성원의 직무만족에 미치는 효과가 크다는 시각에서 행정조직의 정보시스템과 그 사용자들의 직무만족과 관련된 결과들 사이의 관계에 대한 인과적 모형을 이론적으로 개발하고 실증적으로 검증
24	김혜정 (2007)	지방정부 혁신으로서의 공공고객관계관리(PCRM)-부산광역시 사례를 중심으로-	지방정부의 혁신으로서 PCRM에 대한 이론적 검토와 함께 부산광역시의 실행과정에서 발생하였거나, 개연성이 있는 주요 문제점 및 논제들을 검토함으로써 향후 여타 공공부문으로 혁신이 확산됨에 있어 사전에 고려해야 할 정책적 사안들을 논의
25	김은희 (2007)	지방자치단체의 행정서비스 품질이 고객의 관계적 몰입에 미치는 영향	지방자치단체가 제공하는 행정서비스 질을 고객의 입장에서 분석·평가하고 이러한 행정서비스 품질 요인이 지방정부와의 관계형성을 위한 고객의 몰입 행동에 미치는 영향관계를 분석
26	임승빈 (2008)	기초지방자치단체 간 지역격차와 성과비교에 관한 연구	민선지방자치제 실시 이전과 이후의 지방자치단체별 서비스 공급 수준에 대하여 객관화된 지표를 활용하여 t검증과 상관분석을 통하여 격차의 원인을 분석
27	홍길표 박용성 (2011)	행정공유서비스센터(Shared services center) 개념과 지방자치단체에의 적용가능성에 대한 연구	지방자치단체 내 행정고객 및 지역주민 등에 대한 다양한 행정 및 공공서비스 수준을 향상시키면서 지방자치단체의 비용절감 등 지방행정 업무 및 인력의 효율적 운영방안을 강구한다는 측면에서 공유서비스센터(Shared Services Center: SSC)의 도입 및 지방자치단체에의 적용가능성을 논의
28	현승현 윤성식 (2011)	지방자치단체 민간위탁의 경쟁성 및 결정요인 분석 -사회복지분야 민간위탁을 중심으로-	민간위탁을 가장 많이 실시되고 있는 사회복지분야에 초점을 두어 시장경쟁성을 측정해보고 지방자치단체간의 차이를 실증분석

29	소순창 (2012)	지방정부의 혁신역량과 성과관리에 관한 연구 – 고용지원서비스를 중심으로 –	지방정부의 혁신역량의 향상과 민관의 협력으로 대변되는 거버넌스(Governance)의 구축이 고용지원서비스의 성과를 제고하는 데 어떠한 영향을 미치고 있는지를 분석
30	이진 소순창 (2014)	지방자치단체 가족복지서비스의 제공주체에 따른 성과비교에 대한 연구– N시 건강가정지원센터를 중심으로 –	민간위탁을 둘러싼 찬·반논쟁, 선행된 다양한 실증분석 연구 등을 통한 시사점을 점검하고, 이에 따라 구성되어진 연구분석틀에 따라 가족복지서비스를 집행 제공하고 있는 지방자치단체 실제 사례(직영vs 민간위탁)의 분석을 통해 성과비교를 시도
31	김미현 정명은 태지호 정헌주 (2014)	한국지방정부 캐릭터의 경향성 분석 – 도상성(iconicity)과 서사성(narrativity)을 중심으로 –	지방정부 캐릭터가 목표에 부합하는 성과를 창출하는지, 관련 예산의 타당성을 갖추었는지, 사회와 커뮤니케이션하는 수단으로서 적절하게 사용되고 있는지, 공공조직의 조직구조 개편 외에 상징적 조직화 과정의 효과 등 평가로 이어질 수 있는 기초 연구
32	민연경 (2015)	지방자치단체의 노인복지서비스 전달네트워크 형성요인과 효과성– 독거노인돌봄기본서비스를 중심으로 –	독거노인을 대상으로 지역단위로 이루어지고 있는 노인돌봄기본서비스 전달하는데 있어서 네트워크가 어떠한 조건 하에서 운영되고 있는지, 그리고 네트워크 구조적으로 어떠한 특징을 가졌을 때 효과성이 높은지를 살펴보는 것
33	김이수 이강진 (2015)	지방자치단체 민간위탁 대상사무 선정의 우선순위 분석	지방자치단체 민간위탁 대상사무의 선정의 우선순위를 분석하고, 이를 통해 지방자치 단체 민간위탁 대상사무 선정의 합리적 기준을 제시
34	권오철 강영주 (2015)	지방자치단체의 공공위탁 운영실태 및 발전방안	공공위탁에 의한 서비스공급전략의 재설계를 모색하기 위하여, 사무위탁에 국한되어 온 공공위탁의 범위를 재설정하고, 공공위탁의 개념 및 유형을 정립하고, 새로운 공공위탁의 개념·유형틀을 토대로 한국과 일본에서 행하여지고 있는 공공위탁의 유형의 운영실태 문제점, 그리고 실재 운영사례를 검토하며, 새로운 공공위탁 적용의 기준과 예시적 대상사무의 추출, 지방자치법 개정을 포함한 관련조치를 제안

2) 게재 논문의 분석

게재된 논문의 성격별로 분류해 보면, 순수한 공공서비스의 이론(가치, 철학)을 다룬 논문은 없었고, 공공서비스의 성과평가에 관한 논문이 12편인데, 성과평가 모형개발에 관한 논문이 4편[우동기(1996), 김시영(1996), 강형기(1999), 이광희(2003)]이고, 성과평가 이론은 3편[김영기(1990), 최창호(1999), 하혜수(2004)]

이며, 기타 5편[황명찬(1997), 오승은(2004), 이혜영(2004), 임승빈(2008), 홍길표(2011)] 등이다.

공공서비스 관련 사례 연구는 총 10편인데, 지역사례를 중심으로 분석한 논문은 4편[김영수(1997), 정윤길(2000), 강인호(2001), 김혜정(2007)]으로 나타났으며, 특정 서비스를 사례로 분석한 논문은 5편[이상섭(1998), 송광태(2004), 소순창(2012), 이진(2014), 민연경(2015)]이고, 기타 사례 연구는 1편[최은석(2002)]으로 각각 나타났다.

공공서비스의 민관협력이나 민간위탁 등과 관련된 논문은 6편[양석승(1995), 권영모(1996), 김인철(1998), 현승현(2011), 김이수(2015), 권오철(2015)]으로 각각 나타났다.

주민과 관련된 논문은 강성철(2000), 김영오(2004), 김은희(2007) 등 3편이고, 기타 공공서비스 관련 논문은 3편[박홍식(2005), 김대원(2005), 김미현(2014)]으로 각각 나타났다.

3) 시사점

공공서비스와 관련하여 게재된 논문 중 가장 큰 비중을 차지하는 논문은 공공서비스의 성과평가에 관한 논문으로 12편에 이르고 있다. 그 다음으로 사례연구가 10편, 민간위탁 혹은 민영화 관련 연구가 6편 등의 비중을 차지하고 있다. 공공서비스의 본질이나 공공서비스의 가치 등과 같은 이론이나 철학 등을 다룬 논문이 미흡하여 향후 연구자의 관심이 필요하다고 판단된다.

공공서비스를 공급자와 수요자로 나누어 볼 때, 수요자인 주민의 입장에서 분석한 논문은 단 2편[황명찬 · 이성복 · 권경득(1997), 지방정부의 행정서비스에 대한 지역주민의 평가에 관한 연구; 김영오(2004), 지방자치단체의 공공서비스에 대한 주민만족도에 영향을 미치는 요인분석]에 불과하고, 나머지 32편은 공급자의 입장에서 서비스의 평가 모형, 지역 및 특정 사례, 민간 위탁 등에 관한 내용을 다루고 있다. 향후, 수요자인 주민의 입장에서 주민생활과 관련된 맞춤형 행정서비스의 발굴, 공공서비스의 전달에 있어서 주민자치시대에 어울리는 공동체와 주민자치조직의 주도적인 역할 등에 대한 연구도 필요하다고 판단된다.

6. 지방재정

김철회(한남대학교 교수)

1) 서 론

사회과학분야의 학술지는 기본적으로 시대적 요구를 반영한다. 우리나라 지방자치 연구자들을 대표하는 한국지방자치학회가 발행하는 『한국지방자치학회보』는 지방자치와 관련된 사회적 필요에 부응하는 연구들로 구성되어 왔다고 볼 수 있다. 한국지방자치학회는 1988년에 창립된 이후 현재까지 매년 2~4회에 걸쳐 학술지를 발행하였다. 본고는 한국지방자치학회가 발행한 『한국지방자치학회보』[2](1989~2017)에 29년 동안 게재된 논문 중에서 "지방재정"관련 연구들의 주요 내용과 연구 경향을 역사적 쟁점과 함께 분석하고 있다.

우리나라 제헌국회는 1949년 7월 4일 지방자치법을 제정하고, 지방자치가 실시되도록 한 바 있다. 그러나 이승만 정부는 치안과 민심안정을 이유로 동 법의 시행을 보류하였고, 지방자치를 장기집권을 위하여 편의적으로 이용하였다. 1956년 시읍면장 직선제가 도입되었다가, 1958년 임명제로 전환되는 우여곡절을 거쳐, 1960년 최초로 모든 자치단체장이 직선으로 선출되었다. 그러나 1961년 군사구데타로 자치단체장이 임명제로 전환되어 지방자치가 후퇴하였다. 1987년 민주화운동으로 탄생한 제9차 헌법 개정으로 지방자치제가 규정되었으며, 실제로는 1991년 지방의원 선거, 1995년 지방자치단체장 선거를 통해 지방자치제가 온전히 부활되었다. 이후 한국의 지방자치는 25년 동안 쟁점을 달리하며 발전하고 있다.

지난 30년 동안 한국지방자치학회는 1988년에 창립된 이후 현재까지 30년 동안 99권의 학술지를 발행하였다. 지방재정은 중요한 지방자치의 주제로서 동 학술지에 30년 동안 75편, 매년 2.6편이 게재되었다. 이 중에는 지방재정의 주요내용을 구성하는 지방세입, 지방예산과 지출, 정부간 재정조정제도, 재정관리제도, 재정분권 등과 관련된 세부주제가 포함되었다. 본 연구는 지방자치체 부활 이후

2) 동 학회지는 1997년 상반기까지는 『지방자치연구』라는 이름으로 발행되었다.

지방재정의 쟁점을 역사적으로 고찰하고, 이러한 시대적 요구에 대해 학술지는 어떻게 부응했는가를 75편의 주요 내용을 중심으로 연구경향을 분석해보고자 한다.

2) 분석기준과 방법

(1) 분석대상 및 분석범위

본고의 분석대상 학술지는 『한국지방자치학회보』이며, 해당 학술지는 1989년 창간호를 발표한 이래 2017년 9월 30일 기준으로 29년간 통권 99권을 발간하였다. 분석대상인 연구주제는 지방재정이며, 세부주제로는 지방세입, 지방예산 및 지출, 정부간 재정조정제도, 재정분권, 재정관리제도, 지방정부회계 등이다. 분석대상은 한국지방자치학회에서 제공한 전체 학술논문의 제목과 내용을 검토하여, 위에서 제시한 세부주제를 포함하는 논문으로 하였다. 세부주제별로 지방세입 13편, 지방세출 9편, 정부간 재정조정 14편, 재정관리 10편, 재정분권 9편, 지방채 7편, 기타 13편 등으로 구성되었다.

(2) 분석기준

본고는 지방재정 관련 논문의 특징을 연구의 투입, 방법, 내용(결과)의 측면에서 분석하고자 한다. 첫째, 연구의 투입 측면에서 논문이 쓰인 시기, 논문을 작성한 저자의 특성을 검토한다. 특히 시기적 측면에서 지방자치의 역사와 쟁점을 중심으로 동 시기에 쓰인 논문이 어떤 것들이 있는가를 중점적으로 분석한다. 또한 저자의 특성 측면에서 연구자의 수, 연구자의 직책 등을 살펴보았다. 둘째, 연구의 방법 측면에서 이론/실증적 연구로, 계량적/질적 연구로 구분하여, 시기/내용별로 어떤 연구방법이 많이 활용되었는가를 분석한다. 셋째, 연구의 내용과 결과 측면에서 지방세입, 지방세출, 정부간 재정조정, 재정분권, 재정관리, 지방채 등 세부주제 중에서 어떤 것에 해당되는지, 연구결과로 어떠한 정책적 제안을 하고 있는지 분석한다.

표 7-12 본 연구의 분석기준

분석기준	내 용	세부내용
연구의 투입 측면	- 논문작성 시기 - 논문의 저자 특성	- 논문작성 연도 - 단독/공동 저자 - 저자의 직책(교수, 연구원, 기타)
연구의 방법 측면	- 이론/실증적 연구 - 계량/비계량 연구	-
연구의 내용과 산출 측면	- 논문의 세부주제 - 국내/해외 구분 - 결론과 시사점	- 지방세입, 지방세출, 정부간재정조정, 재정분권, 재정관리, 지방채, 기타 - 국내/해외 사례

3) 지방재정 연구 내용과 경향 분석결과

(1) 총괄분석(1989~2017)

① 연구의 투입 측면

지난 29년 동안 『한국지방자치학회보』에 게재된 지방재정분야 75개의 학술논문을 연구의 투입 측면에서 논문작성 시기, 저자 특성 중심으로 분석하면 다음과 같다.

먼저 연도별로는 2013년에 6편의 논문이 게재되어 가장 많았고, 다음으로 1994년, 2000년에 각각 5편의 논문이 게재되었다. 반면 1989, 1990, 1991, 1996, 1998, 2005, 2014, 2017년에는 1편만 게재되었다.3) 10년을 기준으로 하면, 1980년대에는 1편, 1990년대에는 25편, 2000년대에는 28편, 2010년대에는 21편이 게재되어, 1980년대를 제외한 모든 구간에서 20편 이상의 논문이 게재되었던 것으로 나타났다.4)

표 7-13 10년 단위 지방재정 관련 논문의 빈도 분석

구 분	1989	1990~1999	2000~2009	2010~2017	합 계
논문 수	1	25	28	21	75
비율	1.3	33.3	37.3	28.0	100.0

3) 연도별로 지방재정 관련 논문이 1편도 게재되지 않은 연도는 없었다.
4) 1980년대는 1989년 1년만, 2010년대는 8개년만 포함되었다는 점을 고려할 필요가 있다.

다음으로 저자별 특성을 단독과 공동으로 구분하여 분석한 결과, 전체 논문 중 단독 논문이 47편(62.7%), 2인 논문이 26편(34.7%), 3인 이상이 2편(2.7%)로 대부분의 단독 또는 2인이 쓴 논문인 것으로 나타났다.5)

표 7-14 저자 특성별 지방재정 관련 논문의 빈도 분석

	논문 수	비 율
단독	47	62.7
2인	26	34.7
3인 이상	2	2.7
합계	75	100.0

② 연구의 방법 측면

연구방법의 측면에서 전체 75개 학술논문을 이론/실증, 계량/비계량 연구로 구분하여 빈도를 분석한 결과는 다음과 같다. 먼저 이론연구와 실증연구로 구분할 때, 실증연구가 40편(53.3%)로 이론연구 35편(46.7%)보다 상대적으로 많은 것으로 나타났다. 또한 계량연구와 비계량연구로 구분할 때, 비계량 연구가 47편(62.7%)로 계량연구 28편(37.3%)으로, 상대적으로 비계량연구가 많은 것으로 나타났다.

표 7-15 이론/실증 및 계량/비계량 논문의 빈도 분석

	논문 수	비 중		논문 수	비 중
이론	35	46.7	비계량	47	62.7
실증	40	53.3	계량	28	37.3
합계	75	100.0	합계	75	100.0

③ 연구의 내용과 산출 측면

먼저 연구의 대상을 국내 및 해외로 구분하여 검토한 결과, 국내 사례를 대상으로 한 논문이 66편(88.0%)로 해외 사례 대상 논문 9편(12.0%)에 비해 압도적으

5) 시대와 저자 특성을 동시에 고려할 때, 특이한 사항은 없는 것으로 확인되었다.

로 많은 것으로 나타났다. 해외 대상 논문들은 주로 미국, 일본, 프랑스의 지방재정 관련 사례를 대상으로 하고 있는 것으로 나타났다.[6) 7)]

표 7-16 국내/해외 사례 논문의 빈도 분석

	논문 수	비 율
국내	66	88.0
해외	9	12.0
합계	75	100.0

다음으로 연구의 내용을 지방재정을 구성하는 세부주제인 지방세입, 지방세출, 정부간 재정조정, 재정관리, 재정분권, 지방채, 기타 등 7개 영역으로 구분하여 분석한 결과는 다음과 같다. 지난 29년간 가장 많은 논문이 실린 분야는 정부간 재정조정으로 14편(18.7%)이었다. 다음으로 지방세입 13편(17.3%), 재정관리 10편(13.3%), 지방세출 9편(12.0%), 재정분권 9편(12.0%), 지방채 7편(9.3%), 기타[8)] 13편(17.3%) 등으로 나타났다.

표 7-17 연구주제에 따른 논문 빈도 분석

	논문 수	비 율
지방세입	13	17.3
지방세출	9	12.0
정부간 재정조정	14	18.7
재정관리	10	13.3
재정분권	9	12.0
지방채	7	9.3
기타	13	17.3
합계	75	100.0

6) 국가별 편수는 미국 4편(1편은 필리핀 비교 연구), 일본 3편, 프랑스 2편이었다.
7) 사례의 지역과 관계없이 영문으로 쓰여진 논문은 3편이다.
8) 기타로 분류된 논문들은 지방재정 전반을 분석하는 논문, 지방공공요금, 지방정부회계 등과 관련된 내용이었다.

4) 시대구분에 기초한 분석

1987년 헌법에 의해 지방자치제가 부활된 이후, 역사를 쟁점으로 구분하면, 재정분권 부활의 시대(1988~2002), 재정분권 불균형 시대(2002~2010), 재정분권 확충의 시대(2011~2017) 등 3개 시기로 구분할 수 있다.[9] 각 시대별로 지방재정과 관련된 쟁점과 학술적 요구를 검토하고, 이러한 시대적 요구에 학술지의 논문들은 어떻게 대응했는가를 살펴보고자 한다.

(1) 재정분권 부활의 시대(1988~2002)

① 쟁점 및 학술적 요구

1960년대 군사구데타로 지방자치가 중단된 이후, 약 30년이 지난 1987년 헌법 개정으로 지방자치의 부활을 위한 근거가 마련되었고, 1992년 지방의회 선거, 1996년 지방자치단체장 선거를 통해 본격적인 지방자치제가 실시되게 되었다. 지방자치 부활 이후 지방재정의 최대 쟁점은 지방자치를 재정적으로 뒷받침하기 위해 지방세를 확충하는 것이었다. 중앙정부는 지방자치단체의 자체세입을 증대시키기 위해 다양한 지방세 신세원을 발굴하고, 국세의 지방세 이양정책을 추진하여 이러한 시대적 요구에 부응하려 하려 하였다. 구체적으로 중앙정부는 법률의 제개정을 통해 1988년에는 시세와 구세를 도입하였고, 1989년에는 담배소비세를 지방으로 이양하고, 종합토지세를 도입하는 등 제도적 개선을 추진하였다. 또한 동 시기에 지방세 항목으로 공동시설세, 지역개발세, 경주마권세, 지방주행세 등을 새롭게 도입하였으며, 지방자치단체의 재정자주권을 확대하는 차원에서 지방세 탄력세율 적용대상 세목을 7개에서 10개로 확대하였다.

② 연구내용 및 경향

동 시기에 『한국지방자치학회보』에는 36편의 지방재정 관련 논문이 게재되었다. 이 중에서 가장 큰 비중을 차지했던 주제는 지방세입으로 10편(27.8%)이 실린 것으로 나타났다. 다음으로 재정관리 6편(16.7%), 지방세출 및 지방채 5편(13.9%), 정부간 재정조정 3편, 재정분권 1편인 것으로 나타났다.

---

9) 동 시기구분은 김필헌 외(2012)의 연구를 참조하여, 필자가 1988~2017년 동안의 지방재정 역사를 쟁점을 중심으로 구분한 것임을 밝힌다.

표 7-18 재정분권 부활 시대 연구주제별 빈도 분석(1988~2002)

	논문 수	비 율
지방세입	10	27.8
지방세출	5	13.9
정부간 재정조정	3	8.3
재정관리	6	16.7
재정분권	1	2.8
지방채	5	13.9
기타	6	16.7
합계	36	100.0

(2) 분권 불균형 시대(2003~2010)

① 쟁점 및 학술적 요구

2003년에 참여 정부가 등장한 이후 지방분권의 청사진이 본격적으로 마련되었다. 이와 함께 지방분권의 강화로 나타날 수 있는 방만한 지방재정 운용을 방지하기 위한 제도적 장치가 동시에 마련되었다. 지방채발행 총액한도제, 지방재정분석제도, 지방재정공시제도, 복식부기회계제도, 지방세지출예산제도 등이 그것들이다. 또한 지방재정 측면에서는 균형발전을 위한 지방재정의 확충을 위한 제도적 기반구축도 추진되었다. 이에 따라 분권교부세, 국고보조금으로 운영되던 사업의 지방이양이 활발히 이루어졌다. 즉, 사회복지사업을 중심으로 533개의 국고보조금사업 중 163개 사업이 지방에 이양되었다. 또한 지방교부세율의 상향조정으로 지방재정을 확충하는 동시에 지방재정운영의 투명성을 제고하기 위한 제도적 장치들이 마련되었다. 그러나 이러한 노력에도 불구하고 참여 정부 집권기간(2003~2007년) 동안 지방재정지출의 연평균 증가율은 3.7%에 달했던 반면, 지방재정수입의 연평균 증가율은 0.5%에 그쳐 자체재원의 증가를 통한 지방재정 확충은 크게 이루어지지 않았다(김필헌 외, 2012). 이후 이명박 정부 시기에는 실질적으로 지방재정의 자체수입을 증대시키기 위한 제도적 개선이 이루어졌다. 즉, 2009년 이명박 정부는 지방소비세제도를 도입하여 부가가치세 5%를 지방세 재원으로 전환하였고, 소득세의 10%를 걷는 소득할주민세를 지방소득세로 명칭을 변경하였다.[10] 그러나 이러한 지방세입 확충을 위한 노력들은 증가하는 지방세출을 충당하기에는 역부족이었기에 재정분권의 불균형이 심화되었던 시기라 할 수 있다.

② 연구내용 및 경향

동 시기에 『한국지방자치학회보』에는 20편의 지방재정 관련 논문이 게재되었다. 이 중에서 가장 큰 비중을 차지했던 주제는 정부간 재정조정으로 6편(30.0%)이 실린 것으로 나타났다. 다음으로 재정분권 4편(20.0%), 지방세입 및 지방세출 2편(10.0%), 지방채 1편(5.0%)인 것으로 나타났다.

표 7-19 재정분권 불균형 시대 연구주제별 빈도 분석(2003~2010)

	논문 수	비 율
지방세입	2	10.0
지방세출	2	10.0
정부간 재정조정	6	30.0
재정관리	1	5.0
재정분권	4	20.0
지방채	1	5.0
기타	4	20.0
합계	20	100.0

(3) 지방재정의 확충 시대(2011~2017)

① 쟁점 및 학술적 요구

2010년대 이후 저출산·고령화로 대변되는 사회변화가 지속되는 반면, 경기침체가 지속됨에 따라 지방자치단체의 사회복지 수요가 증가하고 있다. 그러나 지방자치단체가 자체세원을 확충할 수 있는 여건은 개선되지 않고 있다.[11] 이에 따라 본격적인 지방자치를 실현하기 위한 과제는 여전히 자체재원을 확충하는

10) 지방소득세는 2014년부터 독립세로 전환되어 소득세와 법인세의 세율구조와 같은 독립세율이 적용되고 있다.

11) 수도권 및 대도시를 제외한 지방자치단체들은 대부분 재정자립도가 50% 미만에 그치고 있다. 2016년 기준으로 17개 광역자치단체 중 재정자립도가 50%를 상회하는 자치단체는 서울, 부산, 대구, 인천, 울산, 세종, 경기 등 8개에 그치고 있다.

것이라 할 수 있다. 이를 위해 박근혜 정부는 2014년에 지방소비세 세율을 5%에서 11%로 6%포인트 인상하였고, 2014년 지방소득세의 독립세화를 추진하여, 세율, 공제, 감면 등 과세 체계에 대한 사항을 독립적으로 운영하도록 하고 있다. 2017년 5월에 출범한 문재인 정부는 국정과제에 재정분권을 포함하고, 국세 대 지방세비율은 현재 8 : 2에서 7 : 3을 거쳐 장기적으로 6 : 4로 개선하고, 지방교부세율을 상향 조정하는 정책목표로 설정하고 있다.

② 연구내용 및 경향

동 시기에 『한국지방자치학회보』에는 19편의 지방재정 관련 논문이 게재되었다. 이 중에서 가장 큰 비중을 차지했던 주제는 정부간 재정조정으로 5편(26.3%)이 실린 것으로 나타났다. 다음으로 재정분권 4편(21.1%), 재정관리 3편(15.8%), 지방세출 2편(10.5%), 지방세입 및 지방채 1편(5.3%)인 것으로 나타났다.

표 7-20 재정분권 불균형 시대 연구주제별 빈도 분석(2003~2010)

	논문 수	비 율
지방세입	1	5.3
지방세출	2	10.5
정부간 재정조정	5	26.3
재정관리	3	15.8
재정분권	4	21.1
지방채	1	5.3
기타	3	15.8
합계	19	100.0

5) 결 론

지금까지 『한국지방자치학회보』가 창간된 이래 29년간 발간된 학술지 99권에 게재되었던 지방재정을 주제로 한 논문의 연구 내용 및 경향을 살펴보았다. 역사적으로 볼 때, 한국지방자치학회가 발간하는 학술지는 시대적으로 쟁점이 되었던 문제에 부응하는 연구들을 통해 사회적으로 기여했다고 볼 수 있다. 첫째, 지방자치가 부활되고 가장 중요한 문제였던 지방세입의 확충이 요구되었던 재정분권 부활의 시대(1988~2002)에는 다양한 지방세입 관련 논문들을 통해 지방세의 확충, 신세원 발굴, 해외사례 소개 등을 통해 부응한 것으로 볼 수 있다. 둘째, 지방재정분권 불균형의 시대(2003~2010)에는 실질적으로 지방재정 확충을 위해 필요했던 정부간 재정조정, 재정분권 관련 논문을 다수 게재하여 시대에 부응했다고 볼 수 있다. 셋째, 지방자치를 위한 재원의 획기적인 확충이 요구되고 있는 지방재정의 확충 시대(2011~2017)에도 정부간 재정조정, 재정분권, 재정관리와 관련된 연구를 통해 시대에 부응하고 있는 것으로 볼 수 있다. 결론적으로 그동안 우리나라의 지방자치 연구자들을 대표하는 한국지방자치학회가 발행하는 『한국지방자치학회보』는 시대적 요구에 적절히 부응하는 연구들을 통해 지방자치 발전에 기여해온 것으로 평가된다.

참고문헌

국정기획자문위원회(2017). 문재인정부 국정운영 5개년 계획.

김필헌 · 구균철 · 박지현(2012). 미래환경 변화에 대응한 지방재정제도의 개혁방안. 한국지방세연구원.

윤영진(2016). 『새지방재정론』.

7. 지방의회 및 지방선거

장석준(지방공기업평가원 선임전문위원)

1) 서 론

행정학의 하위분과로서 지방자치 및 지방행정 연구분야는 지방자치가 본격적으로 실시되면서 지방자치학이라는 독립적인 학문으로 발전 가능성도 열려 있다고 볼 수 있다.

『한국지방자치학회보』에서 다뤄진 지방의회 및 지방선거 관련 주제의 연구경향을 분석함으로써 학문의 성숙과정을 확인하고 지방자치제도가 성숙됨에 따라 앞으로 더욱 활성화될 지방의회와 지방선거 분야의 주요 주제와 연구방향을 가늠해볼 수 있는 기회를 제공해줄 수 있다.

2) 지방분야 연구경향 관련 주요 선행연구 분석

행정학 연구경향을 분석한 선행연구들은 연구주제와 영역 연구방법 등의 기준에 따라 시대별 연구경향을 분석하는 전통적 방식을 따르고 있다. 연구주제에 대한 시대별 변화를 분석하여 현장의 연구수요를 파악하고 향후 연구수요 변화를 예측할 수 있는 장점이 있기 때문이다(하혜수 · 최영출, 2013). 한편 전통적 연구 방식에 따른 연구경향을 분석한 선행연구들은 특정 학술지를 대상으로 분석하는 방식과 특정 주제로 한정하여 여러 학술지를 분석하는 방식으로 구분된다.

지방자치 및 지방행정 분야 연구경향을 분석한 선행연구도 여러 학술지를 대상으로 분석한 연구(이종수, 2001; 김귀영, 2011)와 특정 학회지를 대상으로 분석한 연구(이병렬 · 박기관, 2002; 우양호 · 홍미영, 2004; 김상구, 2005; 이주희, 2005; 최호택 · 정석환, 2011; 하혜수 · 최영출, 2013; 김건위 외, 2015)로 구분된다. 먼저 전자의 대표적인 연구인 김귀영 연구(2011)는 행정학 분야 57개 등재 · 등재후보 학술지를 대상으로 지방의회 관련 선행연구들을 연구주제, 연구방법,

연구초점, 연구내용 등을 기준으로 포괄적으로 정리하여 분석하였다. 김귀영(2011)의 분석 결과에 따르면, 1989년 1월부터 2010년 12월까지 57개 등재·등재후보 학술지를 대상으로 지방의회 관련하여 검색된 220편의 논문 중에서 『한국지방자치학회보』에 게재된 논문이 39건(17.7%)으로 가장 빈도가 높고, 그 뒤를 이어 한국행정학보 23건, 한국행정논집 16건, 지방행정연구 16건 순으로 나타났다. 한편 김건위 외(2015)의 분석결과에 따르면, 1986년부터 2014년까지 『지방행정연구』 게재된 902편의 논문 중에서 지방의회 관련 논문은 22편(2.4%)에 불과한 것으로 나타나고 있다. 이와 같은 결과는 지방자치 및 지방의회 연구 분야에서 한국지방자치학회의 위상을 보여주는 결과로 이해될 수 있다.

다음으로 지방 연구 경향을 분석한 대부분은 연구들은 『한국지방자치학회보』(이병렬·박기관, 2002; 이주희, 2005; 최호택·정석환, 2011), 『지방정부연구』(우양호·홍미영, 2004; 김상구, 2005), 『한국사회와 행정연구』(하혜수·최영출, 2013), 『지방행정연구』(김건위 외, 2015) 등의 지방자치 및 지방행정으로 특화된 특정 학회지를 대상으로 분석한 연구들이 대부분이다. 이들 연구들에서 드러난 지방 연구의 일반적 경향은 전체적으로 질적 방법 비중이 높으나 양적 방법 연구가 지속적으로 증가하고 있으며, 이론적·규범적 연구보다는 처방적·문제해결 지향 연구 비중이 높고, 연구주제가 다양화되는 추세를 보이고 있다는 것이다.

특히 『한국지방자치학회보』에 게재된 논문을 분석한 연구들에서 지방의회 및 지방선거 분야 관련 주요 분석 결과는 크게 두 가지이다. 첫째는 지방자치 연구영역을 자치이론, 지방의회 및 선거, 행정관리, 재정관리, 산업·경제, 지역개발 및 환경, 복지·문화, 안전관리, 중앙 및 지방간 관계, 주민관계 등 10가지 분야로 구분했을 때, 지방의회 및 지방선거 분야 논문 비중이 12.3%(이병렬·박기관, 2002), 10.0%(이주희, 2005)로 상대적 비중이 낮으며, 시계열별 연구 비중이 낮아지는 경향을 보이고 있다는 점이다. 참고로 이병렬·박기관 연구(2002)는 1989년부터 2001년까지, 이주희 연구(2005)는 1991년부터 2005년까지 분석하고 있다. 둘째는 최호택·정석환 연구(2011)는 2002년부터 2010년 까지 핵심 주제어를 중심으로 네트워크 분석 결과, 주요 연구주제로 '지방자치', '지방정부', '지방자치단체', '평가', '지방분권' 등으로 나타나 지방의회와 지방선거는 연구의 핵심 축에서 벗어나 있는 것으로 분석되었다.

표 7-21 지방분야 경향분석한 주요 선행연구

저 자	분석대상 학술지	분석 기간	연구 주제
이종수(2001)	3개 등재지	1989~2000	지방 연구경향
이병렬 · 박기관(2002)	『한국지방자치학회보』	1989~2001	지방자치학
우양호 · 홍미영(2004)	『지방정부연구』	1997~2004	지방정부 연구경향
김상구(2005)	『지방정부연구』	1997~2003	지방정부 연구경향
이주희(2005)	『한국지방자치학회보』	1989~2005	지방자치학
김귀영(2011)	행정학분야 57개 등재 · 등재후보지	1989~2010	지방의회 연구경향
최호택 · 정석환(2011)	『한국지방자치학회보』	2002~2010	지방자치 연구경향분석
하혜수 · 최영출(2013)	『한국사회와 행정연구』	1991~2012	지방자치 및 지방행정
김건위 외(2015)	『지방행정연구』	1986~2014	지방자치 및 지방행정

이에 본 연구에서는 선행연구 결과를 토대로 『한국지방자치학회보』에 게재된 지방의회 및 지방선거 분야 논문들의 연구 경향을 보다 정밀하게 분석하는 데 초점을 둔다.

3) 『한국지방자치학회보』 연구경향 분석결과

(1) 연구 범위와 방법

연구범위는 1989년부터 2016년까지 『한국지방자치학회보』에 게재된 지방의회 및 지방선거 분야 논문으로 한정하였다. 한국지방자치학회는 1989년 12월 『지방자치연구』로 창간되어 1990년까지는 연 1회, 1995년까지는 연 2회, 1996년부터 현재까지는 연 4회 발행되고 있다(이병렬 · 박기관, 2002). 논문의 시대별 연구경향을 분석하기 위한 시대 구분은 행정안전부와 각 지방의회별로 차이가 나는 점을 고려하여 선행연구의 지방의회 활동기 구분 방식을 따랐다(김귀영, 2011).[12] 구체적으로 1989년부터 1991년은 2대 직선 이전, 1992년부터 1995년은 3대, 1996년부터 1998년은 4대, 1999년부터 2002년까지 5대, 2003년부터 2006년까지 6대, 2007년부터 2010년까지 7대, 2011년부터 2014년까지 8대, 2015년부터

12) 4년 주기의 지방선거가 6월에 실시되어 7월부터 지방의회가 개원하기에 학술지 발행이 후행하는 점을 고려하여 선거 다음해부터 4년을 대수 구분 기준으로 삼았다(김귀영, 2011: 87).

를 9대로 각각 구분하였다.

방법론적 측면에서 연구범위, 연구수준, 연구방법, 연구초점을 중심으로 연구경향을 분석하였다(김귀영, 2011; 이병렬 · 박기관, 2002). 연구 범위는 연구의 지역적 범위가 전국에 걸쳐 적용되는지(혹은 외국 사례 비교 검토를 포함하는지) 아니면 특정 지역인지를 기준으로 전국(해외 포함)과 특정지역으로 구분하였다. 연구수준은 연구 분석단위를 기초단위(기초 지방의회 내지 기초 지방선거), 광역단위(광역 지방의회 내지 광역 지방선거), 광역 · 기초단위, 전국단위로 구분하였다. 다음으로 연구경향에 관한 선행연구에서 연구방법은 다양하게 구분되고 있다. 서술적 접근, 통계적 접근, 모의실험 · 수학적 모델로 구분하거나(권경득, 1996), 이론적 · 개념적 연구, 실증연구(질적 연구, 양적 연구)로 구분하거나(이종수, 2001), 양적 분석과 질적 분석(문헌분석, 사례연구, 비교연구, 면담 등)으로 구분하거나(윤영진, 2013), 개념적 · 서술적 연구와 경험적 연구(양적 연구, 질적 연구)로 구분하기도 한다(주상현, 2002). 본 연구에서 연구방법은 일반적 구분에 따라 양적 연구, 질적 연구, 양적 연구와 질적 연구를 혼합한 통합 연구 방법으로 구분하였다(김귀영, 2011: 87). 양적 연구에는 기초 통계분석, 설문조사, 시계열분석, 고급 통계분석까지 모두 포함하였고, 질적 연구에는 문헌조사, 내용분석, 비교분석, 인터뷰 등을 포함하였다. 문헌조사를 통한 기초통계 분석한 연구들을 통합연구로 분류하였다. 한편 연구목적을 확인하기 위해 선행연구 기준을 따라 연구의 초점이 규범적 또는 이론적인지 아니면 당면 문제를 해결하기 위한 처방을 제시하는지에 따라 규범/이론적 연구와 문제해결/처방적 연구로 구분한다(이병렬 · 박기관, 2002: 37).

(2) 연구경향 분석 결과

『한국행정학회보』에 게재된 논문을 대상으로 한국 행정학의 연구경향을 분석한 연구(권경득, 1998; 주상현, 2002)에 따르면 지방자치 및 지방행정 분야 논문은 1990년대 초반 지방자치제 부활을 계기로 연구가 활발하게 진행되면서 연구비중이 30%를 넘어설 정도로 관련 연구가 가파르게 증가하고 있다.

표 7-22 시대별 지방자치 및 지방행정 연구 경향

구 분	67~70	71~75	76~80	81~85	86~90	91~95	96~00	계
지방·도시행정 (%)	10 (30.3)	7 (17.5)	0 (0.0)	4 (7.0)	11 (12.2)	65 (23.8)	102 (31.6)	199 (23.0)
합계	33	40	48	57	90	273	323	864

출처0: 권경득(1996), 주상현(2002) 재정리.

특히 지방자치제 부활을 전후로 지역 기반 혹은 특정 주제 중심의 지방 연구 주제로 특화된 『한국지방자치학회보』(1989년), 『지방정부연구』(1997년), 『한국지방재정논집』(2000년), 『한국지방공기업학회보』(2004년), 『한국지방자치연구』(2006년) 등의 전문 학술지가 발행된 점을 고려하면 행정학 분야에서 중요 관심분야로 부상하고 있다고 평가할 수 있다.

[그림 7-14]는 1989년부터 2016년까지 『한국지방자치학회보』에 게재논문 962편의 연도별 추이를 보여주고 있다. 1996년부터 연 4회 계간지로 발행되면서 게재 논문이 큰 폭으로 증가했으나 2005년부터 2006년까지는 발행 논문 편수가 감소했으나 2010년 이후 현재까지는 안정적인 추세를 유지하고 있다.

지방자치 연구 영역을 정부간관계, 주민참여, 지방경영, 지방분권, 지방의회, 지방선거, 지방자치, 지방재정, 지방조직인사, 지방행정계층/구역, 지역경제/개발, 기능배분, 거버넌스, 공공서비스, 광역행정, 개별정책, 교육자치, 기타(도시행정,

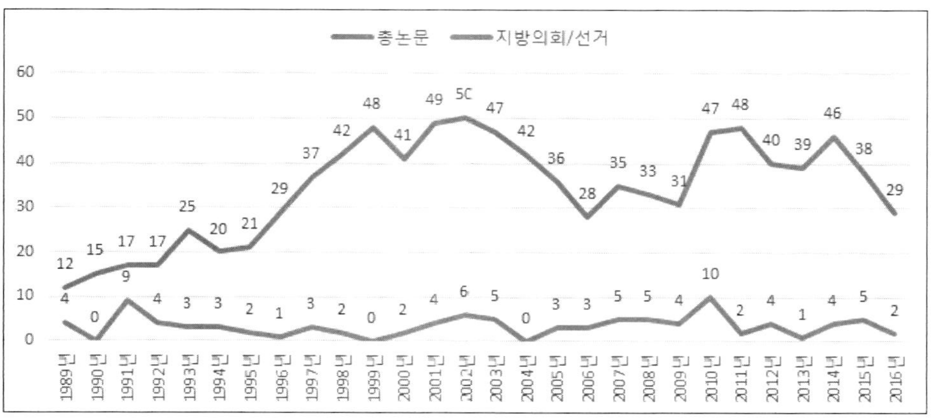

[그림 7-14] 연도별 지방의회/지방선거 연구 비중

북한지방, 비교행정, 외국사례, 자치경찰, 행정관리, NGO, 갈등, 감사 등)로 구분할 때 지방의회(지방정치 포함) 및 지방선거 분야 논문은 총 96편으로 10% 정도의 비중을 차지하고 있으며, 1989년(4건, 33%), 1991년(9건, 52%), 2010년(10건, 21%)에 그 비중이 상대적으로 높은 것으로 나타나고 있다. 지방자치제 실시 초기와 지방선거의 주기적 반복으로 자료가 구축됨에 따라 지방의회와 지방선거 주제에 대한 관심이 증대된 결과로 이해된다(이주희, 2005; 이종수, 2001).

<표 7-23>은 지방의회 대수에 따른 관련 연구 비중 추이를 보여주고 있다. 지방자치 실시 이전부터 1991년 지방의회가 구성된 직선 이전(1989~1991)과 3대(1992~1995)의 시기에 지방의회와 지방선거분야의 논문이 각각 13편(29.5%), 12편(14.4%)으로 30여 년 만에 부활된 지방의회의 구성과 지방선거에 대한 관심이 매우 높았으나, 4대~6대의 시기에는 그 비중이 6%대로 급속하게 비중이 축소되고 있다(이병렬 · 박기관, 2002). 7대(2007~2010)에는 다시 그 비중이 16%로 증가한 것으로 나타났다. 이는 2006년 지방의원 유급제가 도입되고 기초의회의원 선출 방식이 소선거구제에서 중선거구제로 변경, 1인 2투표제를 통한 비례대표제 도입 등 지방자치 제도 변화에 따라 관련 연구가 주목받은 결과로 이해된다.

『한국지방자치학회보』에 게재된 지방의회 및 지방선거 분야 연구들은 초기에

표 7-23 지방의회/지방선거 분야 연구 비중 비교

구 분	총논문	지방의회/지방선거		지방의회*		지방선거	
		건	비율	건	비율	건	비율
직선 이전	44	13	29.5	5	11.4	8	18.2
3대(92~95)	83	12	14.4	7	8.4	5	6.0
4대(96~98)	108	6	5.6	6	5.6	0	0.0
5대(99~02)	188	12	6.4	7	3.7	5	2.7
6대(03~06)	153	11	7.2	9	5.9	2	1.3
7대(07~10)	146	24	16.4	14	9.6	10	6.8
8대(11~14)	173	11	6.4	6	3.5	5	2.9
9대(15~16)	67	7	10.4	3	4.5	4	6.0
합계	962	96	10.0	57	5.9	39	4.1

*지방정치 2편 포함.

는 지방자치 부활에 따른 지방의회 구성 및 제도 개선 방향에 초점을 둔 규범적 논의가 대부분이었으며 양적 연구로 분류되는 연구는 대부분 단순 기초 통계분석 정도에 머물렀다. 예외적으로 지방의회 의원 대상으로 한 전국단위 설문조사를 실시하여 분석한 연구도 등장했다(김순은, 1993; 송창석, 1994). 1995년 4대 지방선거를 계기로 민선 지방자치가 본격적으로 실시된 이후에는 지방의정 활동을 분석하거나 지방의정활동 활성화 방안을 모색하는 논문들이 중심이었으나 전반적으로 연구 비중이 감소한 추세를 보이고 있다. 2006년 기초의회 정당공천 허용 및 중대선거구제 도입, 지방의원 유급제 도입 등의 제도 개선을 계기로 전국 수준의 광역 혹은 기초단위에서 제도 도입 효과나 의정활동 성과를 분석하는 양적 연구들이 증가하는 경향을 보이고 있다. 정당공천제 허용을 둘러싼 논의(주용학, 2002, 2007; 육동일, 2006; 우성호, 2010; 이승철, 2015), 지방의회 성과에 대한 논의(박혜자 외, 2003; 유광호 · 박기관, 2005; 권영주, 2009; 강상원 · 최병대, 2010; 강인호 외, 2010; 송광태, 2012; 박재용, 2012; 윤정우 2014), 지방의원 유급제 도입 및 도입 효과 논의(송광태, 20007; 황아란 · 송광태, 2008; 이규환 · 박순태, 2009, 김미현 · 정명은, 2014) 등이 주요 이슈로 다루어 졌다.

<표 7-24>는 지방의회 대수에 따라 관련 연구범위별 연구경향을 보여준

표 7-24 연구범위별 지방의회/지방선거 연구 경향

구 분	지방의회/지방선거	일반(해외)	특정지역	
			건 수	지 역
직선 이전	13	11(3)	2	대구경북 1, 충청 1
3대(92~95)	12	10(1)	2	서울 1, 제주 1
4대(96~98)	6	1	5	경북 1, 밀양 1, 부산 1, 서울 1
5대(99~02)	12	4(1)	8	경북 1, 광주 2, 부산 2, 영호남 1, 제주 1, 충북 1
6대(03~06)	11	6(1)	5	광주 1, 울진 1, 원주 1, 천안 2
7대(07~10)	24	14(1)	10	강원 1, 경기 2, 경북 1, 광주 1, 대구 1, 대전 1, 서울 2, 충남 1
8대(11~14)	11	7(1)	4	경남 1, 대구 1, 서울 1, 전북 1
9대(15~16)	7	4	3	대구 2, 용산 1
합계	96	57(8)	39	

다. 직선 이전(1989~1991)과 3대(1992~1995)의 시기에는 연구의 지역적 범위가 전국에 걸치는 연구 비중이 높았으나 지방의회 대수가 진행되면서 특정 지역을 대상으로 한 연구 비중이 높아지는 경향을 보이고 있다. 4대(1996~1998)와 5대(1999~2002)에는 영남과 호남 지역을 중심으로 지방의정 성과를 분석하는 연구가 많았지만 6대(2003~2006)와 7대(2007~2010)에는 특정 지역이 전국에 거쳐 골고루 분포하여 연구 지역의 편중이 완화된 경향을 보인다.

<표 7-25>는 지방의회 대수에 따른 연구수준별 연구경향을 보여준다. 총 96편의 논문 중에서 전국 수준의 연구는 36편(37.5%), 광역단위 27편(28.1%), 기초단위 21편(21.8%), 광역과 기초단위 12편(12.5%)으로 나타났다. 직선 이전(1989~1991)과 3대(1992~1995)의 시기에는 분석단위가 전국 수준의 연구 비중이 상대적으로 높았으나 7대(2007~2010)와 8대(2011~2014)에는 광역과 기초 단위 연구 비중이 높아진 것으로 나타나고 있다. 이는 전국 단위 연구들이 규범적·이론적 논의가 대부분인 반면, 광역과 기초 단위 연구들은 상대적으로 양적 연구가 많은 경향을 반영한 결과라고 볼 수 있다.

표 7-25 연구수준별 지방의회/지방선거 연구 경향

구 분	지방의회/ 지방선거	전 국	광 역	기 초	광역+기초
직선 이전	13	9	2	1	1
3대(92~95)	12	8	3	0	1
4대(96~98)	6	0	3	2	1
5대(99~02)	12	3	5	1	3
6대(03~06)	11	6	1	4	0
7대(07~10)	24	8	6	7	3
8대(11~14)	11	2	4	4	1
9대(15~16)	7	0	3	2	2
합계	96	36	27	21	12

<표 7-26>은 지방의회 대수별에 따른 연구방법별 연구경향을 보여준다. 총 96편의 논문 중에서 양적 연구는 48편(50.0%), 질적 연구는 33편(34.4%) 통합

연구는 15편(15.6%) 비중을 보이고 있다. 특징적인 점은 대수가 진행될수록 양적 연구의 비중이 높아지고 있으며, 초기 양적 연구가 기초 통계분석과 설문조사에 의존하였다면 후기 양적 연구는 고급 통계분석방법이 활용되고 있다는 점이다. 한국 행정학의 연구 경향 분석에서 나타난 고급 통계분석 방법을 활용한 양적 연구 증가 추세의 특징(주상현, 2002)이 『한국지방자치학회보』에 게재된 지방의회 및 지방선거 분야 논문들도 유사한 경향을 보이고 있다.

표 7-26 연구방법별 지방의회/지방선거 연구 경향

구 분	지방의회/지방선거	양적 연구		질적 연구		통합 연구
		건	비율	건	비율	
직선 이전	13	4	30.8	9	69.2	0
3대(92~95)	12	6	50.0	4	33.3	2
4대(96~98)	6	2	33.3	4	66.7	0
5대(99~02)	12	5	41.7	4	33.3	3
6대(03~06)	11	2	18.2	5	45.5	4
7대(07~10)	24	15	62.5	4	16.7	5
8대(11~14)	11	9	81.8	2	18.2	0
9대(15~16)	7	5	71.4	1	14.3	1
합계	96	48	50.0	33	34.4	15

표 7-27 연구초점별 지방의회/지방선거 연구 경향

구 분	지방의회/지방선거	이론적/규범적		처방적/문제해결지향	
		건	비율	건	비율
직선 이전	13	3	23.1	10	76.9
3대(92~95)	12	0	0.0	12	100.0
4대(96~98)	6	0	0.0	6	100.0
5대(99~02)	12	1	8.3	11	91.7
6대(03~06)	11	0	0.0	11	100.0
7대(07~10)	24	7	29.2	17	70.8
8대(11~14)	11	7	63.6	4	36.4
9대(15~16)	7	3	42.9	4	57.1
합계	96	21	21.9	75	78.1

<표 7-27>은 지방의회 대수별에 따른 연구초점별 연구경향을 보여준다. 총 96편의 논문 중에서 이론적 규범적 논의는 21편(21.9%), 처방적 연구는 75편(78.1%)으로 상대적으로 문제해결 지향적 연구 비중이 높은 것으로 나타나고 있다. 지방자치학이 순수학문보다는 응용 학문적 성격을 지니며, 당면문제를 해결하는 실천적 학문으로서 특성을 반영한 결과로 이해된다(이병렬·박기관, 2002).

4) 결 론

지방자치 부활 이후 주민대표기능, 입법기능, 집행부 견제 기능을 수행하는 지방의회의 자율성, 책임성, 전문성을 강화하는 제도 개선이 이루어져 왔다. 특히 2006년 지방의회 회의 운영을 조례로 위임하고 상임위원회 설치 자율화, 사무직원 인사권 강화, 지방의원 의정비 유급화 등의 제도 개선을 통해 지방의회에 대한 연구가 좀 더 주목받게 되었다. 또한 지방선거제도 부문에서는 2002년 1인2표제 도입, 시·도의회 비례대표 50% 여성할당제 도입, 기초의회 중대선거구제 도입 및 정당공천 허용 등의 제도 개선이 이루어졌다.

『한국지방자치학회보』에 게재된 지방의회 및 지방선거 분야 연구들은 초기에는 지방자치 부활에 따른 지방의회 구성 및 제도 개선 방향에 초점을 둔 규범적 논의가 대부분이었으며, 일부 지방의회 의원 대상으로 한 전국단위 설문조사 분석 연구가 제시되기도 했다. 1995년 4대 지방선거를 계기로 민선 지방자치가 본격적으로 실시된 이후에는 지방의정 활동을 분석하거나 지방의정활동 활성화 방안을 모색하는 논문들이 중심이었으나 전반적으로 연구 비중이 감소한 추세를 보이고 있다. 2006년 지방자치 발전을 위한 새로운 제도가 도입됨에 따라 제도 도입을 계기로 전국 수준의 광역 혹은 기초단위에서 제도 도입 효과나 의정활동 성과를 분석하는 양적 연구들이 증가하면서 심층적인 연구가 진행되는 특징을 보이고 있다.

앞으로도 지방자치가 성숙해가면서 지방의회의 자율성과 전문성을 강화하는 방향으로 제도 개선이 이루어지면서 제도 도입 효과와 이에 따른 지방의회 의정 성과에 대한 관심과 연구가 지속될 것으로 예상된다.

참고문헌

김건위 · 최인수 · 전대욱(2015). 『지방행정연구』지의 게재논문 분석(1986~2014)을 통한 지방자치 및 지방행정의 연구동향 분석. 『지방행정연구』, 29(1): 33-62.

김귀영(2011). 지방의회 연구경향과 향후 연구의제에 관한 고찰. 『한국행정학보』, 45(2): 83-114.

김상구(2005). '지방정부'에 관한 연구경향과 전망: 『지방정부연구』에 게재된 논문(1997~2003)을 중심으로. 『정부학연구』, 11(1): 291-317.

우양호 · 홍미영(2004). 『지방정부연구』의 실증적 분석(1997~2004): 행정학 분야 주요 학술지와의 비교연구. 『지방정부연구』, 8(2): 75-103.

윤영진(2013). 행정학 연구경향의 분석과 과제: 『한국사회와 행정연구』(1990~2012) 게재논문의 총괄분석. 『한국사회와 행정연구』, 24(2): 1-29.

이병렬 · 박기관(2002). 한국 지방자치학 분야의 연구경향 분석: 『한국지방자치학회보』 기고논문(1989~2001)의 내용분석을 중심으로. 『한국지방자치학회보』, 14(1): 23-42.

이종수(2001). '지방'의 과거와 미래: 연구추이의 분석. 『한국행정학회 학술발표논문집』, 369-383.

이주희(2005). 지방자치학의 연구경향과 과제. 『kapa@포럼』 112호.

주상현(2002). 한국 행정학 연구경향의 실증적 분석: 최근 7년(1995~2001)간 한국행정학보 기고논문을 중심으로. 『한국헝정학보』, 36(3): 39-55.

최호택 · 정석환(2011). 한국지방자치 연구경향분석: 한국지방자치학회보 등재논문(2002~2010년)의 연구주제 방향성을 중심으로. 『한국지방자치학회보』, 23(4): 5-23.

하혜수 · 최영출(2013). 지방자치 및 지방행정 연구경향 분석: 『한국사회와 행정연구』(1991~2012년) 게재논문을 중심으로. 『한국사회와 행정연구』, 24(2): 125-151.

8. 주민참여 및 NGO 분야

김희송(전남대학교 교수)

1) 시기별 연구 경향

한국지방자치학회에서 주민참여와 NGO 분야의 연구는 지방자치에 관한 이론, 법, 제도적 측면의 접근이라기보다는 지방자치의 중요한 행위자로 등장한 NGO와 주민참여 형태에 대한 연구라고 할 수 있다. 『한국지방자치학회보』에 게재된 논문에서 주민참여와 NGO 분야는 다른 연구 주제에 비해 상대적으로 비중 있게 다뤄지지는 않았다. <표 7−28>에서 확인되듯이 1989년 이후 한국지방자치학회보에는 총 974편의 논문이 게재되었지만 주민참여와 NGO에 대한 논문은

표 7−28 연도별 주민참여 및 NGO 논문의 게재 편수

연 도	1989	1990	1991	1992	1993	1994	1995	1996	1997	1998	1999
게재 논문 편수	12	16	17	17	25	20	21	29	37	42	48
주민참여 NGO 논문 편수	0	3	1	0	1	0	3	0	3	3	5
비율(%)	0	18.8	5.9	0	4.0	0	14.3	0	8.1	7.1	10.4
연 도	2000	2001	2002	2003	2004	2005	2006	2007	2008	2009	2010
게재 논문 편수	41	49	50	47	42	36	28	35	33	31	47
주민참여 NGO 논문 편수	3	3	5	4	5	6	1	3	3	3	4
비율(%)	7.3	6.1	10.0	8.5	11.9	16.7	3.6	8.6	9.1	9.7	8.5
연 도	2011	2012	2013	2014	2015	2016	2017	전 체			
게재 논문 편수	48	40	39	46	38	29	11	974			
주민참여 NGO 논문 편수	5	5	3	5	4	9	2	92			
비율(%)	10.4	12.5	7.7	10.9	10.5	31.0	18.2	9.4			

92편에 불과했다. 지방자치에 관한 논문에서 주민참여와 NGO 분야의 논문 게재는 전체 논문의 9.4%로서 채 10%의 비율에도 미치지 못하고 있다.

주민참여와 NGO에 대한 연구 논문은 1990년에 처음 학술지에 게재된 이후 1990년대 후반까지는 한편의 논문도 게재되지 않는 해가 있는 등 아주 드물게 게재되다가 2000년대에는 지속적으로 게재되고 있다. 그러나 [그림 7-15]에서 알 수 있듯이 주민참여와 NGO에 대한 논문은 특정 시기에 걸쳐서는 게재 빈도가 높아지지만 대체적으로는 평균 이하의 낮은 게재율을 나타내고 있다. 최근 2010년 이후의 게재율로 좁혀서 살펴보면 이 시기에는 평균 이상의 게재율을 보이고 있다. 최근 평균 이상의 게재 비율이 주민참여와 NGO 분야 연구의 지속적인 증가로 이어질 것인지 아니면 일시적인 현상에 그칠지는 좀 더 관찰이 필요한 상황이다.

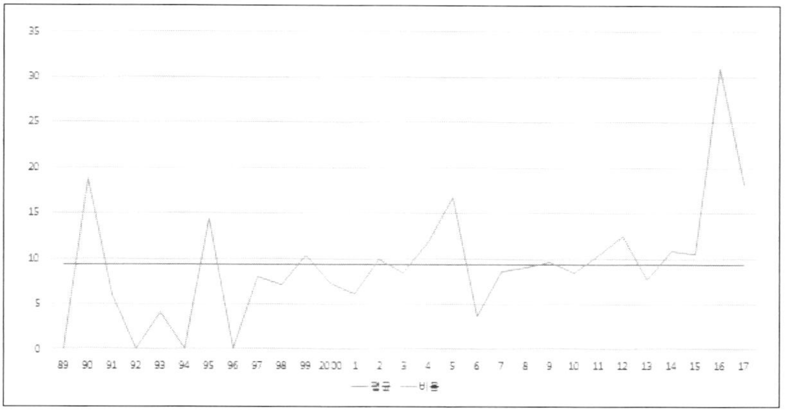

[그림 7-15] 주민참여 및 NGO 논문 연도별 게재 비율(%)

2) 연구 내용의 특징

주민참여와 NGO에 관한 주제의 연구 논문이 『한국지방자치학회보』에 처음 게재된 것은 1990년이다. 주민참여에 관한 논문이 본 학회보에 1990년 처음 게재된 것은 지방자치제 실시라는 정치적 기회구조의 변화와 밀접한 연관이 있다. 1961년 5·16 군사쿠데타 이후 군부 권위주의 정권들에 의해 중단되었던 지방자치가 1987년 민주화 대투쟁의 성과로서 지방자치의 부활이 시도되면서 학문적 논의도 본격화되었다. 특히 1989년은 야당의 주도 하에 통과된 지방자치법 개정안이 대통령의 거부권 행사로 무산되는 등 지방자치의 실시를 둘러싸고 정치적 갈등이 증폭되고 있었다.

지방자치의 부활을 둘러싼 사회 정치적 환경의 변화 속에서 한국지방자치학회는 1989년 2월 '지방자치법 개정방향에 관한 세미나'를 개최했다. 당시 한국지방자치학회장을 역임하고 있던 노융희는 "한국지방자치의 진로"라는 제하의 기조 연설의 발표 논문을 통해 지방자치의 부활 논의에 대한 소회와 함께 "지방자치가 사회적 실천 원리로서 민주주의 도장이 되기 위해서는 주민의 자각, 주민의 결단, 주민의 책임감 함양"이 필요하다고 역설했다. 학술대회 발표 이후에 후속 논의의 결과로서 김동훈, 이규환, 강형기의 논문이 1990년도 『한국지방자치학회보』에 처음 게재되었다.

1980년도 후반 지방자치제의 부활과정에서 주민 참여와 역할에 주목한 한국지방자치학회의 학문적 접근은 지방자치 실시 이후에도 지속되었다. [그림 7-15]에서 확인했듯이 주민참여 분야 논문의 게재 비율은 특정 시기에 높아지는 경향을 보였는데, 이 시기는 대체로 지방선거를 전후한 시기와 일치한다. 주민참여에 관한 논문이 처음 게재된 1990년을 비롯하여 주민 참여 및 NGO 분야의 논문 게재 비율이 높아지는 1995년, 1999년, 2002년, 2005년 모두 지방선거가 있었던 시기이거나 그 전후라는 공통점을 갖고 있다.

지방자치를 둘러싼 정치적 환경 변화를 간략하게 살펴보면 1989년 12월 여·야간의 합의로 지방자치법이 통과되어 우여곡절 끝에 1991년 지방의회가 부활되고, 1995년 6월 4대 지방선거가 실시되어 지방자치의 역사적인 전기를 맞이한다(오재일, 2014). 1987년 민주화 대투쟁의 결과로서 쟁취된 지방자치는 1995년 지방선거 이후에는 사회정치적 환경의 변화에 영향 받지 않고 지속되었다. 1998년 제2회 지방선거, 2002년 제3회 지방선거, 2006년 제4회 지방선거로 이어지면서 절차적 과정으로서는 안착되었다.

지방선거의 정치일정과 맞물려 지방자치와 주민참여에 대한 학문적 관심도 높아졌으며, 이러한 학문적 관심은 자연스럽게 주민참여 논문 게재 비율의 증가로 연결되었다. 1995년 14.3%, 1999년 10.4%, 2002년 10.0%, 2005년 16.7%의 주민 참여 및 NGO 분야의 논문 게재 비율은 앞서 언급했듯이 시기적으로 지방선거라는 정치적 일정과 밀접한 연관성을 갖고 있다.

그러나 각 시기별로 논문의 내용을 살펴보면 주민참여에 대한 내용이 시대에 따라 변화하고 있음을 확인할 수 있다. 1999년을 전후한 논문이 대표적이라고 할 수 있는데, 주민참여에 관한 내용이 점차 주민들의 항의 행위와 시민운동에 대한 주제로 변모하기 시작한다. 1990년 주민참여 분야의 논문이 처음 게재된 이후 주민참여의 범주는 주로 주민의 자각이나 책임감 함양이라는 개인적 차원에서 접근한 논문들이었다. 그러나 1999년 논문에서는 주민참여의 범주를 집합적 실천 행위인 이른바 시민운동의 차원에서 다루기 시작했다. 주민참여의 범주를 개인 차원에서 제한적으로 접근하지 않고 정책집행을 둘러싼 주민들의 항의와 이에 따른 갈등이라는 집합행위로 확장하여 고찰하였다.

정일섭(1999)은 “지방자치와 시민운동”이라는 논문을 통해 시민운동의 가치와 지방자치의 관계를 고찰하고 지방자치의 발전을 위한 시민운동의 과제를 모색했다. 또한 김명숙(1999)은 “정치 항의의 제도화에 관한 연구－핵폐기물처분장 설치반대 항의를 중심으로”라는 논문을 통해서 저항행위가 지역 공동체에서 제도화되어 가는 과정을 분석했다. 한편 박미옥(1999)은 “폐기물 소각 정책의 집행과 주민 저항－수원시 폐기물 소각장 가동에 대한 사례분석”을 통해서 주민들의 항의와 시민운동을 고찰했다. 이들의 연구는 지방자치의 제도화 이후 정책집행의 과정에서 발생하는 주민 항의에 주안점을 두고 사회운동과 지방자치의 측면을 고찰했다는 특징을 갖고 있다.

이렇듯 지방자치에서 주민참여의 측면을 개인 차원에서 점차 집단적 차원의 시민운동을 비롯한 사회운동과의 관계 문제로 확장하는 연구 경향은 NGO 주제의 연구에서도 확인되고 있다. NGO를 주제어로 한 최초의 논문은 1999년 게재된 이경원·김석준의 논문이다. 이경원·김석준(1999)은 “시민단체의 현황과 역할에 관한 정책적 제언”의 논문에서 시민단체의 역할 수행의 원활화와 지속화를 위한 국가와 지방자치단체 수준의 지원방안을 검토했다. 이들은 과거의 권위주의적 정권 하에서는 시민들의 자발적 참여에 의한 사회문제의 집합적 해결을 기대하기 어려웠지만 시민단체의 활성화로 사회적 수준에서 다원적 사회구조의 형성과 민주주의의 내실화를 기약하는 계기가 되었음을 확인하고 시민단체의 역할 증진을 위한 지방자치단체의 지원 방안을 강구했다. 김시영·노인만(2004)의 논문도 이경원 · 김석준(1999)의 문제의식과 상당부분 일치하는데, 이들은 지방정부와 NPO간의 관계를 대립과 갈등의 관계로만 한정하지 않고 협력관계가 형성되는 요인에 주목했다.

지방정부와 NGO의 거버넌스에 주목한 장인봉 · 고종욱(2004)과 시민운동의 제도화와 지방정부의 관계를 고찰한 김희송 · 오재일(2010)의 논문들은 지방정부와의 관계 속에서 시민운동을 고찰하고 있다는 공통점을 갖고 있다. 이런 점에서 『한국지방자치학회보』에 게재된 주민참여와 NGO 분야의 논문은 지방자치제의 부활에 따른 주민참여에 대한 관심으로부터 연구가 시작되었으며, 지방자치제의 안착과 함께 점차 주민참여의 중요한 행위자로 등장한 시민운동과 NGO에 관한 연구로 확장되었다고 할 수 있다. 이러한 사실은 주민참여 및 NGO분야 논문의 주제어 빈도수에서도 확인되고 있다.

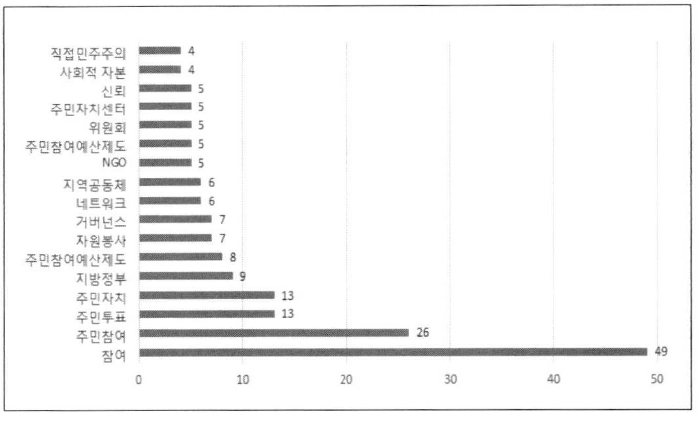

[그림 7-16] 주민참여 및 NGO 분야 논문의 주제어 빈도수

[그림 7-16]에서 알 수 있듯이 주민참여 및 NGO 분야 연구 논문의 주제어 빈도수에서 확인되듯이 참여와 주민참여가 가장 높은 빈도수를 보이고 있다. 물론 참여와 주민참여를 다른 의미로 분류할 수 있지만 광의의 개념에서 참여의 의미는 대개 주민참여를 내포한다는 점에서 참여와 주민참여를 같은 의미로 분류했다. 참여 빈도수 49회와 주민 참여 빈도수 26회는 다른 주제어의 빈도수를 압도하고 있다.

참여 다음으로 주민참여 및 NGO 분야 연구 논문에서 빈도수가 높은 주제어는 '주민투표'와 '주민자치'로 나타났다. 앞서 살펴봤듯이 한국지방자치학회의 주민참여에 관한 연구의 출발이 지방자치제의 부활과 밀접하게 연관되어 있다는 점에서 주민 투표와 주민 자치에 대한 빈도수가 높게 나타난 것은 예상된 결과라고 할 수 있다.

주민투표와 주민자치 다음의 빈도수로 나타난 '지방정부'를 비롯하여 '주민참여예산제도', '주민자치센터' 등은 지방자치와 연관된 주제어로 분류할 수 있다. 지방자치의 주체로서 지방정부, 지방자치 정책 구현의 형태로서 주민참여예산제도나 주민자치센터 등은 모두 지방자치와 밀접하게 연관된 주제어들이다.

한편 지방자치의 운영방식을 함의하고 있는 '거버넌스'와 '네트워크'에 대한 빈도수가 각각 7회와 6회로 나타나 지방정부와 민간단체의 관계모형에 대한 관심이 높다는 것을 확인할 수 있다. 거버넌스에 대한 연구는 정부와 NGO의 파트너십 형성요인에 관한 연구(장인봉 · 고종욱, 2004)에 그치지 않고 거버넌스의 주체인 시민단체에 대한 연구로까지 확장되었다. 이민창 · 김정부(2002)와 이관률 · 도모연(2014)의 논문이 대표적이라고 할 수 있다. 이민창 · 김정부(2002)는 정책결정 및 집행과정에 활발한 참여를 보이고 있는 NGO들의 조직화 방식에 주목하면서 시민단체들 간의 네트워크 형성과 협력관계를 분석했다. 또한 이관률 · 도모연(2014)은 지역사회에서 활동하고 있는 민간단체간의 협력 네트워크 구조에 대한 실증 분석을 시도했다. 이들 연구는 지방정부의 파트너로서 NGO를 거버넌스의 대상으로 한정하지 않고 NGO의 운영원리와 NGO들이 형성하는 네트워크 특성에 대한 분석으로까지 연구 영역을 확장했다는 점에서 의미가 있다.

9. 지방거버넌스 및 갈등관리

하혜영(국회입법조사처 입법조사연구관)

1) 서 론

한국 사회는 급속한 경제성과 민주화 과정을 거치면서 사회구조가 분화되고 가치와 이해관계가 다원화되면서 다양한 형태의 사회갈등이 끊임없이 표출되고 있다. 특히 1995년 민선 자치단체장이 선출되고 본격적인 지방자치제가 실시되면서, 지역별로 혐오시설의 입지갈등, 지역개발사업 등 다양한 영역에서 공공갈등이 본격적으로 발생하였다. 사회에서 발생하는 각종 갈등을 사전에 예방하거나 혹은 갈등이 발생 시 효과적으로 대처하지 못했을 경우에는 경제적 손실비용뿐만 아니라 사회심리적인 대립과 반목으로 인해 국가의 성장을 저해하는 장애요인이 된다. 따라서 그동안 갈등관리에 대한 중요성이 지속적으로 강조되어 왔다.

이를 반영하듯이 공공갈등을 주제로 한 연구들이 양적으로 증가하고, 질적으로도 다원화되고 있다. 그동안 많은 연구들이 효과적인 갈등해결을 위한 갈등관리방식을 제시하고 있는데, 근래에는 갈등관리의 방식으로써 협력적 거버넌스에 대한 관심도 높아지고 있다. 갈등을 완화하고 해결할 수 있는 효과적인 갈등관리 시스템을 구축하기 위해서 상대에 대한 배려 및 관용이 기초가 된 다양한 담론이 이루어질 수 있는 심의민주주의가 확립되어야 한다. 이러한 심의민주주의와 상응하는 이론이 협력적 거버넌스이다. 거버넌스에 대한 관심은 1990년대 이후로 증가하고 있으며, 공공문제 해결을 위한 협력에 대한 필요성과 요청은 거버넌스 논의의 핵심이라고 볼 수 있다. 향후 지역갈등에서 벗어나 협력적 거버넌스로의 전환을 위한 연구는 지역발전뿐만 아니라 더 나가서 국가 경쟁력 제고에도 중요하다. 따라서 이 글에서는 국내에서 대표적인 지방자치 분야의 학술지인 『한국지방자치학회보』를 대상으로 지방거버넌스와 갈등관리(정부간 관계 제외)를 주제로 한 논문의 연구경향을 분석하였다.

2) 분석기준과 방법

(1) 분석대상 및 분석범위

이 글에서 분석대상의 학술지는 『한국지방자치학회보』이며, 해당 학술지는 1989년 창간호를 발표한 이래 2017년 12월 31일 기준으로 30년간 통권 100권을 발간하였다. 그리고 분석대상인 연구주제는 지방거버넌스와 갈등관리이다. 단, 정부간 관계를 제외한 정부와 주민, 주민간, 혹은 집단간 관계에서 발생하는 지역의 갈등과 협력을 대상으로 한다. 이와 같이 갈등 및 협력의 주체를 한정함으로써 선행연구 분석결과로서 제시하는 정책대안을 체계적으로 분류할 수 있다. 논문의 선정은 한국지방자치학회의 홈페이지(http://www.kalgs.or.kr)에서 제공하는 『한국지방자치학회보』 검색서비스를 이용하였다. 검색을 위한 주제어는 지방거버넌스의 경우 '거버넌스, governance'를 입력하였고, 갈등관리의 경우에는 '갈등, 분쟁, 님비(NIMBY), 핌비(PIMBY), ADR, conflict, dispute'를 입력하였다. 단, 검색된 논문 중에서 정부간 관계, 즉 중앙과 지방, 지방정부간 관계를 대상으로 한 갈등 및 거버넌스 연구를 제외하였다. 이 과정을 거치면서 최종 선정된 논문은 지방거버넌스 분야의 경우 18편, 갈등관리 분야는 31편이었다. 이 중 4편의 논문은 갈등해결을 위한 지방거버넌스를 활용한 연구라서 두 분야의 주제가 중복되었으나, 각 주제별 특징을 분석하고자 중복하여 사용하였다.

(2) 분석기준

이 글에서 지방거버넌스와 갈등관리 관련 논문의 특징을 보기 위해서 연구의 투입측면, 전개측면, 산출측면으로 구분하였다. 연구의 투입측면은 연구시기와 연구자 특징, 그리고 전개측면은 연구내용과 연구방법, 그리고 산출측면은 연구결과(정책대안)로 세분화하였다.

첫째, 연구의 투입측면에서는 연구시기로서 해당 연구가 제재된 연도를 기입했으며, 이는 관련 주제의 연구에 시기별 양적 변화를 보고자 선정하였다. 연구자 특징은 학제성과 협업성을 살펴보기 의해서, 연구에 참여한 연구자수와 연구자의 직책을 조사하였다.

둘째, 연구의 전개측면에서 연구정향, 연구대상, 연구방법을 살펴보았다. 연구정향은 크게 이론적·이론형성과 실제적·문제해결로 구분하였다. 연구대상은 갈등관리와 지방거버넌스 연구별로 나누어서 주요 특징을 기입하였다. 갈등관리의 연구대상은 입지갈등, 지역개발, 기타 갈등, 갈등관리제도 일반으로 구분하였다. 지방거버넌스 분야는 국가중심 거버넌스, 시장중심 거버넌스, 시민중심 거버넌스로 구분하였다. 연구방법은 크게 양적 연구와 질적 연구로 구분했었다.

셋째, 연구의 산출측면으로 정책대안을 제시한 선행연구를 대상으로, 이들이 제시하는 갈등해결의 방안과 성공적인 지방거버넌스의 요건이 무엇인지를 정리하고, 이를 통해서 지역갈등에서 협력의 조건을 살펴보았다.

3) 지방거버넌스와 갈등관리의 연구경향 분석결과

(1) 지방거버넌스

① 연구의 투입측면

지방거버넌스(정부간 관계 제외)를 주제로 학술지에 게재된 논문의 발간시기를 보면, 대부분 2000년 이후이다. 2013년에 2편, 2007년 5편, 2008년, 2009년 각 1편, 2012년, 2013년, 2014년은 각 2편, 그리고 2015년 3편이다. 국내 1997년 국가적으로 IMF 외환위기를 맞아서, 이를 타개하기 위해서 국정운영방식에도 큰 변화를 시도하고, 이 과정에서 거버넌스는 새로운 국정운영원리의 하나로 연구되기 시작하였다.

한편, 연구자 특징으로써 협업성을 살펴보기 위해서 연구자수를 보면, 단독연구는 11편(61.1%)이고, 2인 이상의 공동연구는 7편(38.9%)이었다. 그리고 연구자(주저자)의 직책을 보면, 대학교수가 9편(50%)으로 절반을 차지하고, 나머지는

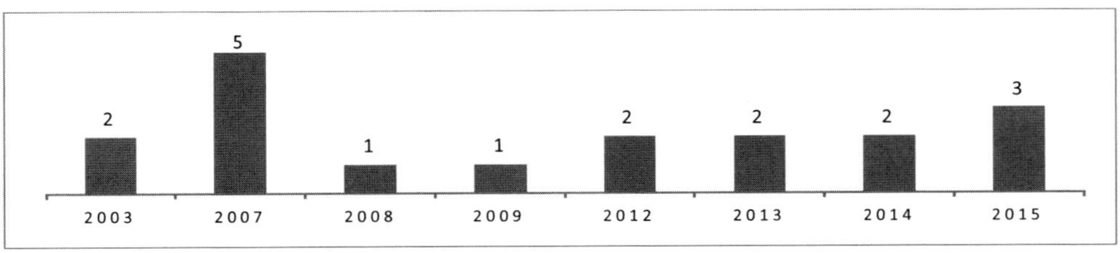

[그림 7-17] 지방거버넌스 연구의 발간시기

대학강사 2편(11.1%), 연구원 1편(5.6%), 공무원 4편(22.2%), 기타(대학원생)이 2편(11.1%)이었다.

표 7-29 지방거버넌스 연구자수

구 분	빈도(%)
단독 연구	11(61.1)
공동 연구	7(38.9)
합계	18(100)

표 7-30 지방거버넌스 연구자 직책

구 분	빈도(%)
대학교수(전임)	9(50.0)
대학 강사	2(11.1)
연구원	1(5.6)
공무원	4(22.2)
기타(대학원생)	2(11.1)
합계	18(100)

② 연구의 전개측면

지방거버넌스의 연구정향을 보면, 실제적 및 문제해결지향적 연구가 11편(61.1%), 이론적 및 이론형성적 연구는 7편(38.9%)이다. 연구대상을 보면, 시민중심의 거버넌스에 초점을 둔 연구가 9편(50%)이고, 시장중심 거버넌스가 5편(27.8%), 정부중심 거버넌스가 3편(16.7%)이었다. 지방거버넌스를 대상으로 한 연구에서는 시민중심과 시장중심의 거버넌스에 대한 연구가 77.8%에 이른다.

표 7-31 지방거버넌스 연구정향

구 분	빈도(%)
이론적 및 이론형성	7(38.9)
실제적 및 문제해결	11(61.1)
합계	18(100)

표 7-32 지방거버넌스 연구대상

구 분	빈도(%)
정부중심 거버넌스	3(16.7)
시장중심 거버넌스	5(27.8)
시민중심 거버넌스	9(50.0)
기타	1(5.6)
합계	18(100)

연구방법을 보면, 양적 연구는 3편(16.7%)이고, 질적 연구는 15편(83.3%)이었다. 질적 연구의 세부 방식을 보면, 사례 연구가 7편(46.7%)이고, 서술적 연구가 5편(33.3%), 그리고 심층면접방식을 사용한 연구가 3편(20.0%)이었다.

표 7-33 거버넌스연구의 연구방법

연구방법		비계량 방법의 세부 내용	
양적 연구 질적 연구	3(16.7%) 15(83.3%)	사례연구 심층면접 서술적 연구	7(46.7%) 3(20.0%) 5(33.3%)
합계	18(100%)	합계	15(100%)

③ 연구의 산출측면

지방거버넌스 관련 논문 중에서 정책적 대안을 제시한 9편의 지방거버넌스 관련 논문을 대상으로 성공적인 지방거버넌스의 형성요인을 정리하였다. 선행연구에서 제시한 거버넌스 형성을 위한 기본적인 요인은 크게 구분하면, 참여, 제도, 정부로 구분할 수 있었다.

첫째, 참여에는 참여자, 네크워크, 신뢰 요인이 중요한 형성조건으로 제시되었다. 지방거버넌스 형성을 위해서 다양한 참여자의 참여기회를 확대시키는 노력이 필요하다는 점을 다수의 연구에서 제시하고 있다. 그리고 다양한 참여자들의 참여를 위해 유인장치가 필요하고, 네크워크 형성의 필요성을 강조하고 있다. 무엇보다 신뢰는 거버넌스 형성을 위해 필수적인 요소로 지적되고 있다. 둘째, 거버넌스 형성을 위해서 제도의 구축이 필요하다는 점이다. 세부적으로 지방거버넌스 형성을 위해서 참여를 위한 제재와 규칙수단이 마련되어야 하며, 다양한 이해관계자의 숙의과정의 정당성을 확보하기 위한 제도의 설계 등이 필요하다는 점을 강조하였다. 셋째, 지방거버넌스 형성을 위해서는 지방정부의 역량강화가 필요하다는 주장도 다수 있었다. 즉, 정부가 거버넌스 형성을 추진할 의지가 있어야 하며, 거버넌스에 대한 공무원의 인식전환이 필요하다는 것이다. 또한 지방거버넌스 형성을 위한 정부조직 구조의 개혁 등도 요구된다고 하겠다.

(2) 갈등관리

① 연구의 투입측면

갈등관리(정부간 관계 제외)를 주제로 학술지에 게재된 31편 논문의 발간시기는 1994년을 시작으로 매년 1~2편이 발간되었다. 다만, 2002년과 2014년에 4

편, 2016년 3편의 논문이 발간되었고, 그 외 2006~2008년에는 관련 논문이 없었다. 1995년 본격적인 지방자치 시대로 들어서면서 지역에서 발생하는 각종 공공갈등에 대한 해결책을 모색하는 연구들이 지속되고 있는 것으로 볼 수 있다.

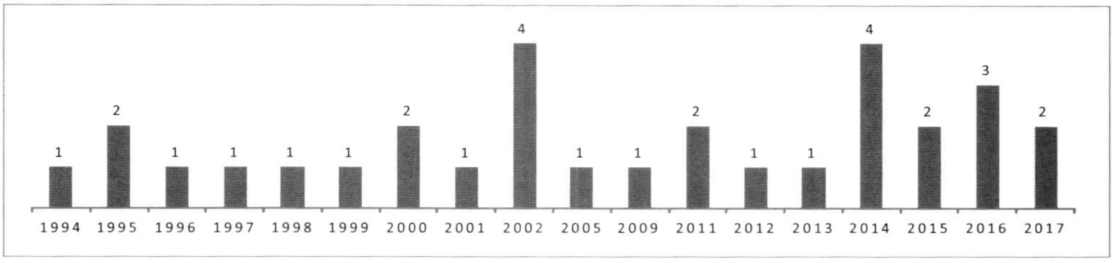

[그림 7-18] 갈등관리 논문의 발간시기

다음으로 연구에 참여한 연구자수를 기준으로 단독 및 공동연구인지를 살펴보았는데, 단독으로 연구하는 경우는 14편(45.2%)이며, 2인 이상의 공동연구를 수행한 경우는 17편(54.8%)이었다. 연구자(주저자)의 직책을 보면, 대학교수가 18편(58.1%)으로 가장 많았고, 그 외 연구원이 6편(19.4%), 기타(대학원생)이 4편(12.9%), 대학강사 2편, 공무원 1편으로 나타났다.

표 7-34 갈등관리 연구자 수

구 분	빈도(%)
단일 연구	14(45.2)
공동 연구	17(54.8)
합계	31(100)

표 7-35 갈등관리 연구자 직책

구 분	빈도(%)
대학교수(전임)	18(58.1)
연구원(공공 및 민간)	6(19.4)
공무원	1(3.2)
대학강사	2(6.5)
기타(대학원생)	4(12.9)
합계	31(100)

② 연구의 전개측면

갈등관리 관련 논문의 연구정향을 보면, 이론적 및 이론형성 연구는 11편(35.5%)이고, 실제적 및 문제해결을 지향하는 연구가 20편(64.5%)이었다. 이는 지역에서 벌어지는 갈등에 대해 보다 실천적인 대안을 제시하려는 연구경향이 큰 것으로 해석된다. 그리고 갈등관리 분야의 연구대상을 보면, 각종 혐오시설 등의 건설과 관련된 입지선정 및 유지 관련 갈등이 23편(74.2%)으로 가장 많았다. 이어서 각종 지역개발 관련 갈등이 2편(6.5%)이고, 기타 갈등이 3편(환경관리 1건, 재난관리 2건), 그리고 갈등제도 일반에 대한 내용이 3편이었다. 여기서 가장 빈도가 높은 입지선정 관련 갈등의 경우, 구체적으로 어떤 시설입지로 인한 갈등인지 살펴보았다. 먼저, 쓰레기장 관련 갈등이 5건, 폐기물장 4건, 방폐장 3건, 공단 2건, 댐 2건이 있었고, 그 외 골프장, 병원, 군사, 발전시설이 각 1건씩이고, 마지막으로 혐오시설 일반에 대한 사항이 3건이었다.

표 7-36 갈등관리 연구정향

구 분	빈도(%)
이론적 및 이론형성	11(35.5)
실제적 및 문제해결	20(64.5)
합계	31(100)

표 7-37 갈등관리 연구대상

구 분	빈도(%)
입지선정	23(74.2)
지역개발	2(6.5)
기타 갈등	3(9.7)
갈등제도 일반	3(9.7)
합계	31(100)

마지막으로 갈등연구의 방법론적 특징을 살펴보았는데, 양적 방식을 사용한 연구는 7편(22.6%)이고, 질적 방식은 24편(77.4%)이었다.

양적 방식을 사용한 논문들은 대부분이 설문조사방식을 사용하였고, 단순 빈도분석을 실시한 연구에서부터 인과성을 추론하는 회귀분석까지 실시한 연구가 있었다. 질적 연구의 경우에는 사례연구가 17편(70.8%), 심층면접방식이 4편, Q

표 7-38 갈등관리 연구방법론

연구방법		비계량의 세부방식	
양적 연구 질적 연구	7(22.6%) 24(77.4%)	사례연구	17(70.8%)
		심층면접	4(16.7%)
		Q방법	2(8.3%)
		기타	1(4.2%)
합계	31(100%)	합계	24(100%)

방법론 2편, 기타(서술적 기술)이 1편이었다.

③ 연구의 산출측면

갈등관리 분석대상 논문 중에서 실제적 및 해결지향적인 연구인 20편을 대상으로 갈등해결을 위한 요인으로 제시한 사항들을 대상으로 요인분석을 하였다.

해당 학술지에 실린 갈등관리 논문의 경우에 지역갈등을 해결하기 위한 정책대안으로 가장 빈번하게 제시한 사항은 첫째, 갈등관리요인으로 갈등관리의 제도화, 갈등관리방식의 개발, 갈등관리를 위한 인적기반 및 환경조성이 있었다. 특히 갈등관리의 제도화를 주장하는 연구자들이 많았는데, 중립적 조정위원회를 마련하고, ADR(Alternative Dispute Resolution) 관련 제도를 도입하고, 합의과정에서 민주성 제고하는 등의 노력이 필요하다는 의견들이 있었다. 또한 다양하고 효율적인 갈등관리방식의 개발이 필요하다는 제안을 한 연구들도 있었다. 그 외 협상과 타협이 가능한 문화조성과 갈등관리를 위한 전문인력 양성 등에 대한 주장이다.

그리고 갈등관리요인과 더불어 가장 중요한 요인으로 주민참여요인이다. 가장 빈도가 높게 제시된 안이 주민참여의 제도화이며, 다양한 이해관계자들의 의견수렴을 할 수 있는 제도가 마련되어야 한다는 의견이 많았다. 특히 계획초기단계부터 주민참여의 제도화가 필요하다는 주장도 다수 있었다. 그동안 국내 각종 개발계획의 수립절차를 보면 정부가 미리 일방적으로 결정하고 나서 홍보 수단을 동원해 이를 방어하는 이른바 DAD(Decide Announce Defend) 방식으로 진행된 것이 사실이다. 따라서 이러한 방식을 지양하고, 계획 초기부터 관계 이해당사자들과 함께 공론의 장을 마련하는 노력이 필요하다.

다음은 정부의 관리요인으로써 보상체계, 의사결정방식, 정부의 신뢰구축, 정부의 인식전환이 지적되었다. 우선, 갈등해결을 위해서는 정부가 합리적인 보상기준과 보상체계를 마련해야 한다는 의견이 많았다. 그리고 정부 의사결정방식의 공정성, 투명성, 개방성 강화가 필요하다. 특히 정부의 신뢰구축이 선제적으로 필요하다는 의견도 많았고, 정부의 성실성과 적극성, 민주적 자세를 구현할 필요가 있다는 점을 제시하고 있다. 그리고 정치적인 요인으로 지역갈등해결을 위해서 지방의회의보다 적극적인 역할이 필요하다는 점을 강조하고 있다. 그러나 한편으로는 갈등사안을 두고, 정치적 및 정략적으로 사용하는 등 정치적으로 악용하는 것을 방지해야 한다는 점도 함께 강조하고 있었다. 마지막으로 지역갈등에서 각종 혐오시설의 입지선정을 둘러싸고 갈등이 많았는데, 이러한 시설에 대한 안전성 관리 제도를 제대로 갖출 필요가 있다는 점도 지적하고 있다.

4) 결 론

지금까지 『한국지방자치학회보』가 창간된 이래 29년간 발간된 학술지 100권 중에서 지방거버넌스와 갈등관리를 주제로 한 논문에 대해서 연구경향을 살펴보았다. 연구정향을 보면, 대부분 논문들이 실제적이거나 문제해결지향적 연구에 초점을 두고 있었으며, 반면 이론적 및 이론형성 논문의 소수에 불과하였다. 연구방법을 보면 지방거버넌스와 갈등연구 모두가 질적 연구로 사례연구방법에 치중되어 있음을 알 수 있다. 소수사례를 대상으로 한 사례연구방법을 사용할 경우에 특정정책과 관련된 실증적인 지식이 산출될 가능성이 높은 장점이 있는 반면, 이론화를 위한 외적 타당성이 약하는 단점을 지닌다. 따라서 향후 실증적 자료를 바탕으로 다양한 연구방법론의 개발이 요구된다.

앞으로 지역의 발전과 함께 더 나아가서 국가의 발전에 초석이 되기 위해서는 지역갈등을 줄이고, 협력을 모색할 수 있는 방안이 필요하다. 갈등관리는 갈등의 역기능을 감소시키고 순기능을 강화시키는 것인데, 이러한 갈등관리의 성공여부는 성공적인 거버넌스의 형성에 영향을 미치고, 반대로 성공적인 거버넌스의 존재 역시 효과적인 갈등관리에 긍정적인 영향을 미친다. 따라서 그동안 주로 행해졌던 지역갈등이나 거버넌스의 현상을 분석하는 데 그치지 않고, 갈등에서 협력으로 가기 위한 다양한 조건을 식별하고, 이에 대한 실증적인 검증을 통해 성공적 모델을 제시하는 연구들이 보다 늘어나야 하겠다.

10. 개별정책[13)]

임동진(순천향대학교 교수)

1) 개별정책분야 연구내용의 경향분석

(1) 개별정책분야 연구논문 발행편수

「한국지방자치학회보」(1993~2017년)에 게재된 연구논문[14)] 중 개별정책분야 연구논문의 발행편수를 살펴보면, 환경 · 에너지정책이 29편(19.6%)으로 가장 많고, 그 다음으로 복지정책 21편(14.2%), 전자정부 · 정보정책 17편(11.5%), 문화정책 14편(9.5%), 도시 · 토지 · 주택정책 11편(7.4%), 교육자치 8편(5.4%)의 순으로 나타났다. 연구영역별 분포가 가장 작은 분야는 대외정책 2편(1.4%)이고, 그 다음으로는 행정관리 3편(2.0%), 재난정책 4편(2.7%)의 순으로 나타났다.

표 7-39 개별정책분야 연구논문 발행편수

개별정책 연구분야	논문편수(개)	비율(%)
농업 · 농촌정책	5	3.4
문화정책	14	9.5
과학기술정책	7	4.7
복지정책	21	14.2
환경 · 에너지정책	29	19.6
전자정부 · 정보정책	17	11.5
교육자치	8	5.4
자치경찰	6	4.1

13) 본 글은 임동진 외(2018)의 '개별정책분야의 연구내용 및 경향 분석: 한국지방자치학회보 게재논문(1989~2017년)을 중심으로'[『한국지방자치학회보』, 30(3): 1-30]의 일부 내용을 토대로 작성되었음을 밝힙니다.

14) 『한국지방자치학회보』는 1989년에 창간되어 2018년 6월 말까지 제30권 2호(통권 102호)가 발간되었다. 이 중 개별정책 분야의 연구논문은 1993년(제5권 제1호)에 처음으로 게재되었다. 이에 따라 본 연구의 분석대상 연구논문의 시간적 범위는 개별정책 분야의 연구논문이 실제로 게재된 1993년부터 2017년 6월까지로 설정하였다.

재난정책	4	2.7
대외정책	2	1.4
도시 · 토지 · 주택정책	11	7.4
산업정책	6	4.1
다문화정책	5	3.4
행정관리	3	2.0
기타[15]	10	6.8
합 계	**148**	**100.0%**

(2) 시간적 변화에 따른 연구논문 발행편수

『한국지방자치학회보』(1993~2017년)에 게재된 논문 중 시간적 단위를 5년 단위로 구분했을 때 시기별 연구논문의 발행편수를 구체적으로 살펴보면, 1998~2002년이 46편(31.1%)으로 가장 많고, 그 다음으로 2003~2007년이 34편(23.0%), 2008~2012년 29편(19.6%), 2013~2017년 20편(13.5%), 1993~1997년 19편(12.8%)의 순으로 나타났다. 이로써 시간적 변화(5년)에 따른 개별정책 분야의 연구논문은 1998~2002년에 가장 많이 발행된 시기임을 알 수 있다.

표 7-40 시기별 연구논문의 발행편수

연도별(5년 단위)	논문편수(편)	비율(%)
1993~1997년	19	12.8
1998~2002년	46	31.1
2003~2007년	34	23.0
2008~2012년	29	19.6
2013~2017년	20	13.5
합 계	**148**	**100.0**

(3) 개별정책 연구분야의 시기별 연구경향

개별정책분야의 시기별 연구경향을 살펴보면 다음과 같다. 먼저, 농업 · 농촌

15) 기타: 치안정책 1편, 교육정책 1편, 노동정책 1편, 의료정책 1편, 규제정책(문화재) 1편, 민자유치 1편.

정책은 1998~2002년에 2편으로 가장 많이 발표되었고, 문화정책 역시 1998~2002년에 6편으로 가장 많고, 과학기술정책은 1993~1997년에 3편으로 가장 많다. 복지정책은 1998~2002년, 2003~2007년, 2013~2017년에 각각 5건으로 가장 많으며 여러 시기에 비교적 고른 분포를 보이고 있다. 환경・에너지정책은 1998~2002년에 8편으로 가장 많고, 전자정부・정보정책은 2003~2007년에 7편으로 가장 많고, 교육자치는 1998~2002년, 2013~2017년에 각각 3편으로 가장 많다. 그 외 도시・토지・주택정책은 1998~2012년, 2008~2012년에 각각 4편으로 가장 많고, 다문화정책은 2008~2012년에 3편으로 가장 많이 나타나고 있다.

다음으로, 시기별 개별정책분야의 연구경향을 살펴보면 다음과 같다. 1993~1997년에는 총 19편의 논문이 발표되었는데, 이 중 복지정책, 환경・에너지정책, 전자정부・정보정책이 각각 4편으로 가장 많고, 그 다음으로 과학기술정책이 3편, 도시・토지・주택정책이 2편의 순으로 나타나고 있다. 다음으로, 1998~2002년에는 총 46편의 논문이 발표되었는데, 이 중 환경・에너지 정책이 8편으로 가장 많고, 그 다음으로 문화정책이 6편, 복지정책, 전자정부・정보정책이 각각 5편, 토시・토지・주택정책이 4편의 순으로 나타나고 있다. 셋째, 2003~2007년에는 총 34편의 논문이 발표되었는데, 이 중 환경・에너지정책, 전자정부・정보정책이 각각 7편으로 가장 많고, 그 다음으로 복지정책 5편, 문화정책 4편의 순으로 나타나고 있다. 넷째, 2008~2012년에는 총 29편의 논문이 발표되었는데, 이 중 환경・에너지정책이 7편으로 가장 많고, 그 다음으로 도시・토지・주택정책이 4편, 다문화정책이 3편, 재난정책 등이 2편의 순으로 나타나고 있다. 마지막으로, 2013~2017년에는 총 20건의 논문이 발표되었는데, 이 중 복지정책이 5편으로 가장 많고, 그 다음으로 환경・에너지 정책, 교육자치가 각각 3편이고, 그 다음이 문화정책, 자치경찰이 각각 2편의 순으로 나타나고 있다.

개별정책분야의 시간적 변화(1993~2017년)의 특징을 정리해 보면, 복지정책, 환경・에너지정책은 시기별로 큰 변화 없이 꾸준히 연구되고 있는 것으로 나타났다. 이에 반해, 과학기술정책, 전자정부・정보정책은 2007년 이후 감소세가 뚜렷하게 나타나고 있고, 교육자치, 자치경찰, 다문화정책 분야는 2008년 이후 점차 증가세를 나타내고 있다.

표 7-41 개별정책 연구분야의 시기별 연구현황

(단위: 편, %)

개별정책 연구분야	시간적 변화					합 계
	1993~1997	1998-2002	2003-2007	2008-2012	2013-2017	
농업· 농촌정책	1(0.7)	2(1.4)	0(0.0)	1(0.7)	1(0.7)	5(3.4)
문화정책	0(0.0)	6(4.1)	4(2.7)	2(1.4)	2(1.4)	14(9.5)
과학기술정책	3(2.0)	2(1.4)	2(1.4)	0(0.0)	0(0.0)	7(4.7)
복지정책	4(2.7)	5(3.4)	5(3.4)	2(1.4)	5(3.4)	21(14.2)
환경·에너지정책	4(2.7)	8(5.4)	7(4.7)	7(4.7)	3(2.0)	29(19.6)
전자정부·정보정책	4(2.7)	5(3.4)	7(4.7)	1(0.7)	0(0.0)	17(11.5)
교육자치	0(0.0)	3(2.0)	1(0.7)	1(0.7)	3(2.0)	8(5.4)
자치경찰	0(0.0)	2(1.4)	1(0.7)	1(0.7)	2(1.4)	6(4.1)
재난정책	0(0.0)	0(0.0)	2(1.4)	2(1.4)	0(0.0)	4(2.7)
대외정책	0(0.0)	1(0.7)	1(0.7)	0(0.0)	0(0.0)	2(1.4)
도시·토지·주택정책	2(1.4)	4(2.7)	1(0.7)	4(2.7)	0(0.0)	11(7.4)
산업정책	1(0.7)	3(2.0)	1(0.7)	1(0.7)	0(0.0)	6(4.1)
다문화정책	0(0.0)	0(0.0)	1(0.7)	3(2.0)	1(0.7)	5(3.4)
행정관리	0(0.0)	1(0.7)	0(0.0)	2(1.4)	0(0.0)	3(2.0)
기타	0(0.0)	4(2.7)	1(0.7)	2(1.4)	3(2.0)	10(6.8)
합 계	19(12.8)	46(31.1)	34(23.0)	29(19.6)	20(13.5)	148(100.0)

X^2=60.858, df=56, p=.305.

(4) 개별정책분야 연구자의 인구학적 특성

개별정책분야 연구논문을 발표한 연구자의 인구학적 특성을 살펴보면 다음과 같다. 남성이 191명(87.2%)이고, 여성이 28명(12.8%)으로 남성이 압도적으로 높다. 연구논문의 참여자수를 보면, 1인 단독이 95편(64.2%)으로 가장 많고, 그 다음으로 2인 공저 36편(24.3%), 3인 공저 15편(10.1%), 4인이상 공저 2편(1.4%)의 순으로 나타났다. 연구논문을 발표한 연구자의 직업을 살펴보면, 교수가 126명(59.2%)으로 가장 많고, 그 다음으로 연구원 42명(19.7%), 시간강사(겸임교수, 객원교수 포함) 21명(9.9%), 박사(과정) 14명(6.6%), 공무원 6명(2.8%)의 순으로 나타났다.

표 7-42 개별정책분야 연구자의 인구학적 특성

<table>
<tr><th>구 분</th><th>내 용</th><th>연구자수(명)</th><th>비율(%)</th><th>구 분</th><th>내 용</th><th>연구자수(명)</th><th>비율(%)</th></tr>
<tr><td rowspan="3">성별
(N=219)</td><td rowspan="2">남성</td><td rowspan="2">191</td><td rowspan="2">87.2</td><td rowspan="8">직업별
(N=219)</td><td>교수</td><td>126</td><td>59.2</td></tr>
<tr><td>연구원</td><td>42</td><td>19.7</td></tr>
<tr><td>여성</td><td>28</td><td>12.8</td><td>연구교수</td><td>3</td><td>1.4</td></tr>
<tr><th>구 분</th><th>내 용</th><th>논문편수(편)</th><th>비율(%)</th><td>시간강사
겸임교수</td><td>21</td><td>9.9</td></tr>
<tr><td rowspan="4">연구
참여자
수
(N=148)</td><td>1인 단독</td><td>95</td><td>64.2</td><td>박사
박사과정</td><td>14</td><td>6.6</td></tr>
<tr><td>2인 공저</td><td>36</td><td>24.3</td><td>석사
석사과정</td><td>2</td><td>0.9</td></tr>
<tr><td>3인 공저</td><td>15</td><td>10.1</td><td>공무원</td><td>6</td><td>2.8</td></tr>
<tr><td>4인 이상
공저</td><td>2</td><td>1.4</td><td>기타[16]</td><td>5</td><td>2.3</td></tr>
</table>

(5) 연구비 지원 여부에 따른 연구논문 현황

연구비 지원 여부에 따라 연구논문은 크게 순수학술연구(연구비 개인부담 연구)와 연구비지원연구(연구비 기관지원 연구)로 구분할 수 있다. 연구비 지원여부에 따른 개별정책분야의 연구논문 현황을 살펴보면 개별 연구자가 연구비를 부담하는 순수학술연구가 112편(75.7%)이고, 연구비지원연구가 36편(24.3%)으로 나타났다. 연구비지원연구를 세분화하여 보면 교내연구비가 21편(14.3%)이고, 교외연구비가 15편(10.1%)으로 나타났다. 즉, 순수학술연구(75.7%)가 연구비지원연구(24.3%)에 비해 3배 정도 많고, 연구비지원연구의 경우 교내연구비(14.3%)가 역시 교외연구비(10.1%)보다 약 1.5배 수준임을 알 수 있다. 이는 개별정책분야의 연구는 주로 순수학술연구를 통해 이루어지고, 연구비지원의 경우 교내연구비의 지원을 통해 이루어지고 있음을 알 수 있다.

16) 기타: 한국일보 기자 1명, 사장 1명, 전문위원 1명, 지대위원장 1명, 전문위원 1명.

표 7-43 연구비 지원 여부에 따른 연구논문 현황

연구비 지원 여부	연구비 출처		논문편수(편)	비율(%)
순수학술연구	연구비 개인부담 연구		112	(75.7)
연구비지원연구	교내연구비	대학교지원	21	(14.3)
	교외연구비	정부기관	2	(1.4)
		한술진흥재단	10	(5.8)
		한국연구재단	2	(1.4)
		이왈옥 발전기금	1	(0.7)
	소계		36	(24.3)
합 계			**148**	**(100.0)**

(6) 연구비 지원 여부에 따른 시기별 연구경향

연구비 지원 여부에 따른 시기별(1993~2017년) 경향을 살펴보면, 개별 연구자가 연구비를 부담하는 순수학술연구는 1998~2002년에 36편(24.3%)으로 가장 많고, 그 이후인 2003~2007년에 30편(20.3%), 2008~2012년에 20편(13.5%), 2013~2017년에 11편(7.4%)으로 점차 감소하고 있다. 연구비지원연구의 경우 1998~2002년에 10편(6.8%)으로 가장 많고, 그 이후인 2003~2007년에 4편(2.7%)으로 급격히 축소되었다가 2008~2012년에 9편(6.1%), 2013~2017년에 9편(6.1%)으로 점차 회복하고 있다. 이는 순수학술연구는 점차 감소하는 경향을 보이는 반면, 연구비지원연구는 점차 증가하고 있음을 보여주고 있다.

개별정책 연구분야별 연구비 지원 현황을 살펴보면 다음과 같다. 먼저, 개별정책분야 중 연구비지원 없이 순수학술연구(연구자 개인부담 연구)로만 연구된

표 7-44 연구비 지원 여부에 따른 시기별 연구경향

(단위: 편, %)

연구비 지원여부	시간적 변화					합 계
	1993~1997	1998~2002	2003~2007	2008~2012	2013~2017	
순수학술연구	15(10.1)	36(24.3)	30(20.3)	20(13.5)	11(7.4)	112(75.7)
연구비지원연구	4(2.7)	10(6.8)	4(2.7)	9(6.1)	9(6.1)	36(24.3)
합 계	**19(12.8)**	**46(31.1)**	**34(23.0)**	**29(19.6)**	**20(13.5)**	**148(100.0)**

X^2=8.545, df=4, p=.074.

분야는 과학기술정책(7편), 재난정책(4편), 행정관리(3편), 대외정책(2편)으로 나타났다. 이에 반해 연구자 개인이 연구비를 부담하지 않는 연구비지원만으로 연구된 분야는 농업·농촌정책(5편)으로 나타났다. 그 외 나머지 분야는 대부분 순수학술연구의 비중이 매우 높고 연구비지원연구의 비중이 상대적으로 낮은 특징을 보이고 있다.

표 7-45 개별정책 연구분야별 연구비 지원현황

(단위: 편, %)

개별정책 연구분야	연구비 지원 여부						합 계	
	순수학술연구		연구비지원연구					
			교내연구비		교외연구비			
농업·농촌정책	0	(0.0)	2	(1.4)	3	(2.0)	5	(3.4)
문화정책	11	(7.4)	2	(1.4)	1	(0.7)	14	(9.5)
과학기술정책	7	(4.7)	0	(0.0)	0	(0.0)	7	(4.7)
복지정책	16	(10.8)	4	(2.7)	1	(0.7)	21	(14.2)
환경·에너지정책	21	(14.2)	4	(2.7)	4	(2.7)	29	(19.6)
전자정부·정보정책	12	(8.1)	4	(2.7)	1	(0.7)	17	(11.5)
교육자치	7	(4.7)	1	(0.7)	0	(0.0)	8	(5.4)
자치경찰	3	(2.0)	2	(1.4)	1	(0.7)	6	(4.1)
재난정책	4	(2.7)	0	(0.0)	0	(0.0)	4	(2.7)
대외정책	2	(1.4)	0	(0.0)	0	(0.0)	2	(1.4)
도시·토지·주택정책	10	(6.8)	0	(0.0)	1	(0.0)	11	(7.4)
산업정책	4	(2.7)	1	(0.7)	1	(0.7)	6	(4.1)
다문화정책	4	(2.7)	1	(0.7)	0	(0.0)	5	(3.4)
행정관리	3	(2.0)	0	(0.0)	0	(0.0)	3	(2.0)
기타	8	(5.4)	0	(0.0)	2	(1.4)	10	(6.8)
합 계	**112**	**(75.7)**	**21**	**(14.2)**	**15**	**(10.1)**	**148**	**(100.0)**

X^2=35.057, df=28, p=.168.

2) 개별정책분야 연구방법의 경향분석

(1) 연구방법에 따른 시기별 연구경향

연구방법은 양적방법 여부에 따라 계량연구와 비계량연구로 구분할 수 있다. 연구방법에 따른 시기별(1993~2017년) 경향을 살펴보면 다음과 같다. 전반적으로 연구기간(1993~2017년) 전체를 기준으로 보면 비계량연구가 86편(58.1%)으로 계량연구 62편(41.9%)보다 약 20편(16.2%)이 더 많은 것으로 나타나 비계량연구가 더 많이 활용되고 있음을 알 수 있다. 세부기간별로 구체적으로 보면 비계량연구는 1998~2002년에 33편(22.3%)으로 최고치를 기록한 이후 2003~2007년에 18편(12.2%), 2008~2012년에 13편(8.8%) 등 점차 감소하는 경향을 보이고 있는 반면, 계량연구는 1993~1997년 7편(4.7%) 이후 1998~2002년에 13편(8.8%), 2008~2012년에 16편(10.8%)으로 점차 증가하는 추세에 있음을 알 수 있다.

표 7-46 연구방법에 따른 시기별 연구경향

(단위: 편, %)

연구방법	시간적 변화					합 계
	1993~1997	1998~2002	2003~2007	2008~2012	2013~2017	
비계량연구	12(8.1)	33(22.3)	18(12.2)	13(8.8)	10(6.8)	86(58.1)
계량연구	7(4.7)	13(8.8)	16(10.8)	16(10.8)	10(6.8)	62(41.9)
합 계	**19(12.8)**	**46(31.1)**	**34(23.0)**	**29(19.6)**	**20(13.5)**	**148(100.0)**

X^2=6.724, df=4, p=.151.

(2) 세부 연구방법의 시기별 활용정도

연구방법은 세부적으로 서술적 연구(문헌연구, 법·제도적 연구), 양적 연구(통계적 연구, 수리적 연구), 질적 연구(단일사례, 복수사례, 심층사례)로도 구분할 수 있다. 세부연구방법에 따른 시기별 활용정도를 살펴보면 다음과 같다. 세부 연구방법 중 연구기간(1993~2017년) 내에 가장 많이 활용되는 연구방법은 법·제도적 연구와 통계적 연구가 각각 49편(33.1%)으로 가장 많고, 그 다음으로 단일사례가 16편(13.8%), 수리적 연구 13편(8.8%), 문헌연구 9편(6.1%), 복수사례

8편(5.4%)의 순으로 나타났다. 주요 연구방법의 시기별 활용정도를 살펴보면, 법·제도적 연구는 1998~2002년 21편(14.2%) 이후 2003~2007년에 10편(6.8%), 2008~2012년 7편(4.7%)으로 점차 감소하는 추세에 있다. 이에 반해 통계적 연구는 1998~2002년 11편(7.4%) 이후 약간의 등락이 있으나 점차 증가하는 추세에 있다. 또한 단일사례는 비교적 일정한 비율을 유지하는 경향을 보이고 있고, 수리적 연구는 2003~2007년 7편(4.7%) 이후 점차 감소하는 추세를 보이고 있다.

표 7-47 세부 연구방법의 시기별 활용정도

(단위: 편, %)

세부연구방법		시간적 변화					합 계
		1993~1997	1998~2002	2003~2007	2008~2012	2013~2017	
서술적 연구	문헌연구	0(0.0)	1(0.7)	3(2.0)	4(2.7)	1(0.7)	9(6.1)
	법·제도적 연구	9(6.1)	21(14.2)	10(6.8)	7(4.7)	2(1.4)	49(33.1)
양적 연구	통계적 연구	7(4.7)	11(7.4)	9(6.1)	14(9.5)	8(5.4)	49(33.1)
	수리적 연구	0(0.0)	2(1.4)	7(4.7)	2(1.4)	2(1.4)	13(8.8)
질적 연구	단일사례	2(1.4)	3(2.0)	5(3.4)	2(1.4)	4(2.7)	16(10.8)
	복수사례	1(0.7)	4(2.7)	0(0.0)	0(0.0)	3(2.0)	8(5.4)
	심층사례	0(0.0)	4(2.7)	0(0.0)	0(0.0)	0(0.0)	4(2.7)
합 계		**19(12.8)**	**46(31.1)**	**34(23.0)**	**29(19.6))**	**20(13.5)**	**148(100.0)**

X^2=45.121, df=24, p=.006.

개별정책 연구분야별 연구방법의 활용정도를 살펴보면 전반적으로 양적 연구가 62편(41.9%)으로 가장 많고, 그 다음으로 서술적 연구가 57편(38.5%), 질적 연구 29편(19.6%)의 순으로 나타났다. 정책분야별로 가장 많이 활용하는 연구방법을 살펴보면 다음과 같다. 농업·농촌정책, 과학기술정책, 교육자치, 자치경찰, 산업정책, 다문화정책, 행정관리 분야는 서술적 연구를 주로 사용하는 것으로 나타났다. 이에 반해, 문화정책, 복지정책, 환경·에너지정책, 전자정부·정보정책, 도시·토지·주택정책은 양적 연구를 주로 사용하는 것으로 나타났다. 질적 연구는 전반적으로 연구방법으로서의 활용이 다소 낮은 것으로 나타났는데, 질적 연구를 전혀 사용하지 않는 분야로는 농업·농촌정책, 대외정책, 행정관리 분야로 나타났다.

표 7-48 개별정책 연구분야별 연구방법 활용정도

(단위: 편, %)

개별정책 연구분야	연구방법 구분						합 계	
	서술적 연구		양적 연구		질적 연구			
농업 · 농촌정책	3	(2.0)	2	(1.4)	0	(0.0)	5	(3.4)
문화정책	4	(2.7)	7	(4.7)	3	(2.0)	14	(9.5)
과학기술정책	4	(2.7)	1	(0.7)	2	(1.4)	7	(4.7)
복지정책	4	(2.7)	16	(10.8)	1	(0.7)	21	(14.2)
환경 · 에너지정책	7	(4.7)	12	(8.1)	10	(6.8)	29	(19.6)
전자정부 · 정보정책	7	(4.7)	9	(6.1)	1	(0.7)	17	(11.5)
교육자치	7	(4.7)	0	(0.0)	1	(0.7)	8	(5.4)
자치경찰	4	(2.7)	1	(0.7)	1	(0.7)	6	(4.1)
재난정책	0	(0.0)	2	(1.4)	2	(1.4)	4	(2.7)
대외정책	1	(0.7)	1	(0.7)	0	(0.0)	2	(1.4)
도시 · 토지 · 주택정책	4	(2.7)	5	(3.4)	2	(1.4)	11	(7.4)
산업정책	3	(2.0)	1	(0.7)	2	(1.4)	6	(4.1)
다문화정책	3	(2.0)	1	(0.7)	1	(0.7)	5	(3.4)
행정관리	2	(1.4)	1	(0.7)	0	(0.0)	3	(2.0)
기타 정책	4	(2.7)	3	(2.0)	3	(2.0)	10	(6.8)
합 계	**57**	**(38.5)**	**62**	**(41.9)**	**29**	**(19.6)**	**148**	**(100.0)**

X^2=41.470, df=28, p=.049.

(3) 연구초점에 따른 시기별 연구경향

연구초점(지향)은 이론적/이론지향적 연구와 실제적/문제해결지향적 연구로 구분할 수 있다. 연구초점에 따른 시기별 연구경향을 살펴보면 전반적으로 이론지향적 연구가 9편(6.1%)인데 반해, 문제해결지향적 연구가 139편(93.9%)으로 압도적으로 높은 것으로 나타났다. 다만 시간적 변화에 따라 이론지향적 연구가 다소 증가하는 추세에 있고, 문제해결지향적 연구는 절대 비중이 압도적으로 높으나 약간 감소하는 추세를 보이고 있다.

표 7-49 연구초점에 따른 시기별 연구경향

(단위: 편, %)

연구초점	시간적 변화					합 계
	1993~1997	1998~2002	2003~2007	2008~2012	201~2017	
이론적/이론 지향적 연구	1(0.7)	1(0.7)	2(1.4)	2(1.4)	3(2.0)	9(6.1)
실제적/문제해결 지향적 연구	18(12.2)	45(30.4)	32(21.6)	27(18.2)	17(11.5)	139(93.9)
합 계	19(12.8)	46(31.1)	34(23.0)	29(19.6)	20(13.5)	148(100.0)

X^2=4.074, df=4, p=.396.

(4) 개별정책분야 연구논문의 통계분석방법 활용정도

개별정책분야 연구논문의 통계분석 활용정도를 살펴보면 다음과 같다. 통계분석을 활용한 논문은 총 171편인데, 이 중 가장 많이 활용하는 통계분석방법은 빈도분석이 37회(21.6%)로 가장 많고, 그 다음으로 회귀분석 20회(11.7%), 탐색적 요인분석 17회(9.9%), 신뢰도분석 15회(8.8), 기술통계 13회(7.6%), F-test 12회(7.0%), 교차분석, 상관분석이 각각 11회(6.4%), T-test 10회(5.8%)의 순으로 나타났다.

표 7-50 개별정책분야 연구논문의 통계분석방법 활용정도

통계분석방법	통계분석방법 활용횟수(회)	비율(%)
빈도분석	37	21.6
기술통계	13	7.6
교차분석	11	6.4
탐색적 요인분석	17	9.9
신뢰도분석	15	8.8
T-test	10	5.8
F-test	12	7.0
상관분석	11	6.4
회귀분석	20	11.7
구조방정식	3	1.8
패널분석	2	1.2

자료포락분석(DEA)	3	1.8
계층분석(AHP)	3	1.8
기타[17)	14	8.2
합 계	171	100.0

17) 기타에는 비용효과분석 2편, Z−score 비교 2편, 사회연결망분석 1편, 순서형로짓분석 1편, 이항로짓분석 2편, 해체기법 1편, 위계적회귀분석 1편, 경로분석 1편, T점수 1편, 메타분석 1편, 계리모형 1편이 포함되어 있다.

11. 지역개발, 지역경제, 도시행정

박관규(대한민국시도지사협의회 정책연구실장)

1) 서 론

(1) 분석 대상

본 글은 『한국지방자치학회보』의 창간호부터 2017년 6월호(제29권 제2호)에 개재된 지역개발, 지역경제 및 도시행정 분야 논문의 연구내용과 연구경향을 분석한다. 동 기간 동안 『한국지방자치학회보』에 게재된 총 974편의 논문 중 지역개발, 지역경제 및 도시행정 분야에 해당하는 논문은 48편이며, 전체의 약 5%에 해당한다.

(2) 분류 기준 및 체계

『한국지방자치학회보』에 개재된 48편의 지역개발, 지역경제 및 도시행정 분야 논문의 내용과 경향의 분석은 연구방법, 연구목적 및 연구주제 등 세 가지 차원으로 수행된다. 연구방법은 크게 양적 연구와 질적 연구로 구분하며, 양적 연구는 기술통계, 초·중급 추리통계 및 고급 추리통계 방법으로 구분한다. 질적 연구는 구술기록과 면접·관찰, 모형기반 문헌분석 및 비교연구 방법으로 분류한다. 끝으로 양적·질적 통합 연구방법을 독립된 하나의 유형으로 제시한다.

양적 연구 중 기술통계방법은 빈도분석 및 단순한 통계데이터를 활용한 실태분석 등을 수행한 경우로써 평균과 표준편차 분석과 같이 모수치에 대한 추정이 필요 없는 기초통계를 의미하여, 초·중급 추리통계방법은 모집단 추정을 수행하지만 단순한 영향관계를 분석하는 회귀분석이나 t검증/F검증/카이제곱검증과 같이 모집단의 평균차이를 추정하여 분석하는 방법 등을 의미한다. 고급 추리통계방법은 사용된 변수들 간의 다중적인 영향관계 혹은 인과관계를 분석하는 경로분석이나 구조방정식모형을 활용한 연구 또는 높은 수준의 시계열분석이나 수리통계분석 등을 의미한다.

질적 연구방법은 엄격하게 말해 후기 실증주의·현상학·해석학 분야의 인식론에 근거하고, 개별 사례를 깊이 있게 집중적으로 분석하여 지식을 창출하는 연구방법이다. 다만 실증주의적 인식론과 연구방법에 따른 질적 연구도 존재한다. 따라서 본 글에서는 질적 연구를 구술기록과 면접·관찰, 모형기반 문헌분석 및 비교연구로 구분한다.

구술기록과 면접·관찰 방법은 개인, 집단 및 조직이 구술 또는 서술한 내용을 문자로 전환하여 분석하는 구술기록의 분석, 연구대상과의 직접 면접을 통해 자료를 수집하고 분석하는 방법, 그리고 연구대상에 대한 참여관찰을 통해 데이터를 수집하고 분석하는 방법을 의미한다. 모형기반 문헌분석 방법은 기존의 연구 문헌이나 자료를 논리적으로 검토하고 분석하는 연구를 의미한다. 즉, 이러한 방법은 기존 연구를 단순히 검토하거나 특정한 개념 및 이론적 모형을 도출하고 적용하는 연구를 의미하며, 모형기반 문헌연구로 분류한다. 비교연구방법은 위에서 설명한 양적 연구방법 및 질적 연구방법과 배타적으로 구분되는 것은 아니다. 하지만 본 글에서는 『한국지방자치학회보』에 게재된 논문이 비교연구방법의 활용을 구체적으로 표기하거나 명확한 비교연구를 수행하는 경우를 하나의 독립된 연구방법으로 분류한다. 비교연구방법은 단일 사례와 복수 사례분석 또는 국내 사례와 해외 사례의 비교분석으로 구분한다.

통합연구방법은 질적 연구방법과 양적 연구방법을 동시에 활용하는 경우이다. 이는 논리 실증주의와 해석학·현상학 등이 지니는 인식론적 한계를 극복하기 위해 활용되고 있다. 이를 테면 어떠한 현상에 대한 인과관계 또는 인과구조의 검증과 검증결과에 대한 깊이 있는 서술과 설명이 추가되는 연구방법을 의미한다.

연구목적은 이론적 연구와 실용적 연구를 위한 것으로 구분한다. 이론적 연구목적은 새로운 이론이나 모형 자체의 소개 및 수정 목적, 그리고 기존 이론이나 모형의 수정과 검증 목적으로 구성된다. 또한 실용적 연구목적은 현황과 문제점의 분석과 개선방안을 제안하는 것과 정책이나 문제해결을 위한 시사점이나 아이디어를 도출하고 제안하는 것으로 구분한다. 실용적 연구목적을 두 가지로 구분하는 데 있어 중요한 기준은 논문에서 현실에 대한 문제점 분석과 개선방안의 제시를 명확히 밝히고 있는가에 있으며, 이러한 경우는 현실문제 해결을 위한 처방적 연구로 분류한다.

지난 30년간 『한국지방자치학회보』에 게재된 학술논문의 경향은 시기적으로 3단계로 구분하여 분석한다. 학회보가 창간된 1989년부터 1999년까지를 1단계, 2000년부터 2009년까지를 2단계, 그리고 2010년부터 2017년 6월까지를 3단계로 구분한다. 1단계와 2단계에는 각각 15편의 논문이 해당되며, 3단계에는 18편의 논문이 분석대상이 된다.

2) 연구방법별 경향 분석

지난 30년간 지역개발, 지역경제 및 도시행정 분야의 연구에 있어 연구방법은 뚜렷한 변화를 나타내고 있다. 특히 양적 연구에 있어 추리통계 연구방법을 활용한 연구가 증가하고 있으며, 추리통계의 수준도 향상되고 있다. 즉, 초기에는 기술통계 방법이 주로 활용되었지만, 2000년대 들어서는 초・중급 추리통계 방법이 많이 사용되어 전체의 40%를 차지하고 있으며, 2010년대에는 고급 추리통계 방법을 활용한 논문이 전체의 22.2%를 차지하고 있다.

초기 10년 동안(1989~1999)은 모형기반 문헌연구(46.7%)와 기술통계(26.7%)

표 7-51 연구방법별 경향 분석

구 분			1989~1999		2000~2009		2010~2017		전 체	
			논문수	비 율	논문수	비 율	논문수	비 율	논문수	비 율
양적 연구	기술통계		4	26.7	4	26.7	2	11.1	10	20.8
	추리통계(초・중급)		1	6.7	6	40.0	5	27.8	12	25.0
	추리통계(고급)		0	0.0	0	0.0	4	22.2	4	8.3
질적 연구	구술기록, 면접・관찰		0	0.0	0	0.0	0	0.0	0	0.0
	모형기반 문헌분석		7	46.7	2	13.3	1	5.6	10	20.8
	비교 연구	국내단일사례	1	6.7	3	20.0	0	0.0	4	8.3
		국내비교	1	6.7	0	0.0	0	0.0	1	2.1
		해외단일사례	1	6.7	0	0.0	1	5.6	2	4.2
		해외비교	0	0.0	0	0.0	4	22.2	4	8.3
양적・질적 연구 통합			0	0.0	0	0.0	1	5.6	1	2.1
합계			15	100.0	15	100.0	18	100.0	48	100.0

방법을 적용한 연구가 대부분이었고, 질적 연구방법의 하나인 비교연구가 20.1%(3편)를 점유하고 있다. 하지만 2010년대에는 양적 연구방법을 활용한 연구가 60% 이상으로 증가하였으며, 비교연구도 국내 단일사례분석 중심에서 해외의 복수 사례비교 연구가 크게 증가하여 22.2%(4편)를 차지하고 있다. 또한 모형기반 문헌분석을 활용한 연구는 초기에 가장 많은 비중(46.7%)을 차지하였지만 최근에는 5.6%(1편)으로 크게 감소하였다.

3) 연구목적별 경향 분석

연구목적의 변화도 뚜렷이 나타나고 있다. 실용적 연구목적의 연구가 감소하고 이론적 연구가 증가하고 있다. 즉, 1990년대에는 현실의 문제점을 분석하고 개선방안(관리방안, 정책방안 등)을 제시하는 연구(46.7%)들의 비중이 매우 높았지만 2010년대에는 5.6%로 크게 감소하였다. 또한 실용적 연구목적 중 단순한 처방적 연구보다는 이론이나 모형에 근거한 현실의 분석을 통해 정책적 시사점이나 문제해결의 아이디어를 제안하는 연구로 전환하고 있다. 특히 2010년대에는 정책적·문제해결의 아이디어를 제안하기 위한 연구의 비중이 50%까지 증가하였다.

하지만 『한국지방자치학회보』 창간 이후 새로운 이론이나 모형의 소개하거나 비판적 검토에 근거한 보완을 제시하는 이론적 연구는 전혀 없다. 다만 이론

표 7-52 연구목적별 경향 분석

구 분		1989~1999		2000~2009		2010~2017		전 체	
		논문수	비 율	논문수	비 율	논문수	비 율	논문수	비 율
이론적 연구	새로운 이론 및 모형 소개	0	0.0	0	0.0	0	0.0	0	0.0
	기존 이론·모형의 보완 및 검증	2	13.3	8	53.3	8	44.4	18	37.5
실용적 연구	현황·문제점 분석 및 개선방안 제안	7	46.7	3	20.0	1	5.6	11	22.9
	정책적·문제해결 아이디어 도출 및 제안	6	40.0	4	26.7	9	50.0	19	39.6
합계		15	100.0	15	100.0	18	100.0	48	100.0

적 연구목적의 연구는 기존의 이론이나 모형 또는 그것의 부분적 보완을 통해 실증적 자료나 증거를 제시하며 검증하는 연구에 한정되고 있다. 다만 최근으로 올수록 이론적 연구의 비중이 크게 증가하고 있다. 즉, 창간 초기 10년 동안에는 실용적 연구의 비중이 86.7%를 차지하였지만 2010년대에는 55.6%로 감소하고, 같은 기간 동안 이론적 연구목적의 비중은 13.3%에서 44.4%로 증가하였다.

4) 연구주제별 경향 분석

『한국지방자치학회보』에 게재된 지역개발, 지역경제 및 도시행정 분야 논문의 주제는 실용적 연구목적과 이론적 연구목적을 범주로 구분하여 분석한다. 연구주제별 경향의 분석을 연구목적의 분류인 실용적 연구와 이론적 연구로 구분하는 이유는 처방과 문제해결의 대상과 이론의 검증과 정립을 위한 대상으로 구분하기 위한 것이다. 특히 실용적 연구목적의 연구는 지역개발 및 지역경제 발전을 목적함수로 하고, 그것을 위해 해결하여야 하는 정책과제 및 분야를 독립변수로 하는 연구이다.

지역개발, 지역경제 및 도시행정 분야에서 독립변수로서의 연구주제는 다양화되고 있으며, 이는 새로운 현실문제와 정책과제의 대두와 밀접한 관계가 있다. 1989년 창간호에서는 주민참여, 지방자치, 지방분권, 지방재정력, 발전전략, 협상전략, 국제공항 입지와 같은 요인들이 지역개발과 지역경제 발전에 중요한 변수가 되고 있음을 알 수 있다. 하지만 2000년대에는 지속가능발전, 협력, 도시재개발, 지역축제, 벤처기업 및 그린투어리즘 등과 같은 새로운 연구주제들이 부각되고, 지역개발과 지역경제발전을 위한 새로운 변수로 다루어지고 있다. 또한 2010년대에는 지역개발기구, 입법방향, 문화경쟁력, 글로벌새마을운동, 한계중산층, 도시의 쇠퇴와 수축, 평가 지표 및 체계, 커뮤니티중심 정책 및 도시재생과 같은 연구주제들이 나타났다.

이론적 연구의 증가는 연구주제의 다양화로 나타나고 있다. 창간 연도부터 1990년대 말까지의 이론적 연구는 지역투입산출모형의 개발, 그리고 지역경제 경제수렴화이론의 적용이 연구주제이었지만, 2000년대에의 이론적 연구주제는 벤처기업, 지역격차, 시스템 관점, 인력수급모형, 요소가격추정모형, 제도적 집단행동모형, 도시지역 유형화 및 기술적 효율성이론 등으로 확장되었다. 그리고 2010년대에는 삶의 질, 책만들기 사업, 역사문화 및 생태자원, 커뮤니티 웰빙론, 지속가능경영론 및 지식기반산업 등과 같은 새로운 주제가 다루어지고 있다.

표 7-53 연구주제별 경향 분석

실용적 연구에서 지역개발 및 지역경제 발전을 위한 독립변수로서의 주제

1989~1999	2000~2009	2010~2017
주민참여 지방자치 지방분권 지방재정력 지역정보화/과학기술 UR 협상 발전전략/지역개발전략 국제공항	지속가능발전 협력 도시재개발 지역발전전략 지역축제 벤처기업 그린투어리즘	지역개발기구 입법방향 문화경쟁력과 창의성 글로벌새마을운동 한계중산층 도시 쇠퇴 및 수축 평가 지표 및 체계 커뮤니티중심 정책 도시재생전략 및 정책

지역개발 및 지역경제관련 이론적 연구의 주제

1989~1999	2000~2009	2010~2017
지역투입산출모형 경제수렴화이론	벤처기업 지역격차 시스템 관점(주역) 인력수급모형 요소가격추정모형 제도적 집단행동모형 도시지역 유형화 기술적 효율성이론	지역격차 삶의 질 책만들기 사업 역사문화 및 생태자원 커뮤니티 웰빙론 지속가능경영론 지식기반산업

5) 분석결과 및 향후 과제

『한국지방자치학회보』에 게재된 지역개발, 지역경제 및 도시행정 분야의 논문의 내용과 경향을 분석한 결과 및 그에 따른 향후 과제를 다음과 같이 정리하여 제시한다.

새로운 이론 또는 분석 틀 소개 및 수정 등을 연구목적으로 하는 연구는 전혀 없다. 지역개발, 지역경제 및 도시행정 분야의 새로운 이론을 소개하거나 새로운 이론의 한계점을 비판적으로 검토하고 수정하는 연구 논문이 없다. 이러한 경향

은 거의 모든 연구들이 기존의 이론이나 분석 틀을 적용하여 검증하거나 현실의 문제점을 분석하여 개선방안을 제시하는 처방적 연구에 치중하고 있기 때문이다. 따라서 앞으로는 새로운 이론이나 분석 틀을 비판적으로 검토하여 인과관계를 정립하여 실증분석의 과학성과 논리성을 향상시킬 필요가 있다.

회귀분석과 같은 추리통계를 적용한 양적 연구는 2000년에 나타났다. 하지만 이론의 검증과 정립을 위한 엄밀한 가설의 도출을 통한 검증을 수행하는 추리통계방법을 활용한 양적 연구가 부족하다. 적지 않은 연구들이 가설의 도출이 없이 분석모형을 제시하고 통계분석을 실시한 후, 그 결과를 서술하는 수준에 머물고 있다. 그리고 인과적 연쇄구조를 밝히는 경로분석 또는 구조방정식모형을 통한 분석은 2013년에 처음 나타났으며, 변수 간의 인과구조를 체계적으로 설명하고 검증하는 노력이 부족하다. 따라서 향후 기존 모형이나 분석 틀을 수정하고 적용하는 추리통계방법을 활용하는 연구는 엄밀한 논리구조 속에서 도출된 가설을 제시하고 신뢰도와 타당도가 확보된 자료를 활용하여 검증하고 분석할 필요가 있다.

질적 연구에 있어서도 현상학적 또는 해석학적 인식론에 근거한 연구는 거의 존재하지 않는다. 현실의 문제를 새로운 시각에서 접근하거나 비판적으로 해석하는 연구보다는 실증주의적 인식론에 근거한 바람직한 모형이나 체계를 제시하고 우리나라의 현황이 그러한 모형이나 체계에 부합하지 않고 있음을 지적하고 개선방향이나 정책 시사점을 제시하는 연구에 한정되고 있다. 따라서 앞으로는 다양한 인식론에 근거한 연구들이 이루어지는 것이 필요하다. 연구주제가 다양해지고 있는 경향에서 다양한 인식론에 근거한 연구의 필요성은 더욱 증가한다. 특히 지역개발과 지역경제발전을 위한 정책문제의 인식과 문제해결 방법의 선택에 있어 새로운 인식론에 근거한 연구는 학술적 연구의 지평을 확대시킬 것으로 기대한다.

12. 외국사례 및 국가 간 비교

전영옥(군산대학교 교수)

1) 분석대상

『한국지방자치학보』는 1989년 『지방자치연구』로 창간, 1997년 『한국지방자치학회보』로 명칭이 변경되어 2017년 현재 통권 29권이 발행되었다.

본 연구는 1989년 『한국지방자치학회보』 창간 이후 현재까지 발간된 논문 중 '외국사례 및 국가 간 비교연구'에 관한 논문 75편을 중심으로 분석을 실시하였다. [그림 7-19]에서 보듯, 창간호부터 2016년까지 매년 최솟값 0부터 최댓값은 6까지 시기별 큰 변동 없이 '외국사례 및 국가 간 비교연구'는 꾸준히 진행되고 있는 것으로 보인다.

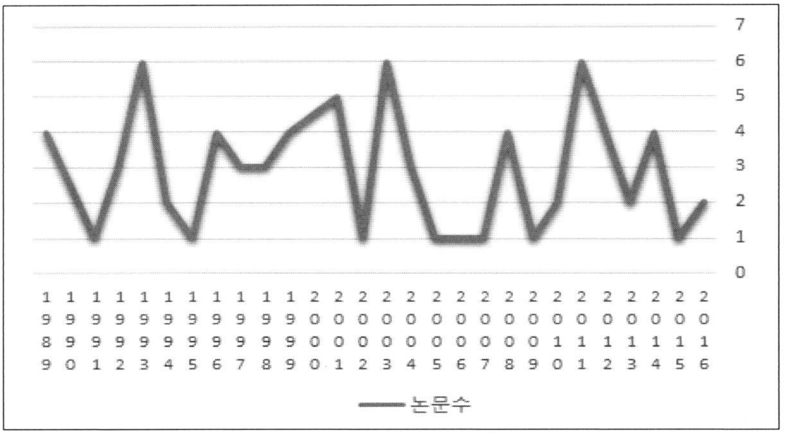

[그림 7-19] 연도별 외국사례 및 국가 간 비교연구 논문 발행 추이(1989~2016)

표 7-54 시기별 외국사례 및 국가 간 비교연구 논문 현황(1989~2016)

구 분	논문 현황	
	합 계	게재 연도(논문수)
1980년대	4	1989(4)
1990년대	27	1991(1) 1992(3) 1993(6) 1994(2) 1995(1) 1996(4) 1997(3) 1998(3) 1999(4)
2000년대	23	2001(5) 2002(1) 2003(6) 2004(3) 2005(1) 2006(1) 2007(1) 2008(4) 2009(1)
2010년대	21	2010(2) 2011(6) 2012(4) 2013(2) 2014(4) 2015(1) 2016(2)

2) 분석방법

본 연구는 네트워크 텍스트 분석방법을 활용하여『한국지방자치학회보』에 게재 된 논문 중 외국사례 및 국내외 비교연구 논문의 연구경향을 분석하였다. 네트워크 텍스트 분석(network text analysis: NTA)이란 텍스트에 출현하는 단어와 단어 사이의 관계를 링크로 표시함으로써 구축되는 네트워크를 통해 현상을 해석하는 분석 기법이다(Popping, 2000). 이는 언어와 지식은 단어 사이의 관계를 통해 형성된 네트워크라는 인식에 근거한다(Sowa, 1984). 즉, 네트워크 텍스트 분석은 사회 네트워크 분석 기법과 텍스트 분석을 복합적으로 연계함으로써, 특정 연구분야 및 현상에 대한 지식과 이해를 증진하고자 하는 시도로 이해할 수 있다(최영출, 2011).

텍스트를 분석함에 있어 네트워크 분석방법을 사용할 경우에는 텍스트를 해체하고 다시 조합하였을 때 명백한 의미 외에 그냥 보았을 때 드러나지 않던 내재된 의미가 파악되고, 이를 시각적으로 표현할 수 있으며, 빈도를 통해 드러나지 않았던 언어들 사이의 상대적 영향력의 크기가 파악되고, 다른 개념들 간의 관계 속에서 어떤 역할을 하는지에 대한 구조적 분석이 가능하다는 장점이 있다(박치성 · 장지원, 2013).

본 연구에서 네트워크 텍스트 분석방법을 활용함에 있어 구체적인 분석 자료로는 키워드를 활용하였다. 키워드는 논문을 검색할 때 기준이 되는 가장 중요한 개념으로 논문의 주제가 집약되어 제시되는 개념이라 할 수 있다. 다만, 2000년도 이전의 논문에서는 연구자의 키워드 입력이 이루어지지 않았기 때문에 제목과 부제목에서 제시된 내용을 토대로 저자가 제시한 키워드를 활용하였다.

연구경향을 파악함에 있어 세부 분야를 지방재정, 지방정치, 지방선거, 지방분권, 지역개발 등으로 구분하는 것이 일반적이지만, 본 연구는 외국사례에 한정하였고 게재논문수가 75편으로 세부 분야별 키워드 분석으로는 표본의 크기가 적당하지 않다고 판단하여 대상국가별 키워드 분석을 실시하였다.

대상국가별 키워드 분석을 통해 지방자치제도를 둘러싼 국가별 어젠다(agenda)와 연구별 동인을 함축하여 파악해볼 수 있을 것으로 연구자는 판단하였다.

구체적으로 본 연구는 내용분석을 위한 분석도구와 사회 네트워크 분석을 위한 분석 도구를 연계하여 네트워크 텍스트 분석을 수행하였는데, 내용분석을 위한 분석 도구로는 R프로그래밍을, 사회 네트워크 분석을 위한 도구로는 NetMiner 소프트웨어를 활용하였다.

3) 분석결과

(1) 국가별 분류

본 연구의 연구대상이 되는 75편의 논문을 국가별로 분류해보면 다음과 같다. 지방자치를 연구함에 있어 외국사례 연구대상으로 가장 높은 비중을 차지하고 있는 나라는 일본으로 25편의 논문이 게재된 것으로 나타났으며, 이는 전체의 30.5%를 차지하고 있다. 다음으로는 미국이 24.4%로 일본과 미국에 관한 연구가 전체 연구의 50% 이상을 점유하고 있음을 알 수 있다. 다음으로 프랑스(18.3%),

표 7-55 국가별 외국사례 및 국가간 비교연구 논문 현황(1989~2016)

구분	일본	미국	프랑스	영국	독일	유럽	대만	스위스	스페인	중국	필리핀	전체
논문수 (편)	25	20	15	8	7	2	1	1	1	1	1	75(82)
비중 (%)	30.5	24.4	18.3	9.8	8.5	2.4	1.2	1.2	1.2	1.2	1.2	100

주: (82)는 75편의 논문 중 6편의 논문이 국가간 비교연구를 수행하여 중복 카운팅된 것이며, 유럽을 대상으로 한 논문은 국가를 특정하지 않고 연구를 진행한 것임.

영국(9.8%), 독일(8.5%) 순으로 나타나고 있음을 볼 때 지방자치 연구는 5개 국가를 대상으로 28년간 이루어져오고 있음을 알 수 있다.

(2) 텍스트의 빈도분석

본 연구대상 논문 75편의 논문 키워드를 분석한 결과 전체 키워드는 255개로 나타났다. 255개 텍스트를 국가별로 분류하여 보면 일본을 대상으로 한 논문은 67개의 키워드로, 이 중 지방분권(6), 지방자치(5), 로컬거버넌스(3), 분권개혁(3), 유바라시(2), 통합형 자치(2)를 제외한 나머지 키워드는 1회 출현하는 것으로 나타났다.

미국을 대상으로 한 논문은 58개의 키워드가 제시되었으며 이 중 2회 출현한 세입다원화와 결산을 제외한 나머지 텍스트는 1회 출현하였으며, 42개의 키워드로 분류된 프랑스에 관한 논문은 지방재정(4), 지방분권(3), 지역계획(2) 등으로 분석되었다. 또한 22개의 주제어를 지닌 영국 관련 논문은 도시쇠퇴(2)를 제외한 나머지 키워드는 다양한 분야로 1회씩 연구된 것으로 나타났다. 한편, 독일을 대상으로 한 7편의 논문은 18개의 주제어로 연구되었는데, 기능배분(2), 도시쇠퇴(2), 의회(2), 서독(2), 재택근무(2) 및 행정통합(2) 등에 비교적 분산되어 연구된 것으로 나타났다.

[그림 7-20]은 5대 국가별 키워드의 빈도를 분석한 것이다.

(3) 네트워크 텍스트 분석

[그림 7-21]은 키워드의 degree[18]를 반영한 국가별 네트워크 텍스트 지도로, 노드의 크기를 보면 연구의 중심과 크기를 알 수 있는데 일본과 프랑스, 미국의 사례연구가 활발했음을 알 수 있다.

네트워크 구조를 파악하기 위한 기법으로 잘 알려진 중심성(centrality) 분석에는 여러 방법이 있는데, 그 중 각 노드간 거리를 근거로 중심성을 측정하는 근접 중심성(Closeness centrality)은 직접적으로 연결된 노드뿐 아니라 간접적으로 연결된 모든 노드 간 거리를 합산해 중심성을 측정하는 것으로 가장 짧은 경로로 알게 되는 중심성을 의미한다. 국가별 키워드를 활용해, 노트간 거리를 근거로

18) 노드(분석하고자 하는 객체)를 연결하는 것을 링크라고 하는데 노드에 연결된 링크의 수를 degree라고 함.

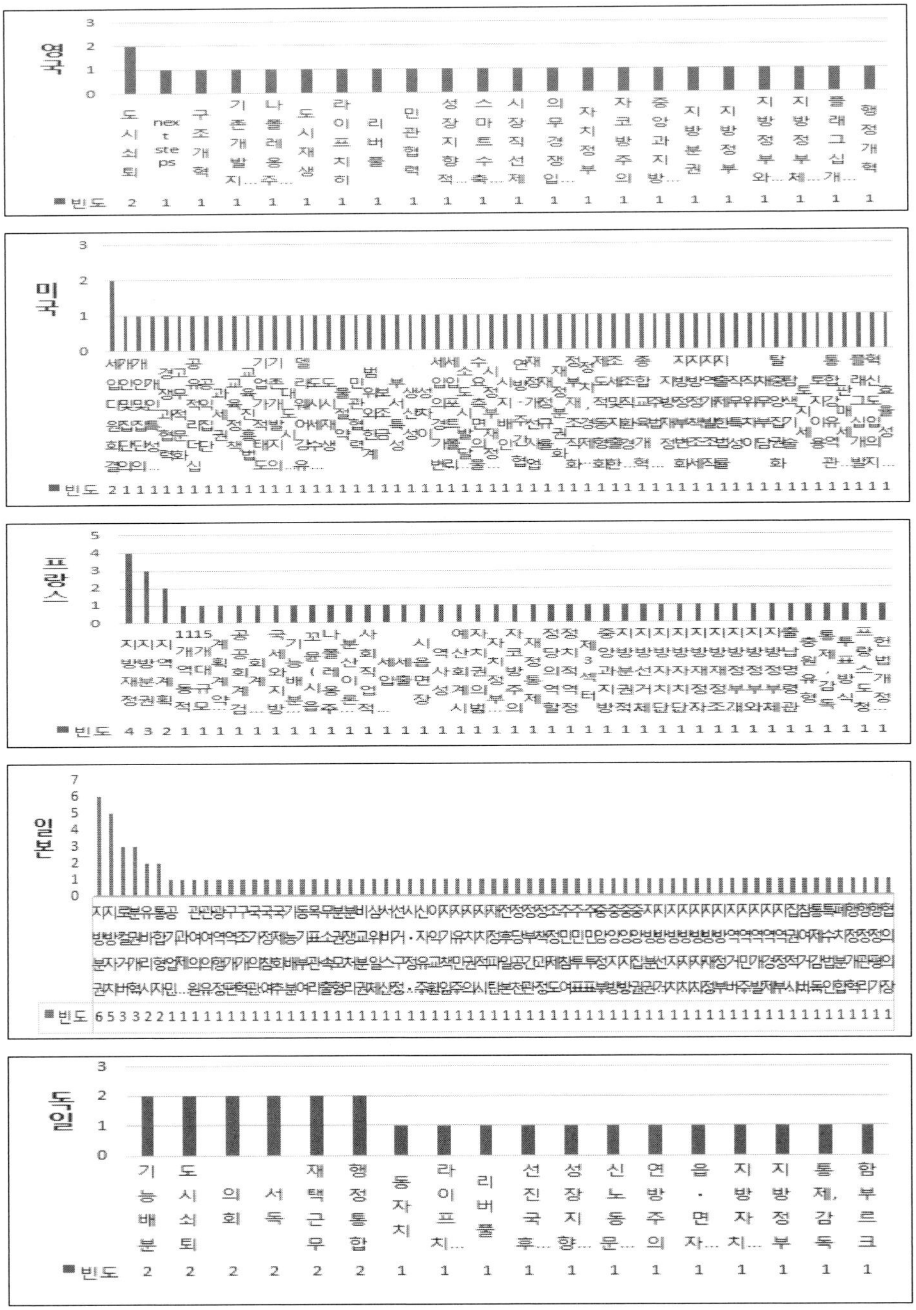

[그림 7-20] 5대 국가별 키워드 빈도분석 결과(1989~2016)

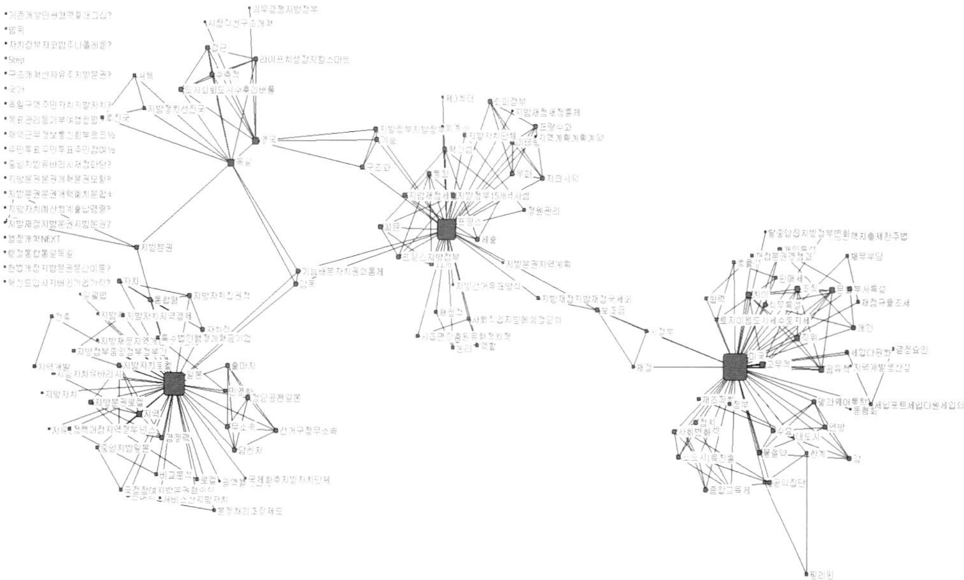

[그림 7-21] 국가별 네트워크 지도

분석한 근접 중심성을 보면 일본, 중국, 프랑스, 미국, 영국 순으로 나타난다. 즉, 일본을 대상으로 한 연구 키워드가 다른 국가별 연구 키워드로 가는 가장 짧은 경로라는 것이다.

한편, 매개 중심성(Betweenness centrality)은 네트워크 내에서 노드가 담당하는 매개자 역할의 정도로서 중심성을 측정하는 방법인데, 한 노드가 연결망 내의 다른 노드들 사이의 최다 경로 위에 위치하면 할수록 그 노드의 매개 중심성은 높다는 것을 의미한다. 국가간 키워드 분석으로 본 매개중심성 분석은 영국, 프랑스, 독일, 일본, 미국 순으로 나타났다. 영국을 대상으로 한 텍스트는 노드의 크기는 그리 크지 않지만, 노드들 간 매개 역할에는 크게 기여하고 있음을 알 수 있다.

표 7-56 국가별 키워드의 중심성 분석 결과

순 위	국 가	근접중심성	순 위	국 가	매개중심성
1	일 본	0.07692308	1	영 국	1.00000000
2	중 국	0.07692308	2	프랑스	0.88595123
3	프랑스	0.07142857	3	독 일	0.79448909
4	미 국	0.06666667	4	일 본	0.71117575
5	영 국	0.05555556	5	미 국	0.41873817
6	필리핀	0.04000000	6	중 국	0.16503737
7	독 일	0.03571429	7	필리핀	0.05321838

4) 분석의 종합

1989년 창간 후, '외국사례 및 국가 간 비교연구'에 관한 논문은 75편으로 시기별 큰 변동없이 일관된 연구가 이루어지고 있는 것으로 파악되었다. 다만, 연구대상이 되는 국가는 몇몇 나라에 국한되어 이루어졌는데, 일본(30.5%), 미국(24.4%), 프랑스(18.3%), 영국(9.8%), 독일(8.5%), 유럽(2.4%), 대만(1.2%), 스위스(1.2%), 스페인(1.2%), 중국(1.2%), 필리핀(1.2%)으로 나타났다.

핵심 주제어로 텍스트 분석을 실시한 결과 일본은 '지방분권', '지방자치', '로컬거버넌스', '분권개혁', '유바라시' 등에, 미국은 '세입다원화와 결산'에, 프랑스는 '지방재정', '지방분권', '지역계획' 등에, 영국은 '도시쇠퇴'에, 독일은 '기능배분', '도시쇠퇴', '의회', '서독', '재택근무', '행정통합' 등에 관한 연구 키워드를 2회 이상 제시하였다.

키워드에 대한 네트워크 분석을 실시하여 일본, 프랑스, 미국의 노드가 크게 그려졌음을 확인하였고, 근접 중심성 분석 결과 일본을 대상으로 한 연구 키워드가 다른 국가별 연구 키워드로 가는 가장 짧은 경로인 것으로 나타났으며, 매개중심성 분석 결과 노드의 크기와는 관계없이 영국, 프랑스, 독일 순으로 연구의 매개역할에 크게 기여하고 있는 것으로 나타났다.

참고문헌

박치성 · 장지원(2013). 텍스트 네트워크 분석: 사회적 인식 네트워크(socio-cognitive network) 분석을 통한 정책이해자관계자 간 공유된 의미파악 사례. 『한국행정학회 하계학술대회 발표논문집』, 1-22.

최영출 · 박수정(2011). 한국행정학의 연구경향 분석: 네트워크 텍스트 분석방법의 적용. 『한국행정학보』, 45(1): 123-139.

하미승 · 이진만 · 공주 · 이병진(2015). 텍스트 네트워크 분석(TNA)을 활용한 한국인사행정학의 연구경향 분석. 『한국인사행정학회보』, 14(1): 185-216.

Popping, R.(2000). Computer-assisted Text Analysis. London: Sage.

Sowa, J. F.(1984). Conceptual Structures: Information Processing in Mind and Machine. NA: Addison-Wesley.

제 8 장

한국지방자치학회 학술대회 발표논문 경향 분석

정광호(서울대학교 교수)

1. 들어가며

민주화 이후 부활된 한국의 지방자치는 이제 20년을 넘어 성숙 단계로 접어들고 있다. 지방자치가 본격적으로 부활된 김영삼 대통령 이후 대통령선거는 문재인 대통령까지 5회 있었고, 제7회 지방선거가 있었다. 지방자치는 이러한 지방선거와 대통령선거와 같은 선거환경과 제도 속에서 상당한 영향을 받으며 민주주의를 학습하고, 민주주의 제도화의 초석이 되고 있다. 지난 1988년 민주화와 더불어 태동한 한국지방자치학회는 그동안 수많은 학술활동을 통하여 연구와 지방자치의 활성화를 위해 기여해 왔다. 이 글은 이 중 본 학회의 학술대회에서 발표한 논문을 살펴봄으로써, 지금까지 한국지방자치학회가 어떤 분야에서 어떤 방법으로 학술활동을 해 왔는지 성찰해보고자 한다. 특히 한국지방자치학회의 학술활동은 학술대회 발표논문을 통하여 그 활동의 성격이 나타나고, 해당 학회의 기본 설립 취지가 어떻게 정치와 사회 속에서 구현되는지 지난 민주화 이후 지방자치의 변천과정과 함께 동시에 살펴볼 수 있다. 이 글에서는 지난 2001년 이후 2018년 상반기까지 본 학회의 홈페이지에 게재된 학술대회 발표논문을 대상으로 학술대회 발표논문의 특성을 분석함으로써, 학회활동의 특징과 미래 방향에 대한 제언을 해보고자 한다.

2. 분석방법론

이 글은 한국지방자치학회에서 개최된 역대 학술대회 발표논문을 대상으로 그 경향과 특성을 분석하고 있다. 그동안 한국지방자치학회에서 수많은 논문들이 학술대회를 통하여 발표되었다. 이 글은 이들 논문을 모두 분석하지는 않고, 2001년부터 본 학회의 홈페이지에 게재된 논문들만을 분석하였다. 이에 따라 이 글의 분석의 범위는 본 학회 홈페이지에 등록된 2002년 동계학술대회부터 발표된 논문 825개로 그 분석범위를 일단 한정하고자 한다. 이 논문들 중 자료의 불완전성으로 코딩과정에 어려움이 있었던 14편의 논문을 제외한 나머지 811편을 분석대상으로 하였다.[1] 또한 이러한 발표논문을 중심으로 각 학술대회 때마다 주요 큰 주제를 가지고 학술대회를 개최하였는 바, 이러한 학술대회의 큰 주제에 대한 분석도 본 학회 발표논문의 경향을 파악하는 데 유용하기 때문에 분석에 포함하였다. 구체적인 통계방법은 학술대회 발표논문 관련 연도, 주제와 대상, 방법론 등을 중심으로 교차표를 만들어 분석하였고, 통계적 유의미성에 대한 여부도 필요할 때는 적시하여 그 의미를 논의하였다.

3. 학술대회 발표논문 주요 경향 분석

1) 2000년 이후 학술대회에서 발표된 논문 분포

연도별로 학술대회 발표논문을 보면, 전체적으로 증가추이가 보이지만, 특히

1) 2018년 9월 기준 한국지방자치학회 홈페이지에 게시된 학술대회 발표논문을 대상으로 하였는 바, 이 중 2005년, 2006년 논문은 누락되어 있어 이에 해당되는 연도는 분석에서 제외되었다. 2018년 논문도 전반기에 발표된 논문들 중 홈페이지에 있는 것만 분석되어 2018년 전체 논문이 포함될 수 없었다.

최근 2014년부터 학술대회 발표논문 건수가 전체 빈도에서 10% 이상 차지하면서 연간 거의 100편에 이르고 있다. 구체적으로 시대별 발표현황을 보면, 2001년부터 2002년까지는 전체 811개 중 55개(6.78%)의 논문이 발표되었고, 2003년부터 2007년까지는 121개(14.92%)의 논문이 발표되었다. 2008년부터 2012년까지는 173개(21.33%)의 논문이 발표되었고, 2013년부터 2016년까지는 335개(41.31%)의 논문이 발표되었다. 그리고 최근 2017년부터 20018년 상반기까지는 127개(15.66%)의 논문이 발표되었다. 시기별로 보면 정확한 것은 아니지만 상대적으로 2013년부터 2016년까지 본 학회 학술대회에서 가장 많은 논문이 발표된 것으로 판단된다. 다만 2017년부터 2021년까지도 최근의 학술대회 발표논문 건수의 증가추이를 볼 때 상당할 것으로 예상된다.

표 8-1 지방자치학회 학술대회 발표논문 분포: 연도순

연 도	빈도(편수)	%	누적(%)
2001	17	2.10	2.10
2002	38	4.69	6.78
2003	13	1.60	8.38
2004	75	9.25	17.63
2007	33	4.07	21.70
2008	28	3.45	25.15
2009	22	2.71	27.87
2010	14	1.73	29.59
2011	52	6.41	36.00
2012	57	7.03	43.03
2013	29	3.58	46.61
2014	98	12.08	58.69
2015	112	13.81	72.50
2016	96	11.84	84.34
2017	90	11.10	95.44
2018(전반기)	37	4.56	100.00
총계	811	100%	

2) 학술대회에 발표된 주요 연구주제 경향 분석

(1) 지방자치 관련 주요 연구주제 분포

지방자치의 내용을 분류하는 방식은 여러 가지가 있겠으나 이 글에서는 이를 ① 지방자치관련 주제, ② 지방행정 대상에 다른 주제, ③ 지방을 다룬 큰 주제별 행정정책 분류 형식을 취했다. 이러한 분류 형식에 따른 학술대회 발표논문의 분포를 살펴보면 <표 8-2>와 같다.

첫째, 지방자치 관련 주제에 따른 학술대회발표 논문 분포를 보면, 총 811개의 논문에서 16개의 영역이 도출되었다.[2] 이 중에서 지방분권 및 권한위임에 관한 주제를 다룬 논문이 156개(19.24%)로 상대적으로 가장 많았고, 그 다음으로 저출산, 고령화 등 지방정부의 정책일반을 다룬 논문이 135개(16.65%), 주민자치(생활자치 포함)를 다룬 논문이 78개(9.62%), 지방행정관리(행태/기구/제도 분석) 76개(9.37%) 순으로 나타났다. 하지만 시민참여나 광의의 거버넌스 주제를 다룬 논문들도 분류하기에 따라서는 상당히 그 비중이 높음을 알 수 있다(<표 8-2> 참조).

표 8-2 지방자치 관련 주제에 따른 학술대회 발표논문 분포

주요 연구대상	빈 도	%
지방행정관리(행태/기구/제도 분석)	76	9.37
시민참여	15	1.85
시민참여 + 주민자치	29	3.58
주민자치(생활자치 포함)	78	9.62
거버넌스	18	2.22
거버넌스 + 지방행정	11	1.36
거버넌스 + 지방재정	1	0.12
거버넌스 + 분권	7	0.86

2) 지방자치와 관련된 연구주제는 분류방식에 따라 다양한 형태가 나올 수 있다. 이 글에서는 <표 8-2>에서 적시한 바와 같이 16개 영역으로 분류를 하였는데, 이러한 분류는 보는 시각에 따라 얼마든지 달리 분류될 수 있음에 유의할 필요가 있다. 이러한 분류는 이 글 저자의 판단에 근거해서 지방장치학회의 학술대회 논문 분류에 적절성을 갖고 있다는 취지에서 시도된 것이라, 다른 분류방식도 얼마든지 가능할 것이다.

지방(분권/권한위임)	156	19.24
지방재정(재정분권)	74	9.12
특별행정기관 + 분권(지방행정)	34	4.19
특별행정기관	5	0.62
지방분권 + 주민자치	13	1.60
지방분권 + 지방의회	6	0.74
지방의회	48	5.92
정책 일반(저출산, 고령화 등)	135	16.65
기타	105	12.95
총계	811	100%

둘째, 지방행정에 포함될 수 있는 주제를 중심으로 학술대회 발표논문의 분포를 살펴보면, 총 11개의 영역이 존재한다. 이들 중 지방행정을 다룬 논문이 280개(34.53%)로 가장 많고, 그 다음으로 분류가 어려운 '기타'에 속한 논문이 125개(15.41%)로 많고, 지역발전을 다룬 논문이 그 뒤를 이어 109개(13.44%)로 많다. 그 밖에 지방재정을 다룬 논문도 71개(8.75%)로 많이 발표됨을 알 수 있다. 또한 지방정부 공공서비스 관련 연구대상도 발표논문에서 51개(6.29%)로 상당함을 알

표 8-3 지방행정 대상에 따른 학술대회 발표논문 분포

연구대상	빈 도	%
1. 사회복지	43	5.3
2. 공공서비스(상・하수도, 쓰레기 관리 등)	51	6.29
3. 지역발전	109	13.44
4. 국가경제쟁점(최저임금, 제4차 산업혁명 등)	45	5.55
5. 환경(쓰레기 매립지 등)	35	4.32
6. 교육자치	20	2.47
7. 남북 지방행정	7	0.86
8. 지방행정	280	34.53
9. 지방재정	71	8.75
10. 자치경찰	25	3.08
11. 기타	125	15.41
총계	811	100

수 있다.

셋째, 지방자치 관련 큰 주제별 학술대회 발표 현황을, 이 글에서는 6개 영역으로 구분한 후 살펴보고 있다. 지방분권 관련 쟁점 논문이 249개(30.70%)로 가장 많이 발표되었고, 그 다음으로 거버넌스 관련 논문이 159개(19.61%)로 많이 나왔음을 알 수 있다. 그 뒤를 이어 지방행정기관이나 제도를 다룬 논문이 115개(14.18%) 역시 상당한 비중을 차지고 있다. 전체적으로는 지방분권과 거버넌스 이슈가 지방자치학회 발표논문의 거의 절반을 차지함을 알 수 있다.

표 8-4 큰 주제별 학술대회 발표 현황

주 제	빈 도	비중(%)	누적(%)
지방 행정기관 및 제도	115	14.18	14.18
지방분권	249	30.70	44.88
거버넌스	159	19.61	64.49
지방의회	48	5.92	70.41
정책	135	16.65	87.05
기타	105	12.95	100%
총계	811	100%	

넷째, 시대별로 지방행정의 큰 주제별 연구경향을 보면, 나름대로 그 특징이 나타난다. 우선 지방분권에 대한 주제가 시대별로 다른 주제들에 비해 여전히 압도적으로 가장 많은 비중을 보인다. 역시 지방자치가 여러 번의 선거주기(election cycle)를 거듭하면서 활성화됨에 따라 거버넌스에 대한 관심도 최근에 올수록 발표비중이나 빈도가 증가하는 것을 알 수 있다. 다음으로 지방의회에 대한 발표논문은 상대적으로 2001년과 2002년에 많았는데, 그 뒤 2003년부터 2007년까지는 상대적으로 그 빈도가 줄어든다. 하지만 2008년부터 2012년 사이, 그리고 2013년부터 2016년 사이 지방의회 주제를 다룬 발표논문은 급증하여, 지방의회에 대한 개혁이나 쟁점에 대한 높았음을 의미한다.

표 8-5 시대별 큰 주제별 변천과정

연 도	기관 및 제도	지방분권	거버넌스	지방의회	정 책	기 타	총 계
2002	10	15	8	7	8	7	55
	18.18	27.27	14.55	12.73	14.55	12.73	100%
	8.7	6.02	5.03	**14.58**	5.93	6.67	6.78
2007	18	28	20	3	30	22	121
	14.88	23.14	16.53	2.48	24.79	18.18	100%
	15.65	11.24	12.58	6.25	**22.22**	20.95	14.92
2012	19	56	32	11	25	30	173
	10.98	32.37	18.5	6.36	14.45	17.34	100%
	16.52	22.49	20.13	**22.92**	18.52	28.57	21.33
2016	50	110	63	26	55	31	335
	14.93	32.84	18.81	7.76	16.42	9.25	100%
	43.48	44.18	39.62	**54.17**	40.74	29.52	41.31
2018	18	40	36	1	17	15	127
	14.17	31.5	28.35	0.79	13.39	11.81	100%
	15.65	16.06	**22.64**	2.08	12.59	14.29	15.66
총계	115	249	159	48	135	105	811
	14.18	**30.7**	19.61	5.92	16.65	12.95	100%
	100%	100%	100%	100%	100%	100%	100%

주: Pearson Chi-Square(20) = 41.10(유의수준 = 0.004).

지방자치학회의 발표논문은 기본적으로 지방행정 수요 변화에 맞추어 학회에서 발표되고 있다. 지방행정에서 점차 그 비중이 커지는 사회복지와 환경 분야에 있어서 본 학회의 발표논문이 근래에 들어 점차 증가하고 있다. 특히 지방정부의 공공서비스 분야는 최근들어 급증하고 있다. 2002년 이전에 3편, 2003년과 2007년 사이에 3편으로 낮았지만, 2008년부터 2012년 사이 7편에서 20013년부터 2016년 사이에 17편으로 증가하면서, 2017년부터 2018년 상반기에만 21편의 논문이 출간되어 이 분야에 대한 본 학회의 관심이 크게 높아졌음을 알 수 있다. 한편 본 학회의 학술대회 발표논문은 지방 쟁점뿐만 아니라 국가적 경제 쟁점에서도 상당부분 논의를 하고 있다. 2018년 상반기까지 45편의 논문이 발간되었고, 2012년부터 2016년 사이에 14편, 2017년부터 2018년 상반기에 9편 등 최근 들어 급증하고 있다. 북한행정에 대한 논문도 7편으로 일부 있으나 여전히 이 분야에 대한 연구는 취약하다. 앞으로 통일시대에 대비하여 북한의 지방행정과 공직자에 대한 심층연구가 이어져야 할 것이다.

표 8-6 지방자치학회 주제별 발표논문의 시대적 분포

연 도	사회복지	공공서비스	지역발전	국가경제	환 경	교육자치	북한행정	지방재정	지방행정	자치경찰	기 타	총 계
2002	1	3	9	0	4	2	0	22	3	1	10	55
	1.82	5.45	16.36	0	7.27	3.64	0	40	5.45	1.82	18.18	100
	2.33	5.88	8.26	0	11.43	10	0	7.86	4.23	4	8	6.78
2007	1	3	30	7	7	0	0	46	3	5	19	121
	0.83	2.48	24.79	5.79	5.79	0	0	38.02	2.48	4.13	15.7	100
	2.33	5.88	27.52	15.56	20	0	0	16.43	4.23	20	15.2	14.92
2012	12	7	18	15	10	1	3	61	14	7	25	173
	6.94	4.05	10.4	8.67	5.78	0.58	1.73	35.26	8.09	4.05	14.45	100
	27.91	13.73	16.51	33.33	28.57	5	42.86	21.79	19.72	28	20	21.33
2016	22	17	43	14	9	16	1	101	37	10	65	335
	6.57	5.07	12.84	4.18	2.69	4.78	0.3	30.15	11.04	2.99	19.4	100
	51.16	33.33	39.45	31.11	25.71	80	14.29	36.07	52.11	40	52	41.31
2018	7	21	9	9	5	1	3	50	14	2	6	127
	5.51	16.54	7.09	7.09	3.94	0.79	2.36	39.37	11.02	1.57	4.72	100
	16.28	41.18	8.26	20	14.29	5	42.86	17.86	19.72	8	4.8	15.66
총계	43	51	109	45	35	20	7	280	71	25	125	811
	5.3	6.29	13.44	5.55	4.32	2.47	0.86	34.53	8.75	3.08	15.41	100
	100	100	100	100	100	100	100	100	100	100	100	100

주: Pearson Chi-square(40) = 113.5(유의수준 < 0.01).

(2) 학술대회의 간판 주제(theme) 경향 분석

그동안 지방자치학술대회에서 발표된 논문들의 큰 주제를 보면 지방자치제의 발전, 지방재정, 중앙과 지방의 관계 등 전통적 지방자치 관련 쟁점들이 다루어져 왔다. 특히 2010년 이후 개최된 학술대회에서 강조되었던 주제를 보면, 지방자치의 관점에서 본 좋은 거버넌스, 동네자치 지역상생과 지역발전에 대한 큰 주

제를 다루었다. 또한 지방자치 부활 20주년을 기념하면서 그동안의 지방자치 성과를 다양하게 조망해 보고, 향후 지방자치의 발전과 미래에 대한 전망을 담아내고자 했다. 또한, 행복, 지역복지, 청년세대라는 최근에 점화되고 있는 국정 현안을 중심으로 이를 지역자치와 지방정부의 역할을 중심으로 고찰하고자 했다. 나아가 가장 최근에는 2017년 출범한 문재인 정부의 지방분권에 대한 강조를 지방자치학회에서 학술차원에서 논의하고, 특히 개헌을 통한 지방분권의 제도화에 대한 노력을 학술대회를 통해서도 보여주고자 했다.

흔히 학술대회는 큰 주제나 테마를 가지고 발표논문을 기획하고 논문발표를 장려한다. 이것은 해당 학술대회가 어디에 초점을 두고 학회 회원들에게 발표논문 작성을 알리고 관련 논문을 모아 발표할 것인지 큰 그림을 보여준다는 데 의미가 있다. 지방자치학회에서 해당 학술대회의 핵심 주제에 해당되는 제목을 가지고 학술대회 발표를 시작한 것은 2010년부터이다. 그 이전에도 다양한 주제를 선정하여 학술대회를 발표해 왔지만, 학술대회발표논문집에 공식적으로 나와 있는 주제가 선정되어 표시된 것은 2010년부터이다. 그럼 2010년부터 매년 어떤 특별 주제를 가지고 학술대회를 개최했는가를 살펴보면 <표 8-7>과 같다.

표 8-7 지방자치학회 특별 주제 연도별 현황

연 도	계 절	주 제
2018	동계	자치분권의 재설계와 분권형 헌법개정방향
2017	하계	한국형 지방자치의 모색과 신정부의 지방분권 과제
2017	동계	중앙-지방 관계의 새로운 설정
2016	하계	지방자치와 재정분권
2016	동계	지방분권, 주민자치, 새마을운동
2015	하계	청년지방자치, 희망의 메세지 & 지방자치 20년의 회고와 비전
2015	동계	주민행복, 지역발전, 그리고 지방자치의 새로운 비전
2014	추계	지방분권의 추진과 균형발전
2014	하계	박근혜 정부의 분권정책과 지역발전
2014	동계	미래 복지국가 구현과 지역상생 전략
2013	동계	박근혜 정부의 지방분권 정책: 방향과 과제
2012	동계	선진한국의 굿 거버넌스 모색: 지방분권, 동네자치, 지역사회정책
2012	하계	선진한국의 굿 거버넌스와 제도형성 리더십-동네자치에서 지방분권형 개헌까지

2011	하계	지방자치 부활 20년의 성과평가와 지역발전
2011	춘계	지방자치 부활 20년의 성과와 발전과제
2010	하계	지방재정의 패러다임전환과 한일지방분권화 정책

2010년에는 하계 학술대회에서 "지방재정의 패러다임전환과 한일지방분권화 정책"이라는 주제를 가지고 학술대회를 개최했다. 특히 지방재정 패러다임 전환에 초점을 두고, 한국 일반의 지방분권정책을 고찰하였다.

2011년에는 지방자치 부활 20년의 성과와 전망을 위주로 학술대회의 큰 주제를 구성하였다.

김영삼 정부 때 부활된 지방자치의 역사를 고찰하고, 민선자치가 가지는 가능성과 한계를 집중 조명하고자 했다. 2011년 춘계 학술대회에서는 "지방자치 부활 20년의 성과와 발전과제"를 중심으로 민선자치 부활 20주년을 회고하고 향후 지방자치의 전망을 담고자 했다. 나아가 2011년 하계 학술대회에서는 "지방자치 부활 20년의 성과평가와 지역발전"을 주제로 지방자치에 따른 성과를 조망하고, 지방자치가 결국은 지역발전이라는 주제로 귀결됨을 강조하였다.

2012년 지방자치학술대회는 거버넌스에 초점을 두고 있다. 당시 사회과학계의 큰 주제로 떠오른 거버넌스가 어떻게 지방자치에도 좋게 구현될 수 있는지 고민하면서, 좋은 제도로서 지방자치가 동네의 번영에서부터 국가 전체 차원에서의 지방분권형 구도를 헌법에서 담아내고자 하는 학회의 시도로 해석된다. 2012년 하계 학술대회에서는 "선진한국의 굿 거버넌스와 제도형성 리더십—동네자치에서 지방분권형 개헌까지"라는 주제를 가지고 학술대회를 개최하였다. 미래 한국사회에서 지방자치도 결국은 제도화를 거쳐 성숙단계에 이르러야 함을 강조하고, 특히 아래의 동네자치에서부터 위로 지방분권형 개헌까지 지방자치라는 제도를 좋은 거버넌스라는 관점에서 고찰하고 있다. 나아가 2012년 동계 학술대회에서는 "선진한국의 굿 거버넌스 모색: 지방분권, 동네자치, 지역사회정책"이라는 주제를 중심으로 선진국의 지방분권과 동네자치를 중심으로 이러한 거버넌스가 지역사회 정책과 어떻게 연결되고 있는가를 고찰하였다.

2013년 동계 학술대회에서는 "박근혜 정부의 지방분권 정책: 방향과 과제"라를 주제로 학술대회를 개최하였다. 박근혜 정부 출범을 통해 지방분권의 새로운 방향과 핵심 과제를 모색하고자 했다.

2014년 학술대회는 박근혜 정부의 지방분권과 지역상생을 중심으로 학술대회를 개최하였다.

2014년 추계 학술대회에서는 “지방분권의 추진과 균형발전”을 주제로 지방분권과 균형발전이라는 주제를 중심으로 학술대회를 개최하였다. 2014년 하계 학술대회에서는 “박근혜 정부의 분권정책과 지역발전”을 중심으로 역시 지방분권과 지역발전의 관계를 살펴보고 있다. 2014년 동계 학술대회에서는 “미래 복지국가 구현과 지역상생 전략”이라는 주제를 중심으로 지방자치의 초점이 복지국가와 지역상생이라는 주제로 접근할 필요가 있음을 강조하였다. 복지국가체제로 한국사회도 변화하면서 지방정부의 복지부담 비중이 가중되고, 지방행정체계도 복지중심의 전달체계로 전환되는 과정에서 복지국가의 구현이 결국은 지방정부의 역량과 성과에 달려 있음을 강조하고자 했던 것이다. 나아가 수도권 중심의 집중된 정치경제체제의 대안으로 지역상생을 강조하면서 이전의 학술대회에서 강조했던 지역발전의 흐름을 이어 오고 있음을 알 수 있다.

2015년 하계 학술대회에서는 “청년지방자치, 희망의 메세지 & 지방자치 20년의 회고와 비전”이라는 주제로 학술대회를 개최하였다. 특히 실업으로 고통받는 청년층을 중심으로 지역자치를 활성화하려는 젊은 세대 중심의 지방자치를 강조하려는 새로운 시도를 하였다. 또한 역시 지방자치 부활 20주년 회고와 전망도 함께 하였다. 2015년 동계 학술대회에서는 “주민행복, 지역발전, 그리고 지방자치의 새로운 비전”이라는 주제로 행복이라는 주제를 강조하면서 행복은 지방자치를 통한 지역발전과 관련되어 있음을 살펴보고자 했다. 국민의 행복은 동네자치와 같은 풀뿌리 현장이 행복하고 번영해야 달성될 수 있음을 본 학술대회를 통해 보여주고자 했던 것이다.

2016년 하계 학술대회에서는 “지방자치와 재정분권”이라는 전통적 주제를 다시 강조하면서, 결국은 그동안 미흡했던 재정분권의 이슈를 재점화하고, 지방분권이 재정분권에서 시작되어야 함을 강조했다. 2016년 동계 학술대회에서는 “지방분권, 주민자치, 새마을운동”이라는 주제로 지방자치가 과거 새마을운동과 같은 동네주민 중심의 적극적 참여와 혁신동기에 바탕을 두고 발전했음을 강조하고, 개발도상국에 한국의 새마을운동이 지방자치에 뿌리를 두고 있음을 본 학술대회에서도 잘 보여준 대회로 평가된다.

2017년 하계 학술대회에서는 "한국형 지방자치의 모색과 신정부의 지방분권 과제"로 문재인 정부가 강조했던 지방분권의 국정기조를 재조망하는 자리로 학술대회 논문이 발표되었다. 특히 실질적이고 광범위한 지방분권의 획기적 패러다임 전환을 모색하는 대회로 평가된다.

2017년 동계 학술대회에서는 "중앙－지방 관계의 새로운 설정"이라는 주제로 과거 핵심 주제인 중앙과 지방의 관계를 정치와 행정, 재정, 경제개발과 균형발전 등을 중심으로 고찰하면서 실질적인 중앙정부와 지방정부의 관계재설정을 위한 패러다임 모색을 하였다.

2018년 동계 학술대회에서는 "자치분권의 재설계와 분권형 헌법개정방향"이라는 주제로 지방분권을 위한 헌법개정 논의를 재점화하고, 헌법에 지방자치의 다양한 자치요소를 담아내고자 하는 노력으로 관련 논문들이 발표되었다.

(3) 지방자치 관련 전문 주제 관련 발표 현황

여기서는 지방자치 관련 전문적 영역으로 볼 수 있는 도시정부, 교육자치, 경찰자치, 지방갈등, 분권형 개헌 등을 중심으로 학술대회 발표논문 현황을 살펴보고자 한다. 도시정책은 도시화에 따른 각종 공공서비스, 도시계획, 지역발전에 관한 이슈들이 실제 전체 정부운영의 성과를 좌우할 만큼 그 영향력을 키워가고 있기 때문이다. 교육자치와 경찰자치는 실제 한국의 지방자치에서 일반 지방행정과 더불어 자치의 핵심을 구성하는 영역이라 별도로 고찰할 필요가 있다. 갈등은 지방정부의 영역이 확대됨에 따라 주민자치와 거버넌스 주제와 관련하여 늘 지역갈등이 증가하고 이는 선거나 지역생활의 삶에 큰 관련성을 갖고 있기 때문에 그 분석의 필요성이 크다고 할 것이다.

첫째, 전체 811편의 발표논문 중 도시정책과 관련된 논문은 74편(9.12%)으로 나타났고, 지난 2000년대 초반보다 최근에 들어 증가하는 추세를 보인다. 서울시와 같은 광역시뿐만 아니라 인구 100만 명 이상 되는 큰 도시들이 증가함에 따라 한국의 지방행정도 도시정책에 상대적으로 큰 비중을 두는 경향이 나타나는 것으로 판단된다. 2001년과 2002년 사이 3편, 2003년과 2007년 사이 10편, 2008년과 2012년 사이 20편, 2013년과 2016년 사이 26편으로 각각 증가했고, 2017년과

2018년 상반기 사이에도 15편에 이르고 있다. 앞으로도 도시정책 관련 논문들은 지방행정에서 더욱 그 비중을 확대해 나갈 것으로 예상된다.

표 8-8 도시정부 관련 발표논문 시대별 분포

연 도	일반 지방 행정 논문	도시정책 관련 논문	총 계
2002	52	3	55
	94.55	5.45	100
	7.06	4.05	6.78
2007	111	10	121
	91.74	8.26	100
	15.06	13.51	14.92
2012	153	20	173
	88.44	11.56	100
	20.76	27.03	21.33
2016	309	26	335
	92.24	7.76	100
	41.93	35.14	41.31
2018	112	15	127
	88.19	11.81	100
	15.2	20.27	15.66
총계	737	74	811
	90.88	9.12	100
	100	100	100

주: Pearson Chi-square(4) = 4.1(유의수준 = 0.39).

둘째, 교육자치 관련 발표논문은 전체 811편의 발표논문 중 20편(2.47%)으로 나타나 상대적으로 그 비중이 작아 보인다. 그 이유는 우선 교육행정이나 교육학 분야에서 교육자치를 다루는 논문들이 발표되고 있으나, 여기서는 한국지방자치학회에서만 발표된 논문들을 다루기 때문이다. 또한 지방행정 내에서도 아직 다른 주제에 비해 교육자치는 그 비중이 상대적으로 적게 다루어지는 측면이 있는 것도 하나의 요인으로 꼽힌다. 하지만 앞으로 교육자치에 대한 논문은 최근 지방정부의 교육문제가 계속 주민의 큰 관심을 끌고 선거때마다 주요 쟁점화가 되고 있어, 이 분야 발표논문은 증가할 것으로 예상된다. 한편 교육자치에 대한 논문은 시기별 특징을 보이는데, 2013년과 2016년 사이 16편으로 전체 논문의 80%를 차지할 만큼 이 시기에 많은 논문들이 발표되었다.

표 8-9 교육자치 관련 발표논문 시대별 분포

연 도	교육자치 논문	타 분야 논문	총 계
2002	2	53	55
	3.64	96.36	100%
	10.00	6.70	6.78
2007	0	121	121
	0.00	100.00	100%
	0.00	15.30	14.92
2012	1	172	173
	0.58	99.42	100%
	5.00	21.74	21.33
2016	16	319	335
	4.78	95.22	100%
	80.00	40.33	41.31
2018	1	126	127
	0.79	99.21	100%
	5.00	15.93	15.66
총계	20	791	811
	2.47	97.53	100%
	100%	100%	

주: Pearson Chi-square(4) = 14.86(유의수준 = 0.005).

셋째, 전체 811편의 발표논문 중 경찰자치를 다룬 논문은 25편(3.08%)으로 나타났다. 경찰자치는 지방분권 차원에서 늘 논의는 되어 왔으나 정작 그 시행을 위해서는 관련 법의 개정이 필요한 국가적 현안으로 부각될 만큼 큰 쟁점이나 실제 지방자치학회에서는 이에 대한 논의를 상대적으로 적어 보인다. 다만 최근에 오면서 점차 그 논의가 활발해지는 경향을 보이는데, 2001년과 2002년 사이 1편, 2003년과 2007년 사이 5편, 2008년과 2012년 사이 7편, 2013년과 2016년 사이 10

편으로 각각 증가했다. 그리고 2017년과 2018년 상반기 사이에도 2편에 불과하지만, 문재인 정부의 검찰수사권 조정 및 지방분권 차원의 정책방향과 관련하여 앞으로 경찰자치에 대한 관심은 높아질 것으로 판단된다.

표 8-10 경찰자치 관련 발표논문 시대별 분포 현황

연 도	경찰자치 논문	타 분야 논문	총 계
2002	1	54	55
	1.82	98.18	100%
	4.00	6.87	6.78
2007	5	116	121
	4.13	95.87	100%
	20.00	14.76	14.92
2012	7	166	173
	4.05	95.95	100%
	28.00	21.12	21.33
2016	10	325	335
	2.99	97.01	100%
	40.00	41.35	41.31
2018	2	125	127
	1.57	98.43	100%
	8.00	15.90	15.66
총계	25	786	811
	3.08	96.92	100%
	100.00	100.00	

주: Pearson Chi-square(4) = 2.25(유의수준 = 0.69).

넷째, 전체 811편의 발표논문 중 지방정부의 갈등을 다룬 논문은 40편(4.93%)으로 나타났고, 점차 이 분야 발표논문은 증가하는 추세를 보여준다. 구체적으로 시대별 추이를 보면, 2001년과 2002년 사이 3편, 2003년과 2007년 사이 6편, 2008년과 2012년 사이 9편, 2013년과 2016년 사이 15편으로 각각 증가했고, 2017년과 2018년 상반기 사이에도 7편에 이르고 있다. 앞으로도 지방정부의 행정이나 정책을 중심으로 갈등의 소지는 상존하고 있어 이 분야 논문의 발표가 계속 확대될

표 8-11 지방정부 갈등주제 관련 발표논문

연 도	일반논문	갈등 관련 논문	총 계
2002	52	3	55
	94.55	5.45	100%
	6.74	7.5	6.78
2007	115	6	121
	95.04	4.96	100%
	14.92	15	14.92
2012	164	9	173
	94.8	5.2	100%
	21.27	22.5	21.33
2016	320	15	335
	95.52	4.48	100%
	41.5	37.5	41.31
2018	120	7	127
	94.49	5.51	100%
	15.56	17.5	15.66
총계	771	40	811
	95.07	4.93	100%
	100%	100%	100%

주: Pearson Chi – square(4) = 0.30(유의수준 = 0.99).

것으로 보인다.

다섯째, 지방자치가 어느 정도 성숙되고, 운영방식에 있어 여러 문제들이 재기되면서 분권형 개헌 등을 중심으로 기존의 지방자치에 획기적 변화를 도모하려는 노력이 최근 나타나고 있다. 이에 따라 지방분권을 개헌을 중심으로 접근하려는 시도가 활발해 졌고, 이는 최근 이 분야 논문의 급증으로 나타나고 있다. 예를 들면, 지방행정과 관련해 개헌을 다룬 논문은 2007년까지는 없었으나, 그 이후 2012년까지 5편, 2013년부터 2016년 사이 7편, 그리고 2017년부터 최근 2018년 상반기 사이에는 무려 10편의 논문이 발표되고 있다. 최근 문재인 정부 출범 이후 지방분권 쟁점을 개헌으로 접근하고자 하는 정치권의 움직임과 학자들의 관심이 개헌관련 논문의 급증으로 이어진 것이다. 앞으로도 상당기간 개헌 관련

표 8-12 지방자치학회 학술대회 발표 개헌 관련 논문

연 도	일반 논문	개헌 관련 논문	총 계
2002	55	0	55
	100	0	100
	6.97	0	6.78
2007	121	0	121
	100	0	100
	15.34	0	14.92
2012	168	5	173
	97.11	2.89	100
	21.29	22.73	21.33
2016	328	7	335
	97.91	2.09	100
	41.57	31.82	41.31
2018	117	10	127
	92.13	7.87	100
	14.83	45.45	15.66
총 계	789	22	811
	97.29	2.71	100
	100	100	100

주: Pearson Chi-square(4) = 18.24(유의수준 < 0.01).

지방자치나 지방행정에 대한 논문은 계속 증가할 것으로 예상된다.

마지막으로 지방정부는 최근 국제결혼과 외국인 노동자의 급증으로 상당한 경제활동과 가족공동체에 상당한 인구구성비의 변화를 겪고 있다. 특히 외국인의 급증과 다문화가정의 확대는 향후 지방정부의 선거와 행정에도 큰 변화를 줄 것으로 판단된다. 하지만 학회 차원에서 이에 대한 대응이나 관심은 작다. 그동안 발표된 811편의 논문중 오직 11편(1.36%)이 논문만이 이 주제를 다루고 있는 현실이 이를 잘 반영한다. 학회차원에서 앞으로 이 문제에 대한 적극적 관심이 필요하다.

표 8-13 이민/외국인 문제대상 주제 발표논문

이민/외국인 관련 논문	빈 도	%
나머지 논문	800	98.64
이민/외국인 관련 논문	11	1.36
총계	811	100

3) 학술대회 발표논문 연구방법 분석

(1) 연구대상과 언어

본 학회를 통해 발표된 논문들을 국내와 해외로 구분하여 살펴봄으로써 본 학회의 국제화 정도를 가늠할 수 있다. 지난 2001년부터 2018년 상반기까지 분석대상 총 811편의 발표 논문 중에 113편이 해외사례를 다루고 있고, 국내와 해외사례 모두 다룬 논문은 38편으로 나타났다. 해외사례를 다룬 논문이 최소 151편으로 18.62%를 차지한다. 앞으로도 국내뿐만 아니라 다양한 해외의 지방행정에 대한 논문이 더 많이 소개됨으로써 본 학회의 국제화뿐만 아니라 국내 지방행정에 필요한 다양한 해외사례가 활용될 수 있도록 해야 할 것이다. 분석대상 811편의 논문 중 해외저자가 발표한 것을 보면 그 비중이 811편 중 69편(8.51%)에 불과하기 때문이다. 본 학회에서 발표된 논문들의 작성 언어를 보면, 한국어 논문이 741편(91.37%), 영어 논문이 67편(8.26%) 일본어 논문이 3편(0.37%)으로 나타났다.

표 8-14 학술대회 발표: 사례대상 국내 · 외 분포

사례대상	빈 도	%
국내사례	660	81.38
해외사례	113	13.93
국내 + 해외	38	4.69
총계	811	100

표 8-15 지방자치학회 발표논문: 국내 및 해외 저자

국내 및 해외 저자	빈 도	%
국내저자	741	91.37
해외저자	69	8.51
분류불가	1	0.12
총계	811	100

표 8-16 학술대회 발표 언어

발표 언어	빈 도	%
한국어	741	91.37
영어	67	8.26
일어	3	0.37
총계	811	100

(2) 발표 저자의 특성

본 학회에서 발표된 저자 규모를 보면, 분석대상 811편 중 1인 단독발표가 608편(74.97%)으로 가장 많고, 2인 공저가 145편(17.88%)으로 나타났다. 그 밖에 3인 공저는 44편, 4인 공저가 9편, 5인 공저가 3편, 6인 공저가 2편으로 나타났다. 이러한 저자의 분포는 시대상황에 따라서도 그 비율의 차이가 그대로 나타나고 있다.

표 8-17 지방자치학회 발표논문: 저자 숫자

저자 수(명)	빈도(편)	비중(%)
1	608	74.97
2	145	17.88
3	44	5.43
4	9	1.11
5	3	0.37
6	2	0.25
총계	811	100

표 8-18 지방자치학회 발표논문: 시대별 저자 숫자의 분포

연 도	1명	2명	3명	4명 이상	총 계
2002	42	8	3	2	55
	76.36	14.55	5.45	3.64	100
	6.91	5.52	6.82	14.29	6.78
2007	97	14	7	3	121
	80.17	11.57	5.79	2.48	100
	15.95	9.66	15.91	21.43	14.92
2012	129	29	11	4	173
	74.57	16.76	6.36	2.31	100
	21.22	20	25	28.57	21.33
2016	246	71	16	2	335
	73.43	21.19	4.78	0.6	100
	40.46	48.97	36.36	14.29	41.31
2018	94	23	7	3	127
	74.02	18.11	5.51	2.36	100
	15.46	15.86	15.91	21.43	15.66
총계	608	145	44	14	811
	74.97	17.88	5.43	1.73	100
	100	100	100	100	100

주: Pearson Chi－square(12)＝11.04(유의수준＜0.53).

주제에 따라서 저자의 규모가 약간 다르다. 지방분권 주제의 경우 단독저자가 상대적으로 다른 주제의 비해 많다. 지방분권의 경우 4인 이상 공저로 공동연구한 논문이 없다. 반면 2인 공저나 3인 공저가 상대적으로 약간 많은 주제는 행정기관 및 제도분석, 거버넌스 연구, 그리고 정책분야이다. 이들 분야는 공동으로 연구하는 경향이 큰 주제라 볼 수 있다.

표 8-19 연구주제에 따른 공동연구 현황

저자 수 (명)	행정기관 및 제도	지방분권	거버넌스	지방의회	정 책	기 타	총 계
1명	77	213	115	35	100	68	608
	12.66	35.03	18.91	5.76	16.45	11.18	100%
	66.96	85.54	72.33	72.92	74.07	64.76	74.97
2명	26	32	37	7	23	20	145
	17.93	22.07	25.52	4.83	15.86	13.79	100%
	22.61	12.85	23.27	14.58	17.04	19.05	17.88
3명	9	4	7	3	9	12	44
	20.45	9.09	15.91	6.82	20.45	27.27	100%
	7.83	1.61	4.4	6.25	6.67	11.43	5.43
4명 이상	3	0	0	3	3	5	14
	21.43	0	0	21.43	21.43	35.71	100%
	2.61	0	0	6.25	2.22	4.76	1.73
총계	115	249	159	48	135	105	811
	14.18	30.7	19.61	5.92	16.65	12.95	100%
	100%	100%	100%	100%	100%	100%	100%

주: Pearson Chi-square(15) = 49.0(유의수준 < 0.0001).

본 학회에 발표하는 저자의 출신배경을 보면, 교수가 425편(54.21%)으로 가장 많고, 그 다음으로 연구원이 176편(22.45%)으로 많이 나타났다.[3] 그 뒤에 교수와 연구원 공동연구 논문은 38편(4.85%)으로 나타났고, 교수와 학생의 공동저자도 20편(2.55%)으로 나타났다.

표 8-20 지방자치학회 발표 논문: 저자 유형

저자 유형	빈 도	%
교수	425	54.21
연구원	176	22.45

3) 저자 출신배경의 통계는 발표에 참여한 저자들의 직업이 제대로 표기되어 있지 않는 경우가 많아 약 109편의 논문은 저자출신 정보가 누락되어 작성되었다. 따라서 저자 출신에 대한 내용은 이를 유의해서 해석할 필요가 있다.

학생	16	2.04
교수/연구원	38	4.85
교수/학생	20	2.55
나머지	109	13.9
총계	784	100

(3) 학술대회 발표논문 연구방법론의 특성

본 학회 학술대회를 통해 발표된 논문들의 방법론을 분석해 보면, 우선 특정 연구방법론을 사용하지 않는 이론적 고찰 논문이 336편(41.43%)으로 가장 많고, 다음으로 사례연구 논문 208편(25.65%)으로 많았고, 주제에 대한 분석 및 비평하는 논문도 145편(17.88%)으로 나타났다. 전형적인 연구방법론을 사용한 실증연구

표 8-21 시대별 연구방법론의 분포현황

연 도	실증연구	사례연구	이론고찰	분석비판	총 계
2002	11	13	24	7	55
	20	23.64	43.64	12.73	100%
	9.02	6.25	7.14	4.83	6.78
2007	10	34	60	17	121
	8.26	28.1	49.59	14.05	100%
	8.2	16.35	17.86	11.72	14.92
2012	27	41	83	22	173
	15.61	23.7	47.98	12.72	100%
	22.13	19.71	24.7	15.17	21.33
2016	63	87	134	51	335
	18.81	25.97	40	15.22	100%
	51.64	41.83	39.88	35.17	41.31
2018	11	33	35	48	127
	8.66	25.98	27.56	37.8	100%
	9.02	15.87	10.42	33.1	15.66
총계	122	208	336	145	811
	15.04	25.65	41.43	17.88	100%
	100%	100%	100%	100%	100%

주: Pearson Chi-square(12) = 55.61(유의수준 < 0.0001).

표 8-22 연구대상과 연구방법론의 관계0)

주제 영역	실증연구	사례연구	이론고찰	분석비판	총 계
지방행정 기관 및 제도	22	28	43	22	115
	19.13	24.35	37.39	19.13	100
	18.03	13.46	12.8	15.17	14.18
지방분권	25	74	97	53	249
	10.04	29.72	38.96	21.29	100
	20.49	35.58	28.87	36.55	30.7
거버넌스	24	40	70	25	159
	15.09	25.16	44.03	15.72	100
	19.67	19.23	20.83	17.24	19.61
지방의회	9	5	23	11	48
	18.75	10.42	47.92	22.92	100
	7.38	2.4	6.85	7.59	5.92
공공정책	25	28	64	18	135
	18.52	20.74	47.41	13.33	100
	20.49	13.46	19.05	12.41	16.65
기타	17	33	39	16	105
	16.19	31.43	37.14	15.24	100
	13.93	15.87	11.61	11.03	12.95
총계	122	208	336	145	811
	15.04	25.65	41.43	17.88	100
	100	100	100	100	100

주: Pearson Chi－square(15)＝23.7(유의수준＜0.07).

논문은 122편(15.04%)으로 나타났다. 사례연구의 경우 지방분권 연구에서 상대적으로 많이 사용되고 있다. 실증연구의 경우 지방분권, 공공정책, 거버넌스 분야에서 상대적으로 많이 사용되고 있다.

본 학회에서 방법론만을 다룬 논문은 총 79편(9.74%)이다. 약 10%의 비중은 많거나 적다고 판단하기는 어렵다. 다만 앞으로 본 학회에서는 지방행정의 특성상 여러 지역에서 다르게 진행되고 있는 다양한 사례를 준실험 형식의 자연실험(natuiral experiment) 방식으로 접근하여 지방행정의 현장에서 일어나는 내용을 방법론을 잘 담아내는 노력이 필요하다. 앞으로 학회차원에서도 특별섹션을 통해 자연실험에 대한 많은 관심과 노력을 쏟아 부어, 국내·외 다양한 행정현장의 경험이 과학적으로 활용될 필요가 있다.

표 8-23 방법론 관련 주제 발표논문

연 도	비방법론	방법론	총 계
2002	43	12	55
	78.18	21.82	100%
	5.87	15.19	6.78
2007	110	11	121
	90.91	9.09	100%
	15.03	13.92	14.92
2012	153	20	173
	88.44	11.56	100%
	20.9	25.32	21.33
2016	305	30	335
	91.04	8.96	100%
	41.67	37.97	41.31
2018	121	6	127
	95.28	4.72	100%
	16.53	7.59	15.66
총계	732	79	811
	90.26	9.74	100%
	100%	100%	100%

주: Pearson Chi-square(4) = 13.7(유의수준 = 0.008).

4. 마치며

지금까지 본 학회의 학술대회 발표논문을 중심으로 어떤 논문들이 어떤 방법을 통해 학술대회에서 발표되었는가를 살펴보았다. 특히 본 학회의 학술대회를 통해 발표된 연구주제와 대상, 그리고 연구 방법론을 살펴보았다. 그동안 본 학회에서 발표된 논문들이 어떤 분야에 주로 관심을 갖고 연구를 해 왔는지, 그리고 어떤 연구방법론을 사용해 왔는지를 살펴보았다. 본 학회의 학술대회 발표논문은 크게 지방분권, 지역발전, 자치관련 거버넌스, 지방행정기구와 제도 등을 중점적으로 연구해 왔다. 다만 이민과 다문화, 통일 대비 북한의 지방행정에 대한 연구를 상대적으로 등한시됨을 알 수 있었다. 한편 주로 사용된 방법론은 지방자치 관련 핵심 쟁점을 이론적으로 분석・평가하는 논문이 가장 많았고, 그 다음으로 사례연구도 다수 활용해 왔다. 그렇지만 여전히 실증연구에 대한 논문이 상대적으로 적고, 각종 준실험을 활용한 논문을 찾아보기 어려워, 이러한 방법론에 대한 관심이 필요함을 알 수 있었다. 향후 학회 차원에서 학술대회의 핵심 방향과 주제를 정할 때는 이러한 미진한 부분을 보완할 수 있도록 해야 할 것이다. 특히 지방분권과 자치에 대한 다양한 국내・외 사례를 준실험과 같은 과학적 방법을 활용하여 분석하고 소개하는 시도가 있어야 할 것이다. 지방자치의 특성상 지역과 시대에 따라 매우 다양한 실험사례들이 축적되고 있기 때문에, 지방자치가 가진 이러한 연구대상의 특수성을 적절한 방법론을 통해 담아낼 필요가 있다. 또한 통일을 대비한 지방행정체제의 개편과 운영방향, 그리고 고령화 저출산에 따른 지방정부의 인구고갈이 가져올 다양한 파급효과에 대한 진단이 시급하다. 앞으로 한국 지방자치의 빛과 그림자로 남아 있는 주민자치의 가능성과 한계, 중앙정부 중심의 지방행정, 취약한 재정자립도, 지방정부의 파산제도나 긴급재정관리제도, 지방정부의 반부패운동, 제주자치도의 분권실험 등과 같은 관련 쟁점을 중심으로 심층적 연구를 위한 기획 및 특별섹션, 소규모 연구포럼 등을 활성화해야 할 것이다.

제 9 장

한국의 지방자치 교육 분석

채원호(가톨릭대학교 교수)
이주희(전 행정안전부 지방행정연수원 교수)

1. 머리말

지방자치는 풀뿌리민주정치의 꽃이다. 토크빌(Alexis de Tocqueville)이나 제임스 브라이스(James Bryce)가 지방자치는 '민주주의의 학교'라고 갈파한 사실은 잘 알려져 있다. 한국에서도 지방자치제도는 건국헌법 지방자치 조항(제78장 제96조)에 근거하여 1949년 지방자치법이 제정 · 공포됨으로써 확립되었다. 그러나 한국의 현대사에서 지방자치의 발전은 순탄치 않았다. 헌법 및 지방자치법의 규정에 따라 1952년에 지방의회를 개설했지만 전시였던 탓에 한수 이북과 지리산 지역을 제외한 지역에만 지방의회가 개설되었다. 1960년 4 · 19 이후 지자체장을 모두 주민 직선에 의해 선출하는 제도까지 도입했지만 중앙집권적 관치행정의 관성을 바꾸기에는 역부족이었다. 이후 지방자치는 실시 9년 만에 군사정부에 의해 중단되면서 1991년 지방자치가 부활되기까지 오랜 기간 질곡의 역사를 겪어야 했다.

지방자치의 발전과정이 순탄치 않았지만, 학문으로서 지방자치가 독자적인 연구대상으로 인정받은 것은 1959년 무렵이다. 서울대학교에 신설된 행정대학원에 '지방자치'와 '지방자치세니마'가 개설되었기 때문이다.[1] 이때까지 한국의 지방자치는 행정법상 조직법론이나 정치학개론의 권한분배론으로 거론될 정도이고 독자적인 학문 연구의 대상이 아니었다. 노융희의 회고에 따르면 지방자치론은 행정학이 4·19 이후 전국 대학에 보급되면서 법학과 정치학에서 독립된 새로운 학문체계로 탄생한 것처럼 그 일환으로 독자적인 연구대상으로 인정받은 새로운 디씨플린으로 독립할 기회를 마련한 것이다. 과학이란 연구대상이 뚜렷하고 그 대상을 체계적으로 인식하는 이론이 뒷받침되어야 하기에 대학 강단에 독자적인 강좌가 개설된 것은 연구대상의 독자성을 인정한 것이다(한국지방자치학회, 2011). 이와 같은 견해에 대해 백완기(2005)는 정인흥(1961)의 교과서 『지방자치론』의 출간을 본격적인 지방자치 연구의 시작으로 본다. 정인흥은 그의 교과서 서문에 "最近 數年來 대학에서 地方自治 講義가 盛行하는 傾向을 보이고 있다는 것은 周知하는 바와 같다"고 기술하고 있다. 이를 통해 짐작해 보면 1950년 후반 이후 지방자치론 강좌가 개설되기 시작한 것으로 볼 수 있다.

행정학이 그랬던 것처럼 한국의 지방자치학도 정치학, 행정학, 법학 이론을 차용하여 새로운 학문체계로 발전해야 했는데, 현실은 그렇지 못했다. 주지하듯이 1961년 5·16 군사정변으로 지방자치가 유보되면서 한국의 지방자치학은 지방행정론이나 도시행정론, 지역개발론 등의 과목으로 개설되면서 지방행정론으로서의 한계를 가지게 되었다.

장기간 침체 상태였던 지방자치는 1988년 한국지방자치학회 창설, 1991년 민

1) 본문의 내용은 고 노융희 교수의 회고에 따른 것이다. 1949년 3월 21일에 대통령령 제69호에 의해 국립공무원훈련원(현, 국가공무원인재개발원)이 설치되고 1949년에 지방자치법이 처음 제정된 사정을 고려하면 1959년 이전에도 대학이나 국립공무원훈련원에서 지방행정이나 지방자치에 대한 최소한의 교육은 이루어졌을 것으로 추측된다. 다만, 제3공화국인 1965년 9월 1일에 내무부 지방행정연수원(현, 지방자치인재개발원)이 설치된 점을 상기하면, 지방자치 미실시 시기에 지방자치에 관한 교육은 매우 미흡했을 것이다. 노융희 교수는 5·16 이후의 상황에 대해 "나는 우리나라의 분권화 촉진에 앞장서는 지방자치의 선교사를 자처하고 분권과 이양을 꺼리는 중앙정부를 질타하였다 이러한 소신은 5·16 직후 중앙공무원교육원의 고급반에 마련된 지방자치론 시간에 중장집권의 폐해를 60만 대군을 가진 군부의 수천 명이 감행한 5·16 쿠데타가 성공할 수 있었던 중요 원인의 하나라고 강의하는 등 겁 없고 어리석은 일을 해낼 수 있는 원동력이었다"고 회고한 바 있다(한국지방자치학회, 2011: 48).

선 지방의회 구성, 1995년 민선 수장의 탄생으로 다시 활기를 띠기 시작했다. 이후 지방자치는 지방행정의 굴레에서 벗어나게 되면서 활기를 띠게 되지만, 더딘 자치·분권의 진전으로 여전히 적지 않은 과제를 떠안고 있다. 이 글에서는 한국지방자치학회 30주년을 맞아 한국의 지방자치 교육에 대해 고찰하는 것이 연구의 목적이다. 연구는 대학(대학원)에서의 지방자치 교육과 지방공무원(지방의원 포함) 대상 지방자치 교육을 분석 대상으로 하고자 한다. 분석을 통해 한국에서 이루어지고 있는 지방자치 교육에 대해 평가하고 과제에 대해 논의하고자 한다.

2. 한국 대학의 지방자치 교육

1) 대학, 대학원의 개설과목 분석

한국의 대학에서 지방자치 관련 과목이 개설된 것은 전술했듯이 1950년대 말 무렵이다. 그러나 5·16 이후 군사정부에 의해 오랜 기간 지방자치가 유보되면서 지방자치론 대신 지방행정론, 도시행정론, 지역개발론 등의 과목이 개설되었다. 여기서는 대학에서의 지방자치 교육 현황을 분석하기 위하여 전국 112개 4년제 대학을 대상으로 개설 과목을 분석했다.

도시행정 등의 과목을 지방자치론에 포함시키는 데 대하여 이견이 있을 수 있다. 예컨대, 이달곤(2000) 등은 양자가 대상면에서 유사성은 있어도 이론적 바탕이 다르고 주요 이슈도 다른 경우가 적지 않다는 이유를 들어 지방행정과 도시행정을 구분할 필요성을 제기한다. 이와 같은 주장에 대해 이승종(2006)은 일면 동의하면서도 양자는 중앙과 구분되는 지방이라는 실체를 대상으로 한다는 점에서 공통점이 있을 뿐 아니라 양자의 차이는 기본적으로 질적인 차이가 아니라 양적인 차이라는 점을 고려하여 양자를 같은 범주에서 고려하는 데 큰 무리가 없을 것으로 보아 도시행정을 지방행정에 포함시켜 본다(한국행정학회, 2006: 183). 여기서는 도시행정론 외에도 지방 또는 지역을 연구대상으로 하는 지방정부론, 지역개발론, 도시계획론 등 관련 과목도 조사대상에 포함시켰다. 조사는 각 대학의 홈페이지를 통해 이루어졌으며, 교과과정에 소개된 과목을 조사했다.

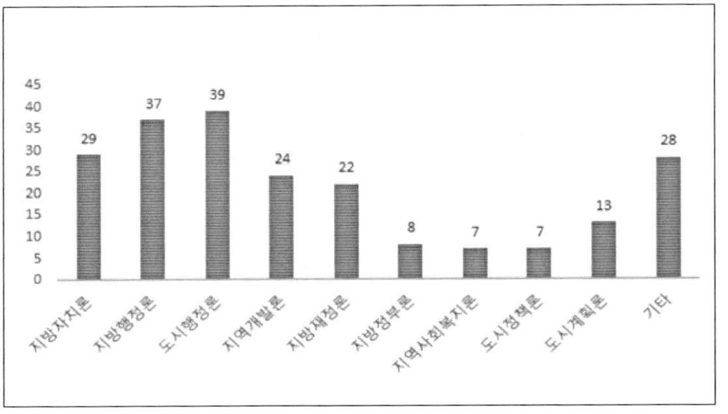

[그림 9-1] 대학의 지방자치 관련 과목 개설현황

[그림 9-1]에서 보듯이 관련 과목 가운데 개설 빈도가 가장 높은 과목은 도시행정론(39개 대학)이며, 다음으로 지방행정론(37개 대학), 지방자치론(29개 대학), 지역개발론(24개 대학), 지방재정론(22개 대학) 순이다. 그 밖에 도시계획론, 지방정부론, 도시정책론, 지역사회복지론 등의 과목이 개설되어 있다. 도시행정론이 빈도가 가장 높지만, 지방자치론, 지방행정론, 지방정부론 등 과목의 성격이 유사한 것으로 보면, 이들 과목의 빈도는 74개 대학이 개설하고 있는 셈이어서 가장 높은 빈도를 보이고 있다. 최근 지방행정론 교과서의 명칭이 지방자치론으로 거의 바뀐 것을 감안하면 대학에서 개설하고 있는 교과목에 지방행정론이 가장 높은 빈도를 차지하고 있는 것은 다소 의외다. 아마도 교과목 개편 때 관행적으로 사용해온 지방행정론 명칭을 바꾸지 않은 데 기인한 것으로 보인다.

기타로 분류한 교과목에는 지방경영론, 도시문제론, 지역공동체론, 지역발전론, 지방의회론 등의 과목이 있었다. 학교에 따라서는 관련 과목이 6개 이상 개설된 학교도 13개 있었으며, 5과목이 개설된 학교가 7개, 4과목이 개설된 학교가 16개, 3과목이 개설된 학교가 14개, 2과목이 개설된 학교가 23개, 1개 이하 과목이 개설된 학교가 37개였다.

대학원의 경우 전국의 국립대학을 포함해 28개 대학을 조사했다. 대학원의 경우에도 개설과목은 비슷한 분포를 보이고 있다. 조금 다른 점은 지방행정론(19개 대학)이 도시행정론(17개 대학)보다 빈도수가 높은 점이다. 대학원의 경우도

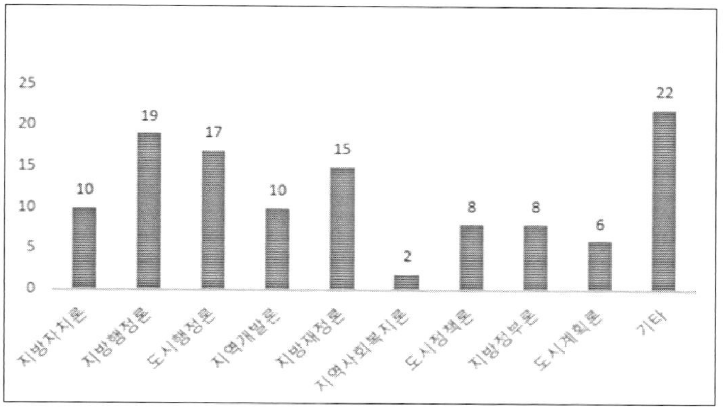

[그림 9-2] 대학원의 지방자치 관련 과목 개설현황

기타로 분류된 과목에는 지방의회론, 지방경영론, 정부간관계론, 공동체론, 사례연구 등의 과목이 있었다. 관련 과목을 6과목 이상 개설한 학교가 9개교였으며, 5과목 개설한 학교가 5개교, 4과목을 개설한 학교가 4개교 등이었다. 학과에 관련 과목 교수가 2명 이상 있는 경우 전공 특성에 따라 다양한 과목이 개설되어 있는 것으로 추측된다.

2) 지방자치론 교과서 내용 분석

한국에서 최초의 지방자치론 교과서는 출간된 것은 1961년 박영사에서 출간된 고(故) 정인흥[2] 교수의 『지방자치론』이 효시다. 당시 정인흥 교수가 지방자치

2) 정인흥(1916~1982)은 경남 김해 출신으로, 배재고등보통학교를 졸업하고 일본 마쓰에고등학교(松江高等學校)를 거쳐 1939년 교토대학(京都大學) 법학부에 입학해 정치학 전공으로 1941년에 졸업하였다. 해방 이후 1948년 9월 부산대학교에서 교수생활을 시작하여, 1951년 동아대학교로 옮겼다가 1952년 서울대학교 법과대학 조교수로 임명되어 1959년 6월까지 재직하였다. 그 뒤 경희대학교·건국대학교·국민대학교를 거쳐 1966~1982년 성균관대학교에서 교수로 재직했다. 1967년 학술원 회원에 피선되었고, 한국행정학회 회장, 한국정치학회 회장을 지냈다. 학문적 업적은 행정학·정치사상사·정치이론에 두루 걸쳐 있다. 국내에서 처음으로 행정학을 강의했고, 1956년 우리나라 최초의 행정학 개설서인 『행정학』을 발간했다. 서울대학교 행정대학원 창설에도 많은 노력을 기울였다. 한편 정치사상사는 일찍부터 관심을 표명한 분야였으며, 2,000매에 가까운 유고(遺稿)를 남겼다. 정치이론 분야에서는 국가권력과 관료제에 대해 특별한 관심을 나타냈는데, 그의 정치학이 행정학과 관련을 맺을 수밖에 없었던 이유를 여기에서도 찾아볼 수 있다. 저서로는 『정치학』(1955), 『근대정치사상사』(1955), 『행정학』(1956), 『지방자

론 교과서를 쓰면서 밝힌 머리말(序言)과 목차를 살펴보면 다음과 같다.

序言

정치적으로 민주주의에로의 방향이 한국의 政治的 志向으로서 설정된 이후 지방자치에의 관심도 점고(漸高)하고 있다는 것도 사실이라 할 수 있다. 그러나 민주주의와 지방자치와의 관계에 관한 문제에 있어서는 이론적으로나 현실적으로나 많은 문제가 內包되어 있을 뿐만 아니라, 그것의 정당한 이해가 부족한 것과 같은 느낌을 가지게끔하고 있다.

저자는 이와 같은 점에서 민주주주의적 방향에로의 우리나라의 志向에 대하여 다소나마 이바지한다는 主觀的意圖와 民主主義에 대한 정당한 이해를 위하여 지방자치에 대한 관심을 오래 전부터 가진 바 있었다. 그러나 지방자치의 현실적 변동과 先進諸國의 제도와 이론에 대한 자료의 부족으로 말미암아 지방자치에 대한 관심에 비한 성과는 보잘 것 없는 것이다. 이와 같은 점에서 본서는 저자가 민주주의와 지방자치와의 관계에 대한 이해를 위한 노력의 하나의 表示인 것이다.

본서를 집필하게 된 또 하나의 동기는 본서가 대학 강의안(講義案)으로서의 성격을 띤다는 점이다.

(후략 …).

1961.3.5 저자 씀

목 차

치론』(1959), 『정치사상가평전』(1976) 등이 있다(온라인판 한국민족문화대백과사전). 이 가운데 『지방자치론』은 필자가 확인한 바로는 1961년 박영사가 출판한 것이 최초인 것으로 볼 때 1959년에 간행되었다는 것은 착오인 듯하다.

전술한 서문과 목차에서 보듯이 선생의 책에서는 당시 한국의 지방자치 역사가 매우 일천했던 만큼 한국의 지방자치제도에 대한 설명보다는 외국의 지방행정제도에 대한 소개에 많은 지면을 할애하고 있음을 알 수 있다. 전체 279쪽 지면 가운데 제2장 지방자치의 역사적 전개(62~131)에 70쪽, 제4장 지방자치제도의 개관(173~251)에 79쪽을 할애하고 있다. 279쪽 가운데 절반이 넘는 149쪽을 외국의 지방자치 역사나 제도 설명에 치중하고 있는 셈이다. 선생은 또한 교과서에서는 마지막으로 지방자치의 근본 문제로 중앙집권의 한계를 분명하게 지적하고 있다. 이를 소개하면 다음과 같다.

"위에서 地方自治에 있어서의 中央集權化의 문제, 따라서 그 다른 一面인 地方分權의 現代的意義를 고찰하였다. 그 要略은 現代行政에 있어서 中央集權이 政治, 社會, 其他의 諸條件의 歷史的 變化에 수반하는 社會的要請에 照應하기 위하여 나타나게 되는 것이며, 地方自治는 이와 같은 중앙집권과의 調整을 기초로 하고 그 뒤 오늘날에 새로이 構成되어야 함과 동시에 새로운 발전의 방향이 探求되어야 한다는 것이었다"(정인흥, 1961: 274).

최초의 교과서가 1961년 『지방자치론』으로 출간되었지만 같은 해 5·16 군사정변으로 한국의 지방자치 발전은 오랜 기간 반역사적 질곡을 강요받게 됨에 따라 지방행정론으로 출간되는 경우가 많았다.

앞서 전국 대학에 개설된 지방자치 관련 교과목 분석에서는 여전히 '지방행정론'으로 개설된 과목이 많았지만, 최근의 지방자치 관련 교과서는 대체로 '지방자치론', '지방자치의 이해' 등의 이름으로 출간되고 있다. <표 9-1>에서는 지방자치와 관련 교과성의 내용을 '기초이론 및 역사', '필수 이론', '기타'로 분류해 보았다.

표 9-1 지방자치론 주요 교과서 내용 분석

저 서	기초이론·역사						필수 이론							기타			
	집권 및 분권	거버넌스	보충성 원리	사회적자 본론	한국의 지방자치	주요국의 지방자치	자치권·구역·계층	정부간 관계 및 사무배분	자치단체 상호간 관계	지방자치와 주민	자치단체 기관구성	지방선거·지방의회	지방재정	지방경영 및 개혁론	교육자치 및 자치경찰	지역개발	시민사회/NGO
정인흥 지방자치론 (1961, 박영사)	○				○	◎											
최창호 지방자치학 (2009, 삼영사)						○	○		○		○	○	○				
정세욱 지방자치학 (2000, 법문사)	○						○	○	○	○	○	○	○				
안용식 지방행정론 (2006, 대영문화사)		○					○	○		○	○	○	○	○			
오재일 지방자치론 (2014, 오래)		○					○	○		○	○	○					○
김병준 지방자치론 (2012, 법문사)					○	○	○	○	○	○	○	○	○				○

이달곤 외 지방자치론 (2012, 박영사)							○	○	○	○		○	○	○		○	
김종후 지방정부관리론 (2017, 대영문화사)									○	○		○	○	○			
김영종 지방자치론 (2000, 형설출판사)					○		○	○	○		○	○	○	○			
소진광 외 한국지방자치의 이해 (2008, 박영사)	○	○	○	○	○	○	○	○	○	○	○	○	○	○			
임승빈 지방자치론 (2013, 법문사)	○	○					○	○		○	○	○	○	○	○		○
정일섭 한국지방자치론 (2015, 대영문화사)					○		○	○	○	○	○	○	○				
강용기 현대지방자치론 (2014, 대영문화사)		○			○	○	○	○		○	○						
정재욱 · 안성수 한국지방자치의 이해 (2008, 대명)	○						○	○		○	○	○	○				
임도빈 지방조직론 (1997, 박영사)							○	○									
村松岐夫 地方自治 (2010, 東洋經濟新報社)	○	○			○	○	○	○	○	○	○		○		○		

출처: 필자 작성.

'기초이론 및 역사'에 해당되는 내용으로 집권 및 분권, 거버넌스, 보충성원리, 사회적 자본, 한국의 지방자치, 주요국의 지방자치로 구분하여 분석해 보았다. 분석 결과 소진광 외(2008) 외에는 최근 중요시되고 있는 이론들을 모두 반영하고 있지는 않았다. 거버넌스, 보충성원리, 사회적 자본 등은 최근에 강조되고 있는 만큼 향후 개정판에는 반영될 것으로 예상된다. 다음으로 다소 자의적일지는 몰라도 '필수이론'에 해당되는 것으로 자치권 · 구역 · 계층, 정부간관계 및 사무배분, 자치단체상호간관계, 지방자치와 주민, 자치단체기관구성, 지방선거 · 지방의회, 지방재정 등으로 내용 구분을 해 보았다. 분석 결과 대부분의 교과서에서 이들 내용으로 다루고 있었으나 일부 교과서에서는 다루지 않는 경우도 있었다. 기타에 해당하는 것으로는 지방경영 및 개혁론, 교육자치 및 경찰자치, 지역개발, 시민사회 · NGO 등으로 분석을 해 본 결과 이들 내용은 저자의 전공 특성에 따라 일부 교과서에서 반영하고 있었다. 일본의 대표적인 행정학자 무라마쓰(村松,

2010)의 교과서의 역사 한국의 지방자치 교과서의 큰 차이는 없었다. 다만, 근현대의 '지방자치사상'과 '복지정책과 비용부담' 등이 독립된 장으로 소개되고 있다. 국가 누적 부채규모로 세계 최대 채무국인 까닭에 '복지정책과 비용부담'을 별로 장으로 소개하고 있는 것은 특색으로 여겨진다. 지방자치 교과서로 분류할 수 있을지 모르겠지만, 임도빈(2004)의 『한국지방조직론』은 조직론의 관점에서 한국의 지방조직을 다루고 있다는 점에서 차별적 특징을 가지는 저술이라 생각된다.

3) 지방공무원 대상 지방자치 교육

(1) 지방공무원의 교육연수체제

지방공무원에 대한 교육·연수는 원칙적으로 시·도지사의 직속기관인 교육기관(공무원교육원 또는 인재개발원)이 실시하거나, 교육전문기관에 위탁하여 실시하고 있다. 한국지방자치학회가 창립된 1988년 당시 지방공무원에 대한 교육훈련은 내무부 지방행정연수원과 시·도에 설치된 시·도지방공무원교육원(이하 시·도인재개발원이라 한다)[3]이 담당하였다.[4] 당시 내무부는 지방공무원 교육훈련에 관한 기본정책을 수립, 지침을 시달 등 교육훈련에 관한 정책적 사무

표 9-2 지방공무원 직급별 교육훈련기관

전문교육훈련기관	대 상	내 용
국방대학원, 세종연구소, 국가공무원인재개발원	4급 이상 간부 장기교육	관리자에게 필요한 리더십 배양
행정안전부 지방자치인재개발원	5급 이상 관리자 직무교육, 자치단체장	전국적 통일성을 요하는 교육
시·도 인재개발원(공무원교육원)	6급 이하 기본교육, 전문교육	지역특성을 반영한 교육
국내·외 민간위탁교육	모든 직급	직무의 능력 배양에 관한 교육
직장 교육	모든 직급	소양과 자질향상을 위한 교육
국회의정연수원	의회사무직원, 지방의원	의정활동 및 의정지원

3) 2018년 10월 현재 시·도지사의 직속기관의 명칭은 지방공무원교육원(대구, 광주, 충남, 전남, 전북, 경북), 인재개발원(서울, 부산, 인천, 대전, 경기, 강원, 경남) 또는 자치연수원(충북)으로 부른다.

4) 교육기관을 설치하지 않는 시·도는 울산광역시와 세종특별자치시다.

전반을 맡았는데 그 기능은 2018년 10월 현재까지 변함이 없다. 지방공무원에 대한 교육담당기관은 30년 전과 비교하면 정부기관이 아닌 공공기관이나 민간기관에서도 교육훈련을 받을 수 있도록 개방되어 있다는 사실이다(<표 9-2> 참조).

이하에서는 지방공무원, 지방의원, 지방자치단체장으로 나누어 전문교육기관별로 그 체제 변천을 살피고자 한다.

(2) 지방공무원에 대한 지방자치교육

① 지방자치인재개발원에 의한 5급 이상 지방공무원 교육연수

• **연 혁**

1988년 당시 내무부 지방행정연수원은 지방자치단체의 5급 이상을 대상으로 교육연수를 실시하였는데 2017년부터 그 명칭이 '행정안전부 지방자치인재개발원'으로 변경되었다.

1991년 지방의회가 구성되어 본격적인 자치시대가 시작됨에 따라 지방행정연수원은 그 교육훈련 목표를 '지방화 시대 민주 행정인 양성'에 두고 자율과 책임이 조화된 교육을 실시하였다. 그동안 내무부 훈령에 의하여 설치된 지방행정연수원은 1995년 4월 지방공무원 훈련법 제정으로 법적근거를 갖게 되었다. 동법 제5조 제1항은 "5급 이상 지방공무원에 대한 교육훈련을 관장하기 위해 내무부장관 소속하에 지방행정연수원을 둔다'고 규정했다. 그 이후 지방행정연수원은 그 명칭을 1999년 국가전문행정연수원, 2005년 자치인력개발원, 2006년 지방혁신인력개발원, 2008년에 지방행정연수원, 2017년에는 지방자치인재개발원으로 변경되었다. 이는 교육내용이 단순한 직무 관련 지식연수에서 벗어나 적극적인 인적자원개발(HRD)로 변화하고 있는 흐름을 반영한 것이다. 즉, '혁신과 분권을 선도하는 지방핵심인재 양성'이라는 새로운 비전 하에 국정철학을 반영한 다양한 교육프로그램을 개발하여 운영하고 있으며, 공직가치 교육을 확대하여 공직자로서의 가치 확립에 주력하고 있다(<표 9-3> 참조).

표 9-3 지방자치인재개발원 연혁

1965	9.1	내무부 지방행정연수원 설치(서울특별시 도봉구 쌍문동)
1978	1.24	지방행정연수원 신축이전(경기도 수원시 장안구 파장동)
1994	4.21	중앙 민방위학교 흡수
1995	4.21	지방공무원훈련법 시행공포
1999	1.1	국가전문행정연수원 확대개편 개원 (기획부, 자치행정연수부, 교육행정연수부, 농업연수부, 건설교통연수부, 국제특허연수부, 통계연수부 등 6개 부처 교육기관 통합)
	1.2	교육행정연수부를 본원으로 이전, 통계연수부를 대전분원으로 이전
	1.19	건설교통연수부를 본원으로 이전
2004	6.1	민방위교육관을 소방방재청으로 이관
2005	1.1	자치인력개발원으로 조직개편 (교육행정연수부, 농업연수부, 건설교통연수부, 국제특허연수부, 통계연수부를 소관부처로 이관)
	12.9	조직개편 실시(팀제개편 및 혁신연구개발센터 직제 신설)
2006	1.1	지방혁신인력개발원으로 조직개편
2008	2.29	지방행정연수원으로 조직개편
2013	7.31	전북혁신도시(전북 완주군 이서면)로 이전
2017	7.26	지방자치인재개발원으로 명칭 변경

출처: 지방자치인재개발원(2018: 3).

• 지방자치인재개발원의 교육 체계 및 내용

지난 30년간 지방자치인재개발원은 지방화, 세계화, 정보화 시대에 부응하는 교과목을 개설하여 5급 이상의 지방공무원에게 교육서비스를 제공하였다. 특히, 자치제도의 개편에 관련된 교과목에 대한 소개와 업무처리 절차와 실무에 관한 지식과 정보를 제공하였다. 지방자치인재개발원은 역대 정부의 국정철학을 지방자치단체에서 반영하는 동시에 지방화 시대에 걸맞은 프로그램을 개발하여 운영하였다.

1991년 지방의회가 구성됨에 따라 각 과정별로 지방자치와 관련된 교과목과 산업화, 도시화 등 행정수요의 새로운 변화에 능동적으로 대응하고, 지방행정을 주도할 전문행정인 양성을 위하여 전문교육과정을 대폭 확대하였다. 지방자치와 각종 분권체제(지방자치제도, 국가권한의 지방이양, 주민참정제도, 지방재정제도 등)의 내용과 운영방안에 중점을 두었다. 구체적으로는 지방의회의 지위와 권한, 지방자치단체장과 지방의회의 관계, 지방자치법 관련 판례, 지방의정운영사례 등에 관한 교과목이 설정되었다.

1994년에는 장기교육과정으로 6급을 대상으로 하는 여성간부양성과정이 신설되었다. 동 장기과정은 여성공직자의 수가 급격하게 증가함에 따라 여성공무원들이 관리자로서 지녀야할 책임감과 리더십을 함양하게 할 목적으로 신설된 것이다. 동 과정은 2007년에 '여성리더양성과정'으로 명칭을 변경하여 2018년 현재 그 수료자는 1천 명을 넘어섰고 그들의 30% 정도가 이미 사무관 및 서기관으로 승진되어 지방자치단체의 리더로서 활동하고 있다.

1995년에는 지방고시제도가 신설되면서 1996년에는 지방고시1기 합격자 83명을 대상으로 지방자치인재개발원에서 지방고시합격자의 임용전 기본교육을 실시하였다.

2003년에는 지방의 변화와 혁신을 실질적으로 이끌어 갈 중견관리자를 육성하기 위해 지방5급으로 10개월 교육을 받는 '중견리더과정'을 개설하여 2018년 현재까지 운영되고 있다.

2004년에는 시・도 국장 및 시・군・구 부단체장을 대상으로 한 '고위정책과정'을 개설하여 현재까지 운영되고 있다.

2005년에는 사이버 교육을 통한 상시학습체제를 구축하기 위하여 '지방공무원 사이버 교육센터'를 구축하여 수많은 지방공무원들이 언제 어디서나 지방해정에 대한 지식과 정보를 획득하고 활용하고 있다.

2011년에는 지방행정연수원 전북이전추진단을 구성하여 활동하였고, 2013년에는 지방행정연수원 비전 및 전략체계수립, 2014년 4개 장기교육과정(고위정책과정, 고급리더과정, 중견리더과정, 여성리더양성과정)에 대하여 대대적인 개편을 추진하였다. 구체적으로 각 과정별로 교육목표의 재설정, 교육비중 가치를 기반가치 중심으로 개편했으며, 교과 내용 및 교육방법도 시대흐름과 고객의 수요에 부응하도록 개편하였다.

2018년 현재, 지방자치인재개발원의 기구 및 정원을 보면 원장(고위공무원) 아래 2부(기획부, 교수부: 공위공무원)와 6과(행정지원과: 3・4급, 기획협력과: 4급, 국제교육협력과: 4급, 교육총괄과: 4급, 정책리더양성과: 4급, 전문역량교육

표 9-4 지방자치인재개발원의 교육체계

<table>
<tr><th>구 분</th><th>장기 · 기본 교육</th><th colspan="3">전문 · 시책교육</th><th>역량교육</th><th>사이버 교육</th></tr>
<tr><td>계</td><td>6과정
3,874명</td><td colspan="3">36과정 3,087과정</td><td>7과정
226명</td><td>189과정
151,748명</td></tr>
<tr><td>지방3~4급</td><td>고위정책
과정
(41명)</td><td></td><td></td><td></td><td></td><td></td></tr>
<tr><td>지방4급</td><td>고급리더
과정
(109명)</td><td rowspan="4">국정과제 (제4차 산업 혁명과 미래, 사회적 가치의 이해 등</td><td rowspan="4">시책지원(평화통일, 공직가치 이해와 실천 · 지방규제개혁, 지역일자리 정책 등)

직무전문(도전!강의능력 향상, 지방재정조정 제도의 이해, 조직 및 인사관리, 지방세실무 등)

직무역량(미래인생설계, 공공갈등 관리 등)</td><td rowspan="4">국제전문 (알고 ISSUE? 국제 ISSUE!)</td><td rowspan="4">역량교육 (역량교육 퍼실리테이터 이터 양성 과정 등)</td><td rowspan="5">행정공통
직무전문
공직가치
국정시책
안전 · 보호
자기개발
외국어
정보화</td></tr>
<tr><td>지방5급</td><td>중견리더
과정
(140명)</td></tr>
<tr><td>지방5급
승진후보자</td><td>5급승진
리더 과정
(3,495명)</td></tr>
<tr><td>지방5~6급</td><td>글로벌
리더
양성과정
(26명)</td></tr>
<tr><td>지방6급</td><td>여성리더
양성과정
(63명)</td><td></td><td></td><td></td><td></td></tr>
<tr><td>지방
선출직</td><td>3과정
166명</td><td colspan="5">• 단체장비전포럼(시장, 군수, 구청장)
• 지방의회 아카데미(기초 · 광역의원)
• 지역거버넌스과정(지방의회의원, 공무원, 시민단체 · 학계 등)</td></tr>
<tr><td>지방
공기업</td><td>6과정
284명</td><td colspan="5">• 경영자/신규자/관리자/리더십역량 강화
• 실무/기획 및 보고서작성 향상</td></tr>
<tr><td>외국
공무원</td><td>9과정
657명</td><td colspan="5">• 몽골군수 역량 강화, 몽골 NAOG 교수단 역량 강화, 페루 지방정부 행정역량 강화
• 아프리카 지방행정 역량 강화, 몽골 현지방문, 팔레스타인 HRD 관리자, 페루 현지방문, 팔레스타인 교수요원, 개발도상국 지방행정 등</td></tr>
</table>

출처: 지방자치인재개발원(2018: 18).

과: 4급)가 설치되어 있다. 2017년 현재 정원은 104명이며, 그 중에서 4명의 전임 교수가 재직하고 있으며, 교육기획전문가를 전문직으로 채용하고 있다.

지방자치인재개발원의 비전은 '혁신과 분권을 선도하는 지방핵심인재 양성'이다. 동 개발원이 목표로 하는 인재상으로는 '주민과 함께하는 헌신적 인재, 국민이 신뢰하는 청렴한 인재, 변화를 선도하는 창의적 인재, 국정을 실천하는 유능한 인재, 세계로 도약하는 유능한 인재'로 설정하고 있다.

지방자치인재개발원은 지방공무원을 대상으로 장기 · 기본 교육(6과정 3,874명), 전문 · 시책교육(36과정 3,087명), 역량교육(7과정 226명), 사이버교육(189과정151,748명)과정을 운영하고 있다. 지방공무원 외에 지방선출직(3과정 166명), 지방공기업(6과정 284명), 외국공무원(9과정 657명)을 상대로도 과정으로 개설하고 있다(<표 9-4> 참조).

장기교육(10개월)은 고위정책과정 등 5개 과정이 개설 · 운영되고 있다. 고위정책과정은 시 · 도 3 · 4급을 대상으로 하는 과정으로 비합숙 교육기간 동안 '지방의 비전과 전략을 제시하는 창조적 고위리더 양성'을 교육목표로 한다. 지방4급 공무원을 대상으로 하는 고급리더과정은 비합숙 방식으로 운영되며 '지방의 창조적 발전을 선도하는 핵심리더 양성'을 교육목표로 하고 있다. 중견리더 과정도 비합숙 방식으로 운영되며 '변화를 지향하고 협력으로 소통하는 창의적 중견리더 양성'이 교육목표다. 글로벌리더 과정은 5 · 6급 공무원이 대상으로 비합숙 방식이며, 교육목표는 '지방행정의 글로벌화를 선도하는 창의적 인재양성'이다. 여성리더양성과정은 지방6급 여성공무원이 대상으로 비합숙 방식으로 운영되며 '유능하고 신뢰받는 여성리더 양성'을 교육목표로 한다. 기본교육 과정으로서 5급승진리더과정은 '창조적 변화를 선도하고 신뢰받는 중견리더 양성'과 '리더로서의 직무수행능력 향상'을 교육목표로 한다. 기타 교육과정으로는 전문 · 시책교육(36과정 3,087명), 역량교육과정(7과정 226명), 사이버교육과정(189과정 151,748명) 등이 있다.

지방자치인재개발원은 2005년부터 사이버교육을 실시하였다. 전국의 지방공무원들에게 언제 어디서 어떤 내용이라도 선택할 수 있는 자유가 보장되어 있으며, 공무원들의 시간절약을 위해 언제 어디서나 접근할 수 있는 코스웨어나 컨텐츠가 매우 다양하게 개발되어 있다. 지방공무원의 상시학습시간의 확대방침에 따라 자기 주도적 학습역량을 실질적으로 지원하기 위하여 사이버교육 코스웨어를 개발하고 있다. 국가공무원인재개발원, 지방자치인재개발원, 시·도 인재개발원 등이 사이버교육이 가능한 프로그램을 개발하여 제공하고 각급 지방공무원들이 차별 없이 활용하고 있다. 사이버교육은 행정공통, 전문직무, 공직가치 등을 내용으로 총 105개의 프로그램이 있으며, 연간 강의횟수 1,000호, 수강생의 규모는 16만 명이다. 2013년부터는 스마트폰으로 수강하는 프로그램도 개발하여 제공되고 있다.

② 시·도 인재개발원에 의한 지방공무원 교육훈련

시·도와 시·군·구의 6급 이하 지방공무원은 시·도 인재개발원과 중앙부처 직속기관으로 설치된 전문교육원 또는 민간기관(예컨대, 삼성인력개발원, 현대인재개발원, LG 인화원 등)에서도 집합교육훈련을 받을 수 있다. 그러나 시·도 중 울산광역시와 세종특별자치시는 규모의 경제 때문에 자체 인재개발원을 설치하지 않고, 울산대학교와 충남공무원교육원에 위탁교육을 실시하고 있다. 시·도 인재개발원 중에서 서울시인재개발원은 5급 승진후보자의 교육을 예외적으로 실시하고 있다. 각 시·도 인재개발원에서는 팀장급의 역량강화를 위하여 6급을 30~60명 선발하여 6~10개월 장기과정을 운영하고 있다.

각 시·도의 인재개발원에서는 6급 이상의 일반직 공무원의 인사에 따라 지방공무원 교육원에 교수요원으로 배치하고 있다. 법령상으로 요구되는 교수요원에 대한 자격요건은 규정되어 있으나 현직 지방공무원 가운데 소정의 경력이 있는 사람이라면 누구나 강사요원으로서 강의를 수행할 수 있다. 때문에 강사의 전문성은 높은 수준이 아니다. 인재개발원은 예산 부족 때문에 전임교수를 확보하기 어렵고 전임교수에 대한 역량 강화는 별다른 기회가 주어지지 않고 있다. 이런 이유로 강사의 인재개발원 근무 기간이 짧아 강의기법을 축적하기 어려운 문제가 있다.

③ 지방공무원의 해외연수

세계화 시대에 부응하여 해외 사례를 벤치마킹하기 위해 지방공무원에게 해외 연수를 실시하고 있다. 해외연수는 해외 자치단체나 기관의 벤치마킹, 시찰, 견학, 기관 방문, 배낭여행 등 6개월 미만의 단기연수와 대학교, 연구기관, 정부

기관, 정부산하기관, 국제기구 등에서 훈련하는 1년 이상의 장기연수과정으로 나눌 수 있다. 장기연수과정은 1년 이상~2년 미만 기간연수로 21세기에 대비하는 장기적 행정발전을 위한 주요 과제를 연구하고, 선진행정 제도·경험·관행에 관한 최신 정보·기술을 습득하는 데 목적이 있지만 지방자치단체에서는 파견한 전례가 없다.

단기해외연수는 대부분 선진지역 견학 시찰이라는 포괄적인 주제나 목적 때문에 구체적인 성과로 이어지지 못하는 경향이 있다. 대부분 단기 해외연수는 관광중심으로 일정이 편성되고 있어서 업무를 혁신하고 발전시키는 데 도움이 되지 못한다는 평가를 받고 있다. 사전준비가 미흡한 상태로 벤치마킹하려는 방문기관에 도착하기 때문에 소기에 목적을 달성하기 어렵다. 즉, 질문·답변을 통해 문제해결을 위한 심층적인 대안을 모색하기보다는 일방적인 설명과 자료수집에 그치고 있는 실정이다. 뿐만 아니라 해외연수에 대한 사후 피드백(feedback) 시스템이 미비하여 연수과정에서 확보한 지식과 정보가 방치되거나 사장되는 경우가 많다.

(3) 지방의원 의정연수의 기관별 운영실태

지방의원을 주민이 직선한 1991년 이래 지방의원의 전문성 향상은 가장 시급한 사항이었다. 지방의원을 대상으로 하는 연수기관은 크게 공공기관과 민간기관으로 나눌 수 있다. 전자에는 국회의정연수원과 지방자치인재개발원이 있으며, 후자에 해당하는 민간교육기관은 3개 기관이 있다(<표 9-5> 참조).

표 9-5 지방의원 교육연수의 시행주체별 실태

구 분		주요 기관
지방의회 내부행사		간담회, 세미나, 연찬회, 해외연수
외부기관	공공기관	– 국회의정연수원(지방의원, 의회공무원, 전문위원, 의회소속 속기사 등) – 지방자치인재개발원(지방의회 아카데미: 지방의원)
	민간기관	한국산업기술원 자치연구소, 지방자치행정연수원, 현대지방의정연구원(의원, 사무직원에 대한 의원연찬회, 해외연수 등 대행)

① 국회의정연수원에 의한 지방의원 연수

국회의정연수원은 지방의회와 관련하여 지방의원, 전문위원, 실무자, 속기사 교육 등으로 구분되는 프로그램을 지방자치가 부활된 1991년 이후 줄곧 운영하고 있다. 지방의회 관련 프로그램은 전국 단위로 모집되어 연 평균 7회(2017년 기준) 정도로 기획, 운영되고 있다.

국회의정연수원의 지방의회 관련 프로그램의 특성은 다음과 같다.

첫째, 지난 20년 동안 거의 동일하거나 비슷한 과목으로 의정연수원 교수들에 의하여 강의식으로 운영되고 있다. 국회의정연수원에서 실시하는 대상별 교과목은 대동소이하다(<표 9-6> 참조).

표 9-6 국회의정연수원 지방의회 관련 과정 교과목

대 상	지방의원	지방의회 사무직원	전문위원
교과목	• 예산안 및 결산심사 기법 • 의정활동 전략과 기법 • 조례안 입안 및 심사기법 • 행정사무 감사·조사 기법	• 예산안 심사 실무 • 지방자치법 및 지방재정법 이해 • 행정사무 감사·조사 실무 • 지방재정의 현안과 과제 • 회의운영 실무	• 행정사무 감사·조사 기법 • 회의운영론 • 예산/결산 심사기법 • 조례안 입안 및 심사기법 • 지방자치법 및 지방재정법 이해

둘째, 국회운영 노하우를 지방의회 의원들에게 전수함으로써 의회운영기법을 전수하는 데 공헌을 해 왔다.

셋째, 비교적 저렴한 비용으로 연수프로그램을 제공하고 있기 때문에 초선 지방의원들에게 인기가 있다.

넷째, 연수 장소는 국회 안에 의정연수원에 한정하지 않고 의정연수원 강원도 고성분원을 설치하여 의원연수를 실시함으로써 각 의원의 참가율을 높이고 있다.

② 지방자치인재개발원의 지방의회아카데미

지방자치인재개발원은 교육훈련 프로그램 중 '선출직과정'을 운영하여, 지방의회의원뿐만 아니라 기초자치단체장, 공무원, NGO, 학계 인사를 대상으로 자치역량을 높일 수 있는 교육 프로그램을 제공한다. 매년 '지방의회 아카데미'를 1~2

회 개최하여 지방의원들이 의정활동에 필요한 여러 분야의 지식을 폭넓게 습득하도록 교육하는 동시에 지방자치의 주요 이슈들에 대하여 함께 토론할 수 있는 기회를 마련하고 있다. 또한 '지방의회 사무역량강화과정'을 운영하여 의회사무직원(지방공무원)들에 대한 교육을 실시하고 있다(<표 9-7> 참조).

표 9-7 지방자치인재개발원 지방의정 관련 교육과정 개요(2017)

교육명	대 상	일 정	교과목
지방의회 아카데미(3일)	지방의회 의원	5.25~5.26	지방재정쟁점, 예산/결산심사, 지방의회 미래, 도시재생 등
지방의회 사무역량 강화과정(3일)	전문위원, 실무자	7.10~7.12	지방자치이해, 행정사무감사/조사, 예산/결산심사, 조례입안/심사, 회의운영 등

지방자치인재개발원의 '지방의회아카데미'는 주로 현안에 초점이 맞추어지는 특징과 역대 원장의 관심과 취향에 크게 좌우되어 그 프로그램의 내용이 비교적 다양하게 운영되었다. 국회의정연수원이나 민간기관에 의하여 실시되는 의원연수 프로그램과 중복을 지양하고 차별화하는 차원에서 소극적으로 프로그램을 운영해 왔다. 지방의회 아카데미는 연수비용이 저렴한 것이 장점이나 참여하는 의원 수는 많지 않다. 이는 지방자치인재개발원이 법령상 지방공무원 5급 이상 공무원 교육기관이기 때문에 선출직 지방의원이나 지방자치단체장 교육에 소극적이기 때문인 것으로 생각된다.

③ 민간기관의 의정연수

공공연수기관에 비해서 민간연수전문기관은 의원의 내재적 수요(관광수요, 레저휴양수요)를 충족하는 동시에 편리하고 쾌적한 숙박시설을 제공하기 때문에 그 수요가 꾸준하게 유지되고 있다. 이들 연수기관은 비회기 중에 개별의회 단위로 의원과 사무직원이 함께 사계의 전문가를 초빙하여 강의와 질의를 통해서 전문적 지식을 함양하고 있다. 이들 민간연수기관에서는 국회사무처 근무경력자들을 주로 강사로 초빙하다 보니 국회의정연수원의 프로그램을 장소와 주도자만 바꾸어 진행하는 시스템으로 운영되고 있다.

개별 지방의회별로 연수가 이루지기 때문에 연수비용이 국회의정연수원이나 지방자치인재개발원에 비해 과다한 것이 특징이다. 문제는 지방의회 재적의원이 10인 내외인 경우에는 사무직원과 합동으로 연수를 한다 해도 규모의 경제를 확보할 수 없어서 고비용, 저효율로 이루어지고 있다. 뿐만 아니라 민간기관에 의하여 연수가 이루어짐으로써 고객확보 차원에서 의회편의주의가 작용하여 연수가 형식적이거나 파행적으로 실시되는 경우가 많다(<표 9-8> 참조).

표 9-8 지방의정연수기관 간 운영실태 비교

기 관	운영실태
국회의정 연수원	– 지방의회 의원, 전문위원, 실무자, 속기사 프로그램별 운영 – 국회 및 강원도 고성분원에서 분산 실시로 연수 겸 휴양 목적 일부 해소 – 전국단위 모집의 연평균 5~7회 실시하나 동일내용 반복 및 1회성 연수 시행 – 국회운영 노하우 기법 전수하나 국회운영행태 답습 우려 – 매년 유사한 과목, 연수원 내 교수의 강의식 교육위주 – 국정과 지방자치행정의 차이 구분 모호로 지방적 특성 부각 미흡 – 많은 인원(약 120명 수준)으로 의회문제 해결보다는 의정활동 기술적 역량에 치중
지방자치인재 개발원	– 지방의원을 대상으로 연 1~2회 개최, 의회직원 대상 사무역량 강화 교육실시 – 국회의정연수원과의 차별화를 위해 프로그램 내용의 다원화 추구하지만 역사가 짧아 체계적 프로그램 개발 필요 – 저렴한 연수비용 대비 참여의원 수 적음 – 의원연수의 법적근거 미약으로 연수생 모집 어려움 – 의원들이 과거 민간 및 국회의정연수원에서 받은 교육에서 의식적으로 벗어나지 못하고 있음. – 의원들은 연수 겸 친목 등 지향하는 바가 있어 연수 장소의 탄력성을 갖고 싶어하는 바 지방자치인재개발원 연수로 고정됨에 따른 소극적 참여 가능성
민간연수기관	– 의원들의 내재적 수요(관광, 휴양 등) 충족에 맞춘 형식적 교육 – 비회기 중 의원과 사무직원이 외지에서 전문가 초청의 강의 위주 운영으로 실질적 연수목적 달성 미흡 – 각 개별적 지방의회 위원회별 연수로 인하여 민간부분의 경쟁 가열 및 전문성 함양보다는 민간연수기관의 사업적 목적에 초점 – 각 분과위원회별로 민간연수기관에 위탁하여 실시함에 따라 규모의 경제 미흡 및 고비용 저효율 야기 – 지방의회의 편의가 반영된 프로그램으로 인해 형식적 연수 시행

(4) 지방자치단체장에 대한 교육연수

행정안전부 지방자치인재개발원에 1982년부터 존재했던 '고급공무원정예과정'은 1986년부터는 '시장 · 군수과정'으로 명칭이 변경되었다. 1992년에는 '고급

정책관리자' 과정으로 명칭이 변경되기도 했지만 1994년에는 과정이 폐지되었다. 이 과정에는 시장, 군수, 구청장 및 시도의 실국장인 3~4급 지방공무원을 대상으로 1년 과정으로 운영되었다. 그러나 1995년 민선으로 자치단체장을 선출하게 되면서 시장·군수·구청장은 이 과정 교육대상자에서 제외하였다.

1995년 6월 이후 선출직 자치단체장에 대한 지방자치인재개발원의 교육프로그램 가운데 자치단체장비전포럼(1일, 비합숙)은 지역 최고리더로서 자치단체장의 전략적 리더십 함양과 경영능력제고를 교육목표로 하고 있다. 이 과정은 지역발전 성공사례 공유를 통하여 선진지방자치 구현 방안을 학습하는 것을 교육목표로 한다. 자치단체장 대상 교육의 주요 내용은 '자치단체장에게 요구되는 비전 및 전략', '지방정부의 역할', '지방분권 및 균형발전 등에 대한 올바른 이해', '지역 성공전략과 사례 공유' 등이다. 이와 같은 교육내용은 일방적 강의를 지양하고 토론 중심의 참여형 교육과정으로 진행된다. 그러나 바쁜 일정 때문에 교육에 참여하는 자치단체장의 숫자가 많지 않는 문제가 있다.

4) 맺음말

앞에서는 대학에서 이루어지고 있는 지방자치 교육을 분석하기 위해 개설된 지방자치 관련 교과목과 주요 교과서의 내용을 분석했으며, 지방공무원에 대한 지방자치 교육에 대해 살펴보았다.

한국에서 첫 지방자치 관련 교과서가 출간된 것은 1961년 고(故) 정인흥 교수의 『지방자치론』(박영사)이었다. 그러나 5·16 군사정변으로 교과서는 지방자치론을 대신하여 지방행정론으로 출간되는 경우가 많았으나, 민선자치 이후 대부분의 교과서가 지방자치론으로 출간되고 있음이 확인되었다. 다만, 거버넌스, 보충성원리, 사회적 자본 등 비교적 최신 이론의 반영은 다소 미흡했다. 또한 저자의 전공 특성에 따라 교과서 구성 내용에 일부 차별적 특성이 존재했다. 이에 비하면 대학에서 개설되고 있는 교과목은 여전히 지방행정론으로 개설된 과목이 가장 많아 대조를 보였다. 지방자치론 교과서의 내용을 살펴보면 한 학기에 수업을 다 마치기에는 내용이 다소 많은 것으로 생각된다.

지방공무원에 대한 교육·연수는 지방자치인재개발원이나 시·도지사의 직속기관인 교육기관(공무원교육원 또는 인재개발원)에서 실시하고 있어 일정 부분 전문성이 담보되고 있다. 본문에서 살펴보았듯이 매우 다양한 과정이 운영되고 있으며, 외국공무원이나 지방공기업 직원을 대상으로 하는 교육연수도 이루어지고 있다. 사이버교육은 행정공통, 전문 직무, 공직가치 등을 내용으로 총 105개의 프로그램이 운영되고 있다. 연간 강의횟수 1,000호, 수강생의 규모는 16만명으로 교육의 저변확대에 크게 기여하고 있다. 다만, 다양한 교육과정과 교과목이 개설되고 있음에도 자치·분권에 대한 지식이나 의식을 고취시킬 만한 교과목은 많지 않아 개선이 필요해 보인다. 자치분권 시대에 걸맞은 지방공무원 양성을 위해서는 자치분권과 관련된 이론 교육의 내실화를 기해야 할 것이다.

지방의원에 대한 교육·연수는 1991년 민선 의원이 탄생한 이래 가장 시급한 과제였다. 집행부 견제를 통해 지방자치가 발전하려면 지방의원의 전문성을 담보하는 것이 매우 중요한 과제이기 때문이다. 지방선거에서 초선의원의 당선 비율이 높은 것도 지방의원의 전문성 축적을 어렵게 하는 요인이다. 집행부와 달리 지방의원의 경우 전문 교육연수 기관이 부재하다고 볼 수 있다. 현재 공공기관(국회의정연수원과 지방자치인재개발원)과 민간 교육기관에서 교육연수를 담당하고 있으나, 이들 기관은 지방의원만을 대상으로 하는 전문교육기관으로 보기 어렵다. 법적 근거 마련을 통해 체계적인 교육연수를 할 수 있는 기관 설치를 고려해야 할 것이다.

끝으로 민선 지자체장에 대한 지방자치 교육은 매우 미흡해 보인다. 민선 지자체장 가운데는 공무원 출신 등 지방행정에 정통한 수장도 적지 않지만, 변호사나 기업인 등이 장으로 선출되는 경우 지방자치에 대한 이해가 부족할 수 있다. 현재 지방자치인력개발원 교육프로그램 가운데 단체장비전포럼은 비합숙 1일 프로그램으로 운영되고 있어 실효성이 없다. 지자체장 특성에 맞은 맞춤형 교육과정을 개발할 필요가 있다.

참고문헌

강용기(2014). 『현대지방자치론』. 서울: 대영문화사.
국가공무원인재개발원(2018). 『2017인재개발연보』.
김병준(2012). 『지방자치론』. 서울: 법문사.
김영민(1992). 한국 최초의 현대 행정학자 정인흥의 행정사상. 『한국행정학보』, 26(3).
김종후(2017). 『지방정부관리론』. 서울: 대영문화사.
노융희 외(2015). 『지방자치의 어제, 오늘 그리고 내일』.
백완기(2005). 『한국행정학 50년: 문헌검트를 중심으로』. 서울: 나남출판.
소진광 외(2008). 『한국지방자치의 이해』. 서울: 박영사.
안용식(2006). 『지방행정론』. 서울: 대영둔화사.
오재일(2014). 『지방자치론』. 오래.
이달곤 외. 『지방자치론』. 서울: 박영사.
임도빈(1997). 『지방조직론』. 서울: 박영사.
임승빈(2013). 『지방자치론』. 서울: 법문사.
정세욱(2000). 『지방자치학』. 서울: 법문사.
정인흥(1961). 『지방자치론』. 서울: 박영사.
정일섭(2015). 『한국지방자치론』. 서울: 대영문화사.
정재욱 · 안성수(2008). 『한국지방자치의 이해』. 대명.
지방자치인재개발원(2018). 『지방자치인재개발원연보2017』.
지방행정연수원(2015). 『반세기를 품은 이야기 - 지방행정연수원 50년사』.
최창호(2009). 『지방자치학』. 서울: 삼영사.
한국지방자치학회(2010). 『한국지방자치학회20년사』.
한국행정학회(2006). 『한국행정학 오십년: 1956 - 2006』.

村松岐夫(2010). 『テキストブック　地方自治』. 東京: 東洋經濟新報社.

제 10 장

한국지방자치단체 해외교류

김찬동(충남대학교 교수)

1. 개 요

한국지방자치학회는 일본 지방자치학회와 1992년부터 상호교류세미나를 실시해 오고 있다. 현재까지 26년째 지속되고 있으며, 처음에는 격년으로 상대국을 방문하여 일본과 한국에서 상호교류세미나를 개최하고 있고, 최근에는 매년 한국과 일본의 지방자치에 관한 이슈에 대한 세션을 구성하여 논문이 발표하고 있다. 양국의 지방자치학회는 교류세미나의 중요성을 감안하여, 양국 학회가 상대국에 가서 발제할 때의 항공료, 숙박비 등을 학회에서 부담해주기로 하여, 교류가 재정적인 뒷받침을 통하여 제도화되도록 양국의 학회장간에 협약서가 조인되어 있다.

그래서 한국과 일본의 지방자치학회의 교류는 다른 어느 나라의 학회와의 교류에 비하여 견고한 제도적 기반을 가지고 있다고 할 수 있다. 이러한 제도적 장치를 확보한 것은 양국이 가장 가까운 나라여서 교류의 비용이 상대적으로 저렴하다는 이점도 있지만, 한국의 지방자치제도가 일본의 지방자치제도를 그대로 계수한 측면도 있고, 또 일본의 지방자치제도 운영의 경험이 한국보다 지속되었기에, 지방자치제도의 발전이란 측면에서 한국보다 30년 이상의 축적된 경험을 가지고 있기 때문에, 한국의 입장에서는 일본을 지방자치발전의 벤치마킹을 하여야 할 긴요한 나라이기도 하다.

물론, 한국이 지방자치제도의 선진국으로 나아가는 데 있어 지방자치의 선진국이라고 할 수 있는 미국과 영국의 사례를 지향하여야 하는 것은 분명하다. 지방자치의 선진국은 민주주의의 선진국이기도 하고, 그 나라의 국민이나 시민들의 기본권이나 경제발전의 정도가 한국보다 나은 점은 분명하다. 이 점에서 한국이 경제성장의 경험과 민주화의 여정을 성공적으로 결합시키고, 통일의 비전을 그려가는 기반으로서 지방자치제도의 선진화는 필수적인 지향점이라고 할 것이다.

이러한 시대적 과제를 가진 한국의 지방자치제도의 발전은 한국지방자치학회가 지속적으로 문제를 제기하고, 현실의 제도개혁이 이루어지도록 노력하여야 한다. 이 점에서 본고에서는 지난 26년간의 한국과 일본의 지방자치학회간의 교류현황을 현재의 남겨진 자료를 바탕으로 그 경과를 살펴보고자 한다. 모든 자료가 남아 있지 않기에 남겨진 자료를 가지고 한일 지방자치학회 교류사를 정리하고자 한다.

2. 경 과

10년째가 되는 한일지방자치학회 교류세미나는 한국 경주(경주문화회관)에서 열렸다. 2002년의 한일교류세미나는 주제가 지방자치와 지방문화였고, 일본 측 발제자는 리츠메이칸대학의 마사유키 사시키 교수로서 문화개발에 있어서 '지방정부의 역할'이란 주제로 발제하였고, 한국 측에서는 경주대의 이태종 교수가 '지방문화정책의 실태와 과제'란 제목으로 발제하였다. 사회자는 강형기(충북대) 교수였다.

15년째가 되는 한국지방자치학회 하계 국제학술대회에서는 주제가 국제자유도시를 향한 제주특별자치도의 과제와 전망이라는 주제를 가지고 제주(라마다프라자제주호텔)에서 열렸다. 국제학술대회여서 포르투갈, 홍콩, 일본 등의 학자들이 발제를 각각 하였는데, 일본의 경우는 '일본지방분권과정에서 도주제 논의와 오키나와 입장'이란 주제를 사토마나부 오키나와국제대학 교수가 발제하였다. 2007년 7월 2일에 열렸다.

2009년에는 한국지방자치학회에선 『한일지방자치의 비교』라는 책자를 발간하였다. 이 책자는 한국과 일본의 지방자치를 비교하고 그 의미를 정리하는 것이었는데, 크게 중앙지방관계: 제도와 과정, 지방행정관계, 지방정부의 구성과 운영, 시민사회와 지방정부, 지방분권개혁으로 나누어서 집필을 시도하였다. 당시 국제교류위원장인 권영주(서울시립대), 국제교류위원인 이정만(공주대) 등이 중심이 되어 집필을 하였다. 이 책은 다음해인 2010년 5월에 대영문화사에서 발간되었다. 이 책의 머리말을 보면, 한국과 일본은 유사한 법률과 행정문화로 인하여 자주 비교대상이 되고 있다고 하면서, 특히 행정체제와 지방자치제도에서 상대적으로 유사한 점이 많다고 지적한다. 그리고 일본의 지방자치의 근간이 되는 기본 틀은 1947년에 제정된 헌법이고, 한국은 1948년의 헌법에 기초하여 지방자치법을 제정하였다는 점에서 시작은 유사하였다.

한국과 일본은 자의가 아닌 타의에 의하여 지방자치제도 도입되었지만, 한국은 극심한 사회혼란기를 거치면서 1991년에 지방자치가 다시 부활하기까지 30년간의 공백기를 가졌지만, 일본은 60여 년간 지방자치단체의 권능을 높이기 위하여 지속적인 노력을 해왔던 나라라는 점에서 대조가 되고, 한국의 입장에서는 일본의 지방자치 경험이 한국에 많은 교훈을 줄 수 있다고 한다. 이런 점에서 일본과 한국의 지방자치를 비교론적 시각에서 조망하는 것은 지방자치를 공부하는 사람들에게 매우 큰 의미를 준다는 점을 지적하고 있다. 발간된 책자의 내용을 보면, 제1부에서는 중앙지방관계로서 제1장에서 중앙−지방간 정치적 관계, 제2장 행정적 관계, 제3장 재정적 관계로서 구성되고, 제2부에서는 지방행정체제로서 제4장 광역자치단체 개편논의, 제5장 대도시제도 제3부에서는 지방정부의 구성과 운영으로서 제6장 단체장과 조직인사관리, 제7장 재정운영과 지방재정관리, 제8장 지방의회의 지위와 기능, 제9장 소방행정과 자치경찰, 제10장 교육자치로서 구성되어 있다. 그리고 제4부에서는 시민사회와 지방정부로서 제11장 정책과정과 주민참여, 제12장 지역 NGO와 지방정부로 구성되고, 제5부에서는 분권개혁과 과제로서 제13장 지방분권정책, 제14장 지방분권의 과제와 전망으로 되어 있다. 이 책의 저자로서는 최병대, 양기호, 박광덕, 이정만, 하정봉, 허훈, 신원득,

김병국, 이민규, 이자성, 길종백, 김순은, 권영주 등으로 구성되었다.

2009년은 한일지방자치 교류세미나가 17년째가 되는 해로서 일본 시즈오카대학에서 열렸다. 일시는 11월 6일에서 8일 사이로서 참가비용을 한국지방자치학회가 부담하였다. 신청은 7월 중에 받았고, 왕복항공료, 호텔비용, 식사 등의 약 98만 원의 비용을 후원하였다.

또 11월에는 한・중・일의 지방분권 국제심포지엄이 한국(서울, 한국과학기술회관)에서 열렸는데, 일본의 발제자는 지방자치총합연구소 상임연구원인 카미린요우치로서 '일본에 있어서 최근의 지방분권개혁논의의 동향: 정권교대는 분권개혁의 종착인가 시작인가'(日本における最近の地方分權改革議論の動向: 政權交代は分權改革の終りか始まりか)였다.

19년째의 한일지방자치학회 교류세미나는 일본 후쿠시마현 아이즈와카마쓰시(생애학습종합센터)에서 개최되었다. 주제는 지방자치에 있어서 위기관리의 한일비교였다. 두 개의 논문이 발제되었고, 한국 측에서는 '한국에 있어서 재난관리연구의 경향분석'으로서 이민규(충북대) 등이 발제하였다. 일본 측에서는 '일본의 위기관리에 있어 지방자치체의 역할과 과제'(日本の危機管理における地方自治体の役割と課題)로서 메이지대학의 사사키가 발제하였다. 2011년 10월 11일에 열렸다. 참가비용은 항공료, 신칸센비용, 숙박비 등을 한국 측에서 지원하였다.

2018년은 한일교류 26년째가 되는 해였다. 일본의 지방자치학회가 한국을 방문하는 해로서 일본에서는 학회장인 시라후지(專修大學)가 8월 31일 한국지방자치학회 임시총회에서 일본자치학회를 대표하여 인사말을 하였고, 교류세션에서는 '일본의 분권현황과 과제'라는 제목으로 두 개의 논문을 발제하였다. 하나는 'ふるさと納稅再考'라는 제목으로 小原(早稻田大學)가 발제하였고, 두 번째 논문으로서는 '日本における地方創生と自治体の取り組み'라는 제목으로 牛山(明治大學)가 발제하였다.

3. 맺는 말

한국과 일본의 지방자치학회의 교류사는 한국의 지방자치 부활의 역사와 거의 시기를 같이한다. 다시 말해, 한국의 지방자치제도의 부활 후 제도기반의 재정립에 상당한 영향을 미친 것은 분명하다. 특히 일본은 1990년대에 정치개혁의 일환으로 분권개혁을 국가적 과제로 시작하였고, 2000년대를 맞이하는 21세기 준비를 위한 기반작업으로서 분권개혁을 대대적으로 추진하였었다. 특히 일본은 1990년대 후반 지방분권개혁의 추진으로서 기관위임사무의 폐지와 2000년대 들어와서 시정촌통합을 통하여 중앙정부와 지방자치단체간의 관계를 대등한 관계로 변화시켰고, 메이지유신, 쇼와시대의 지방자치제도개혁에 이어서, 헤이세이 지방자치제도개혁이라고 할 정도로 한 시대의 획을 긋는 개혁을 하였다. 즉, 3,000여 개의 시정촌을 1,700개로 통합하는 개혁을 통하여 고령화시대의 새로운 공공서비스를 제공할 수 있는 규모로 기초지방공공단체를 재설계한 것이다. 일본의 분권개혁은 한국의 지방분권촉진에 영향을 지속적으로 주었지만, 한국의 지방분권개혁은 용두사미에 그친 느낌이다.

일본의 분권개혁은 법제도적 기반을 가지고 자치분권의 뿌리를 개혁하는 수준이었지만, 한국은 대증요법으로서의 분권개선에 그친 듯하다. 하나의 사례로서 지방분권일괄법의 제정을 보면, 일본은 400여 개의 법률을 일거에 개정하여, 기관위임사무제도를 폐지하여 대등한 중앙－지방정부간 관계를 구축하였지만, 한국의 경우에는 국회의 법안심의가 복합적인 것은 불가하다는 관행에 따라서 아직도 지방분권일괄법안을 제대로 통과시키지 못한 실정이다. 그것도 몇 개의 국가사무를 지방으로 이양하는 정도의 일괄사무이양에 불과하여, 여전히 법제도적인 분권시스템으로 구축하려는 것은 아닌 것이다.

그럼에도 불구하고, 한국은 최근에 자치분권개헌 헌법을 제정하려는 노력을 국회특위와 대통령제안안을 통하여 구조적인 자치분권시스템으로 헌법차원의 분권자치를 지향하고 있다. 아직 헌법개정이 현실적으로 쉽지는 않은 듯이 보이지만, 한국의 지방자치제도가 일본의 지방자치제도를 견인할 수 있는 그런 비전을 그려본다. 그래서 일본의 지방자치학회가 한국의 지방자치제도의 혁신적인 개혁을 배우기 위하여 한국의 지방자치학회와 교류를 열망하게 되는 날이 오기를 기대해 본다. 그리고 이러한 한국의 지방자치제도의 혁신적 개혁이 동남아나 중국, 인도, 서남아 등에서도 배우기 위하여 한국의 지방자치학회와 교류하기를 희망하는 날이 오기를 기대해 본다.

제 3 부

한국지방자치와 학회의 미래

제 11 장

지방자치의 현주소 진단 및 학회의 과제

김주원(강원연구원 선임연구위원)

1. 지방자치의 현주소 진단

1) 지방자치 패러다임 전환

우리나라는 원래 왕권중심 국가였다. 신분제를 통해 지배계층과 피지배계층이 구분되었고 중앙관청에 근무하느냐, 지방관청에 근무하느냐에 따라 경관(京官)직 · 외관(外官, 지방관)직과 같은 호칭과 신분이 구분되기도 했었다. 관존민비(官尊民卑)사회였고 과거제를 통해 반상(班常)이 가려지기도 했고 서얼금고법, 과부재가금지법 등과 같이 신분차별이 심했다. 마침내 한말에는 주권재민과 민본주의, 신분철폐, 남녀평등에 대한 민중들의 깨우침이 동학혁명과 갑오경장을 낳았고 유길준과 같은 개혁파 신지식들에 의해 지방자치제 도입주장도 나왔다. 해방 후 일본과 남한에 서구식 민주주의제가 도입되고 6 · 25 전쟁 중 지방자치가 실시되었지만 이승만 독재 정권의 제1공화국은 시민혁명을 통해 막을 내리고 제2공화국 들어 본격적인 지방자치와 양원제 국회가 도입되어 민주국가의 틀을 갖춰가는 듯했다.

제헌헌법은 지방자치를 제8장 제96조와 제97조에 규정함으로써 국가생활의 기본적인 제도로 삼았다. 그러나 민주주의의 토대가 되는 지방자치는 헌법 취지와는 달리 이승만 행정부에 의하여 치안 불안을 이유로 극력 회피되다가 전쟁 중에 갑자기 실시되는 등 우여곡절을 겪었다(진덕규, 1981). 이승만 행정부의 지방자치는 남한 단독 정부 수립 이후 제헌 의회를 구성하여 헌법을 제정하며 헌법 제8장 제96조에 지방자치에 관해 명시하였다. 이 법에 의하여 1949년 7월 4일 지방자치법이 법률 제32호로 공포됨으로써 지방자치제도 실시를 위한 제도적 근거를 마련하였다. 지방자치제도가 부활한지 70여 년 사람으로 치면 칠순에 가깝다. 그렇지만 우리의 지방자치는 출범 당시부터 태생적 한계를 가지고 있었다. 자치를 위한 근거로 지방자치법은 만들었지만 그 구체적 내용은 지방의 참여나 의지도 반영되지 않은 채 중앙관료들에 의해 만들어졌다.[1)] 풀뿌리로부터 쟁취해 만들어진 것이 아니라 민주화의 대가로 시혜적으로 지방자치가 시작되어졌다. 그 결과 실질적인 분권이 안 된 채 실시된 무늬만 자치인 비정상적 지방자치제도가 현재 운영되고 있다. 실제로 지방자치제 운영의 지침이자 주민생활에 영향을 직접적으로 미치는 자치법규인 조례제정이 법령의 범위 안에서만 제정할 수 있도록 강제되고 있다. 이러한 제약은 지방자치법도 아니고 헌법 제117조에 규정되어

---

1) 풀뿌리 민주주의 꽃인 지방자치의 부활은 1987년 6월 10일 민중항쟁의 결실로 비롯된 6·29 선언이었다. 대통령직선제 개헌 및 1988년 평화적 정부이양 외 지방자치제 및 교육자율화 실시 등 8개항으로 이루어졌다. 이에 따라 사상 최초로 여·야합의 개헌이 이루어지고 5년 단임의 대통령 직선제와 함께 지방자치제가 30년 만에 부활하게 되었다. 한편 지방자치법 개정은 1988년 4월 6일 제12대 국회 마지막 회의에서 다른 법률들과 함께 일괄 통과되어 법률 제4004호로 공포되었다. 이 개정안 부칙에 최초의 지방의회는 기순 및 자치구부터 구성하고 그 선거는 법시행일부터 1년 이내에 실시하며 최초의 시도의회는 시군구 및 자치구의회가 구성된 날로부터 2년 이내에 구성하도록 규정했다. 그러나 임기만료 국회의원들이 심도 있는 토론 없이 무더기 일괄 통과 시켜 졸속처리 되어 차기국회에서 개정이 불가피하였다. 여소야대의 13대 국회에서 지방자치제는 '88올림픽 성공적 개최, 그리고 5공청산 청문회 등으로 논의조차 못하고 한해를 넘겼다. 그후 야3당 합의로 1989년 12월 31일 지방의회 및 단체장 선거법안을 통과시켰다. 이제 지방자치가 실시되나 싶었다. 그러나 1990년 1월 22일 전격적인 3당합당으로 지방자치실시는 또 미뤄졌다. 218석의 거대여당은 법에 명시된 지방자치실시를 연기했다. 10월 8일 평민당 김대중 총재는 지자제 전면실시, 내각제포기 등 4개항을 요구하며 단식투쟁에 돌입했다. DJ의 단식이 단초가 되어 정치권은 "1991년 6월 30일 이내 기초 및 광역 지방의회를 구성하고, 1992년 6월 30일 이내 기초 및 광역 지방자치단체장 선거를 실시한다"고 합의했다. 우여곡절 끝에 지방자치제가 부활되었지만 실제 당시 지방자치는 국회 내에서 합의과정이 불성실했고 중앙관료들은 비효율적인 것으로 인식하면서 늦추어졌을 가능성이 높다.

있다. 최상위법인 헌법에서 지방에 대한 지위나 지방자치에 대한 것을 명확하게 하지 않아 지방자치단체는 중앙부처의 사무소에 불과하다는 평가다. 현 지방자치는 중앙정부의 지역사무소를 크게 벗어나지 못하고 있으며 국민들의 지방자치에 대한 무관심은 생활자치, 주민자치의 부재와 무관하지 않다.

법제도적 제약으로 중앙과 지방간의 분권은 지난 20여 년간 제자리걸음이었다. 대표적으로 지자체업무 중 국가사무(73%) 비중이 지방사무(27%)보다 커 실질적인 자치를 어렵게 하고 있다.[2)] 국가가 주민들의 생활과 관련된 법제도를 운영하면서 지방의 고유한 사무가 많지 않아 중앙정부 부처로 사무가 종속되어 비정상적인 지방자치운영이 지속되고 있다. 헌법상 제약을 피해 지방자치법을 적극적으로 개정하여 실질적 분권이 보장되도록 해야 하지만 국가사무의 지방이양을 위한 부처간 협의는 현행 헌법에서 지방의 지위를 분명하게 하지 않고 있기 때문에 공염불에 불과하다. 이러한 상황에서 실질적인 지방자치분권을 위해서는 생활자치, 주민자치 활성화가 중요하다. 현재의 비정상적인 지방자치제 운영상 국민 무관심 문제를 풀어나가기 위한 중요한 정책의제이다.

실제 지방자치제도를 운영해야 하는 지방자치단체 입장에서 국가사무와 지방사무 비중보다도 더 중요한 분야가 지방재정이다. 국가사무의 지방이양은 중앙정부에 의해 일방적으로 이루어지고 있다. 사무를 이양하면 인력과 재정을 우선 고려하여야 한다. 그렇지만 갈등요소가 있고 재원만 지속적으로 들어가는 복지사무는 본래 국가사무였지만 참여정부 때 지방사무로 전환하면서 지방에 재정부담이 점점 확대되고 있다. 선거 때마다 복지포플리즘 정책이 만연하면서 지방자치단체의 재정부담은 더 가중되는 모순이 반복되고 있다. 주민생활과 밀접한 교육자치는 교육단체들의 반발로 개념도 없이 교육자치 관련 지원 법을 운영하고 있다. 경찰자치도 광역으로 할 것인가 기초로 할 것인가를 두고 논란을 벌이다가 기초자치단체를 중심으로 운영하는 것이 결정되었으나, 아직까지도 시행을 못하고 있다. 박근혜 정부가 지방자치발전종합계획을 수립하여 적극적으로 대응하기

2) 2018년 9월 11일 문재인 정부가 취임 1년 뒤 발표한 분권로드맵에는 재정분권 국세와 지방세의 비중을 8 : 2에서 7 : 3으로 추진한 후 6 : 4를 목표로 하고 있다. 국가사무의 지방사무비율과 재정분권이 함께 가야 하는데 헌법상의 제약으로 너무 약한 목표를 설정했다고 생각된다. 이미 국세와 지방세의 비중은 7 : 3에 가까울 수도 있다.

위한 노력을 기울이고 있지만 아직까지 지방자치 정상화를 위한 실질적인 개선은 이루어지지 않고 있는 실정이다.

지방자치 패러다임 전환(Paradigm shift)은 이러한 지방자치제도의 문제인식 속에서 고려되고 있는 새로운 획기적 정책변화를 의미한다. 지방자치시대를 살고 있는 우리들의 견해나 인식의 틀을 획기적으로 바꾸어야 한다는 점을 강조하고 있는 것이다. 한 시대 사람들의 견해나 사고를 근본적으로 규정하고 있는 인식체계 또는 이론적인 틀이 혁명적으로 변화한다는 것을 의미한다. 지금까지 당연하다고 간주되어 온 지방자치에 대해서 비판적으로 바라보고, 현재의 지방자치기조에서 변화되어야 할 것들이 무엇인지 파악해 보는 것이 필요하게 되었다.

이미 지방자치정책기조가 행정자치부를 중심으로 제도중심 단체자치에서 주민생활자치로 변화를 예고하고 있다.

2. 지방자치와 학회 과제로서 패러다임 정립방향

지방자치 패러다임 측면에서 볼 때, 지방자치학회가 30년간 운영되어 왔다는 점에서 하나의 학문분야로 정립되고 있는 상태다. 이 개념은 지방자치가 아직 비정상적으로 운영되고 있다는 점에서 학문적 완결성을 위해 더 심각하게 고민해야할 개념적 주제다. 최근 분권형 헌법 개정이 논의되면서 지방자치에 대한 주제가 행정학, 정치학, 법학 등에서 주요 주제로 다루어지고 있다. 이러한 맥락에서 한국지방자치학회가 가야 할 방향을 설정하는데도 이 개념은 중요하다. 더욱이 융복합시대 지방자치학도 우리 사회의 환경변화에 따라 학문적 논쟁이 될 여지가 많다. 학문의 이론적 논쟁에서 내적 완결성을 갖는 문제에 대한 논쟁과 자치현장에 적용하는 문제에 대한 현실적인 측면에서 한국지방자치학회가 가야 할 중요한 부분으로 부각될 것이다.

이론적 불일치가 기본적 가정에 대한 갈등과 연관될 때, 논쟁은 패러다임에 관한 혹은 패러다임사이의 논쟁으로서 성격을 갖는다. 쿤(T. S. Kuhn)이 자연과학의 역사적 진보를 설명하기 위한 도구로써 애초에 발전시킨 패러다임이란 개념은 사회과학분야에서도 통용되게 되었다.[3] 행정학과 마찬가지로 자치학은 사회적 실천의 한 범주다. 때문에 실천에 관한 자의적인 연구이다. 즉, 공공목적을 담당하거나 국가의지에 대해 책임을 지는 제도들을 수용한 혹은 그 지원을 통한 사회적 실천을 대한 관심으로 인해서 다른 학문적 범주들과 어느 정도 구분된다.

자치학이 아직 패러다임을 논할 수 있을 만큼 학문적 내적 완결성을 갖고 있다고 보기는 어렵다. 그렇지만 분명한 것은 30년간 학회가 운영되어 왔고 대학에 자치행정학과가 운영되고 있다는 점에서 분명 학문적 정통성을 정립하여 왔다고 볼 수 있다. 따라서 학문적 정통성을 세우고 아직 비정상적으로 운영되고 있는 지방자치제도를 정상화하기 위해서 한국지방자치학회의 활동은 해야 할 숙제들이 많다고 볼 수 있다.

자치학회가 이렇게 복잡한 상황에 처한 근본 원인은 우리 사회가 급격하게 변동해왔기 때문이다. [그림 11−1]은 정부가 지방자치20년의 성과를 종합하면서 발표한 자치환경변화와 대응방향에 대한 주요 내용이다.

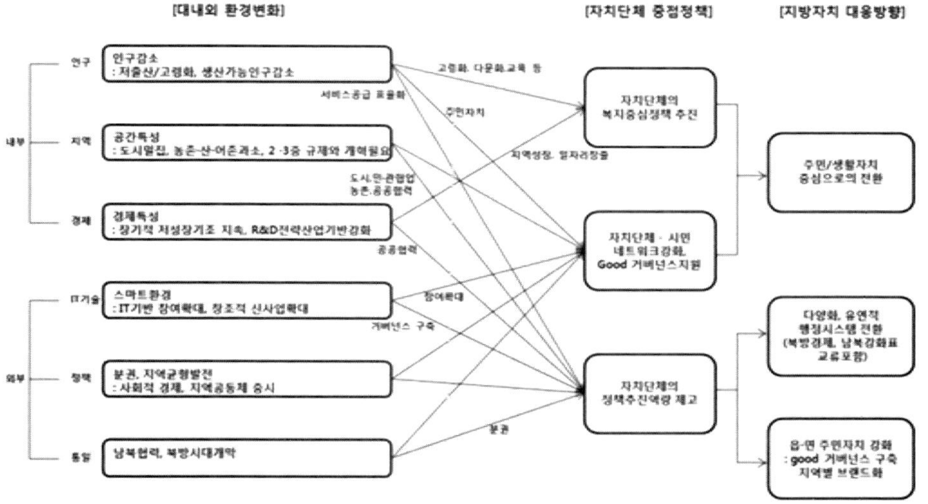

[그림 11−1] 지방자치 환경변화와 대응방향

출처: 한국지방행정연구원(2015) 내용을 토대로 일부 수정.

---

3) Thomas S. Kuhn, The Structure of Scientific Revolution(2nd ed: Chicago: University of Chicago Press, 1970). 유광호 · 김주원 공역, 『행정철학』(서울: 범론사, 1995), p.32.

대체적으로 [그림 11-1]에서 정리된 방향을 검토하면 내용을 바탕으로 자치제도 변화에 따른 발전방향은 다음과 같다.

첫 번째로 자치권의 권역에 대한 것을 권역통합보다는 운영과 관련하여 새로운 검토가 필요하다고 생각된다. 패러다임의 전환을 자치권역의 장(Locus)을 중심으로 검토해야 한다. 자치제의 운영차원에서 현행 권역과 계층을 유지하면서 새로운 굿 거버넌스를 만들어갈 수 있는 여건을 조성해야 한다. 그리고 주민들의 자발성을 끌어내기 위해서는 주민자치회의 활성화가 필요하다. 읍면을 중심으로 주민자치회에 준자치권을 부여하여 읍면이 그 지역이 가지고 있는 문제를 스스로 해결해 갈 수 있도록 정부와 자치단체가 지원해주어야 한다. 지방자치 패러다임으로서 자치의 장(場, Locus)에 대한 전환이 필요하다. 새로운 거버넌스 확충, 통합형 읍면주민자치회 도입 등이 강원도 지방자치모델로 검토되어야 한다.

두 번째로 이러한 지방자치패러다임 로커스 개선을 통해 패러다임의 초점(Focus)를 분명하게 하는 것이 중요하다. 특히 중점을 두어가야 할 부분은 생활자치의 활성화를 위한 제도개선이다. 지방자치 패러다임으로서 주안점(主眼點, focus)에 대한 재검토가 필요하다. 저출산 고령화사회 복지사각지대 해소를 위한 마을현장 중심 서비스 제공 방안 도입, 마을공동체 활성화를 통한 생활공동체 경제공동체 만들기 중점지원, 생활자치실현을 위한 지방자치제도의 정비 등이 검토되어야 한 중요한 요소들이다.

세 번째로 지역적 특성을 고려한 도농협력 거버넌스 구축이 필요하다. 갑을관계나 지배종속관계와 같은 통치(government) 방식에서 벗어나 민관간의 대등한 협력과 적정한 역할분담이 이루어지는 협치(governance) 방식 정립, 로컬푸드 운동과 생산자 소비자간 농산물 공급연계 도농교류프로그램 확대, 시군과 각 읍면동 등 지역적 특성을 살리고 협력을 이끌어내기 위한 보다 적극적인 노력이 광역적 행정협의체 활성화를 통해 이루어져야 한다.

네 번째로 지역 간 갈등사전예방과 협력을 강화하기 위한 거버넌스 구축이 필요하다. 광역적으로 지역개발이 확장되면서 지역 간 갈등이 심화되고 있어 이를 예방하여 신뢰관계를 사전에 확보할 수 있는 보다 적극적인 방안이 필요하게 되었다.

다음에서는 이러한 내용을 포괄하여 지방자치 패러다임을 목적과 수단으로 나누어 검토해보고자 한다.

3. 지방자치와 학회 발전 과제 종합

1) 지방자치제도에 대한 기관별 역할평가와 대안

현재의 지방자치는 국가 전체적으로 볼 때 지방자치 이해당사자 기관별 다양한 문제점을 가지고 있다. 기관별 역할을 개략적으로 본다면 다음과 같은 역할분담자들의 관계와 관련된다. 현재의 지방자치를 기획하고 총괄하고 있는 정부는 지방자치를 탄생시킨 주역이자 지금의 비정상적인 지방자치의 원인제공자이기도 하다. 분권은 지방자치를 정상화하기 위한 대안이기도 하다.

① 정부의 역할: 현재의 비정상적인 지방자치를 정상적인 지방자치로 발전시키기 위해서는 현재 국가사무의 지방사무이양, 국세와 지방세의 비율을 50 : 50까지 지방으로 이양하겠다는 목표를 달성할 수 있도록 해야 한다. 이를 위해서는 교육자치, 경찰자치의 실행과 특행기관정비, 지방이양일괄법을 통한 국가사무의 지방이양이 전제되어야 한다. 이와 병행하여 재정분권과 자치조직권이 보장될 수 있어야 한다.

② 지방자치단체의 역할: 단체자치 하에서 각 자치단체는 국가사무를 위임받아 실행하면서 권한을 비교적 많이 가지고 있는 편이다. 그렇지만 국가 위임사무를 실행하면서 주민관점보다는 국가관점에서 사무실행이 이루어지면서 여러 가지 모순이 발생하고 있다. 이를 극복하기 위해서는 보다 주민입장에서 성과를 낼 수 있는 대안이 만들어질 수 있도록 노력해야 한다. 주민생활자치실현을 위한 보다 적극적인 지방자치운영이 필요하다고 볼 수 있다.

③ 지방의회: 지방의회는 지방자치의 상징으로 주민생활자치실현을 위한 보다 적극적인 노력이 함께 이루어져야 한다. 주민입장에서는 민원배달부 정도로 의원개인을 생각하는 경향이 있다. 이를 극복하기 위해서는 읍면 정도의 지역을 고려하여 형평성과 균형있는 의정활동이 필요하다. 현재의 주민자치회가 활성화되지 못하는 이유도 지방의회와의 기능중복 등이 문제되고 있다. 자치사무에 한정해야 할 의정활동이 국가사무까지 확장되면서 국회의원과 같은 역할을 하고

있다는 비판도 있다.

④ 주민: 국가가 모든 이웃지역의 문제를 해결해주기 어렵다. 우리지역의 문제를 우리 스스로 이웃과 함께 고민하여 우리를 문제를 스스로 해결해 나가려는 적극적인 노력이 필요하다. 강원도는 특히 관할구역이 넓고 지역문제가 다양하기 때문에 더욱이 우리 스스로 우리지역문제에 관심을 갖고 해결해나가야 한다. 이미 이러한 일들을 선행하고 있는 이장님, 통반장님들이 있다. 이러한 사례들이 좀 더 발전될 수 있도록 지원하는 방안도 함께 고민되어야 한다.

2) 지방자치패러다임의 장(locus)에 대한 대안

지방자치의 대상인 광역과 기초자치단체는 아직 명칭조차 미완성이다. 자치단체인지 지방정부인지 미확정상태다. 지방이라는 의미도 중앙에 종속된 개념이기 때문에 지역으로 바꾸자는 의견이 대두되고 있다. 국가중심의 발전이 가져온 문제점을 아직도 극복하지 못하고 있기 때문이다. 특별행정기관까지 국가가 운영하면서 지방자치단체와 사무의 유사중복이 심화되어 비효율성까지 나타나고 있다.

이 문제가 더 심각하게 된 것은 경부축중심으로 인구가 집중되면서 나타난 더 복잡한 사회적 문제로 발전되고 있다. 도시화율이 심화되면서 농촌지역은 지역소멸을 걱정해야 하는 상황에 처했다. 인구 100만 명 이상 도시인 수원, 창원, 고양, 용인시는 특례시를 인정받기 위한 노력을 기울이고 있다. 광역자치단체에 버금가는 대우를 요구하고 있다.

〈인구 50만 명 이상 시 단위 행정구역 현황(2017.12.31 현재)〉

- 100만 명 이상(4개): 수원시, 창원시, 고양시, 용인시
- 50만 명 이상(11개): 성남시, 부천시, 청주시, 안산시, 전주시, 화성시, 남양주시, 천안시, 안양시, 김해시, 포항시

광역단체는 특별자치도 추진으로 제주도는 기초자치단체가 행정시군으로 변

경되면서 자치분권모델 지역으로 발전했다. 세종시는 기초단체였던 연기군을 중심으로 만들어진 행정수도 이전기능중심으로 발전해왔다. 광역외 기초는 지방자치제가 실시되면서 도농복합시가 탄생하면서 도농통합이 확대되었다. 자치구역이 넓어지고 비용절감 등 성과가 없었던 것은 아니라는 평가가 있다. 하지만 도농복합시는 주민생활자치라는 측면에서는 실패한 것으로 평가된다. 유럽 선진자치국가의 자치권역에 비해 우리는 너무 권역이 넓고 커 생활주민자치가 어렵기 때문이다.

지방자치의 대상으로서 자치권을 가지고 있는 지방자치단체는 광역과 기초로 나눌 수 있지만 현재의 자치권역이 적절한가에 대해서는 정부입장과 주민입장이 다를 수 있다. 자치구역적정성과 관련해서는 다양한 논의가 있다(임승빈, 2018: 61-63 참조). 통합을 지지하는 입장과 반대하는 입장이 있다. 자치단체를 통합하자는 논의의 핵심은 통합적 구역이 규모의 경제애 따른 효율성 확보, 관할구역간 형평성 확보, 보다 다양한 서비스의 제공, 광역행정의 통합성 확보, 행정책임의 소재측면에서 유리하다고 본다. 통합론에 대한 반대입장은 오히려 규모의 불경제가 초래된다는 점, 통합의 효과는 공공서비스 유형에 따라 다르다는 점, 수직적 형평성 확보의 어려움 등이 주장되고 있다.

과학기술과 교통이 발달하여 지리적 거리감을 주장해서는 안 된다는 입장에서 통합론이 논의되고 있다. 그렇지만 대면적 관계가 중요한 주민참여와 주민생활자치를 활성화해야 하는 지방자치의 과제를 고려할 때 향후 자치권을 읍면동으로 확장해야할 입장이다. 관할구역이 너무 넓게 되면 주민참여가 어렵고 공동체활성화가 불가능해진다. 읍면 농촌지역은 인구과소화로 지역소멸위기에 처해 있다. 준자치권을 읍면별로 부여하여 공동체를 살리는 적극적인 대안 검토가 요청되고 있다.

3) 지방자치패러다임으로서 Focus 차원의 과제

(1) 읍면동 주민자치회 활성화 방안

읍면동은 현재 자치권이 부여되지 않은 채 운영되고 있지만 과거 5 · 16 이전 지방자치 시행 시 읍면 농촌지역은 자치권이 부여되어 직선으로 읍면장을 선거하기도 하였다. 생활주민 주민자치활성화는 지역주민, 주민차치교육 프로그램, 주민자치사업, 주민자치회 등 거버넌스 조직구성에 필요한 역할과 범위를 이해하고, 각 주체별 실천방안을 마련하여 시도되어야 한다.

기본적인 방향은 읍면별 주민자치회가 중심이 되어야 한다다고 생각된다. 이를 그림으로 표시하면 [그림 11－2]와 같다. 정부가 아직 주민자치회 활성화와 관련한 구체적인 방향을 잡지 못하고 있는 실정이어서 무엇에서부터 시작되어야 할지 확정할 수는 없지만 읍면의 기능 중 주민자치회가 중심이 되어야 할 중요한 기능들을 발굴하고 이 발굴된 과제들이 실제로 주민생활자치실현과 활성화를 위한 방향으로 정렬되어야 한다.

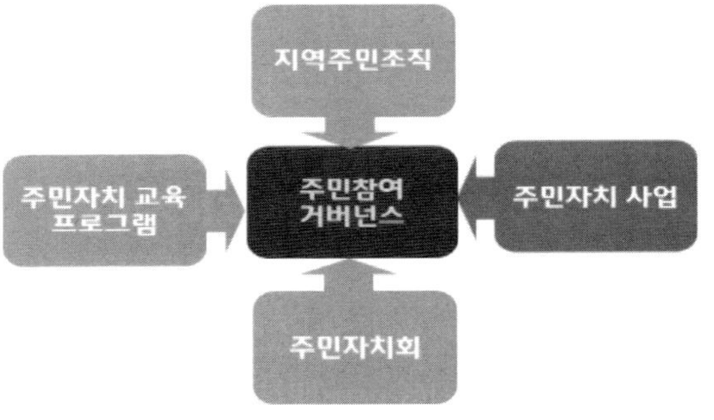

[그림 11-2] 주민참여 프로그램 및 거버넌스 구축의 영역

첫 번째로 지역주민들의 활동이 활발하게 이루어질 수 있도록 여건을 조성할 필요가 있다. 지역별로 가지고 있는 다양한 문제를 의제화하여 지역 내에서 이를 스스로 해결할 수 있도록 하는 주민생활자치실현이 필요하기 때문이다. 이를 위해서는 이해관계가 비슷한 지역별로 이 문제를 스스로 해결할 수 있는 방안을 마련하기위해 현재의 자치권 범위를 넘어서는 새로운 거버넌스가 만들어져야 한다. 지금까지와는 다른 차원의 접근이 필요하다. 즉, 이중삼중으로 정부에 의해 규제되고 있는 지역문제를 해결하기 위해서는 기존의 수동적인 국민관점이 아니라 우리지역의 문제를 스스로 고민하여 이웃과 함께 이를 해결해 나갈 수 있도록 하는 시민관점의 능동적인 주민들의 역할과 기능이 강화될 수 있도록 해야 한다.

두 번째로 지역주민조직이 활성화될 수 있도록 해야 한다. 주민조직은 일정한 지역을 중심으로 이 지역들이 가지고 있는 문제인식을 가진 구성원들에 의해 스스로 문제에 대한 정의가 이루어질 수 있도록 해야 한다. 결과적으로 이러한 동일한 목적을 공유하는 지역공동체 기반으로 현장 수요기반의 생활자치의 핵심적 역할이 수행될 수 있도록 해야한다.

세 번째로 주민자치 교육프로그램이 활성화될 수 있어야 한다. 지역공동체 기반의 주민복리 증진과 자치실현의 장으로 지역주민 삶의 질을 높이기 위한 학습형 교육프로그램 등을 진행하여야 한다.

네 번째로 주민자치 사업이 다양하게 지역별로 마련되어야 한다. 지역주민조직이 주축이 되어 주민자치센터를 중심으로 주민, 직능단체, 자생조직, 자원봉사단체간 네트워크를 형성, 상호 협력적 프로그램 등을 추진하여 더 효율성을 높일 수 있는 방안이 마련되어야 한다.

무엇보다도 주민자치회가 활성화되고 그 기반 위에서 주민자치가 실행될 수 있는 방안이 마련되어야 한다. 현행 주민자치센터의 주민자치회로의 발전적 전환에 따른 하부 · 연합조직 및 재정 · 기능 · 교육 등의 개선을 통한 효율적 운영기반 등을 구축해 통합적인 방안이 마련되어야 한다. 이를 실현하기 위한 종합적인 검토가 함께 만들어져야 한다.

(2) 주민생활자치로서 교육과 경찰자치문제

우리에게 교육자치는 법률상 개념화도 안 되어 있다. 헌법에도 개념화되어 있지 않다. 해방 이후 현재까지 70여 년간 교육행정의 역사는 지방교육행정의 분리론과 통합론의 논쟁역사라고 할 정도로 뿌리가 깊다.

때문에 우리에겐 교육자치는 무엇을 의미하는지 명확하지 않다. 교육자치가 무엇을 의미하는지에 대해서는 견해가 난립한다. 지방교육자치에 관한 법률에서 지방"교육자치"라는 말을 사용하고 있지만 그 개념에 대해서는 밝히지 않고 있다(이기우, 2014: 148-149). 다만 제3조에서 지방자치법과의 관계를 이 법에서 규정한 사항을 제외하고는 그 성질에 반하지 않는 한 지방자치법의 관련 규정을 준용한다고 하고 있다. 그렇게 변칙적으로 교육자치(2006년 법률제정)가 만들어지다 보니 법률조항을 보면 누더기처럼 되어 있는 법이 지방교육자치에 관한 법률이다.

교육자치는 그동안 지방자치와 교육자치 연계 통합과 관련한 토론회가 있었지만 구체적인 대안제시는 안 된 바 있다. 선진국 중 지역에 두 개의 집행기관을 두어 운영하는 경우는 없기 때문에 일반행정과 교육행정의 통합운영은 당연한 것이고 이를 통해 교육자치가 정상화될 수 있어야 한다. 이와 관련하여 통합방안에 대해서 대체적으로 38.1%가 필요하다고 응답하고 있다. 교육감, 도지사 런닝메이트 통합선거실시에 대해서는 필요하다는 응답이 좀 높았지만 불필요하다는 응답도 24.2%로 높은 편이었다. 선진국형 교육자치위원회로 통합하여 운영하는 방안에 대한 반대의견은 16%로 다소 낮은 편이었다.

자치경찰제는 광역중심으로 할 것인가 기초중심으로 실시할 것인가 논란을 벌이다 이번 정부가 광역중심으로 19년 시범 운영 후 확대하기로 했다. 무엇보다 지방자치단체의 기능을 강화하려는 국가의지가 미약한데서 기인하는 문제라고 볼 수 있다. 광역중심 운영은 현장중심 대응이 어렵다는 점 때문에 문제가 있고 기초단체 중심으로 운영은 광역적인 문제해결이 어렵다는 문제가 있다.

광역단체중심 시행의 경우 관할구역은 넓고 인구는 적어 지역적 문제도 서로 다르다. 기초단체의 경우 혈연, 지연, 학연 등이 작용하기 때문에 규제나 적발 등 자치경찰기능은 객관적으로 운영되기 어려운 문제도 예상된다.

4) 지방자치 패러다임으로서 국가 – 지방사무정비[4)]

(1) 중앙권한 및 사무의 지방이양

① 정부안의 실태 및 문제점

정부안은 사무의 지방이양 목표를 자치사무가 40% 수준에 도달하도록 설정하고 있다. 하지만 현재 지방자치단체가 수행하고 있는 실질적 사무의 비율은 예산지출을 기준으로 할 경우, 약 60% 이상에 달한다. 그렇기 때문에 정부가 계획하고 있는 지방이양 목표는 현실과 약 20%의 괴리가 있다. 이는 결국 중앙정부가

4) 지방자치의 가장 큰 과제는 국가중심의 국정운영으로 지방의 고유한 사무가 없는 우리의 실정을 감안해 볼 때 어떻게 국가사무와 지방사무를 조정하여 분권할 것인가가 가장 핵심적인 과제라고 볼 수 있다. 따라서 이와 관련하여 강원연구원에서 2017년 기획과제로 연구한 연구과제 보고서 중 일부 내용을 요약 정리하였음.

약 20% 이상에 속하는 사무의 범위 내에서, 현재와 같이 향후에도 지속적으로 지방정부를 통제·감시하겠다는 중앙집권적 의지를 명확히 표명한다.

사무권한은 중앙정부, 실질적 집행은 지방정부가 행하는 20%의 사무는 중앙정부와 지방정부간의 공동사무화할 것을 고려할 수 있다. 그렇지만 현재 약 40% 수준에 있는 중앙정부 사무들 역시 많은 부분이 중앙정부 단독으로 집행하기 어려운 사무임을 고려할 때, 공동사무의 비중이 지나치게 많다.

현재 3단계에 걸친 사무이양의 대상 추진방식을 채택한다. 1단계는 이향확정사무들 중 미이양 사무의 추진이고, 2단계는 국가총사무의 재분배 완료사무에 대한 이양추진이며, 마지막으로 3단계는 대도시 특례사무와 특별지방행정기관의 사무 중 지방이양 사무의 추진이다.

단계별 사무이양은 국정운영의 혼란을 막는 장점이 있지만, 문제는 특별지방행정기관 사무의 지방이양을 우선순위에서 가장 뒤로 미룬다는 것이다. 이는 지방분권화에 대한 정부의 의지가 약하다는 점을 스스로 보여준다. 중앙정부의 특별지방행정기관의 사무가 지방정부 사무와 중복되면서 나타나는 폐해는 기관위임사무가 지방정부의 자치권을 침해하는 수준 못지않게 심각하다. 또한 사무 중복으로 인한 국가전체의 경제적 비효율 역시 심각한 것으로 판단할 수 있다. 그러므로 정부안에서 이양대상 사무의 우선순위는 다시 조정되어야 한다.

이양사무의 법제화 차원에서 추진방식은 지방일괄이양법의 제정을 제시하며. 이는 당연한 추진방식으로 받아들여진다. 그런데 문제는 지방일괄이양법을 심의·의결할 국회기구에 있다는 것이다. 현재 소관위원회는 지방자치발전특별위원회지만 이는 한시적 기구로서, 법제심사권 여부가 문제시될 정도로 정부간관계의 개선을 위한 구조정책문제를 다루기에 한계가 있다. 이런 미약한 위원회가 여러 부처에 걸쳐있는 중앙정부의 기능을 지방정부로 이양하기 위한 법률안을 처리하기에 한계가 있다. 그렇기에 지방일괄이양법을 비롯한 지방분권화와 관련된 다양한 법률들을 처리하기 위해 상임특별위원회의 설치가 요구되어지고 있다.

② 개선방안

정부안은 사무의 지방이양 목표를 자치사무가 40% 수준에 도달하도록 설정하고 있다. 하지만 현재 지방자치단체가 수행하고 있는 실질적 사무의 비율은 예산지출을 기준으로 할 경우, 약 60% 이상에 달한다. 그렇기 때문에 정부가 계획하고 있는 지방이양 목표는 현실과 약 20%의 괴리가 있다. 이는 결국 중앙정부가 약 20% 이상에 속하는 사무의 범위 내에서, 현재와 같이 향후에도 지속적으로 지방정부를 통제 · 감시하겠다는 중앙집권적 의지를 명확히 표명한다.

사무권한은 중앙정부, 실질적 집행은 지방정부가 행하는 20%의 사무는 중앙정부와 지방정부간의 공동사무화할 것을 고려할 수 있다. 그렇지만 현재 약 40% 수준에 있는 중앙정부 사무들 역시 많은 부분이 중앙정부 단독으로 집행하기 어려운 사무임을 고려할 때, 공동사무의 비중이 지나치게 많다.

현재 3단계에 걸친 사무이양의 대상 추진방식을 채택한다. 1단계는 이향확정 사무들 중 미이양 사무의 추진이고, 2단계는 국가총사무의 재분배 완료사무에 대한 이양추진이며, 마지막으로 3단계는 대도시 특례사무와 특별지방행정기관의 사무 중 지방이양 사무의 추진이다.

단계별 사무이양은 국정운영의 혼란을 막는 장점이 있지만, 문제는 특별지방행정기관 사무의 지방이양을 우선순위에서 가장 뒤로 미룬다는 것이다. 이는 지방분권화에 대한 정부의 의지가 약하다는 점을 스스로 보여준다. 중앙정부의 특별지방행정기관의 사무가 지방정부 사무와 중복되면서 나타나는 폐해는 기관위임사무가 지방정부의 자치권을 침해하는 수준 못지않게 심각하다.

또한 사무 중복으로 인한 국가전체의 경제적 비효율 역시 심각한 것으로 판단할 수 있다. 그러므로 정부안에서 이양대상 사무의 우선순위는 다시 조정되어야 한다.

이양사무의 법제화 차원에서 추진방식은 지방일괄이양법의 제정을 제시하며. 이는 당연한 추진방식으로 받아들여진다. 그런데 문제는 지방일괄이양법을 심의 · 의결할 국회기구에 있다는 것이다. 현재 소관위원회는 지방자치발전특별위원회지만 이는 한시적 기구로서, 법제심사권 여부가 문제시될 정도로 정부간관계의 개선을 위한 구조정책문제를 다루기에 한계가 있다. 이런 미약한 위원회가 여러 부처에 걸쳐있는 중앙정부의 기능을 지방정부로 이양하기 위한 법률안을 처리하기에 한계가 있다. 그렇기에 지방일괄이양법을 비롯한 지방분권화와 관련된 다양한 법률들을 처리하기 위해 상임특별위원회의 설치가 요구되어지고 있다.

첫째, 사무의 지방이양 목표를 광역과 기초정부의 고유자치사무가 최소 50% 이상의 수준에 도달할 수 있도록 다시 상향 · 조정되어야 할 것이다.

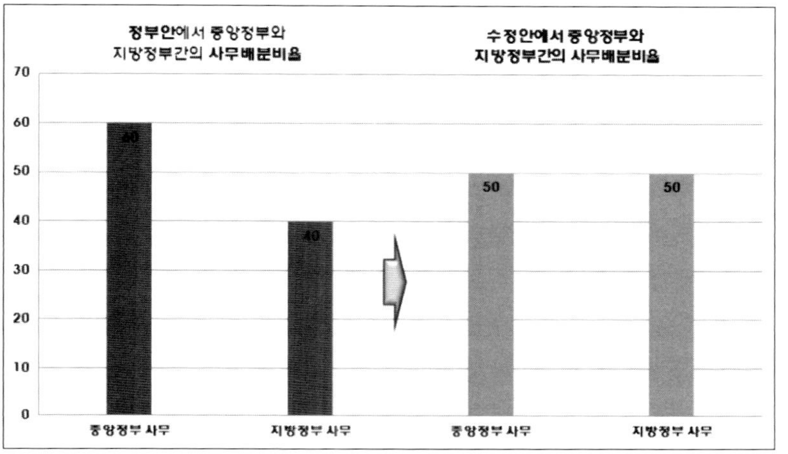

[그림 11-3] 중앙 · 지방정브간 사무재배분 목표의 수정안

둘째, 이양대상 사무의 우선순위를 "이양확정 사무들 중 미이양 사무", "중앙정부특별지방행정기관 사무들 중 지방이양대상 사무", "국가총사무 재배분 완료사무" 등의 순으로 수정하고, 우선순위의 수정과 함께, 지방자치발전종합계획에서 특별지방행정기관 정비 과제를 일반 과제에서 핵심과제로 변경해야 할 것이다.

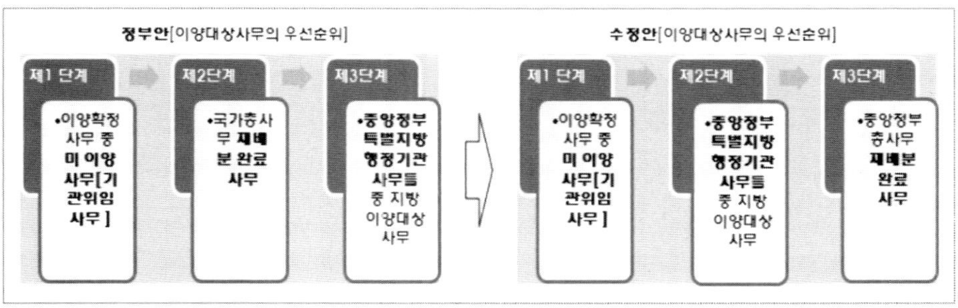

[그림 11-4] 이양대상 사무의 우선순위 수정안

셋째, 지방일괄이양법을 비롯한 지방분권화와 관련한 다양한 법률들을 처리

하기 위해 한시적인 현 국회특별위원회를 기능적으로 강화하여 국회상임특별위원회로 변경·설치되어야 한다. 이런 입법부에서 지방분권추진기구의 확립 없이는 원만한 지방분권화의 추진을 기대할 수 없다.

(2) 자치사무와 국가사무의 구분체계 정비

① 정부안의 실태 및 문제점

사무의 유형을 구분은 다양할 수 있으나 기관을 중심으로 중앙정부, 광역자치단체, 기초자치단체 등 정치·행정단위별 사무와 공동사무로 구분할 수 있으며, 이러한 정치·행정단위별 사무구분과 공동사무를 두는 것은 문제가 없을 것으로 판단된다. 다만 이들 사무의 결정을 중앙정부가 단독으로 결정하는 것이 아니라 지방자치단체의 동의를 구하는 것을 전제로 하는 법률적 규정을 두어야 할 것이다.

사무구분체계와 관련하여 문제가 되는 것은 지방자치단체의 사무유형을 규정하고 있지 않다는 점에 있다. 현재 사무 및 기능과 관련하여 지방자치권을 제약하거나 침해하는 문제의 발생이 지방자치단체의 사무유형에서 비롯된다는 점을 고려할 때, 지방자치단체의 사무유형을 명확히 할 필요가 있다.

또한 정부가 박근혜 정부 시절 발표했던 안은 중앙정부와 광역자치단체의 현 사무범위를 추가·확대하는 방향으로 사무배분기준을 설정하고 있다. 이런 사무배분기준은 중앙정부 권한을 강화함으로써 오히려 중앙집권화를 더 가중시키는 결과로 이어질 수 있다. 그리고 기초자치단체 사무의 범위를 한편으로는 포괄적·광의적으로 규정하지 않고 과거의 규정보다 더 세분화하여 규정하고 있다. 앞에서 말한 사무의 범위를 세분화하여 제시하는 것은 더욱더 기초자치단체의 사무 범위를 제한하는 결과를 초래한다. 이런 정부안은 현 지방자치법상 기초자치단체의 기능적 권한을 더욱 더 제한하는 결과로 이어질 수 있으며, 역삼각형 구조의 정부간 관계모형을 더 강화하고 고착화시킬 수 있다.

② 개선방안

첫째, 수직적 정부간 관계에 따른 사무유형의 구분체계를 중앙정부, 광역자치단체, 기초자치단체 등 정치·행정단위별 사무와 공동사무로 구분하는 정부안의 기본 틀을 수용한다.

대한민국이란 국가의 현 정치·행정체계가 중앙정부와 광역·기초지방자치단체로 구성되어 있다는 것을 고려할 때, 중앙정부의 사무를 국가사무로 규정하는 것은 지나친 중앙집권적 의식 및 견해에 기초한다. 그러므로 사무유형의 명칭을 정부안의 국가사무에서 중앙정부 사므로 수정해야 한다. 또한 현 시·도 사무의 명칭은 광역정부 사무, 기초정부 사므 등으로 변경·개칭하는 것이 바람직하며, 이는 현 광역·기초지방자치단체의 명칭을 정부로 수정한 것은 향후 지방자치단체의 기능을 강화하여, 현 자치단체가 정부적 기능을 수행해야 한다는 것을 고려한 것이다.

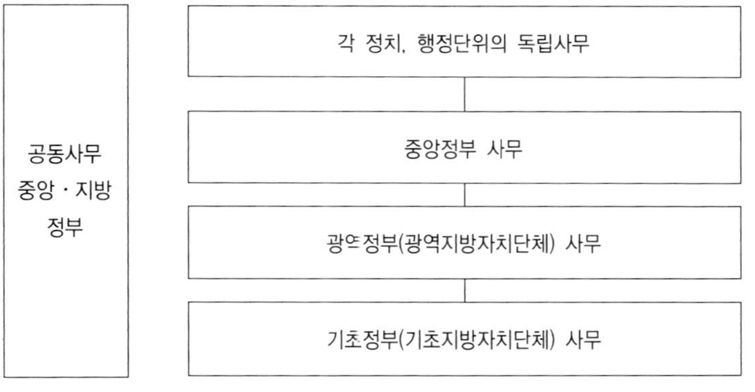

[그림 11-5] 정부 간 관계에 따른 사무유형 명칭의 수정안

둘째, 지방자치단체의 사무를 새로이 신설하거나 폐지할 경우, 지방자치단체의 동의를 구하는 것을 강제하는 법률적 규정을 새로이 설치해야 한다. 정부안은 정부 각 부처 및 중앙행정기관이 자치단체 사무를 신설하거나 폐지할 경우, 행정자치부와 사전협의하는 것을 검토 중이다. 이는 중앙정부가 자치단체와 아무런 협의 없이 일방적으로 자치단체의 기능을 확대·축소할 수 있도록 한 것으로, 자치단체에 추가적 부담이나 자치권을 침해할 수 있다. 따라서 지방자치단체의 동의를 거치도록 하는 강제적 규정을 헌법과 지방자치법에 규정해야 할 것이다.

셋째, 중앙정부의 사무는 외교, 국방, 국세 등과 같이 각 사무영역을 열거

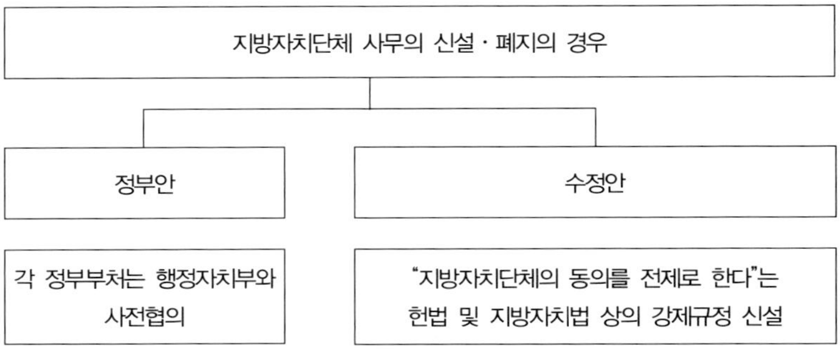

[그림 11-6] 지방자치단체 사무의 신설 · 폐지 절차에 대한 수정안

(Positive)하는 방식으로 구체화하여 제한해야 한다. 광역정부의 사무는 각 사무영역을 열거 방식으로 제한하되, 필요에 따라 기초정부와 협의를 통해 사무영역을 확장 · 축소할 수 있도록 해야 할 것이다. 기초정부의 사무는 중앙정부 사무와 광역정부 사무를 제외한 모든 사무로 하는 포괄적인 네거티브(Negative) 방식으로 규정하고, 무엇보다 사무배분기준으로 보충성의 원칙(Principle of Subsidiarity)을 헌법과 법률에 명확하게 명시해야 한다.

넷째, 현 광역 · 기초지방자치단체의 고유자치사무, 단체위임사무, 기관위임사무 등 세 유형의 분류체계를 완전히 수정하여, 고유자치사무, 법정수임사무 두

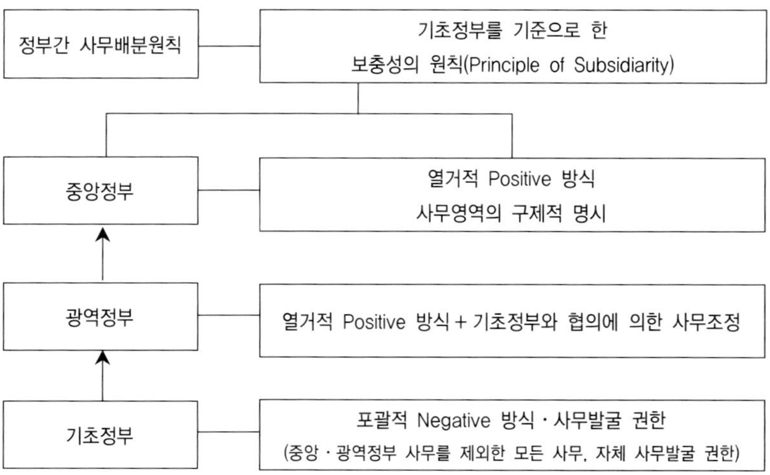

[그림 11-7] 정부 간 사무배분 기준설정의 수정안

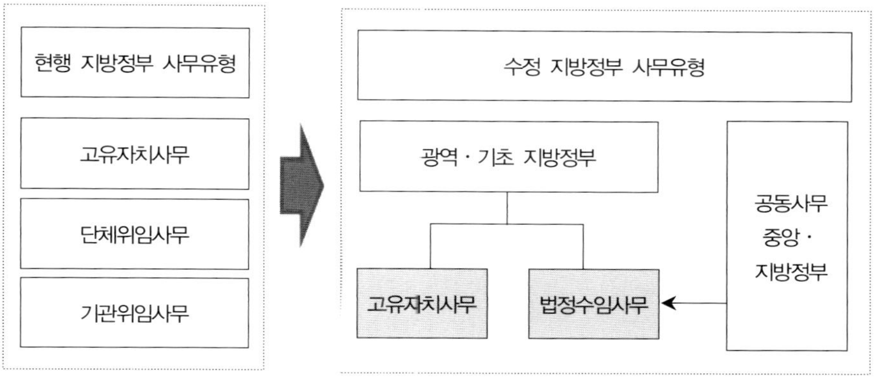

[그림 11-8] 지방정부 사무유형의 수정안

유형으로 단순화하여 재구성해야 한다.

고유자치사무는 현행을 유지하거나 재배치하고, 단체위임사무는 다시 분류 · 조정하여 광역 · 기초정부로 배치하는 것을 원칙으로 하며, 필요에 따라 중앙정

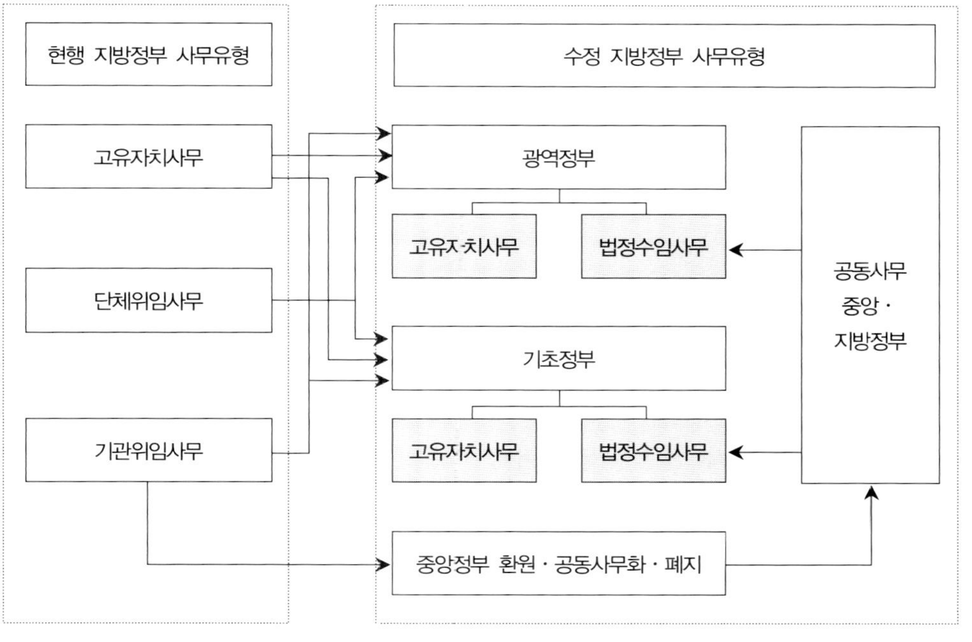

[그림 11-9] 지방정부 사무 재조정 방안의 추가제안 및 사무유형 수정안

부 환원, 공동사무화, 폐지 등을 고려한다. 그리고 기관위임사무는 중앙정부 환원이나 공동사무화를 원칙으로 하고, 불필요한 경우 폐지하는 것을 고려할 수 있다. 또한 현 기관위임사무들 중 중앙정부로 환원된 사무는 성격에 따라 공동사무로 전환하고, 이들 사무를 지방정부의 법정수임사무로 하는 것을 고려한다.

지방자치의 궁극적인 목적이 지방자치단체 스스로 자치사업을 수행하여 주민의 삶의 질을 증진시키는 데에 목적을 두고 있는 반면, 1995년 이래 실질적인 사업수행을 위한 자주재원의 확보 및 운영에 있어서는 아직까지 중앙의 의존도가 높은 실정이다. 이로 인해 지방자치단체의 경우 중앙정부의 정책 및 재정운영 방향에 따라 실질적인 영향을 매우 크게 받고 있는 실정이다. 일례로 2000년 후반 무상급식, 정부의 사회복지분야 재정 확대 기조에 따라 지방자치단체는 심각한 재정운영난을 겪고 있다. 또한 광역지역발전특별회계(이하 "광특회계", 2015년부터 '지역발전특별회계')와 분권교부세제도의 개편 등 정부의 정책결정에 따라 수반되는 지방의 재정부담을 고려하지 않는 일방적 정책결정 등은 지방자치단체의 재원운영에 가장 큰 제약요인으로 작용하고 있다.

분권은 국가사무의 지방사무를 통해 재정과 조직, 인력을 자치단체가 갖을 수 있도록 분권제도에 대한 정비가 필요하다.

5) 지방자치 변천과정과 자치학회 발전전망

(1) 지방자치 변천과정[5)]

① 해방 이후, 5·16 이전

지방자치의 실시와 함께 지방자치법의 주요 내용을 살펴보면 다음과 같다. 첫째, 지방자치단체의 종류는 서울특별시와 도, 시·읍·면으로 한다. 둘째, 의결기관과 집행기관을 따로 두는 기관대립형으로 한다. 셋째, 도지사와 서울특별시장은 대통령이 임명하고 시·읍·면장은 의회가 선출한다. 넷째, 지방의원은 임기 4년의 명예직으로 한다. 다섯째, 의회에는 자치단체장에 대한 불신임권을 장

5) 강원도의회(2017), 강원의정 60년사 중 제11장 60년 강원의정활동회고와 전망 중 일부 내용 요약 정리.

(長)에게는 의회의 해산권을 부여한다. 여섯째, 도의 하부조직으로 군을, 인구 50만 명 이상의 시에 구를 두며, 군수와 구청장은 국가공무원으로 한다(지방행정연구소: 1990).

그러나 정부수립 직후 사회가 불안정하다는 이유로 연기되었다. 그 후로 1차 개정을 단행하였으나 다시 연기되고 6 · 25 전쟁을 맞게 된다. 이때 이승만 대통령은 전쟁 중인 1951년 12월 31일 헌법개정과 함께 갑작스럽게 지방선거 실시를 발표하였다.

이에 따라 전쟁 중인 1952년 4월 25일 치안 불안 지역과 미수복 지역을 제외한 시 · 읍 · 면의회 의원 선거 실시, 동년 4월 10일 서울, 경기, 강원을 제외한 7개 도에서 도의회 의원 선거를 실시하였다. 이것은 이승만 정부가 야당이 우세한 국회에서 헌법 개정을 통한 재선을 보장할 수 없다는 판단 아래 지방의회를 구성하여 대통령 직선제 개헌을 통과시켜 정치적 기반을 확보하기 위한 차원에서 이용된 지방자치라고 볼 수 있다.

그러므로 이승만 정부의 지방자치 성격은 지방자치의 본래의 의미보다는 정권 유지의 차원에서 이용되었다. 그러나 이승만 정부는 헌법에 지방자치 조항을 삽입하고 지방자치법을 제정하여 지방자치의 법적 근거를 마련했고, 정권 유지 차원에서 직선제이지만 지방자치제도를 실시하였고, 지방의회를 구성하였던 점은 지방자치의 효시로써 평가할 수 있다.

② 제2공화국 시기

이승만 독재정권이 4 · 19 민중혁명으로 종말을 고하자 민주당은 신파가 도지사의 임명제를 주장하고 구파는 직선제를 주장하는 등 논란을 겪었으나, 1960년 11월 1일 지방자치법을 전면 개정 · 공포(제5차 개정)하였다. 제5차 개정을 보면 장면 정권의 지방자치는 충분한 주민참정을 실현하려는 것이었다. 제2공화국의 장면 정권은 가장 충실한 지방자치제도를 마련하고, 1960년 12월 12일에 도의원 선거, 19일에 시 · 읍 · 면의원 선거, 26일에 시 · 읍 · 면장 선거를 실시하였다. 그런데 이때의 지방선거는 무소속이 시 · 읍 · 면의원의 81.2%, 시 · 도의원의 44.4%, 시 · 읍 · 면장의 75.5%를 차지하는 이변을 나타내었다. 이러한 결과는 민주당이 신 · 구파로 분열된 데다 중앙정치만 넘겨받았을 뿐, 지방은 자유당 조직이 온존하고 있었고, 또 민주당의 선거 체제마저 미비하여 주민들이 인물 본위로 투표한 결과로 본다.

장면 정권의 지방자치는 충실한 제도는 마련되었으나 충분히 시행해 보기도 전에 5·16 군사정변으로 폐기되고 말았다.

③ 제3공화국과 제4공화국

한국의 지방자치는 1961년 5·16 군사쿠데타로 인해 기나긴 중단기를 맞게 되었다. 당시 군사혁명위원회는 포고령 제4호를 통해 당일 오후 8시를 기해 참의원 및 민의원과 함께 전국의 지방의회를 해산시켰다. 이어 국가재건최고회의는 5월 22일 포고령 제8호로 지방의회의 의결을 거쳐 시행하던 의결사항을 읍·면에서는 군수, 시는 도지사, 서울특별시와 도는 내무부장관의 승인을 얻어 집행하도록 했다. 그리고 6월 6일 공포된 국가재건비상조치법 제20조는 도지사, 서울특별시장과 인구 15만 명 이상의 시의장은 국가재건최고회의의 승인을 얻어 내각이, 임명하고 기타 지방자치단체장은 도지사가 이를 임명하도록 하였다. 이후 군사정부는 9월 1일 「지방자치에 관한 임시조치법」을 법률 제707호로 공포, 10월 1일부터 시행한다고 발표하였다. 이 임시조치법에 의해 5·16 직후 포고령 제8호에 의해 해산된 지방의회의 의결기능을 감독관청이 대행하도록 함으로써 지방자치는 완전히 소멸되고 지방자치단체는 국가의 하부행정기관으로 전락하였다.

지방자치에 관한 임시조치법은 포고령이라는 초법적인 조치에 의해 그 기능을 중단시켜 놓은 지방자치에 대한 법적 근거를 마련하기 위해 제정되었다고 볼 수 있다. 즉, 이 법에 저촉되는 지방자치법의 규정은 임시조치법에 의하도록 함으로써 지방자치법에 대한 특별법의 성격을 부여하였고, 지방자치법이 새로 제정되거나 지방자치법이 개정 공포될 때까지만 효력을 가지는 한시법이었다. 그러나 1963년 개정을 거친 지방자치에 관한 임시조치법은 그 후 약 25년 가까이 새로운 제정 또는 개정을 하지 않음으로써 지방자치에 관한 한시법으로서의 특별법이 기본법으로서의 역할을 하였다. 어떻든 군사정부는 이 법의 제정을 통해 1961년 10월 1일을 기해 읍·면자치제를 폐지하고 이를 행정구역으로 하는 한편, 종래 국가의 지방행정기관으로서의 성격과 도의 행정구역으로서의 성격을 지니고 있었던 군을 기초자치단체로 개편하였다. 따라서 지방자치단체의 종류는 도와 서울특별시(광역), 시 · 군 · 구(기초)로 바뀌고, 종전의 자치단체이던 읍 · 면은 군의 하부기관으로 위상이 바뀌게 되었던 것이다. 이에 따라 종전 지방의회가 행사하던 권한은 당해 감독관청에서 담당하게 되었다. 도와 서울특별시는 내무부 장관, 시 · 군은 도지사의 승인을 얻어 시행하게 되고, 자치단체장의 신분도 정부가 임명하는 국가공무원으로 바뀌면서 국가의 일선기관화되었다. 그리고 1961년 5 · 16 군사쿠데타 이후 1964년 1월 민정이양까지 군사정부가 단행한 조치로는 교육위원회 등 교육행정기관을 포함한 특별행정기관의 일반행정기관에의 통합, 서울특별시의 국무총리 소속으로의 지위변경, 부산시의 격을 직할시로의 승격, 지방자치단체장의 임명제와 국가공무원에 의한 충당 등을 들 수 있다.

한편 우리나라 헌법과 지방자치를 주목할 필요가 있는데, 1962년 12월 개정된 제3공화국 헌법은 지방자치에 관한 기본 원칙을 천명하면서도 부칙에서 "지방의회의 구성 시기는 법률로 정한다"라고 유보조항을 두어 사실상 법률제정을 회피함으로써 지방자치의 중단상태를 존속하도록 했다. 이후 1972년 12월 제정된 제4공화국의 소위 유신헌법은 "이 헌법에 의한 지방의회는 조국통일이 이루어질 때까지 구성하지 아니한다"라고 규정함으로써 사실상 지방자치의 포기를 명문화하였다.

1979년 유신체제의 붕괴를 계기로 집권하게 된 신군부의 제5공화국 헌법(1980.10.27)은 그 부칙 제10조에서 "이 헌법에 의한 지방의회는 지방자치단체의 재정자립도를 감안하여 순차적으로 구성하되 그 구성 시기는 법률로 정한다"고 규정해 놓음으로써 재정자립도를 이유로 지방의회의 구성을 역시 미루어 왔다.

이처럼 제3공화국에서 제5공화국에 이르기까지 지방자치를 헌법적으로 보장하면서도 그 실시를 계속 미루어 왔다. 그리고 그 실질적 이유로는 5 · 16 군사쿠데타 이후 군사정부가 집권을 연장하면서 일사불란한 독재체제를 유지하기 위해서 지방에서의 정치활동을 의도적으로 허용하지 않았다고 볼 수 있을 것이다.

④ 제5공화국과 제6공화국

1961년 5 · 16 군사정변으로 실종된 지방자치제는 1987년 6월 시민항쟁의 결실로 부활의 계기가 마련되었다. 여 · 야 합의와 국민투표로 확정된 제6공화국헌법에서는 군사통치 하에서 지방자치를 옥죄고 있던 헌법부칙조항을 아예 삭제해

'개정'이라기보다는 '제정'에 가까운 새로운 지방자치법(개정)이 마련되어 지방자치제가 중단된지 30년 만에 부활될 수 있었다.

풀뿌리 민주주의 근본이라는 지방자치가 걸어온 길은 한마디로 형극(荊棘)의 길 이었다. 유신체제 하에선 "지방의회는 조국통일이 될 때까지 구성하지 아니한다"고 헌법에 규정함으로써 지방자치 논의자체가 금기시되는 상황이었다. 또 제5공치하에서는 "지방의회 구성은 지방자치단체의 재정자립도를 감안하여 순차적으로 한다"고 다소 신축성을 보였을뿐 관련법 개정 등 제도개혁이 이루어지지 못한 채 연구수준에 머물렀었다.

그 후 1987년 들어 국내정국은 4·13 호헌조치에서 6·26 평화대행진에 이르기까지 극한대치를 계속하다가 6월 29일 노태우 민정대표의 '6·29 선언'을 계기로 대립에서 화해국면으로 정치상황이 급반전하게 되었다. 그가 훗날 6·29 선언을 사실상 '항복선언'이라고 토로했듯이 대통령 직선제와 국회의원 소선구제, 민주인사의 사면·복권이 이루어지는 상황에서 지방자치제는 더 이상 지연시킬 명분이나 이유가 없었다. 정치권은 여·야합의개헌 과정에서 그동안 지방자치를 가로막았던 헌법부칙 조항을 삭제해 버렸다. 그 후 국내정국은 16년 만에 부활된 대통령직선제에 의하여 제13대 대통령을 국민들의 직접투표로 뽑느라고 뜨겁게 달아올랐고 대선(大選) 후에는 대통령 당선자와 현직 대통령간의 권력재편 과정에서 파생되는 정치문제로 제13대 국회의원 총선거마저 새 대통령 취임 후로 미루어졌다.

임기만료를 눈앞에 둔 제12대 국회는 지방자치법 개정을 더 이상 미룰 수 없어 시간에 쫓긴 채 서둘러 의결, 1988년 4월 6일 법률 제4004호로 공포, 5월 1일부터 시행에 들어갔다. 그러나 개정된 법 발표로 지방자치제는 중단 27년 만에 부활되었지만 실제로 지방의회가 구성되기까지에는 갖은 우여곡절을 겪으면서 3년의 세월을 더 기다려야 했다.

가장 큰 난관은 새로 구성된 제13대 국회가 여소야대(與小野大)로 정치상황이 크게 바뀌면서 지방자치법 시행에 여·야간 상당한 갈등이 생겼기 때문이다. 또 새 국회는 개회하자마자 국가적 대사인 서울올림픽의 성공적인 개최와 이어 벌어진 5공청산을 위한 청문회 정국으로 지방자치제 등 다른 현안에는 손도 대지 못한 채 해를 넘겼다.

1989년에 들어 여·야는 지방자치법 개정협상을 시작, 제12대 국회에서 졸속 처리한 문제점을 중심으로 이견을 절충한 끝에 12월 31일 여·야 합의로 법 개정안을 통과시켜 법률 제4262호로 공포했다. 개정된 주요 내용은 최초의 지방의원 선거는 1990년 6월 30일 이내, 자치단체장의 선거는 1991년 6월 30일 이내에 실시한다고 규정했다. 그러나 격변하는 정치상황은 이 시한마저 지켜지지 못한 채 또다시 법 개정이 불가피해졌고, 1990년 12월 31일 제9차 법 개정으로(법률 제4310호) 최초의 지방의원 선거는 1991년 6월 30일 이내, 자치단체장 선거는 1992년 6월 30일 이내에 각각 실시해야 한다고 규정했다.

1988년 5월 1일 개정 지방자치법이 발효된 후 실제로 최초의 지방의회가 구성되기까지에는 두 차례의 법 개정이 이루어질 만큼 우여곡절을 겪은 셈이다. 그러나 기초 및 광역자치단체의 지방의회 구성시한만 지켜졌으면 자치단체장 선거는 4년 후인 1995년에야 실시되었다. 이때부터 지방선거는 시·도지사와 시·도의원, 시장·군수와 시·군의원 등 4대선거를 동시에 실시함으로써 비로소 완전한 지방자치가 정착되었다.

(2) 지방자치 전망

지방자치발전의 제약은 헌법상 제약에서 비롯된다. 헌법 제117조 제1항 "… 법령의 범위 안에서 자치에 관한 규정을 제정할 수 있다"는 조항이 지방의회 입법활동을 제약하고 있다. 최상위법인 헌법에서 지방에 대한 지위나 지방자치에 대한 것을 명확하게 하지 않아 지방의 입법활동이 위축되어 왔다. 그럼에도 불구하고 점차 입법활동이 증대되고 있는 것은 고무적인 일로 평가될 수 있다. 지역특성을 살린 조례제정이 점차 늘어나는 것도 단순히 양적인 조례제정 수만 늘어나는 것이 아니라 조례의 내용이 질적으로도 우수한 내용이 점차 늘어나고 있는 것으로 볼 수 있다.

우리나라는 지방의회와 집행기관을 분리시킨 형태로 기관대립형 형태로 운영되고 있다. 따라서 집행기관을 비판하고 감시하는 기능 수행이 중요하다. 적절한 견재와 긴장 속에 균형을 유치하는 것이 중요하다. 따라서 지방의회의 권한으로 자치재정에 관한 권한으로 예산안 의결권, 결산심사권 승인권을 부여하고 있다. 그리고 일반적 자치행정에 관한 권한으로 조사권, 동의권 의견표시권이 있다.

그렇지만 실제 균형 있는 견재와 감시는 정당정치구조상의 문제나 정보의 비대칭문제 등으로 지방의원들은 정부정책의 깊은 내용까지 파악하여 견재나 감시하기가 어려운 것이 현실이다. 이러한 문제점을 극복하기 위해서는 지방의회 사무처가 뒷받침을 잘 해 주어야 하지만 실제 인사권을 집행부가 가지고 있어 한계가 있다.

일제 36년, 해방 이후 미군정, 6·25 전쟁, 19세기의 혼란스런 역사는 풀뿌리 민주주의인 지방자치를 위축하게 만들기에 충분하였다. 실제로 남북대치상황에서 대통령제중심의 강력한 리더십을 필요로 하였기 때문에 제헌헌법에서 지방의회의 조례제정권은 법령의 범위 내로 제한해 놓았었다. 지금까지 지방의회가 활성화되지 못하고 있는 것은 이 제한이 현행 헌법에서도 계속되고 있기 때문이다.

올해로 지방자치제도가 부활한지 22년으로 1995년 시작된 민선자치시대가 성년을 지나 청년기을 맞이하게 되었다. 그럼에도 불구하고 현 지방자치제도의 태생적 한계는 현재에도 진행 중이다. 자치를 위한 근거로 지방자치법은 만들었지만, 그 구체적 내용은 지방의 참여도 없이 중앙관료들이 만들었기 때문이다. 풀뿌리로부터 주민들이 쟁취해 만들어진 것이 아니라 시혜적으로 지방자치가 이루어져 실질적인 분권이 안 된 채 실시된 무늬만 자치인 비정상적 지방자치제도가 운영되고 있다.

심지어 지방자치의 성과로 자치법규인 조례제정도 법령의 범위 안에서만 제정할 수 있도록 헌법 제117조에 규정되어 있다. 지방의회의 입법활동 자체를 못하도록 제약하고 있다. 시행령 하나만 중앙부처 공무원들이 만들어 국무회의를 통과하면 전국적으로 의회에서 조례를 제정하지 못하도록 되어 있다. 뿐만 아니라 지방의 공유한 사무가 거의 없다시피 하다 보니 지방의회의 활동자체가 위축되도록 되어 있다. 국가사무는 지방의회가 직접 관여할 수 없도록 제약하기 때문이다. 결과적으로 지방의회의 활성화는 분권형 헌법개정과 국가사무의 지방사무화를 통해 분권이 이루어져야 한다.

이미 지방자치의 비정상적인 문제를 해결하기 위해서 김영삼 정부 출범부터 강력하게 분권을 추진해 왔으나 아직까지도 1991년부터 논의되었던 제도적 한계점들이 보완되지 않은채 지금까지 이어지고 있다. 박근혜 정부에서도 지방자치발전위원회를 중심으로 종합계획을 수립하여 지방자치정상화를 위한 계획을 수립해 노력해 왔지만 큰 진전은 없었다.

실제로 박근혜 정부가 지방자치 20주년을 맞이하여 지방 자치패러다임 전환의 필요성을 강조하면서 제도개선을 추진해 왔으나 아무런 성과가 없었다. 패러다임 전환(Paradigm shift)이란 한 시대 사람들의 견해나 사고를 근본적으로 규정하고 있는 인식체계 또는 이론적인 틀이 변화한다는 것을 의미하는데 5·16 이후 지방자치가 너무 우리생활을 자치측면에서 위축해 왔기 때문에 생긴 문제라고도 볼 수 있다. 즉, 지금까지 당연하다고 간주되어 온 지방자치에 대해서 비판적으로 바라보고, 현재의 지방자치기조에서 변화되어야 할 것들이 무엇인지 파악해 보는 것이 필요하게 되었고, 지방자치정책기조가 바뀌어야 한다는 것을 정부도 인식하기 시작하였다는 점에서 희망이 있다.

정치와 정책에 대한 불신은 커지고 있고 지방분권과 대의정치 실패로 주민고유권리를 보다 강화하고 주민참여와 주민생활중심의 의사결정권을 보완하는 것이 최근 지방자치가 발전한 영국이나 일본 등에서 변화가 나타나고 있기도 하다.

특히 새 정부가 지방자치정상화를 위해 분권형 헌법개정을 추진하기 위해 대선공약으로 국정과제화하여 추진하고 있다. 그러나 향후 분권형 헌법개정이 국회에서 합의되지 못하는 한 지방자치정상화는 크게 진전되기 어려울 것으로 예상된다.

참고문헌

강원도의회(2017). 『강원도 의정80년사』. 강원: 강원문화사.

김주원 외(2017). 『지방자치패러다임변화와 대응방안』. 춘천: 강원연구원.

유광호·김주원 역(1995). 『행정철학－하몬 행위이론』. 서울: 범론사.

이기우(2014). “교육자치제 통합: 찬성vs반대.” 『지방자치의 쟁점』. 서울: 박영사.

임승빈(2015). 『지방자치론』(제8판). 서울: 법문사.

진덕규(1981). 『해방전후사의 인식』. 서울: 한길사.

한국지방행정연구원(2015). 『지방자치 20년 성과와 평가』.

제 12 장

지방자치의 미래 전망과 과제

임승빈(명지대학교 교수)

1. 헌법개정, 그리고 지방분권과 중앙집권의 논의는 계속될 것이다

저출산, 고령화, 초정보화 사회화에 따른 중앙과 지방의 관계변화가 필요하다는 점은 이미 우리 사회의 상식이 되어 버렸다. 저출산 고령화 등으로 인하여 지방정부의 세출이 증가하고 세입이 감소하고 있다는 사실은 새로운 사실도 아니며 현상 진단 자체는 이젠 진부하다고도 할 정도이다. 문제는 원인에 대한 정확한 진단과 탈출방법이다. 과연 지방자치단체에 자치를 강화시킨다고 해서 지금의 세출증대와 세수감소의 위기를 극복할 수 있을까. 아니면 집권을 통한 효율성을 강화시켜 분배의 논리를 키우는 것이 타당한가 하는 논의가 분분하다. 그러나 문제의 핵심은 집권적 주장이 되든 분권적 주장이든 현상을 정확히 파악해야만 대안 모색이 가능하다는 점이다. 따라서 집권과 분권의 규범적 논의를 할 때 우리는 흔히 자치입법권의 범위, 자치단체의 권한의 범위, 자치단체의 조직 및 인사권한을 기준으로 한다. 본고에서도 이 세 가지 논쟁점에서 과연 우리나라가 집권형 국가인지 혹은 분권형 국가인지를 진단해보고 우리의 현실을 사회구조의 변화라는 측면에서 현황을 파악하고 새로운 지방자치를 위한 대안모색이 필요하다.

이러한 한국 사회가 갖고 있는 문제점을 해소하기 위하여 헌법개정의 논의가 지난 10여 년간 이뤄졌던 점을 주목할 필요가 있다.

헌법제정의 취지[1]는 국가권력에 대한 시민의 승리에 대한 기본 정신의 표출이라고 볼 수 있다. 이는 대략 20세기 이전의 국가 폭력에 대한 법의 우위를 천명함으로써, 즉 국가권력의 최정상에 헌법의 정신을 둠으로써 야만적 국가권력에 대한 이성의 승리를 공고히 하자는 데에 있다고 볼 수 있다. 그러나 20세기 중반까지만 해도 이와 같은 헌법정신이 완전한 승리가 되지는 못했다. 전체주의적인 나치즘(Nazism)과 파쇼(Fascio)주의의 등장, 천황주의 헌법에서 나타난 일본의 군국주의, 반자본주의적인 공산주의에서 사례에서 보여지는 바와 같이 헌법의 정신이 각국에 따라 달리 해석하게 되면서 인류에게는 많은 희생을 요구했다. 비로소 야만에 대한 근대성을 가진 이성의 승리자로써 헌법 정신이 정착되기 시작한 것은 제2차 세계대전 이후 민주주의 정치행정체제가 보편주의적 가치로 정착될 때까지 기다릴 수밖에 없었다. 헌법정신을 존중하기 위한 민주주의 정치행정체제가 운영되기 위한 행정의 경우도 학문으로써 자리 잡기 시작한 시점은 미국을 제외한 대부분의 국가에서는 제2차 세계대전 이후라고 볼 수 있다. 제2차 세계대전 이후 영국 등과 같이 헌법을 통상적 국내법의 결과로 간주하는 몇몇 불문법을 가진 국가를 제외하고는 대다수의 현대 국가에서의 헌법은 국내법, 국제법, 사회제도 등을 규정하며 행정 분야에서는 각종 대내·외 정책의 모습을 그려내는 데에 그 기반이 됨은 물론이다. 이러한 헌법 정신을 보다 바르게 실현시키고자 하였던 것이 행정에 신탁(信託)된 행정행위의 당위성이라고 볼 수 있다.

그러나 헌법정신을 구현하기 위하여 존재하는 행정이지만 각국의 정치행정체계 안에서 상당 부분 달리 운영되고 있다는 점도 간과할 수 없다. 예를 들어, 우리나라와 일본 모두 대륙법 체계의 헌법이면서 3권 분립을 보장하고 있지만 사법체계, 행정체계, 의회체계 모두 그 골격이나 운영면에서 보면 공통점보다는 상이점이 많다는 것을 쉽게 발견할 수 있다. 뿐만이 아니라 한 국가 내에서도 현재

1) 임승빈(2007), 발췌 요약한 것임을 밝힘.

의 행정체계의 속성을 파악하기 위해서는 현행 헌법이 아니라 이전의 헌정 체계로부터 영향을 받아 존속하고 있다는 것을 발견할 수 있다. 이와 같은 모습은 관행적 행정으로써 제도화되어 조직의 생성과 소멸에 영향을 미치는 것이다.

더군다나 2021년까지 집권 연장에 성공한 일본의 아베 정권이 주창하는 헌법 개정문제가 국제사회, 특히 한국과 중국에 비상한 주목을 받고 있는 것은 자국의 헌법이 가지고 있는 성격이 더 이상 자국만의 문제가 아닌 국제사회에도 영향을 미치고 있다는 점은 우리의 개헌작업을 하는 경우에도 유념할 필요가 있다. 즉, 헌법이 갖는 의미는 국가운영의 정치행정 운영체계에 영향을 미쳐 선거개혁, 정부개혁, 분권강화, 시장개방 등 뿐만이 아니라 국제사회에서의 관계를 규정짓는다는 측면에서 매우 중요한 것이다. 우리나라의 지방자치와 헌법과 관련해서 국한시켜 논의를 해보자면[2] 우리의 단방국가와 미국, 독일, 캐나다 등의 연방국가를 엄연히 구분해서 출발하지 않으면 안 된다. 연방국가의 경우에는 연방과 주 사이의 수직적 권력분립과 연방과 주에서 각각 수평적 권력분립이 이루어지고, 지방자치제도는 중앙정부와 지방자치단체 사이의 수직적 권력분립과 중앙정부 또는 지방자치단체 각각에서 수평적 권력분립이 이루어진다. 우리의 경우 민주화 과정을 거치면서 수평적 권력분립에 관심을 갖고 제왕적 대통령제에 대한 경계를 게을리하지 않았고, 현행 헌법에서 지방자치를 강조함으로써 그 이전보다 지방자치에 있어서도 괄목할 만한 성과를 이뤄냈다. 단지, 권력분립의 원리를 논의할 때 우리나라의 경우 북한이라는 변수가 있기 때문에 군사 및 외교권한에서 연방제와는 달리 대통령의 역할을 강화시킨 것이지 대 의회권력에서는 대통령에게 의회해산권한도 없다. 오히려 전 세계에 그 유례를 찾기 힘든 헌법재판소라는 상왕제도, 검찰의 기소독점권 등 사법권한에 대한 국민통제가 안되는 게 문제다.

현행 헌법에서 제왕적 대통령제 조항을 찾기 쉽지 않다. 문제는 나누기와 뺄셈에 능하고 덧셈에 약한 정치·문화적으로 수직적 문화에 익숙한 데에 기인한다. 수직적 권력분립은 구조적으로(중앙과 지방), 시간적으로(임기와 정년), 권한상으로(직급과 직책 분할) 권력을 쪼개서 권력의 집중을 방지하는 것을 의미하거나 대통령과 국무총리(또는 내각)와 같이 동일한 권력에 속한 권력 간의 분립을

2) 임승빈(2016), 발췌 요약한 것임을 밝힘.

의미한다. 그러나 이 역시 헌법상에서의 규정보다 실질적인 통제와 협업이 중요해진 현대 사회에 있어 각 기관 내에서 각자의 기능을 다함으로써 숙의민주주의가 이루어진다고 볼 때 법률적 사항이지 헌법상 사항이 아니다.

또 다른 주장인 현행 헌법 하에서는 분권형 국가를 추구하지 못하기 때문에 지방의 자율성에 한계가 나타나고 있고, 자주입법과 자주재정을 확보하기 위해서는 개헌을 통하여 법률유보, 조세법률주의, 죄형법정주의 등이 개선될 필요가 있어 헌법 개정을 요구한다. 필자도 글르써는 아니나 토론회의 토론자로서는 때때로 같은 주장을 하기는 하지만 실제로는 현행 헌법 개정 없이도 현재의 상황에서도 법률 제·개정과 지방자치단체의 권한 및 재정의 조정으로 지방분권의 강화는 충분히 가능하다. 문제는 국회가 자신들의 권한을 포함하여 중앙정부의 권한과 기능을 과감히 이양하는 입법행위를 하지 않았기 때문이다.

실질적인 지방자치제도의 보장은 단체장 및 의회를 주민직선으로 구성하는 데에 끝나지 않고 지방행·재정의 분권화 달성으로서 가능하다는 주장은 설득력이 있다. 헌법 제117조 제1항은 "지방자치단체가 주민의 복리에 관한 사무를 처리하고 재산을 관리하며 법령의 범위 안에서 자치에 관한 규칙을 제정할 수 있는 권한을 부여하고 있다. 이는 지방자치단체가 주민의 복리에 관한 사무를 처리하고 그 재산을 관리하기 위해 필요한 여러 가지 권한들, 즉 소속 공무원에 대한 임면을 비롯한 인사고권 예산 및 재정고권, 조직고권, 계획고권, 자치입법고권 등 포괄적인 권한을 행사할 수 있다"는 것을 의미한다. 이러한 내용 중 하나가 자치재정권이다. 따라서 지방정부의 파산을 선고할 수 있는 권한은 중앙정부에 있지 않고 주민에 있어야 한다는 점은 원칙이다. 현행 지방자치법 제22조 '법령의 범위 안에서'는 법률의 우위 및 상위법 우선의 원칙에 따른 제한으로 자치입법권 축소에 저촉되며 단서조항에서도 자치사무에 대해서도 시행규정을 대통령령이나 부령에 위임하는 등 '법령의 고도한 입법선점'으로 자치입법권을 침해한다는 것이 분권론의 주장이다.

그러나 정보공개법, 주민투표법, 청소년위해상품자판기금지법 등은 모두 자치단체의 조례가 먼저였으며, 자치법 제22조 조항에 의해 자치입법이 극도로 제한된다는 해석은 과하다고 볼 수 있다는 게 또 집권의 논조이다. 재정분권만 하더라도 자치재정권을 폭넓게 인정하고 있는 미국에서 조차도 지방자치단체 파산 및 회생 절차를 담은 연방파산법이 있다. '연방파산법 제9장(Chapter 9)'은 1934년에 제정하게 되며 이 법의 기본정신도 자치단체의 회생에 있다. 일본도 그 취지는 마찬가지이다. 예를 들어, 개인파산제도의 핵심이 개인을 파산에서 회생시키려는 데에 있지 파멸시키려는 데에 그 목적이 있지 않는 것과 같이 건전재정을 유도하기 위해서는 지방자치단체의 재정파산제도에 관한 도입이 필요하다는 것을 의미한다.

즉, 지방자치단체의 조례제정 범위의 확대문제와 행・재정분권과는 실제적으로 관련성이 희박하다는 점이다. 행・재정분권을 실시하고 있는 미국, 우리보다 행・재정분권이 큰 일본마저도 재정파산제도가 도입이 되고 있는 것이다. 따라서 자치입법 범위의 제약은 분명히 있으나 이를 논하기 전에 우선 강구되어야 할 점은 단체장 및 지방의원들이 필요한 사업을 조정하는 것이 선행조건이고 지방자치법 제22조 때문에 지방자치가 이루어지지 않는 것은 아니므로 집권과 분권의 논쟁에서 벗어나야 한다.

2018년에는 개헌논쟁이 있었기는 하나 본격적인 논의를 하기도 전에 남・북한 4・27 판문점 선언, 야당의 반대, 6・13 지방선거 등이 있었기 때문에 크게 주목을 받지 못했다. 그러나 2020년 4월의 총선 또는 별도의 일정을 잡아서 다시금 분권형 개헌논쟁이 주목을 받을 가능성은 충분하다. 따라서 향후 3~4년 안에는 중앙과 지방의 관계는 확실한 변혁기를 맞이하게 될 것이다. 이때야말로 국가개조를 통하여 우리의 사회문제, 그리고 경제성장을 이루기 위한 진지한 토론이 필요할 때이다. 현행 헌법에서 지방분권 모델은 중앙정부의 감독과 통제가 가능한 시스템이고, 지방자치단체의 상향식 의견 개진을 불가능하며 법률도 없다. 현행 헌법에서 지방분권에 대한 규정이 없고 헌법 제117조, 제118조 만으로는 중앙정부와 지방자치단체의 협조관계 또는 상호 보완관계가 없다. 따라서 중앙정부의 정책결정에 대한 지방자치단체의 항의 및 견제를 위한 법적 수단이 없는 것이다. 지방자치단체가 주민의 삶에 보다 적극적인 공동체의 정책 결정을 하기 위해서는 지방자치단체의 의사결정이 지역 안에서 자유롭게 집행될 수 있을 뿐만 아니라 국가 차원에서도 그러한 정책이 수용될 수 있는 틀이 마련되어야 한다. 지방자치단체의 정책 결정에 대하여 중앙정부가 개입하는 경우는 제한적으로만 규정하도록 헌법에서 이러한 것이 반영된 개헌이 필요하다. 이를 위해서는 중앙정부에서 지방자치단체의 의견이 개진될 수 있는 공론의 장이 필요한데 이러한 점에서 일부이기는 하나 지방자치단체 대표성을 갖는 국회 내부의 상원의 설치 또는 자치단체 연합회인 4단체에게 법률안 제출권한의 확보 등에 관한 논의도 필요하다. 상원의 설치는 우리나라와 같이 중앙집권과 수도권 집중 현상이 심각한 경우, 그리고 통일에 대비하여야 하는 점에서도 의의가 있다. 미국의 상원 100명은 지역의 규모(인구와 면적, 경제력 등)와 무관하게 50개주에 각 2명씩을 배정하고 있다. 즉, 지역의 대표성을 인정하고 있는 것이다. 지방의 살림살이는 국가 차원에서도 대등하게 논의될 수 있어야 한다. 헌법재판소 결정에 따라 선거구간 선거권자 비율을 평등선거 원칙에 최대한 맞춘다면 사실 수도권에서 선출되는 국회의원 수가 전체 국회의원의 약 절반이 된다. 제20대 국회 지역구 253석, 비례대표 47석인데, 지역구 253석 가운데 수도권이 122석이 된다. 이를 극복하기 위해서는 지역을 대표하는 비례대표를 대폭 확대하거나 지역균등 원칙에 입각한 상원의 설치가 요구된다. 지역을 대표하는 상원을 설치할 경우, 지방자치의 헌법적 제도보장이 훨씬 더 강화될 수 있다. 지방의 국가정책 결정에 참여가 보장되고 지역균형의 발전도 꾀할 수 있다. 이 경우 지역 단위에서 국가정책 결정을 위한 공론의 장이 제공되고, 국가와 지역이 연결되며, 지역균등 발전에 기여하고, 수도권 중심의 국회 구성이 극복되며, 통일 국가에도 대비할 수 있을 것으로 기대된다. 이 경우 상원은 지역대표형으로 지역마다 동수의 의원을 선출하는 것을 원칙으로 해야 할 것이다. 상원의원의 선거는 지역균등 및 자치단체의 기속위임을 강화하기 위한 간선, 주민대표를 강화하기 위해서는 직선의 방식 중 어느 것을 택할 것인지 검토해야 한다. 스위스의 경우에도 국민을 대표하는 하원과 주를 대표하는 상원이 있으며, 의회권력을 양원이 분점하고 있다. 이는 국민전체의 이익을 대변하는 연방과 부분의 다양성과 이익을 대변하는 주(칸톤)간의 권력분점을 제도화하고 있다. 하원은 인구규모에 따라 의석을 갖지만 상원은 모든 칸톤이 동일하게 2석의 의석(6개 반주는 1석)을 갖게 함으로써 농촌에게 더 많은 대표성을 갖도록 하고 있다.

또 다른 방안으로서 개헌이 힘들다면 지방자치단체 또는 지방자치단체의 협의체(지방정책결정협의체)가 법률안 의견 제출 권한을 부여하여야 한다. 지방자치단체가 직접 국회에 법안을 제출할 수 있는 권한을 부여하기 위해서는 헌법을 개정해야 하지만(헌법 제52조) 입법의견을 제출할 수 있도록 하기 위해서는 법률 개정으로 충분하다(현행 지방자치법 제165조 제6항 참조. 현재는 지방자치와 관련된 법률의 제정·개정 또는 폐지가 필요하다고 인정하는 경우에 국회에 서면으로 의견을 제출할 수 있도록 함). 또는 입법 과정에서 지방자치단체와 관련이 있는 법안에 대해 지방자치단체의 의견을 듣는 절차를 필치 조항으로 각 개별법에 설치하는 것도 가능하다.

특히, 최근 몇 년 동안 중앙과 지방자치단체들 간의 갈등은 사회복지에 관한 예산 및 권한위임에 관한 것이었다. 중앙정부가 해당 사무를 이양 또는 위임하기 위해서는 당연히 지방 재정에 대한 지원 내지 확충권한을 줘야 하나 전혀 그렇지 않다. 그러나 현행 헌법에서는 지방자치단체의 자주재정권 또는 지역간 균형에 관한 규정이 없다. 1948년 헌법에 "지방자치단체는 법령의 범위 내에서 그 자치에 관한 행정사무와 국가가 위임한 행정사무를 처리하고 재산을 관리"하도록 규정하고 있었고(제96조), 현재에도 주민의 복리에 관한 사무를 처리하고 재산을 관리하도록 하고 있지만, 이것만으로 자주재정권을 명확하게 규정하고 있다고 보기는 어렵다. 다른 한편 지방 자주재정권을 명시하는 경우라 하더라도, 그것이 얼마나 실효성을 나타낼지에 대해서는 회의적 시각도 존재하는 것으로 보인다. 이에 대해 독일기본법은 법인세와 근로소득세에 관한 연방법률을 정함에 있어 지방자치단체의 재정수요와 재정능력을 고려하여 적절한 균형을 유지하도록 규정하고 있고(제107조), 프랑스의 경우에도 법률에 지방자치단체 간 평등을 촉진하기 위한 조정 조항을 두도록 하고 있다(제72－2조). 지방분권을 강화하기 위한 헌법 개정 시에 고려할 만한 조항들이다. 지방 재정권을 실효적으로 강화하기 위해서는 헌법 개헌에 의해 선언적 규정을 두는 것이 어렵다면 현행 법률을 개정해서라도 국세와 지방세를 재배분하는 것이 바람직할 것으로 생각된다.

2. 소멸해가는 지역공동체와 직접민주주의 가능성[3)]

사회적 자본에 관한 연구자로 유명한 미국 하버드대학의 로버트 퍼트넘

3) 임승빈(2018), 『지방자치론』(제11판 개정판), 서울: 법문사, pp.467－473 재인용.

(Robert D. Putnam)의 "Bowling Alone: 사회적 커뮤니티의 붕괴와 소생(2009)"은 미국 사회에서 공동체의 해체, 급속한 산업화, 경제적 불평등, 도시화, 범죄, 인종 등의 문제로 홍역을 겪었던 1960년대와 비교하여 지금의 미국사회는 또다시 새로운 형태의 공동체붕괴에 직면하고 있다고 언급한 바 있다. 일본에서도 야마시타 유우스케(山下祐介) 교수가 『地方消滅の罠』라는 저서에서 커뮤니티의 붕괴를 지방소멸(地方消滅)이라는 단어로 언급되어 이미 일반화되어 있을 정도이다. 그에 의하면 일본은 2040년까지 전국의 기초자치단체인 시정촌(市町村)의 과반수가 소멸하지만 그에 대한 정부의 인식과 대처가 잘못되었다고 지적한 것이다. 그가 이러한 저서를 쓰게 된 동기는 일본의 저명한 지식인들로 구성된 정부위원회 형태인 "日本創成會議"의 좌장격인 마쓰다 리포트(增田レポート)에서 소멸되어 가는 자치단체에 대한 정책으로서 선택과 집중이라는 정부의 안일한 정책이 오히려 지방소멸을 가속화시켰다는 것이다. 우리나라도 예외는 아니고 오히려 미국과 같이 개인과 커뮤니티 가족간 단절, 그리고 일본과 같이 저출산 고령화로 인한 인구의 급감으로 인한 커뮤니티 붕괴가 동시에 발생하고 있다. 2016년 통계청의 발표에 따르면 우리나라 1인 가구 비율이 거의 4분의 1을 차지하고 있으며 2인 가구까지 합하면 전체 약 1,750만여 가구수 가운데 50%를 넘는다는 것이다. 이러한 현상은 공동체(커뮤니티) 붕괴로 이어져 지역 내의 민과 관의 거버넌스 구축도 불가능하게 되었다. 예를 들어, 경기도 연천군 청산면의 경우 서울세종로 중앙청사에서 63km 정도 떨어져 있고, 서울 지하철 1호선 소요산역에서 10분 이내의 비교적 도시화된 면단위이며, 2016년 기준으로 인구도 비교적 많은 4,370명(남: 2,233명 여: 2,110명)이며 외부로부터의 자원봉사자, 마을기업의 창업 등이 적절한 조건을 갖추고 있다. 또한 서울 지하철 1호선 연변에는 크고 작은 대학들이 있어 관한 협력도 유리한 장소이어서 커뮤니티 만들기에 매우 적절한 곳이다.

그러나 커뮤니티 만들기에 필수적인 청산면의 지역 리더들을 보면 사정은 달라진다. 2015년 3월 현재 청산면의 지역단체장 8명(주민자치위원장, 이장협의회장, 지도자협의회장, 새마을부녀회장, 방위협의회장, 체육회장, 바르게살기위원장, 청산봉사회장), 주민자치위원 17명, 이장협의회 11명, 새마을지도자 24명 총 60명은 모두 60대 후반에서 70대 노인들이며 지역리더로서 더 이상 후계자도 없으며 육성도 안 되는 상황이다. 소위 시민단체라는 NGO 단체도 없다. 2008년에는 농림축산식품부의 국고보조금을 받아 60억 원을 집행하여 농촌체험마을사업으로 김치마을협동조합을 운영하고 있으나 전국의 체험마을 사업이 실패한 바와 같이 이곳 역시 운영난에 허덕이고 있다. 반면에 인구 4,370명인 청산면에 65세 이상 인구는 1,089명으로서 24.9%인데, 경로당은 12곳으로서 약 90명에 한 개의 경로당이 있는 것이다. 반면에 0세에서 9세까지 아동은 244명인데 어린이보육센터는 단 1곳이다 라는 점은 노인들이 많아서 경로당이 많기도 하지만 노인들 간의 지역 이기주의, 선거 때마다 노인 복지시설을 확대하는 단체장과 지방의원들의 선거권이 있는 노인들에게 선심성 행정의 본보기라고 볼 수 있다. 당연히 어린이 보육환경이 심각하여 젊은 부부는 사설보육원에 맡기든가 이마저도 없으면 자신의 고향에서도 정착하여 살기 어려운 농촌 커뮤니티로 이미 변모하였으며 사회복지 예산집행에 있어서 대상자에 따라서 심각한 불균형이 발생하고 있는 것이다. 이런 상태에서 젊은층을 대변하는 지역 리더도 없고 당연히 노인중심으로 커뮤니티가 운영되고 있다는 점은 다름 아닌 커뮤니티 붕괴라고 할 수밖에 없다. 그동안 정부에서는 지방자치발전위원회를 통하여 읍면동 주민자치회 도입에 대하여 물심양면으로 노력해왔으나 대부분의 정책과 예산은 무용지물이 되어 버린 것은 자타가 인정하는 바이다. 앞서 청산면의 사례처럼 지역공동체에서는 전체 주민들의 적극적인 참여보다는 일부 층의 사람들로 독과점화되어 있어 공동체의 소멸을 더욱 부추기고 있는 실정이다. 주민참여예산제도 역시 마찬가지이다. 대부분의 지방자치단체에서는 예산편성의 의사결정 과정에 주민참여를 확대하고 강화하고 있지만 예산민원실 운영, 고충처리제도 도입, 정보공개제의 활성화 등의 수준에서 머물러 있기 때문에 형식적인 형태로 운영되고 있다는 점에서 비판의 대상이 되고 있다.

따라서 정부 및 지방자치단체에서는 주민자치회 조직 구성의 모델을 구축하기 전에 읍면동 주민들에게 어떠한 권한을 어떻게 수행시키게 할 것인가를 정하고 주민 스스로가 선택할 수 있는 직접민주주의가 가능한 스마트(smart) 공동체 구축방안을 마련하는 것이 필요하다. 즉, 주민들의 생활·근린자치 수요 증대에 따라 행정의 적극적인 대응의 필요성이다. 주민들의 생활지원 기능이 강조되고 행정사무도 증가하면서 지역적 특성과 주민 접근성을 고려한 현장중심의 행정서비스 제공이 강조되고 있다. 기존의 행정의 수동성 및 의존성을 극복하고 주민들의 능동적인 참여를 통하여 공공서비스의 질적 향상을 도모하고 읍·면·동 주민자치 기능에 변화를 시도하기 위한 주민자치 제도화가 필요한 것이다.

특히 최근 스마트폰 보급으로 SNS 이용자가 급증하면서 자치단체들은 주민의 직접참여의 활성화를 위해 다양한 SNS 활용방안을 모색하고 있다. 자치단체들은 주민의 참여를 유도하여 주민의 욕구를 파악하고, 이를 정책에 반영하고자 한다. 이는 주민 스스로 정책에 참여하여 합리적으로 정책을 형성하고, 자신의 주권을 통한 실질적 지방자치와 민주주의를 실현하는 데 궁극적인 목적이 있다. 한편, 주민들은 자치단체 및 정책에 대한 접근성이 향상되면서 자신의 삶이 유지되고 있는 지역의 정책과정에 참여하고자 하는 욕구가 증대되고 있는 것이다.

예를 들어, 필자가 거주하고 있는 서울시 종로구의 일명 서촌이라는 청운효자동의 마을계획단에서 실시하는 다음과 같은 사례를 보면 직접민주주의 실효성과 가능성이 보인다. 다음의 [그림 12-1]에서 보여지는 바와 같이 금년 6월부터 청운효자동 마을계획단은 플랫폼을 만들어 SNS를 통하여 실시간 직접민주주의를 실시하고 있는 것이다. 예를 들어, 청운효자동 마을의 어젠다 20개 가운데 주민들 자신이 우선적으로 추진했으면 하는 의제를 5개 고르게 하는 투표방식을 취해 주민참여예산제의 형식적 운영도 탈피하면서 적극적 참여도 유도하는 것이다.

즉, 기존에는 정부가 서비스나 재화를 생산하면 지역주민은 단순히 받아들여 소비하는 행태를 보였으며, 여기서 지역주민을 수동적 주체로 여겼으나 지역주민이 더 이상 단순한 소비자가 아닌 생산자 역할로 변화하는 것이다. 지역주민과 밀접한 관계를 구축할 수 없는 지방자치단체는 존재 이유가 희박해졌으며, 급변하는 환경에 대응하기 위해서는 획일적인 방식이 아닌 다양하게 대응할 수 있는 방안을 마련할 필요가 있다. 이와 같은 방식이 바로 스마트 사회인 것이다. 스마트 사회는 고도의 지능화된 ICT와 사회연결망(Social Network)을 기반으로 인간과 사물, 사물과 사물 간 의사소통이 시공간을 넘어 실시간, ICT간 융합에서 나아가 타 산업과의 융합이 가속화되며, 정부와 민간의 일하는 방식 및 생활양식, 문화, 정치 경제 등 국가사회 전체의 혁신이 동반되어 새로운 부가가치가 끊임없이 재창출되는 사회로 정의된다. 그 핵심기술 요소로서 모바일(Mobil), 클라우드(Cloud), 빅데이터(Big Data), 사물인터넷(Iot), 인공지능(AI) 등인데 이 또한 4차 산업과 밀접한 것이다. 지능정보기반 스마트 도시는 고도로 지능화된 ICT와 사

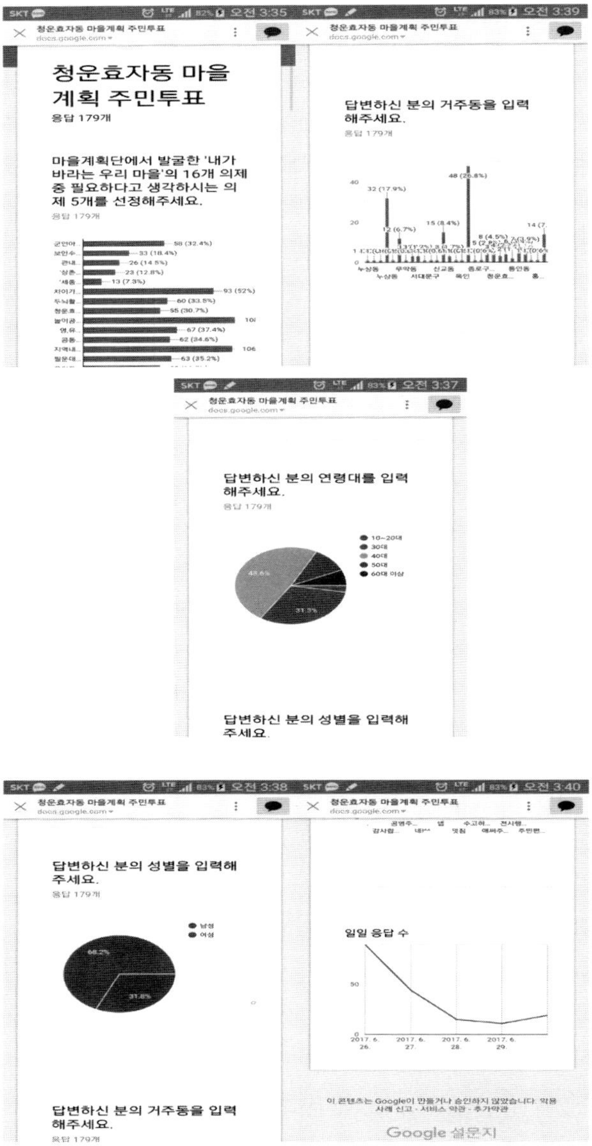

[그림 12-1] Networking을 활용한 청운효자동 마을계획 주민투표 사례

회적 연결망을 기반으로 도시의 행정업무 방식과 절차를 재설계하고, 도시지역의 정부와 기업, 지역주민, 지역공동체 간 지식과 정보를 공유하고, 지역구성원

간 상호 거래를 통하여 생산적이고 민주적인 부가가치를 지속적으로 창출할 수 있는 공공 플랫폼 기반을 제공함으로써 협력적 동반자의 역할을 지향하는 지능적, 거버넌스적 도시체제 구축을 가능하게 하는 것이다. 앞서 언급한 서울시 종로구 청운효자동의 마을계획단의 SNS를 통한 직접민주주의 사례가 크게 아나가서는 스마트 도시를 만드는 데 핵심 요소이다. 지역 혁신 플랫폼 또는 시스템으로서 시민 · 지방정부 · 공무원 · 민간 기업 등이 협력적 관계로 도시 문제를 해결하고, 첨단 정보통신기술을 이용하여 환경, 에너지, 도시 기반 시설 및 건물의 지능적이고 효율적인 관리를 통해 새로운 성장 동력을 개발하는 집단지성 시스템 구축이 가능케 하는 것이다.

그러나 단순히 현재의 시스템에서 직접민주주의를 강화시킨다고 해서 스마트 사회로 이행되는 것은 아니다. 지능정보를 기반해야지만 스마트 사회로의 변화가 가능한 것이다. 즉, OPEN System에 기반한 Smart Community 구축 전략이 필요하다. Smart Community 구축의 핵심은 현행 관(Government) 중심 주민자치에서 정보기술(open system)을 활용한 Smart Governace로 전환하는 것이다. OPEN System은 O(opportunity), P(participation), E(engagement), N(networking)으로 구성되어 있으며, 주민자치회가 직면하고 있는 문제점들을 해소할 수 방안으로 제시할 수 있다. O(opportunity)와 P(participation)는 주민자치회의 운영에 있어 지역주민들이 주체가 되어 다양한 지역 내 당면한 과제를 해결하기 위하여 현행 주민자치원회의 운영과 같이 특정 위원들에 의해서 의사결정이 이루어지는 것이 아니라 최대한 많은 지역주민들이 주민자치 발전을 위한 의견을 제시하고, 문제해결을 위한 의사결정에 참여할 수 있는 기회 확대와 정책의 우선순위를 정할 수 있게 하는 것이다. 바로 서울시가 각 자치구를 통하여 추진하고 있는 마을계획단에서의 의사결정 과정에 직접민주주의를 가능케 하는 요소인 것이다. E(engagement)는 '아는 만큼 행동하고, 사회적책임을 의무로 받아들이는 것'으로 주민자치회의 위원을 비롯한 구성원들뿐만 아니라 지역주민들이 주민자치에 대한 교육 및 학습을 통한 역량강화와 주민자치회를 이루는 구성원으로서의 주민자치를 발전을 위한 그들의 정책 및 행위에 책임을 다할 수 있도록 하는 것이다. 주민자치회의 원활한 운영을 위하여 지역 내 대학 및 전문가, NGO 등의 협조를 통하여 주민자치위원 및 지역주민들을 대상으로 역량강화 프로그램 운영 또는 가칭 주민자치대학(학교)을 설치하여 주민자치에 대한 이해도를 향상시킬 수 있도록 하여야 한다. 특히, 주민자치회의 독자적인 사업선정, 예산의 편성 및 집행권한 등에 대한 자율성을 확보하기 위해서는 그에 따른 책임성을 강화할 수 있어야 하는데, 이를 위하여 현재 각 자치단체에서 실시하고 있는 주민참여예산제와 연계할 필요가 있다. 주민참여예산제는 지방재정법에 의거하여 운영되고 있어 주민자치회 운영에 관련한 예산편성 및 집행 등에 연계하여 적용하게 되면 재정운용의 신뢰성, 투명성, 효율성을 극대화하고 중복에 의한 예산낭비를 방지할 수 있는 재정민주주의를 실현할 수 있을 것이다. N(networking)은 앞서 제시한 O(opportunity), P(participation), E(engagement)를 통활할 수 있는 Open Platform을 구축하는 것으로 주민자치를 활성화하기 위한 주민자치회의 물리적 공간뿐만 아니라 실시간으로 외부환경에서도 주도적으로 활용할 수 있는 소통 체계를 만들어 낼 수 있다. 앞서 주민자치회에서 겪고 있는 문제점 중 지역주민들의 공감대를 형성하지 못하는 점과 참여자 구성에 대한 문제점을 해결할 수 있는 대안으로 활용할 수 있을 것이다. 미국 샌프란시스코 시의 커뮤니티보드는 지역의 갈등을 법이나 공권력의 힘을 빌리지 않고 주민들이 직접 관리하고 해결하는 제도이다. 의뢰인이 하는 말을 여러 명의 중재자들이 경청하고 해결책을 제시해줌으로써 갈등에 대한 완충장치의 기능을 수행한다. 중재과정을 통해 갈등을 흡수하고 서로 폭력없이 문제를 해결할 수 있도록 돕는 것이다. 소통의 유명한 사례로서 스웨덴의 비스비 알메달렌 정치박람회사례가 있는데 이는 40여 년 전통을 자랑하고 있다. 이 축제에서는 정당, 시민단체, 개인 누구나 자신의 의견을 펼칠 수 있으며, 국가의 재정상태, 경제상태들을 재무장관이 직접 발표하고 서로 질문을 주고 받으며 격식 없이 소통함으로써 최선의 해결책을 찾는 과정이다. 우리나라에서는 찾아볼 수 없는 일이며 실로 놀라운 일이 아닐 수 없다. 이런 강의실에서 재무장관이 직접 "이번 년도 많이 실망하셨죠? 지금 우리나라의 상태가 이러이러하고 저러해서 이렇게 밖에 할 수 없다. 이만큼의 예산은 여기 썼고 이만큼은 저기 썼습니다. 그래서 이만큼 남았습니다"라고 브리핑을 하며 시민들에게 알려주며 시민들도 그것을 듣고 궁금한 점은 직접 질문하며 소통을 하는 과정에서 더 나은 해결방안을 찾고 사회적 신뢰를 구축하도록 한다는 점에서 의미 있다. 즉, 소통은 개념이 아니라 기술이다. 지역공동체의 소멸을 막기 위해서는 진화된 모바일(Mobil), 클라우드(Cloud), 빅데이터(Big Data), 사물인터넷(Iot), 인공지능(AI) 등을 적극적으로 활용하여 직접민주주의의 실현이 가능한 것이다.

3. 분권과 균형발전이 공존하는 정책추진이 필요하다

정책에는 선택이 따른다. 그 어떤 경제 정책도 아니 사회 정책도 소득분배에 영향을 미치지 않는 것이 없다. 기록적인 금년 여름의 폭염 속에서의 전기세 누진율을 갖고 논란이 된 바와 같이 교통, 도서관, 교육 정책마저도 소득계층과 지역별로 영향을 미친다. 지금 한국 사회의 문제의 핵심은 중앙정부 및 국회 심지어는 법원의 판결에 이르기까지 상당부분의 정책들이 상위계층과 부유지역에 이로운 방향으로 작용함과 동시에 불평등의 구조가 더욱 심화되고 있다는 점이다.

노벨 경제학상(2001년) 수상자로 불평등 문제의 대가인 미국의 조지프 스티글리츠(Joseph E. Stiglitz) 교수가 어느 신문사와의 인터뷰에서 부자·기업 중심에서 중산층·소비자 위주로의 경제 패러다임 전환을 강조했다. 스티글리츠 교수는 "불평등이 커지는 사회는 많은 낙오자들이 생겨 지속 가능하지 않다"고 지적한 바 있다. 이를 증명이라도 한 듯이 한국경제원 연구결과에 따르면 2014~2017년 사이에 31개 대기업 그룹의 부가가치 비중은 3.1% 상승했다고 한다. 31개 대기업의 수출비중은 2017년에 66.3%이고 주식시장에서의 시가총액 비중은 90.4%이고 중소기업 비중은 7.7%에 불과하다.

이런 현상은 비단 경제구조에만 국한되는 것도 아니다. 서울의 예를 들어본다면 총 인구수가 약 57만 명으로서 서울시의 노원구와 강남구가 가장 유사한데 2017년 기준으로 자체수입에서 4배 차이가 발생하고 있다. 자치구세인 재산세 차이는 강북지역과 강남지역에서 심한 곳은 무려 1대 17의 차이가 발생하고 있다. 전국적 단위로 확대해보면 수도권과 비수도권의 재산세 차이는 더욱 심하다. 결정적인 이러한 차이가 발생한 원인은 공공인프라의 편중현상과 맞물려 있다. 1980년대 초반부터 시작된 강남지역으로 주요 중·고등학교 이전, 지하철, 도로 확장 등 교통인프라 구축, 대기업 입주, 주거환경 개선이 지난 30여 년간 강남중심으로 철저하게 이뤄졌기 때문이다. 스티글리츠 교수가 언급한 바와 같이 상위

계층 및 대기업 성장을 위해 이로운 정책은 낙수효과가 나타날 수 없다는 것을 증명이라도 하듯이 씁쓸하다. 하버드대학 교수인 퍼트넘(Robert D. Putnam) 교수 역시도 *Our Kids*(2016)라는 자신의 저서에서 가난한 가정의 아이들이 겪는 기회의 불평등, 즉 기회격차는 가난한 아이들의 기회를 배제함으로써 사회적으로 실제 비용과 기회비용 모두 커지고 결과적으로 공동체 붕괴를 가져오고 있다는 지적은 이미 경험하고 있는 우리의 모습이다.

즉, 격차사회가 가져온 큰 폐해는 자신의 부동산 가치 상승에만 관심이 커지게 만들고 주변을 둘러보거나 공동체 복지에 대한 관심은 없을 정도가 아니라 지역이기주의적인 관점에서 접근하는 것이 대부분이다. 화장장은 말할 것도 없이 노인복지관, 심지어는 대학의 기숙사, 청년임대주택 등 우리 사회의 사각지대에 놓여있는 계층에 대한 서비스 시설까지 자신의 부동산 가격과 결부하여 각종 주민단체를 만들어 집단행동하고 있다. 내가 사는 동네만 잘 나가면 된다는 사고방식은 종국에는 격차사회를 가중시켜 공유재의 비극을 가져올 뿐이다. 그래서 분권과 균형발전이 필요하고 지역사회 공동체 만들기의 유관조직들인 주민자치위원회, 마을공동체지원센터, 사회경제적지원센터, 도시재생센터 등 공공조직들 이외에 각종 주민단체들이 함께 머리를 맞대고 지역의 문제를 통합적으로 다루는 거버넌스를 구축하여야 하는 것이다. 당연히 이때의 주민자치회 구성과 운영방식은 이미 개발된 각종 SNS망을 활용하여 지역의 모든 세대가 참여 가능하고 활발한 토론이 가능한 직접민주제형 주민자치회를 만들어 일부집단과 일부세대가 독점하고 왜곡하는 현상을 막아야 할 것이다.

이러한 시점에서 서울시에서 개발이익에 대한 공정한 분배, 낙후된 강북지역에 공공기관 이전, 도서관, 교통, 주택 등 공공인프라를 확충하겠다는 균형발전 정책은 절대적으로 환영할 만한 일이다. 나아가 무너져가는 또는 무너져 버린 비강남지역의 지역경제 기반을 구축하고 확충하기 위해서는 중소기업을 육성하는 균형발전 정책이 필수적이다. 대기업 본사 대부분이 강남권에 있으며 반도체 등 IT 기업들 마저도 강남권과 성남, 용인에 집중되어 있는 점이 나쁜 것이 아니라 비 강남지역에도 지역경제 활동이 활발하도록 해야 한다. 그렇다면 주택, 교육, 교통, 중소기업 육성 정책에서의 분권화가 이뤄져야 한다. 요가에서 나무 자세는 한 다리로 똑바로 서고 나머지 다리는 무릎을 최대한 바깥으로 열어 발바닥으로

뻗은 다리의 허벅지 안쪽을 꽉 누르고 버티고 양손으로 합장하는 것인데 바닥에서 한 다리로 서는 것이라 균형 잡기가 쉽지 않고 잠시 후 풀지 않으며 넘어진다. 지금 한국 경제와 사회는 31개 대기업과 강남 · 서초 · 송파 3개 자치구가 요가의 나무다리로 서 있는 형국이다. 서울을 비춰보면 25개 자치구가 모두 다리를 내려야 하며 전국적으로는 246개 지방정부 모두가 다리를 내려야 한다. 다리를 내리고 안정된 자세를 취하기 위해서는 중앙정부의 모든 정책에서 분권이 이뤄져야 하고 나홀로 못 서는 경우에만 요가 선생님처럼 부추겨 주는 것이 맞다. 그래서 분권과 균형발전은 서로가 순망치한의 관계이다. 따라서 전국의 지방정부가 스스로 설 수 있도록 연방제 수준의 과감한 분권정책 추진이 필요할 것이다.[4)]

4. 우리나라 지방자치의 과제

첫째는, 지방정부에의 입법 권한의 부여이다. 현행 우리나라 헌법 제117조와 제118조에서의 국회 및 중앙정부가 지방자치단체를 마치 하급기관처럼 부릴 수 있도록 허용하는 조항은 더 이상 복잡다기한 현대 사회, 특히 지방의 소멸과 국제적으로도 지방정부 간 경쟁력이 심화되는 상황에서 대응할 수 없다는 것이 정치권만이 아니라 학계에서도 거론되고 있는 일반적인 지적이다. 즉, 지방자치와 지방분권에 무지하거나 근거 없는 비난을 하고 있는 국회와 중앙정부에 대응하기 위해서는 분권개헌을 통하여 지역의 창의성과 민주주의 역량이 발현되도록 하여야 한다. 그러기 위해서는 무엇보다도 국회의 법률 입법의 독점을 분권화하여야 한다. 지방의회의 입법권은 국회와 행정부를 견제할 수 있으므로 현재와 같이 수직적 권위주의 정치문화를 수평적, 그리고 국민의 눈에 맞는 입법의 가능성을 기대해 볼 수 있다. 지방자치의 선진국이면서 우리보다 잘 사는 나라들인 영국, 프랑스, 독일, 이탈리아, 스위스, 오스트리아 등 유럽의 상당수의 국가는 헌법에서 지방의 입법권한 부여를 통한 분권형 국가를 지향하고 있다는 점도 우리에게 많은 시사점을 준다고 본다.

둘째는, 중앙정부와 국회가 지방정부를 지배하면서 종속화할 수 있었던 것은

---

4) 임승빈(2018), 한국일보 컬럼.

지방재정 권한을 틀어쥐고 있기 때문에 가능한 것이다. 현행 헌법에서 조차도 제117조 제1항에서 지방자치단체에 '재산을 관리할 권한', 즉 재산을 형성하고 유지할 권한을 부여함으로써 자치재정권을 보장하고 있으며 지방자치법 제135조에서는 "지방자치단체는 법률이 정하는 바에 의하여 지방세를 부과 · 징수할 수 있다"라고 규정하고 있다. 그러나 실제적으로는 중앙은 지방정부가 자치사무를 처리하는 데 필요한 경비를 충당하기 위해 자주적으로 재원을 조달 · 관리할 수 있는 권한도 주지 않고 있을 뿐만이 아니라 내 살림살이를 위하여 징수를 하겠다는 데도 자체적으로 세목신설도 불허하고 있다.

셋째는, 지방정부의 조세자주 권한의 확장이 필요하다. 현행 지방세법 제3조 제1항에서는 지방세법의 범위 안에서 지방세의 세목, 과세객체, 과세표준, 세율 기타 부과 · 징수에 관하여 필요한 사항을 조례로 정할 수 있음을 규정하고 있으나 이것으로는 현재의 8 : 2의 국세와 지방세 구조, 중앙과 지방재정의 6 : 4 구조를 타파할 수 없다. 중앙정부와 지방정부를 막론하고 재정의 건전성과 투명성을 원칙으로 헌법에 지방세 관련 규정을 신설할 것을 제안한다. 예를 들면, "① 관세를 포함한 중앙정부세의 종류와 세율과 징수방법은 중앙정부의 법률로 정한다. ② 재산세를 포함한 지방세의 종류와 세율과 징수방법은 당해 지방정부의 법률 또는 조례로 정한다. ③ 지방세의 세율과 구체적인 세목 및 징수방법은 당해 지방정부의 법률 또는 조례로 정한다"(지방분권개헌국민행동, 2016) 등에 주장에 대하여 보다 심도 있는 숙의(熟議)가 필요하지만 매우 타당한 주장이라고 본다.

참고문헌

임승빈(2007). "민주주의 행정에서 천황중심주의 행정체계로의 회귀인가." 현대일본학회: 『일본연구논총』, vol. 25.

______(2016). "제왕적 대통령제가 현행 헌법때문인가." 한국일보 2016년 12월 2일 오피니언 컬럼.

______(2018). 『지방자치론』(제11판 개정판). 서울: 법문사. 467－473.

______(2018). "분권과 균형발전." 한국일보 2018년 9월 4일 오피니언 컬럼.

제 13 장

한국지방자치학회의 미래

1. 한국지방자치학회의 미래

정세욱(명지대학교 명예교수)

올해로써 한국지방자치학회는 창립 30주년을 맞는다. 지난 30년 동안 한국지방자치학회(이하 '자치학회')는 지방자치제도와 운영에 관한 많은 연구를 하여 지방자치의 개선 발전에 크게 기여해왔고, 지방자치의 실시가 거의 무망(無望)했던 시기에 지방자치를 실시하도록 하기 위한 법적 투쟁에 나서는 등 주도적 역할을 한 바가 있다. 그러나 미흡하고 아쉬운 점도 많았다. 지방분권과 주민참여가 용이하지 않고 낙관적이지 않은 상황에서 자치학회의 역할과 과제는 실로 막중하다고 판단된다.

이에 창립 30주년을 계기로 자치학회의 지난날들을 회고하고 미래의 좌표를 설정하는 것은 매우 의미 있는 일이라고 생각된다.

1) 연구분야(1): 제도적 측면

(1) 분권과 참여

지방자치의 기본 이념은 '분권과 참여'이다. '지방분권'은 지방정부를 중앙정부로부터 멀리 떼어놓아 중앙의 간섭을 받지 않도록 하는 것이고, '주민참여'는 지방정부의 정책결정에 주민이 참여하여 민의(民意)에 의한 자치가 이루어지도록 하려는 것이다. 결국 '분권과 참여'는 지방정부를 중앙정부로부터는 멀리하고 주민들에게 가까이 갖다 놓아 주민에 의한 주민자치를 하게 함을 뜻한다.

그러나 우리나라는 지방자치 실시의 역사가 일천(日淺)한데다 강력한 중앙집권의 오랜 전통을 가지고 있으므로 좀처럼 분권과 참여의 체제를 구축하기 어렵다. 지방자치를 실시한지 27년이 되었지만 아직도 지방분권은 요원하다. 선진국들은 지방분권국가로 쉽게 이행(移行)하는데 우리나라는 이를 진척시키지 못하고 있다. 얼마나 장시일(長時日)을 요할런지는 모르지만 이것은 자치학회가 반드시 실현해야 할 과제이다. 지방자치도 연구의 한 분야라고 자처하는 정치학회는 지방자치를 중앙정치의 논리로 보기 때문에 지방분권에는 거의 관심이 없다. 오히려 중앙집권을 옹호하는 학자들이 적지 않다.

국민주권주의를 이념으로 하는 자유민주주의국가에서는 중앙정부나 지방정부의 기관을 국민(또는 주민)이 각각 직선하며, 민선 대표들은 국민(주민)의 감시・통제를 받아야 하는 점에서 같다([그림 13-1] 참조). 따라서 지방정부는 지방적 사무를, 중앙정부는 국가사무를 각각 처리해야 하며, 중앙과 지방간의 관계는 권력적 감독관계가 아니라 기능적 협력관계가 되어야 한다. 중앙정부는 지방정부에 대하여 권고 및 정보제공, 재정적・기술적 원조(financial and technical assistance) 등 비권력적 통제에 그치도록 하는 법체계를 갖추도록 개혁해야 한다(<표 13-1> 참조). 이러한 지방자치 이념을 법제화하도록 연구하고 정치권에 주장하는 것이 자치학회 미래의 과제일 것이다.

주민참여를 통하여 '주민의, 주민에 의한, 주민을 위한 자치', 즉 '근접성의 민주주의'(démocratie de proximité)(Morand-Deviller, 2002)를 구현할 수 있는 법체제를 갖추도록 연구하고 법안을 제시하는 것도 자치학회의 중요한 장기과제가 될 것이다. 지역주민이 지방정부 형태를 스스로 결정할 수 있도록 하는 방안도 연

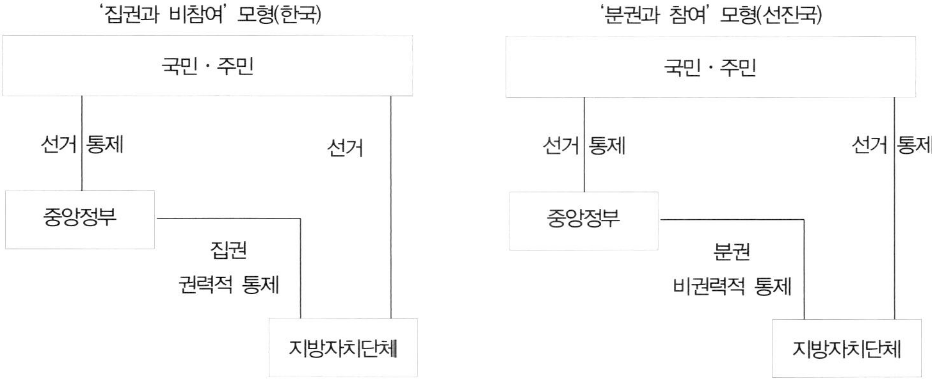

[그림 13-1] 지방자치제도의 틀: '분권과 참여'

표 13-1 집권과 비참여, 분권과 참여의 비교

		집권과 비참여(한국)	분권과 참여(선진국)
분권	기능배분체제	중앙정부 우선의 원칙	지방정부 우선의 원칙
	기능배분방식	중복형	분리형
	자치권	협소 · 제약이 많음	매우 넓음, 제약이 없음
	중앙통제	강력, 권력적 · 사전적	미약, 비권력적 · 사후적
	중앙-지방 관계	권력적 감독관계	기능적 협력관계
참여	주민참여	배제 또는 미약	제도화, 직접참정제

구하고 제안해야 할 것이다.

자치학회는 자유민주주의의 측면에서 '자유, 휴머니즘, 인간다운 삶의 추구'를 구현하기 위한 분권, 통치 패러다임의 측면에서 '작지만 효율적인 정부'(small but efficient government)를 만드는 분권, 공공서비스 공급 측면에서 수요자인 주민 만족도와 효율성을 높이는 분권에 관한 연구를 하고 정책안을 제시해야 한다. 또한 세계화의 측면에서 지방정부가 지역적 이점을 살려 지역경제를 진흥시키고 경쟁력을 높이도록 하는 정책방안도 연구과제일 것이다.

(2) 지방자치체제의 정비

자치학회는 지방분권을 구현하기 위한 다음의 지방자치체제 개혁방안을 연구하여 제안해야 할 것이다.

① 교육행정기관의 개혁

보통지방행정기관과 지방교육행정기관을 분리함으로써 지방행정과 교육행정이 조화를 이루지 못하고 서로 엇박자를 내거나 갈등을 빚고 있다. 시 · 도지사와 시 · 도교육감을 각각 선거함으로써 '머리 두 개를 가진 기형적(畸形的) 조직'을 만들었다. 교육시설의 확보 · 관리 및 교육의 질 향상을 저해하고 있으며, 예산 낭비가 극심하다. 지방교육행정기관을 보통지방자치단체에 어떻게 통합할 것인가? 기초지방정부에도 지방교육기능을 부여할 것인가?

② 자치경찰제의 도입

중앙정부 소속 특별지방행정기관 통폐합의 일차적 과제는 특별지방행정기관 중 약 40% 이상을 점하는 지방경찰청 · 경찰서 · 파출소를 어떻게 정비할 것인가이다. 경찰사무는 일상생활과 밀접한 관련이 있고, 경찰사무를 담당하는 특별지방행정기관들은 권력기관이므로 지방자치경찰제 도입이 필수적이다. 그동안 자치경찰제를 도입하겠다는 역대 대통령들의 공약이 지금까지 무산된 것은 정부관료제의 철옹성 같은 저항 때문이었다.

일본처럼 국가경찰제와 지방자치경찰제를 공존시킬 것인가? 시 · 도와 시 · 군 · 자치구에 자치경찰제를 도입하고, 시 · 도경찰과 시 · 군 · 자치구 경찰 간에 보충성의 원칙에 따라 경찰사무를 배분해야 할 것인가? 시 · 도지사가 시 · 도경찰위원회의 제청을 받아 시 · 도경찰청장을 임명하고, 시 · 도경찰공무원을 모두 지방공무원으로 보임토록 할 것인가? 등에 관한 정책안을 내놓아야 할 것이다.

③ 지방자치단체로 통폐합해야 할 특별지방행정기관

중앙행정기관에 설치된 7천여 개의 특별지방행정기관들은 지자체와의 중복행정으로 인한 낭비와 갈등, 행정책임의 전가, 대응성 저하, 민원인의 불편 등 많은 폐해를 낳고 있다. 특별지방행정기관을 정비하지 않으면 이 문제의 해결책이 없다. 고도의 전문지식과 기술을 요하는 사무(예: 세무 및 관세, 공항관제, 기상관측, 원자력개발 또는 핵관련 사무)와 현업기관의 사무(예: 우편 · 전신·전화)는 국가가 담당하되, 이를 제외한 건설 · 노동 · 중소기업지원 · 병무 등을 관장하는 특별지방행정기관들(예: 지방국토관리청, 지방노동청, 지방중소기업청, 지방병무청)을 지자체로 통폐합하는 것이 바람직하다고 판단되는데, 자치학회의 구체적 정책대안은 무엇인가?

(3) 국가-광역-기초간의 적정한 재원배분

국가와 지방의 세출규모에 비하여 양자 간의 세원배분비율은 약 80 : 20으로서 지방세수규모가 국세수입규모에 비하여 훨씬 작다. 따라서 지자체의 재정력은 지자체 간에 차이는 있지만 전체적으로는 매우 취약하다. 세원의 지역적 편재도(偏在度)는 현저하다. 이런 세원의 지역적 분포와 그 문제점을 극복하고 지방정부의 재정력을 확충하는 방안을 모색하기란 결코 쉽지 않다.

가장 확실한 방법은 내국세총액에 대한 지방교부세 법정교부율을 인상하는 것이다. 그러나 여기에도 한계가 있다. 지방세원을 가능한 한 확충하면서 그래도 해결불가능한 재정수요에 대하여는 지방교부세로 충당하여야 한다고 보는데 자치학회의 정책안은 무엇인가?

2) 연구분야(2): 정신적 측면

(1) '주민주권', 주인정신을 어떻게 함양할 것인가?

일찍이 맥키버(R. M. MacIver)는 민주주의의 성공 요건으로 '통치방식으로서의 민주주의'(Democracy as a Way of Government)와 '생활방식으로서의 민주주의'(Democracy as a Way of Life)의 두 가지를 꼽았다. 민주주의제도를 아무리 완벽하게 갖추더라도 주민의 정치의식수준이 낮거나 민주적 시민의식이 희박하면 민주주의는 결코 성공할 수 없다는 사실을 그는 역설했다. 제2차 세계대전 이후 신생국들이 미국식 민주주의를 앞다투어 도입했지만 대부분 실패하고 독재체제로 전락한 이유는 국민들의 의식수준과 정치역량이 낮았기 때문이다. 필리핀, 인도네시아, 파키스탄, 중앙아프리카 등이 그러했다. 지방자치도 또한 같다. 아무리 완벽한 지방자치제도를 갖추더라도 국민의 정치의식수준이 낮아 제대로 운영하지 못하면 결국 그 폐해만이 부각되고 만다.

우리나라 지자체들은 지방자치 전면실시 이후 주민참여를 기반으로 한 주민의 역량강화를 지속적으로 시도해 왔다. 하지만 지역주민들은 지방선거에서 후보의 도덕성, 자질, 경력을 검증하지도 않고 정당을 보고 '묻지 마' 투표를 한다든지, 범죄전과가 있는 후보, 사회적으로 물의를 빚은 후보를 당선시키는 등 후진적 투표행태를 보여왔다. 지방자치 선진국에서는 상상도 할 수 없는 선거풍토가 바뀌지 않고 유지되고 있다. 시민의 정치교육을 시켜서 이러한 후진적 의식구조와 투표행태를 혁신하지 않는 한 한국의 지방자치의 발전을 기대하기란 요원해 보인다.

영국은 소규모 자치단체인 패리쉬(Parish)에서 올바른 투표행태와 선거풍토를 길러 그 성공의 씨앗을 키워 왔다. 소규모 동네자치에서 지방선거와 자치(self-rule)를 경험하며 민주적 시민정신을 함양했던 것이다. 독일은 각 정당들이 초당적으로 시민의 정치교육을 실시하고 있다. 그러나 한국의 정당들에게는 이러한 초당적 국민의 정치교육을 해 주기를 기대할 수 없다. 다만, 주민주권에 기초한 동네자치를 실험하면서 주인의식에 대한 관심이 높아지고 있다. 각 지역마다 주민주권의식을 고양하고 적극적으로 주민참여에 나설 때, 지방자치는 착근(着根)되기 시작할 것이기 때문이다. 주민들의 자치역량강화방안은 무엇인가? 동네자치의 성취 요인은 무엇이며 국민들에게 어떻게 내면화할 것인가?

(2) 지방공무원의 민주적 공복윤리와 전문성 함양

지방자치 실시 이후 행정문화가 공급자 중심에서 수요자(지역주민, 시민단체 등) 중심으로 변화되었다. 그러나 이러한 행정환경 변화에 부응하여 공무원들이 과연 민주적 공복의식과 봉사정신 및 직무에 대한 전문지식을 갖추고 있는가? 지방공무원의 교육훈련 체계가 갖추어져 있는가? 그렇지 않다는 것이 일반적 견해이다. 그렇다면 지방공무원이 주민을 위한 공복윤리와 직무수행능력을 갖도록 하는 방안은 무엇인가? 자치학회는 이에 대한 해답을 모색해야 할 것이다.

① 주민을 위한 봉사정신

지방공무원에게 요구되는 기본적 요건은 바로 지방공무원이 주민을 위해 봉사하는 것을 '보람된 생애(生涯)의 일'(Worthwhile Life Work)이라고 생각하는 정신자세이다. 그래야만 지방공무원이 중앙정부의 지시에 따라 획일적, 기계적으로 행정을 하던 관행이 중단되고 민의(民意)를 존중하며 행정을 할 것이기 때문이다. 사람의 건전한 의식형성은 13세 이하일 때 가장 효과적이라고 한다. 이미 성인이 된 지방공무원의 의식구조와 행태를 바꾸기는 어렵겠지만 정기적인 교육훈련을 통하여 주민을 위한 봉사정신의 함양방안을 제시해야 할 것이다.

② 지방공무원의 전문성 및 역량 강화

지방공무원은 정책추진 · 업무조정을 담당하므로 그 직무에 정통해야 한다. 지방공무원의 직무수행능력을 어떻게 향상시켜 주민을 위한 행정에 전념할 수 있도록 할 것인가? 지방공무원이 지방정부의 경쟁력을 높이고 지역경제를 발전시키며 주민의 삶의 질을 높이도록 하는 방안은 무엇인가? 지방정부는 역량 있는 인재를 임용하고, 임용 후 그 역량을 발휘토록 하며, 계속 발전시켜 나가도록 하는 일련의 인사행정 및 교육훈련 시스템을 갖추어야 한다. 따라서 공정한 지방공무원 임용시스템을 구축하고 임용 후 적재적소에 배치하여 직무성과를 극대화하는 방안은 무엇인가? 지방공무원의 역량평가를 어떻게 할 것인가? 국가공무원과는 다른 지방공무원에 적합한 교육과정을 개발해야 할 것이다.

3) 연구분야(3): 협치적 측면

소기의 지방분권이 이루어지고 지방정부가 중앙정부의 통제 · 관여 없이 지방적 사무를 스스로 결정 · 처리하게 되면 지방정부의 구역을 넘는 광역적 행정수요가 발생할 경우 어떻게 처리할 것인가? 대답은 분명하다. 인접한 지방정부 간의 협력방식에 의하여 자주적으로 처리해야 한다.

지방정부 간의 협력방식으로는 도시공동체,[1] 기관의 공동설치,[2] 지방정부연합, 특별구,[3] 지방정부조합,[4] 사무위탁, 상호 원조 등이 있다. 이들 협력방식 중

1) 28개 코뮌을 포함하는 프랑스의 '보르도도시공동체'(Communauté urbaine de Bordeaux), '릴도시공동체 내에서의 물과 정화(淨化)'(L'eau et l'assainissement dans la communauté urbaine de Lille)(1967년 설립), 18개 코뮌으로 구성된 '마르세이유도시공동체'(Communauté urbaine de Marseille) 등은 코뮌 간의 협력을 하는 공공기관으로서 중요성이 인정되고 있다.
2) '워싱턴대도시권운송청'(Washington Metropolitan Area Transit Authority).
3) 교육특별구(School Districts), 'L.A.카운티위생구'(Sanitation Districts of Los Angeles County).
4) 파리시 주변 7개도 150개 코뮌이 설립하여 운영하고 있는 '일드프랑스상수도조합'(Le Syndicat des Eaux d'Ile-de-France(SEDIF)(1923년 설립), '호프하임상수도조합'(Wasserbeschaffungsverbandes Hofheim).

에서 광역행정수요의 내용에 따라 적합한 협력방식을 지방정부가 스스로 선택하도록 해야 할 것이다.

「지방자치법」은 2개 이상의 지자체가 하나 또는 둘 이상의 사무를 공동처리할 필요가 있을 때에는 규약을 정하여 지방자치단체조합을 설립할 수 있도록 하고 있으나(제159조 제1항), 광역적 사무를 인접한 지자체들과 협력, 처리하는 데 매우 미숙했다. 따라서 사례도 없었다. 자치학회는 다양한 협력방식을 제안하는 한편 지자체가 상호 협력하여 광역행정을 자주적으로 처리하는 의식구조와 협력문화를 조성하는 방안을 연구하여 제시해야 할 것이다.

4) 지방자치 저해 세력과 요인에 대한 비판과 법적 대응

(1) 참정권 침해에 대한 헌법소원심판청구

한국지방자치학회 회원과 외부학자 등 8명은 1990년 9월 28일 피청구인 국회의 입법조치 부작위에 의한 청구인의 헌법상의 기본권(참정권) 침해에 대한 헌법위반 확인 및 필요한 입법조치를 강구하도록 청구하는 헌법소원을 헌법재판소(이하 '헌재')에 냈다(사건번호 90헌마167).[5]

① 1987년 전부 개정된 헌법 제117조, 제118조에 따라 전부 개정된 「지방자치법」과 새로 제정된 「지방의회의원선거법」이 정한 '최초의 지방의회 구성시한인 1989년 4월 30일을 국회와 정부는 도과해 버렸고, 「지방자치법」을 다시 개정하여 최초의 지방의회의원선거를 1990년 6월 30일 이내에 실시한다고 규정해 놓고 또 그 시한을 넘겼다. 국회가 스스로 확정한 시한을 두 번씩이나 위반함으로써 청구인들의 선거권 및 공무담임권을 침해하였고, 국가권력의 행사에 대한 국민의 신뢰를 손상케 하여 준엄한 심판을 받아야 마땅하다.

피청구인 국회가 「지방의회의원선거법」에서 규정하기로 한 선거구성과 의원정수, 선거구의 획정, 의원정수의 조정 등에 관한 입법적 조치를 법정기한 내에 취하지 않아 헌법상 보장된 국민의 참정권을 행사하지 못하게 하였는 바, 이는 헌법상의 입법의무를 해태한 헌법위반이라 하겠다.

---

5) 청구인: 노융희, 김동훈, 최창호, 서원우, 김종표, 정세욱, 박종순, 강형기.

② 헌재는 접수 24일 후인 1990년 10월 22일 사건을 심판에 회부했다. 사건의 성질상 청구이유가 법리상 정당하고 헌법의 기본권(참정권) 침해가 명확하여 다툼의 여지가 거의 없었으므로 심사가 빨리 진행되었던 것으로 판단된다. 심판 회부 이후 정부와 국회의 입법조치를 위한 움직임도 속도를 내기 시작했다. 헌재가 심판에 회부한 지 2개월 후인 1990년 12월 국회는 지방자치제 관련 3개 법안(지방자치법, 지방의회의원선거법, 지방자치단체의장선거법)을 만장일치로 통과시킴으로써 지방의회의원선거는 1991년 6월 30일 이내에 실시하게 되었고, 「지방의회의원선거법」을 전부 개정하여 지방의원선거를 실시할 수 있는 법체계를 갖추었다. 헌재가 헌법소원심판청구를 심판 중인 상황에서 국회와 정부는 더 이상 지방의회의원선거를 뒤로 미룰 수 없었다. 마침내 1991년 3월 26일 시·군·구의회의원선거, 1991년 6월 20일 시·도의회의원선거가 각각 실시되어 30년간 중단되었던 지방자치제가 부활되었다.

청구인의 헌법상 기본권을 침해한 헌법위반이 해소되어 심판청구의 실익이 소멸되었으므로 1991년 11월 6일 종국결정(취하)되었다.

③ 국회가 입법조치를 취하지 않고 법정기한을 어기며 지방의원선거를 차일피일 미루고 있을 때 지방자치를 그 연구영역으로 한다는 어느 학회도 법적 대응을 하지 않았고, 국회의 이러한 입법부작위와 위법행위를 비판하거나 지방의원선거를 촉구하는 성명서도 발표하지 않았다. 노융희 초대회장을 비롯한 지방자치학회 몇몇 회원과 외부 학자만이 헌법소원심판청구에 나섰던 것이다. 본 학회만이 연구활동뿐 아니라 직접 법적 투정에 나서 지방자치 실시를 견인하는 데 일익을 담당했던 것이다.

앞으로도 본 학회가 지방자치의 산적한 과제를 풀어나가는 데 선도적 역할을 해야 할 것이다.

(2) 지방의원의 자질비판

1991년 지방의회가 구성된 이후 전국 각지에서 지방의원들의 비윤리적 행태, 비리가 불거지고 매스컴에 계속 보도되면서 여론은 지방자치에 매우 부정적인 방향으로 악화되고 있었다. 지방자치학회 회원들의 고심도 점점 더 깊어졌다. 지방자치를 제대로 실시해보지도 못하고 중단되지나 않을까 하는 위기의식을 느끼기도 했다. 학회 소속 교수들은 지방의원을 대상으로 하는 직무교육, 교양강좌 등 기회가 있을 때마다 지방의원들의 자성과 언행의 조심을 강조하곤 했다. 급기야 사태가 벌어지고 말았다.

1991년 9월 10~11일 세종문화회관 대회의실에서 개최된 한 세미나[6]에서 본 학회 회원 정세욱은 '지방의회와 집행기관간의 협조모형'이란 글을 발표하면서 1천여 명의 참석자(기초의원)들에게 의원의 신분에 걸맞은 언행과 윤리를 갖추어 달라고 강조했다. 그리고 다음날 아침 MBC 뉴스시간에 인터뷰에서 "지방의원의 자질에 문제가 있다"고 말했다.

기초의원들은 이 두 가지를 문제 삼아 정세욱을 세미나장으로 불러내어 "공개 사과하라"고 요구했다. 교수에게 폭언과 불만을 쏟아냈다, 분위기는 험악했다. "현재 구속되어 있는 80여 명의 기초의원들은 전체 5천 1백여 명의 2%도 안 되지만 그 소수의 비리 때문에 기초의원 전원이 비난을 받고 있다며 의원 몇 사람이 잘못하더라도 전체가 다 욕을 먹으니 각자가 각별히 몸가짐을 조심하라는 것"이라고 해명했지만 받아들여지지 않았다. "변명은 필요 없고 무릎 꿇고 사과하라"는 고성도 나왔다. 서글픈 생각이 들었다. 이런 험한 꼴 당하려고 지방의원선거하자고 헌법소원청구에 서명했는가? 하는 비애감마저 들었다. 그렇지만 지방자치를 위해서 욕을 먹더라도 이런 쓴소리를 하지 않을 수 없었다.

매스컴들은 기초의원들에 대한 비판기사들을 보도했고,[7] 지방자치에 대한 여론은 더욱 부정적으로 변해갔다.

지방자치에 관련되어 있다는 어느 학회도 지방자치의 성패 요인인 의원의 자

---

6) 「지방자치행정의 효율적 전개」 세미나, 주최 한국지방행정연구원, 일시: 1991.9.10~11(세종문화회관 대회의실).

7) "지방의원들 교수에 폭언, 자질비판 발언에 불만, 명지大 鄭世煜 교수 불러 "사죄하라" 조선일보(1991.9.12. 22면).
'지방의원 교수에 「집단행패」, TV 출연 자질비난 발언에 발끈, "무릎꿇고 사죄하라" 폭언 퍼부어,' 동아일보(1991.9.12).
"TV에 출연해 지방의회의원들의 자질문제를 거론했던 대학교수가 지방의회의원들이 참석한 세미나에 불려나가 30여 분간이나 큰 곤욕을 치렀다는 소식에 기가 막힌다. 흥분한 일부 지방의원들은 교수에게 '무릎꿇고 사과하라'고 야유와 폭언을 퍼부었다니 정말로 의원들의 자질을 개탄하지 않을 수 없다." 동아일보 횡설수설(1991.9.12).
'地自制세미나 교수 의원들에 봉변,' 중앙일보(1991.9.12).
'지방의원들의 自省을 바란다.' 동아일보 사설(1991.9.15).

질문제를 거론하지도 비판하지도 않았다. 오로지 지방자치학회 회원들만이 관심을 갖고 의원들의 그릇된 행태를 비판하였던 것이다.

(3) 광역의원들의 유급보좌관 요구 비판

1991년 지방의원선거 이후 몇 달이 지나자 "의원을 유급제로 해달라", "유급보좌관을 붙여 달라"는 요구가 시·도의회에서 불거지기 시작했다. 지방의원들에 대한 국민의 비난이 고조되었고, 여론은 지방자치가 시기상조라는 쪽으로 형성되고 있어서 그런 요구가 받아들여지기 어려운 시기였다. 자치학회 소속 대다수 교수들은 지방자치를 시행해보다가 지방의원이 혼자서 감당하기 곤란할 정도로 업무량이 과다하다고 판단되면 그때 가서 의원들에게 유급보좌관을 붙여주어야 마땅할 텐데, 지방의원을 최초로 뽑은 지 불과 몇 달도 안 된 시기에 당장 보좌관을 달라고 하는 것은 불합리하며 시기상조라는 의견이 지배적이었다. 다수의 자치학회 회원들은 그 주장의 부당함을 비판하고 더 이상 그 주장을 하지 않도록 이해시키려고 노력했다. 1991년 10월 KBS 심야토론에서 서울시의회의원 2인과 정세욱은 이 문제를 가지고 토론을 벌였다. 서울시의원들의 논거는 다음과 같았다.

① 서울시의원들은 방대한 예산안을 심의하고, 조례안을 심의·의결하며, 행정사무감사 및 조사를 하는 등 업무량이 과다하여 유급보좌관이 필요하다.
② 시의회의 예산규모가 집행부의 1% 미만인데, 유급보좌관을 주더라도 재정부담은 미미하다.
③ 국회의원은 보조인력이 6명인데, 시의원에게도 1명은 주어야 하는 것 아닌가?
④ 미국 대도시의 시의원들은 보좌관을 두고 있다.

정세욱은 다음과 같은 반론을 폈다.

① 한국의 지방의회는 미국의 소(小)의회형이 아니고 유럽제국의 대(大)의회형이다. 대의회형에서는 의원이 무보수명예직이며 유급보좌관을 두는 나라는 없다.

② 시의원이 업무가 과다하여 보좌관을 필요로 할런지는 두고 보아야 한다. 아직 예산안 심의를 해본 적도 없는데 어떻게 자의적으로 업무량 과다를 판단하는가? 몇 년이 지나 유권자들이 의원들의 업무량이 과다하다고 판단하면 의원들의 요구가 없더라도 유권자들이 보좌관을 붙여주자고 할 것이다.

③ 대다수 의원들은 후보시절 선거유세장에서 "나를 의원으로 뽑아주면 맨발로 뛰겠다", "머슴이 되겠다"고 공약했는데, 당선된 지 불과 몇 달도 안 된 지금 "월급 달라", "보좌관 붙여달라"고 주장하는 것은 정치도의에도 어긋난다.

④ 미국은 인구에 비하여 의원수가 매우 적다. L.A. 시의회의원이 고작 15명이고, 구가 자치단체가 아니다. 15개 선거구에서 1명씩 선출된 시의원은 각 선거구(District)의 구청장 역할을 맡고 있다. 따라서 그는 혼자서 도저히 업무를 감당할 수가 없다. 그래서 보좌관을 두는 것이다. 서울시는 구에 구청장과 구의회가 있고 시의원의 역할은 시장을 견제하는 의결권과 감사, 조사권 등이 있을 뿐이다. 따라서 미국의 대도시의회와 비교하는 것은 전혀 타당하지 않다.

이 토론을 바라본 서울시의원 129명은 분노하고 실망했다고 한다. 그 다음 날 서울시의회 K의장으로부터 전화를 받았다. 앞으로 서울시의회가 주최하는 세미나 등 어느 행사에도 정세욱을 초대하지 않기로 모든 의원이 의견을 모았다는 것이다. 그런 의결을 백번을 하더라도 정세욱의 주장은 달라지지 않을 것이라고 대답했다.

지방자치 관련 학회임을 자처하는 어느 학회에서도 이러한 중요한 이슈들이 터질 때 한마디 의견도 제시하지 않았다.

5) 학회의 정통성 확립과 역할 확대

여기에는 세 가지 과제가 있다. 첫째는 지방자치학에 대한 학문적 정통성을 확립하여 다른 학회와의 차별화를 분명히 하는 것이고, 둘째는 회원을 정비하여 학술활동을 하는 학회의 면모를 갖추고 위상을 높이는 것이며, 셋째는 주요 선진국의 지방자치 관련 학회와의 교류를 확대하는 것이다.

(1) 학회의 정체성(正體性) 확립

지방정부행정이 독립된 학문인가 또는 단순한 기술인가?(Is local government administration a science or an art?). 이 물음에 대한 답은 "사람의 문제"를 관리하는 데 관한 어느 것도 기술이며 학문이다(Anything pertaining to managing "People Problems" is both art and science)라는 것이다. 지방자치학은 인식대상의 특수성을 가지고 있다. 미국에서는 지방자치를 정치학의 영역에서 다루고 있다. 그러나 미국 정치학은 지방정부의 특수성을 중요한 인식대상으로 한다. 대도시권정부론(Government in Metropolitan Areas), 주 및 지방정부론(State and Local Government) 등 지방정부 과목들을 별도의 교과과정으로 설정하고 있다.

그러나 한국정치학은 지방자치, 자치권, 지방정부의 특수성을 경시하고 지방자치도 선거를 하는 만큼 정치학의 일부라고 본다. 자치학회 회원 중에는 기초지방선거에서 후보 정당공천제를 폐지해야 한다는 주장이 많다. 그 이유는 구미(歐美)선진국에서는 지방당별로 당원투표를 통하여 상향적으로 그 정당의 국회의원, 지방의원후보를 지명하므로 지방자치정신에 부합하지만, 한국에서는 지방당에 당비를 납부하는 당원이 희소하여 투표를 할 당원이 거의 없다. 그렇다면 후보 공천을 해서는 안 되는데, 실제로는 지역구국회의원이 그 당의 지방의원 후보를 하향식으로 낙점(落點)하고 있다. 이처럼 비민주적 후보공천을 하고 있으므로 정당공천제가 정당을 통한 중앙집권화를 초래하여 지방자치를 저해한다고 보기 때문이다. 그러나 정치학회는 이러한 자치권 보장의 필요성을 무시하고 중앙정치의 시각으로만 보는 것 같다. 지방선거도 정치행위이므로 정당공천을 배제해서는 안 된다는 논리이다. 지방자치의 제도적 보장에는 관심이 적은 것이다. 이런 학회의 연구결과나 주장에 지방자치를 맡겨 놓는다면 지방자치는 쇠퇴하고 말 것이다. 자치학회만이 지방자치를 보호하고 발전시켜 나가는 정통성을 가진 학회라고 생각한다.

(2) 회원 정비

학회의 특성은 해당 분야의 전문가들이 모여 학술활동을 하고 지식과 정보를 교류하며 전문지식과 학문의 폭을 넓히는 데 그 목적이 있다. 따라서 관련 분야의 교수, 연구기관의 연구원, 박사학위 소지자, 지방자치 관련 부처의 중견공무원 등이 회원으로 가입하는 조직이어야 한다. 지방자치 전문가들로만 구성되어야 한다는 뜻이다. 어느 국가를 막론하고 학회는 관련 분야 전문가들로 구성되어 있다. 전문가가 아닌 자는 그 분야에 관심이 있다 하더라도 가입이 허용되지 않는다. 따라서 학회 심사기구의 엄격한 자격심사를 거쳐서 가입하게 된다. 예컨대, 원자력 분야의 비전문인은 아무리 관심이 있더라도 한국원자력학회의 회원이 될 수 없다. 다만, 일반이용자로서 아이디 정보만 생성될 뿐이다.

자치학회는 상임이사회의 심사를 거쳐 회원가입승인을 받아야만 정회원이 될 수 있다. 그러나 현재 자치학회 회원 중에는 어떤 계기로 가입되었는지 모르지만 회원 자격이 의심되는 회원들이 적지 않다. 이들은 자치학회의 세미나, 하계 또는 동계 학술대회에도 참석하지 않는다. 회비도 납부하지 않는다. 현재 자치학회 회원은 2천여 명인데 회비납부자는 그 25%인 500명에 불과하다. 학회가 주관하는 학술대회나 세미나가 개최될 때마다 회원 출석률이 매우 낮다. 건설업자, 부동산 중개업자, 금은방 주인, 음식점 주인 등이 회원으로 있다면 자치학회는 학회라기보다는 오합지졸조직이 아니겠는가? 이런 학회라면 '자치학회 회원이란 긍지'도 가질 수 없다. 학회의 발전도 기대할 수 없다.

'프랑스행정법연구학회'(Association Française pour la recherche en Droit Administratif－A.F.D.A.)는 행정법 교수, 행정법 전문 변호사들로만 구성되어 있고,[8] '프랑스지방자치단체권리협회'(L'Association Française de Droit des Collectivités Locales: l'AFDCL)는 지방자치단체의 자치권에 관심이 있는 법률가와 전문가들로만 구성되어 있다.[9]

지방자치학회는 지방자치의 전문가가 아닌 회원들을 재정비하여 '전문가들만의 학회'로 혁신하고 학회의 위상을 바로 세워야 한다. 지방의회의원일 때 자치학회에 가입했다가 그 후 낙선하면 자치학회를 떠나는 분들은 정회원이 아니라 준회원으로 가입하도록 하고, 일정 기간마다 '준회원 명부'를 정리해야 할 것이다. 지방자치 전문가들로만 학회를 구성하여 학회 본연의 활동을 해 나가야만 학

8) https://fr.wikipedia.org/wiki/Association_fran%C3%A7aise_pour_la_recherche_en_droit_administratif
9) http://afdcl.fr/?page_id=37

회의 위상이 제고되고, 회원들이 자긍심을 갖게 될 것이며 학회의 발전을 기대할 수 있을 것이다.

(3) 해외 관련 학회와의 협력: 지평(地平)을 넓혀야

자치학회는 현재 일본지방자치학회와 유대를 갖고 있으며 매년 한국과 일본에서 국제학술대회를 교차 개최하고 있다. 미국, 베트남과는 한때 학술교류를 했던 적이 있었으나 중단되었다.

지방자치의 계보는 영국형 주민자치와 독일·프랑스형 단체자치로 발전되어 왔다. 스칸디나비아제국과 오스트리아, 캐나다 일부 주에서 시행되는 의회－집행위원회형(Le type du Conseil－Comité exécutif) 자치를 하는 나라들도 많다. 미국은 주민자치의 영향을 받아 다양한 정부형태를 유지하고 있으며, 일본은 제2차 세계대전 종료 후 미국의 영향을 받았다. 따라서 자치학회가 일본 자치학회 외에 영국, 프랑스, 독일의 지방자치 관련 학회와 학술교류관계를 맺는 것이 바람직하다고 본다. 이들 국가의 지방자치학회와 매년 학술대회를 교차 개최할 필요는 없으며, 필요에 따라 협의를 거쳐 학술교류를 하는 것이 바람직하다.

자치학회가 국제교류를 확대하려면 학술논문지를 한글로만 발간해서는 안 되며 영문판을 1년에 한 번씩은 발간해야 할 것이다. 『*Korean Local Government Review*』라고 하면 어떨까?

6) 결 론

자치학회의 미래는 자치학회 스스로 정통성을 확립하고 발전지향적 역할모형을 설정하여 이를 지속적으로 추진하는데서 찾아야 한다.

지방자치에 관련이 있다고 하면서도 지방자치의 확립에는 관심이 적은 다른 학회들과는 차별화해야 한다. 지방자치의 기본 틀을 마련하게 될 헌법개정안의 '지방자치'에 관한 부분은 반드시 자치학회가 논의과정을 거쳐 '지방분권형 헌법개정안'을 마련한 것을 중심으로 정치권이 논의과정을 거쳐 그 안이 반드시 채택되도록 노력해야 한다. 지방자치에 관한 논의는 자치학회가 주도해야 하며 다른 학회들의 개정안이 논의의 핵심이 되거나 채택되도록 방임해서는 안 된다.

지방자치는 제도를 갖추는 것만으로 성공하지 못하며 국민이 민주적 정치역량과 건전한 시민정신(주인정신)을 갖추어야 한다. 지방주권자라는 인식을 바탕으로 하여 지역주민과 지방정부가 지역사회의 주요 정책결정권을 올바르게 행사하도록 하는 방안을 자치학회는 모색하고 제시해야 한다.

자치학회는 지금까지 지방자치를 지체시키거나 역행하는 상황이 발생할 때마다 이에 대응하여 지방자치가 원활하게 실시되도록 선도해 왔다. 지방의원들의 왜곡된 가치관과 비윤리적 행태에 대해서는 강력히 비판했고, 그들의 그릇된 주장을 반박했다. 자치학회는 앞으로도 그래야 한다. 자치학회는 국민이 지방자치에 대한 올바른 인식과 주인정신을 갖도록 국민교육을 실시하는 방안을 연구해야 한다. 또한 미래에도 지방자치를 뿌리내리게 하기 위한 정책들을 꾸준히 제시해야 할 것이다. 장시일을 요하겠지만 그것이 자치학회 미래의 좌표일 것이다.

2. 지방자치학의 진화: 명분과 실익의 접점 탐색

소진광(가천대학교 교수)

1) 지방자치학의 학문적 성격

공공부문에서 국가와 지방의 업무를 구분하는 큰 원칙은 ‘같은 것은 같게, 다른 것은 다르게 관리’하는 것이다. 이러한 원칙이 지켜지면 공공재 및 공공서비스의 생산과 전달비용은 줄어들고, 주민들의 공공재 및 공공서비스 소비 만족도는 극대화된다. 공공재 및 공공서비스를 비용과 편익의 관점에서만 접근할 수는 없다. 하지만 공공부문의 존재이유와 관련한 명분만으로는 공공부문을 유지, 관리하는 데 드는 주민부담을 정당화할 수도 없다. 지방자치학의 명분과 실익의 접점을 논하는 이유가 여기에 있다.

따라서 지방자치학은 “주민생활에서 필요한 공공재 및 공공서비스에서 공간단위와 관련하여 같은 것의 범위와 다른 것의 판별기준”을 정의하고, 인지하며 구분하는 단계로부터 출발한다. 첫째, 공공재 및 공공서비스 공간단위를 설정하기 위해 ‘공공재 및 공공서비스의 같고 다른 범위와 기준’을 정의하는 일은 사회계약설에 근거하고 있고, 둘째, 이를 인지하는 일은 주민생활 현장에서의 공공재 및 공공서비스 수요를 진단하는 것과 관련되어 있으며, 셋째, 이를 구분하는 일은 당시 사회의 경제, 사회, 문화적 맥락이라는 독립변수를 찾아내고, 구분하는 일과 관련되어 있다. 학문으로서의 지방자치학은 이들 세 가지 관점에 대해 “어떻게 판단하고, 측정하며, 주민 다수의 공감을 도출”하느냐와 관련되어 있다.

결국 지방자치 수준과 수단은 나라마다 모두 다르다. 그러나 다른 것을 다르게 관리하기 위해서는 자치규모를 작게 해야 할 것이고, 같은 것을 같게 취급하기 위해서는 자치규모를 크게 해야 할 것이다. 지방이 스스로 처리해야 할 지방의 일을 정의하기가 그만큼 어렵다. 국가의 일과 지방의 일을 명확하게 구분한다 해도 그러한 역할을 분담할 수 있는 기제(機制, apparatus)를 마련하기도 어렵다. 특히 국가와 지방의 역할분담은 단순히 수직적 관계에 국한하지 않는다. 국가는 하나의 배타적인 정점을 이루지만 이를 구성하는 지방은 상호 의존적 다수이기 때문이다. 국가의 구성성분인 지방은 서로 달라 동일한 잣대로 평가하기가 어렵고, 따라서 일률적인 잣대로 국가의 업무와 지방의 업무를 마름질하기도 어렵다. 지방자치가 단순히 국가와 지방정부 간의 역할분담으로만 접근될 수 없는 이유가 여기에 있다.

이러한 맥락에서 지방분권의 기준설정이 종종 견해 차이를 드러내고 있다. 흔히 소극적 의미의 보충성 원칙을 내세워 가장 작은 지방정부가 우선 업무선택권을 행사해야 한다고 하지만 지방정부마다 업무역량이 다르고, 지역특성이 달라 지방자치를 통해 효율화할 수 있는 업무도 다르다. 이 경우 가장 기초단위 지방정부에서 최고역량을 기준으로 하는 경우와 최저역량을 기준으로 하는 경우는 권력의 분배에 해당하는 역할분담에서 큰 차이를 보일 것이다. 하나의 국가를 이루는 동일 차원의 지방끼리 서로 다른 수준의 공공재 및 공공서비스 생산, 전달체계를 인정하는 일도 쉽지 않다.

원래 권력은 가진 자에게 아부하도록 설계되었다. 단체자치 전통에서 소극적 의미의 보충성 원칙을 적용하기도 어렵겠지만 지방분권과 관련하여 중앙정부는 지방정부 중에서 역량이 가장 낮은 사례를 들어 최소범위의 지방분권을 제시할 가능성이 높다. 반면 최고역량을 가진 지방정부 입장에서는 그보다 폭이 더 넓은 지방분권을 주장하기 쉽다. 따라서 차등적 지방분권의 타협안이 도출될 수 있지만 이는 분권과 관련한 입법기술상의 정치적 관문을 통과해야 한다.

지방분권과 관련하여 또 다른 도전은 지방자치의 실익과 관련되어 있다. 지방분권으로 지방정부의 업무량이 증대되더라도 지방정부 업무량 증대와 상응한 지역발전효과를 이끌어내지 못한다면 주민들은 그러한 기제(apparatus)에 동의하지 않을 것이다. 중앙정부가 지방에 관한 모든 권한을 행사하는 경우(중앙집권적 통치)와 지방정부 집행기관(지사, 관역시장, 시장, 군수, 구청장 등)이 지방에 주어진 모든 권한을 행사하는 경우에 대하여 주민들이 피부로 느끼는 체감효과는 복잡한 정치연산과 관련되어 있어서 매우 다양하게 나타난다. 극단적 표현을 빌리면 대통령이 독재하나 시장이나 군수가 독재하나 주민들이 느끼는 (중앙, 혹은 지방) 정부만족도는 다를 바가 없을 수 있다.

이러한 경우에도 가까운 거리에서 모든 의사결정을 관찰할 수 있는 시장(市

長)의 집행이 시민입장을 더 고려할 것이라는 기대는 가능하다. 그러나 인간의 사회적 행태는 자신의 현장과 먼 곳으로부터의 재앙에 순응하는 모순을 타고 났다. 큰 재앙도 신의 노여움 탓으로 돌리면 마음이 편하다. 대통령이 임명한 시장의 오만은 (자신과 먼 곳의 대통령 탓으로 돌리면서) 참아도 자신들이 선출한 시장의 오만은 참지 못하는 경우가 여기에 속한다. 이와 같이 전체(국가 전체의 업무)를 먼저 상정하고 이를 중앙정부와 지방정부가 나누어 갖는 방식의 지방분권은 시차적, 구조적 마찰, 즉 갈등을 포함한다. 따라서 지방분권은 고도의 정치적 타협과 입법기술, 정치기술상의 어려움을 극복하면서 진화하고 있다.

종종 지방분권의 정치적 타협과 입법기술상의 문제, 그리고 정치적 연산의 복잡함을 과정과 절차, 정책수단으로만 접근하는 경우가 많았다. 그러나 과정과 절차, 수단은 모두가 동의하는 기준을 찾기 어렵다. 즉, '어떻게?'라는 접근논리는 과거로부터 현재에 이르는 경험에 함몰되어 구성원 수만큼이나 다양한 주장이 가능하다. 지난 과거는 모두에게 다르지만, 모두가 바라는 미래는 공통점이 많다. 누구나 행복하기를 바라고, 모두가 잘 살기를 바란다. 모든 구성원이 바라는 미래의 행복, 현재보다 나은 삶을 실현할 수 있는 기제(apparatus)를 탐색하는 방식으로 지방분권을 접근한다면 많은 주민들이 동의하는 기준을 찾기가 쉬울 것이다. 따라서 지방분권을 어느 수준으로 어떻게 접근할 것인가보다는 지방분권의 실익이 무엇인가를 탐색하는 작업이 선행되어야 한다.

이러한 맥락에서 이 글은 지방자치를 연구하는 학문적 관심의 변화를 진화론적 관점에서 탐색하고, 그러한 진화에 영향을 미치는 요인(즉, 진화의 유전자)을 탐색하는 데 목적이 있다. 이제까지 지방자치의 명분은 민주주의 관점에서 논의되어 오고 있다. 지방자치는 흔히 '다른 것과 관련된 이해당사자의 특수성'을 반영하기 쉽다는 민주주의 기본원칙을 충족시켜줄 수 있는 '(주민) 공통분모' 관리방식으로 정의되어 오고 있다. 그러나 실익과 연계되지 않는 명분은 지속가능하지도 않고, 실천되기도 어렵다. **이러한 맥락에서 이 글은 '지방자치학'의 진화를 '명분과 실익의 접점'에서 접근한다.** 이러한 접근은 실익 측면에서 지방분권을 접근하고, 지방자치의 실익을 지방발전 관점에서 정의한다. 결국 이 글의 연구내용은 주민 모두가 바라는 지방발전의 실익 측면에서 공통분모를 탐색하는 과정으로 접근한다.

2) 학문진화의 사슬: 사회진화론의 관점

(1) 사회진화론의 배경

다윈(Charles Darwin, 1809~1882)의 진화론(evolutionism)은 1859년 『종의 기원(*On the Origin of Species*)』이라는 출판을 통해 세상의 이목을 끌기 시작하였다. 특히 많은 변화에 직면하고 또 그러한 변화로부터 자유롭지 못한 인간에게 다윈의 진화론은 커다란 충격을 주었다. 다윈의 진화론은 당시 학계가 꺼려했던 세속적인 인간 삶의 현실에 관한 설명의 '틀'로 원용되기 시작하였다. 진화론의 핵심은 모든 종(species)이 매우 단순한 생명체로부터 출발했다는 점이다. 이러한 진화과정은 자연 선택(natural selection)을 통해 진행되는데, 선택방식에 대해서는 아직도 풀리지 않는 문제가 많다.[10] 진화론의 핵심은 첫째, 같은 종(species)에 속하는 개별 구성원들도 광범위한 변이(variation) 폭을 보여주고 있고, 둘째, 이러한 변이의 폭은 그들 유전자 차이 때문이며, 셋째, 환경에 가장 적합한 특성을 지닌 개별 구성원이 살아남고 재생산할 가능성이 높으며, 넷째, 이러한 개별 구성원들이 살아남게 해주는 유전자는 그들 후손들에게 전달된다는 점이다. 생물 종(species)의 변이(variation)는 유전자와 환경적응 과정에서 나타날 수 있는데, 유전자에 의한 변이는 다음 세대로 전달된다.

생물진화론 관점에서와 마찬가지로 고대나 현대의 많은 역사학자들은 변화를 성장(growth)으로 여겼고, 진보의 과정(progress)은 자연적이고, 피할 수 없으며, 점진적이고 지속적이라고 생각하였다. 이러한 맥락에서 소위 사회진화론(Theory of Social Evolution)은 사회변동과정이 마치 생물의 진화와 유사하다고 설명한다. 그리스 헬레니즘 시대의 역사학자 폴리비우스(Polybius, B.C. 200~B.C. 118)나 그리스 아테네 시대의 역사학자 투키디데스(Thucydides, B.C. 460~BC. 400)는 그들이 살던 시대를 기준으로 그리스와 로마의 초창기 문화를 야만상태(barbaric version)로 묘사하여 사회가 발전적으로 진화하고 있음을 암시한 바 있다. 아리스토텔레스(Aristoteles, B.C. 384~B.C. 322)도 사회가 가족 중심 체계로부터 마을 중심으

10) 자연선택(natural selection)에 대해서는 선택의 주체와 객체를 놓고 서로 상반된 견해로 나누어 질 수 있다. 이를 테면 유전자가 자연조건에 따라 발현되고, 발현되지 못하는 경우에 선택의 주체와 객체는 모호하게 된다. 선택은 주체가 적극적으로 조건을 만드는 것이 아니라 주어진 조건에 소극적으로 반응하는 것이기 때문이다.

로, 그리고 결국 그리스 국가로 발전한다고 생각하였다.

이와 같이 사회진화에 대한 사고는 '발전'에 대한 기대치와 '현실'의 간극을 좁혀가는 과정으로부터 출발한다. 약간의 차이가 있긴 하지만 사회진화론자들은 발전이 연속적이고, 정교하게 구분되는 여러 단계로 구성되어 있다고 생각한다. 또한 사회진화론자들은 원류(the origin)로부터 근원(the seeds)을 찾고, 하나의 맥락으로 정리된 기존 사회 혹은 문화적 형태를 검토하는 방식으로 사회변동을 설명한다.

(2) 사회진화론의 관점과 근대화 이론

사회진화론이 학문적 체계를 갖추게 된 것은 영국의 철학자이자 생물학자인 스펜서(Herbert Spencer, 1820~1903)의 기여 때문이었다. 스펜서는 사회진화론을 설명하기 위해 물리적 진화(physical evolution)와 생물진화(biological evolution)의 원리를 도입하고 있다. 물리적 진화의 원리란 "막연하고 정리되지 않는 상태(indefinite incoherent situation)로부터 분명하고 논리 정연한 상태(definite and coherent situation)로의 이동"을 의미하며, 두 가지 상황으로 설명된다. 하나는 '단순한 상태'로부터 '복잡한 상태'로의 이동이고, 다른 하나는 '동질성(homogeneity)'에서 '이질적인 것(heterogeneity)'으로의 이동이다. 생물진화에서는 생존경쟁을 통해 환경변화에 효과적으로 적응할 수 있는 생물만이 살아남는다. 따라서 지역적으로 다를 수밖에 없는 환경의 미세한 차이가 동일 종(種)을 공간적으로 다르게 변화시킨다.

스펜서는 진화의 주체로 유기물뿐만 아니라 무기물을 포함시켰다. 스펜서는 세상의 삼라만상을 '물질(matter)'과 '동작(motion)'이라는 두 가지 근본적인 요소의 인과관계를 통해 접근한다. 따라서 스펜서에게 진화는 만물을 지배하는 최상의 법칙으로 간주된다. 이 세상에 변화하지 않는 존재는 없고, 이러한 변화는 생물진화과정을 원용하여 설명될 수 있다고 믿게 된 것이다. 스펜서는 진화론에 입각하여 세 가지 기본 법칙과 2차적인 네 가지 명제(propositions)를 제시하였다.

제1법칙은 힘의 지속성법칙(The law of persistence of force)으로 에너지와 힘(force)이 관성력을 갖는다는 것이다. 즉, 진화하는 과정에서 에너지와 힘(force)의 증가는 없다. 에너지와 힘이 진화의 원인이지만, 이 둘은 진화과정으로 인하여 아무런 영향을 받지 않는다. 제2법칙은 물질 불멸의 법칙(The law of the indestructibility of matter)으로 물질은 파괴될 수 없다는 것이다. 물질의 형태적인 변화는 일어날 수 있지만, 이러한 물질 형태의 변화는 진화과정 때문으로 물질의 본질적인 속성은 변하지 않는다. 스펜서의 제2법칙은 지구환경변화를 물질균형론 관점에서 접근한 Allen V. Kneese, Robert U. Ayres & Ralph C. D'arge (1970)의 물질균형 접근이론(material balance approach)에 영향을 미쳤다. 제3법칙은 동작의 연속성 법칙(The law of continuity of motion)으로 동작은 절대 모두 소멸되지 않는다. 동작 형태의 변화는 있을 수 있지만 이는 진화과정의 단계에 불과하다. 만물은 동작을 지속한다.

스펜서가 제시한 네 가지 2차적 명제는 다음과 같다. 제1명제는 힘(force) 사이의 관계가 지속된다는 것(Persistence of the relationship between the forces)으로 이를 "모든 법칙의 조화(Harmony of all laws)"라고도 한다. 즉, 사회진화에 관한 어떠한 두 법칙도 상호 모순될 수 없다. 이 세상에서 모든 현상 사이의 관계에는 균일성과 규칙성이 존재한다. 세상은 그 자체가 구성 요소들의 질서이다. 제2명제는 형태변화와 균일성의 원리(Principle of formal changes and uniformity)를 의미하는데, 물질이나 동작은 완전히 파괴되지 않고, 단지 형태변화만 있을 수 있다. 힘과 물질 구성요소, 그리고 동작은 변화과정에서 절대로 소멸하지 않는다. 이것들은 단지 어떤 다른 사건으로 표명될 뿐이다. 제3명제는 최소 저항과 최대 인력(引力)의 원리(Principle of least resistance and greatest attraction)인데 이는 진화가 항상 최소 저항이나 최대 인력(引力) 방향으로 진행되고 있음을 의미한다. 제4명제는 점진적인 동작 원리(Principle of gradual motion)로 이는 "진화에서 동작은 기본적이고, 동작은 항상 동일한 수준에서 일어날 필요가 없음"을 의미한다. 자연의 모든 현상은 나름대로의 특정한 기간 이동 및 발전의 속도와 율동(rhythm)을 가지고 있다.

이와 같이 스펜서는 인류사회의 진화는 다른 진화현상과는 달라서 보편적으로 적용 가능한 자연법칙의 특수한 경우라고 주장한다. 궁극적으로 유기물이든 무기물이든, 사회적이든 비(非)사회적이든 우주의 모든 존재와 현상은 진화법칙으로부터 자유롭지 않다. 스펜서는 다윈(Darwin, 1859)이 『종의 기원』에서 설명한 "적자생존(Survival of the fittest)" 원리를 신봉하였다. 이러한 물리적 진화의 관점에서 스펜서는 모든 사회진화의 원리를 두 가지로 구분하였다. **하나는 '단순함'으로부터 '복잡함'으로의 이동이고, 다른 하나는 '동질적인 것(homogeneity)'으로부터 '이질적인 것(heterogeneity)'으로의 이동이다. 이러한 두 가지 사회진화의 원리에 따라 사회는 점차 이질적인 구조로 진화하고 있고, '명확하지 않은 상태'에서 '분명한 단계'로 옮겨간다.**

진화단계에 따라 사회를 구분하면 첫째, 단순사회(simple society), 둘째, 복합사회(compound society)로 정착농업사회가 여기에 속하며, 셋째, 2중 복합사회(doubly compound societies)는 완전 정착한 상태로 구성원들의 결속력이 강화되고, 대규모, 명확한 정치구조를 띠고 있으며, 종교계층, 엄격한 신분제도, 그리고 더욱 복잡한 노동분업이 일어나고 있는 사회를 의미한다. 스펜서는 13세기 프랑스, 11세기 영국, 고대 페루를 중심으로 건설된 잉카제국과 과테말라를 중심으로 일어난 마야제국을 2중 복합사회 사례로 들었다. 넷째, 3중 복합사회(Trebly Compound Societies)로 고대 아시리아(Assyria) 제국, 근대 영국, 프랑스, 독일, 이탈리아, 러시아와 같이 위대한 문명국가가 여기에 속한다.

이러한 스펜서의 사회진화론에 대한 비판도 만만치 않았다. 이러한 비판은 우선 스펜서의 이론은 실천력이 떨어지고, 일관성이 결여되어 있으며, 인간에게는 살아남는 것만이 전부가 아니라는 데 초점을 두고 있다. 즉, 인간은 다른 종의 생명체와 다르다는 것이다. 그럼에도 불구하고 사회진화의 단계를 구분한 스펜서의 논리는 인간사회의 변화를 이해하는 데 매우 중요한 좌표를 제시해준다. 인류 문명의 진화를 '적자생존의 원리'로 접근한 스펜서의 논리전개로 인해 '행위와 결과의 법칙(law of conduct and consequence)'이 도출된다. 즉, 스펜서는 '행위'와 '결과'는 상응해야 하고 이러한 '상응'이 존재하는 사회를 '정의롭게' 보았다. 스펜서의 정의사회에서라면 성공한 사람은 많은 이득을 챙길 수 있어야 하고, 실패한 사람은 도태되어야 한다. 이와 같이 '적자생존'이 자연스럽게 실행되기 위해서는 개인의 자유가 최대한 보장되어야 하고, 국가의 개입은 가급적 최소화되어야 한다. 스펜서는 개인의 자유를 사회진화의 유전자처럼 여겼던 것이다.[11]

---

11) 스펜서의 논리전개는 당시의 시대배경과 무관하지 않다. 그가 활동하던 영국사회는 산업혁명이 활발하게 전개되고 있어서 국가의 역할이 치안유지 등 소극적 공공질서 유지관리에 한정되어 있었다. 그가 사회진화론을 전개하면서 개인적 이해가 상호 충돌할 가능성이 점차 높아지

20세기 초 사회진화론은 국제사회의 급격한 변화를 반영하여 국가를 최소단위로 하는 근대화이론(The Modernization Theory)으로 진화하기 시작하였다. 근대화이론의 출발배경에는 몇 가지 중요한 국제사회의 변동이 있었다. 제2차 세계대전으로 영국, 프랑스, 독일이 약화되고, 대신 미국이 세계경제를 주도하게 되었다. 국제사회에서 이러한 미국의 주도권은 1948년부터 서구 유럽의 전후복구를 지원한 마셜플랜(The Marshall Plan)으로 상징된다. 한편 유럽 국가의 식민지배를 받던 아프리카, 아시아, 라틴 아메리카에서 많은 신생 독립국가가 탄생하였다. 이러한 신생 민족국가에서는 자국 경제를 일으키고, 정치적 독립을 강화하려는 욕구가 강했다. 이러한 시대적 배경에서 '근대화'라는 사회진화의 과정은 이들 신생 독립국가 지도자들이 즐겨 사용하는 구호가 되었다.

근대화이론에서 가장 중요한 개념은 '근대사회(modern society)'이다. 근대사회는 전통사회(traditional society)와 대비되는 개념으로 보다 생산적이고, 보건위생조건이 개선되며, 주민들의 의 · 식 · 주 생활수준이 향상되고, 약자에 대한 복지가 늘어나는 특징을 갖고 있는 것으로 인식되었다. 또한 근대사회는 국가의 상태나 상황에 따라 약간의 차별적 특징과 실현 속도와 관련하여 몇 가지 단계로 계층화가 가능한 것으로 접근되었다. 이러한 인식에 따라 '근대화'라는 용어는 '발전(development)'을 정의하고, 구체화하며, 그 결과를 측정할 수 있는 정형화된 '틀'처럼 사용되기 시작하였다. 또한 근대화는, 특히 저개발 국가에서 과거의 문제를 고착화하는 낡은 사회구조의 개혁을 통해 달성될 수 있는 특정한 정책목표로 인식되고 있었다.

근대사회는 사회구조가 분화되고, 전문화 되며, 공공기관(정부조직을 포함)의 역할이 명확하게 설정되어 있는 것으로 접근된다. 물론 근대사회도 각종 사회문제를 안고 있지만 근대화이론은 이들 사회문제가 발전의 단계마다 나타나는 특징으로 이를 무시하거나 다음 단계로 전환하기 위한 '절차적 비용'쯤으로 간주한다. 이러한 절차적 비용은 종종 정치, 경제, 사회, 문화 등 다양한 분야에서의 기

는 진화단계를 예측하면서도 개인의 자유를 강조한 이유는 당시의 시대상황으로부터 자유롭지 못했음을 의미한다. 이와 같은 징후는 파슨스(Talcott Parsons)의 경우에도 마찬가지였다. 극단적 반공운동(McCarthyism)이 활발하던 시대에 활동한 파슨스는 자본주의 장점과 서구문명의 우수성을 과장하여 표현하고 있다.

회비용(opportunity cost)으로 분산되어 일종의 상쇄(trade off)관계에 있는 것으로 포장되기도 하였다. 즉, 근대사회로 전환하기 위해서는 거쳐야 할 여러 단계(혹은 관문)가 있는데, 이들 단계 중에서 어느 것은 필수적이라서 피할 수 없는 것으로 여기고 이를 통과하는 비용을 가볍게 여기는 것이다. 경제성장을 도모하기 위해서는 약간의 정치적 독재가 필요하다는 주장도 이 범주에 속한다.[12)]

정치적 관점에서 보면 근대사회는 세 가지 특징을 가지고 있다(Coleman, 1974). 즉, 정치구조의 분화, 평등(equality)의 관점에서 정치문화를 일반 국민들 수준으로 세속화(secularization)하는 것, 사회 정치체계의 역량강화 등이 근대사회 정치적 특징이다. 이들 세 가지 근대사회의 정치적 특징은 서로 연관되어 있어서 상호작용을 통해 일종의 인과적 연결고리(sequences)를 형성하고 있다. 정치문화의 세속화는 정치지도자 충원방식의 변화를 초래하고, 다수의 지지에 의한 권력이 정당화 되는 체계와 관련되어 있다. 따라서 정치체계 역량이 강화되지 않으면 정치세속화는 정부의 실패로 이어질 가능성이 높다. 따라서 근대사회는 몇 가지 단계를 설정하고 각 단계마다 특징적인 지표를 설정하여 이를 실천하기 위한 이론적 틀을 필요로 한다. 근대화이론이 이 범주에 속한다.

개발을 지향하는 근대화이론도 몇 가지 가정에서 출발한다(Reyes, 2001: 2-3). **근대화 이론의 첫 번째 가정은** 근대화는 단계별 과정이라는 점이다. 로스토(Rostow, 1959: 1-16)는 경제발전 단계를 ① 생계형(자급자족) 경제, 물물교환, 농업이 특징적인 전통사회(the traditional society), ② 전문화, 잉여생산, 기반시설 확충으로 특징되는 도약 전 단계로 과도기 단계(the transitional stage), ③ 산업화, 투자증대, 지역성장, 정치변화로 특징되는 도약단계(the take-off), ④ 다양화, 혁신, 수입의존율 감소, 투자로 특징되는 성숙 진입단계(the drive to maturity), ⑤ 소비자 주권, 내구재 생산 번영, 서비스 분야가 지배적인 높은 대중소비단계(The age of high mass consumption)로 구분하였다. 이러한 경제발전 단계는 공급, 수요 및 생산방식의 동태적 과정에 뿌리를 두고 있어서(Rostow, 1959:

---

12) 정치체제와 경제성장의 상호관계에 대해서는 획일적인 판단기준이 없다. 정치적 독재가 언제나 경제발전으로 이어진다는 보장도 없다. 정치체제가 목표달성을 위한 공공 관리방식이지만(Parsons, 1951), 정치권력구조는 당시의 상황에 대한 대처방식이지 어떠한 목표의 달성정도와는 일정한 관계를 인정하기 어렵다.

1), 서로 맞물려 작동하는 과정의 부분상황을 보여준다.

근대화이론의 두 번째 가정은 근대화가 동질화 과정(homogenizing process)에 기초하고 있다는 점이다. 즉, 근대화 과정은 다양한 사회가 '근대성(modernity)'[13]을 실현할 수 있는 표준화된 수단을 동원하는 결과를 초래하였다. 이와 같이 표준화된 수단은 유사한 결과[14]를 양산하게 되는데, 이의 증거는 제2차 세계대전이 종료된 이후 근대화이론을 추종하여 개발전략을 실천한 아프리카, 아시아, 라틴 아메리카 등에서 근대화의 선발지역인 주요 도시의 경관이 모두 서양의 그것과 유사하게 변하고 있는데서 찾아볼 수 있다. 즉, 근대화는 근대성의 표상인 유럽사회 혹은 미국사회를 닮아가는 과정처럼 여겨지게 되었고,[15] 이러한 과정에서 혁신발생 지역(선진 국가)과 혁신을 수용하는 지역(저개발 국가 혹은 개발도상국) 간의 관계가 종속적으로 고착화되고 있다는 비판이 다름 아닌 1950년대 라틴 아메리카에서 제기된 종속이론(dependency theory)이다. 이와 같이 발전현상의 표준화에 근거한 근대화 이론은 스펜서의 사회진화 관점과는 다르다.

근대화이론의 세 번째 가정은 근대화의 여정이 돌이킬 수 없다는 점이다. 일단 시작한 근대화는 중단이 어렵고 결과에 상관없이 과정에 함몰되는 속성을 지니고 있다. 이는 근대화의 수단이 자본의 힘에 의존하고 있다는 것과 관련되어 있다. 자본, 권력, 정보, 기술, 지식은 원래 가진 자에게 아부하도록 설계되어 있

---

13) 근대성은 근대화의 표상(symbols)으로 정의되고, 이러한 표상을 실현하는 과정은 어떠한 상황에서도 일반화가 가능한 맥락 범위 안에서 접근되었다. 예를 들면, 주민 소득증대를 측정하기 위해 소득계정을 만든다든가, 농산물 유통을 원활하기 위해 도로를 건설하는 것 등은 어떠한 상황에서도 적용될 수 있는 근대화의 수단으로 여겨졌다.

14) 근대화 정책의 목표는 주민소득을 현재 어떠한 상태에서 목표연도에 얼마로 증대시킨다든지, 상수도 혹은 전기 등과 같은 생활편익 수준을 얼마로 끌어 올리는 방식으로 설계되곤 하였다. 이와 같이 표준화된 근대화의 정책수단은 '근대성'의 개념이 내생적 주민수요를 반영하여 설정된 것이 아니라 외부(주로 선진국 수준) 관점에서 정의되고 외부(특히 선진국 사례)의 경험을 통해 설계되면서 예견된 것이었다.

15) 근대화이론이 서구사회의 앞선 경험을 무비판적으로 추종하고 있다는 비판의 근거는 전 근대적인 상황을 비(非) 서구적인 것으로 정의하고 있다는 데 두고 있다. 즉, 근대성에 대한 정의가 서구적 시각에 의해 일방적으로 이루어졌기 때문에 근대화를 실천하는 개발도상국 입장에서 보면 자신들의 것은 모두 전 근대적인 것으로 개혁의 대상처럼 인식되면서 근대화논리가 설계되었고, 이 과정에서 자신들의 전통을 버려야 하는 비용문제가 가볍게 여겨졌다는 것이다. 이러한 맥락에서 근대화이론은 서구화(Westernization), 유럽화(Europeanization), 미국화(Americanization)를 촉구했다는 지적이 있었다(Reyes, 2001: 2).

다. 이러한 자본, 권력, 정보, 기술, 지식을 가진 자들은 이들에 한번 맛들이면 이들을 거부하거나 재설계하기가 쉽지 않다. 근대화이론이 처음부터 서구 자본주의에 기초하여 설계되었고, 자본축적 및 활용에 의한 산업화 단계를 설정하면서 국가권력의 역할을 강조하고 있기 때문에 한번 시작한 근대화 전략은 태생적으로 지속될 수밖에 없다. 또 다른 한편, 제3세계 국가들이 근대화를 추진하면서 서구사회와 접촉하면, 근대화를 향한 기세를 거부하기가 어렵다는 지적도 있다(Reyes, 2001: 2).

근대화이론의 네 번째 가정은 근대화가 장기적인 관점에서 필연적이고, 바람직한 발전적 과정(progressive process)이라는 점이다. 이러한 가정은 세계체제이론과도 궤를 같이하는 것으로 국제교류가 빈번해지면서 어떠한 국가도 열린 세계시장(world market)에 진입하지 않고서는, 국민복지를 향상시킬 수 없게 되었다. 이 경우 근대화 과정은 다른 국가들과의 공통된 협상기반(platform)을 제공하게 되는데, 이러한 협상기반에서 배제되는 경우, 발전이나 진보의 다른 대안을 찾기가 어렵다. 이러한 협상을 주도해야 할 정치체계 입장에서 보면 근대화는 전통적인 정치체계에서보다 국가의 정체성과 정통성을 확보하고, 주민참여를 촉진하며, 분배를 다룰 수 있는 역량을 강화시켜 준다(Coleman, 1974)고 여겨질 수 있다.

근대화이론의 다섯 번째 가정은 근대화가 시간이 오래 걸리는 과정이라는 점이다. 근대화가 추구하는 것은 점진적 변화이지 혁명적 변화가 아니다. 따라서 근대화는 여러 세대, 혹은 여러 세기(centuries)에 걸쳐 진행된다. 어느 면에서 보면 근대화를 완성한다는 것은 있을 수 없다. 근대성(modernity)은 시간함수라서 일정 부분을 분리하여 고정시킬 수 없는 연속적 발전에 해당한다. 다만 현재 추진하는 근대화 작업이 영향을 미치는 시기는 현재로부터 상당 기간이 지나야 가시화될 것이다. 바로 이러한 이유로 근대화를 평가할 지표나 방식을 설계하고 수단의 정당성을 검토하기가 쉽지 않다. 종종 근대화의 표상이 당초 예상치 못한 악영향을 가져와 후세에게 막대한 비용을 전가하는 경우도 나타난다.[16)]

---

16) 근대화 과정에서 사용하기 시작한 농약성분이 오랜 시간이 경과한 다음에야 순기능보다 더 큰 부작용을 초래한다는 사실이 판명되어 이를 회복하는 데 막대한 비용이 수반되는 경우가 여기에 속한다. 한국에서도 1970년대 근대화의 일환으로 지붕개량을 위해 사용한 슬레이트가 한참

파슨스(Talcott Parsons, 1902~1979)는 저개발국가의 전통가치에 대해 비판적이었다. 그는 저개발국의 국민들이 신봉하는 관습, 종교의식, 생활방식 및 제도 등을 발전의 적(enemy of progress)으로 간주하였다. 파슨스는 또한 전통사회에서 발견되는 광범위한 친족 및 부족체계가 국가발전에 필요한 지리적, 사회적 이동을 제한하고 있다고 비판하였다. 그가 아프리카, 아시아, 라틴 아메리카에서 발전의 장애요인으로 들고 있는 전통가치란 지방에서 일자리가 능력에 관계없이 친분관계로 배분되는 배타주의(Particularism), 개인의 기회를 활용하기보다는 소속 집단가치에 함몰되어 이로부터 헤어나지 못하는 집단주의(Collectivism), 남성우월주의에 근거한 가부장제도(Patriarchy), 귀속 신분(Ascribed Status)과 운명론(Fatalism)을 들고 있다. 귀속 신분은 태어날 때부터 부모 신분을 세습하여 개인의 능력에 따른 가능성을 박탈하고, 운명론은 주어진 환경에 수동적인 태도로 이어져서 혁신과 이의 수용을 통한 발전을 어렵게 한다.

이와는 달리 파슨스는 경쟁과 경제성장을 촉진하는 서구사회의 문화적 가치를 개인주의(Individualism), 혈연, 지연 등 연고성을 중시하는 배타주의(Particularism)와 상반되는 보편성(Universalism), 자신의 노력을 통해 획득한 성취 신분과 능력주의(Achieved Status and Meritocracy)를 들고 있다. 특히 파슨스는 능력주의 원칙이 지켜지는 사회에서는 재능이 뛰어나고 열심히 노력하는 사람들이 상위 직업을 차지하고 국가경영의 책임자로 발탁되어, 이들이 경제, 사회발전을 주도한다고 생각하였다. 이어 파슨스는 저개발국가 국민들은 '기업가 정신'을 고양할 필요가 있는데, 이는 저개발국가들이 경제성장을 촉진하는 '서구 가치(Western Value)'를 더 잘 받아들일 때 가능하다고 주장한다.

이와 같이 파슨스는 사회진화론에 크게 기여하였는데, 그는 사회진화를 네 가지 하부 과정(sub-processes)으로 분류한다. 첫째는 주요 체계(main system)를 기능적으로 떠받치는 하부체계(sub-system)를 창출하는 분화(differentiation)이다. 둘째는 (사회) 체계들이 보다 효율적인 양태로 진화하게 만드는 적응(adaptation)이다. 셋째는 주어진 체계로부터 전에 배제되었던 요소들을 포용(inclusion)하는 것이다. 넷째는 점차 복잡해지는 체계를 정당화시켜주는 가치 일

뒤에야 인체에 해로운 석면을 다량 포함하고 있음이 밝혀진 사례도 이에 해당한다.

반화(generalization of values)이다. 이에 더하여 파슨스는 원시(primitive) 상태, 오래되어 낡은(archaic) 상태, 그리고 근대적(modern) 상태라는 진화의 세 단계 안에서 하부과정(sub-process)을 탐색한 바 있다. 그는 또한 서구문명을 근대사회의 정점(the pinnacle)으로 간주하고 미국을 가장 역동적으로 발전한 국가로 여기고 있다.

(3) 사회진화론의 유용성과 한계

여러 가지 논리적 얼개의 약점에도 불구하고 사회진화론은 인류사회를 설명하는데 있어서 다음과 같은 유용성을 지닌다. 첫째, 사회진화론은 인간사회를 설명할 수 있는 공간좌표와 시간좌표를 통합하는 데 크게 기여하였다. 인간은 시간의 흐름을 거스를 수 없음을 깨달았고, 중요한 공간요소인 거리를 극복하는 데 한계가 있음을 알고 있었다. 이와 같이 시간과 공간은 각각 인간에게 주어진 환경을 구성하는 중요 성분이었다. 이러한 환경이 인간의 활동을 제약하기도 하지만 다른 한편 인간은 주어진 환경에 적응하면서 진화하였다.[17] 인간에게 발전은 시간제약과 공간한계를 적극적으로 극복하는 과정이었고, 이 과정에서 시간제약과 공간한계는 마치 생물진화의 여과장치인 '자연선택'처럼, 사회적 할인율(SDR)을 통해 상쇄 관계(trade off)를 갖게 되었다.

따라서 사회진화론은 ① 다양한 공간현상을 시간좌표에서 비교하고, 선택함으로써 **변화의 방향**을 설정하고, ② 시간제약을 공간좌표에서 비교하고 사회적 할인율(SDR)을 선택함으로써 **변화의 속도**를 조절할 수 있게 되었다. 이러한 사회적 할인율의 선택은 인간의 다음 행동범위에 영향을 미친다. 달리 표현하면 사회적 할인율은 일의 다급한 순서에 따라 현재와 미래를 교환하는 방식으로 결정된다. 일의 다급한 순서는 일종의 계기성(繼起性, successive order) 혹은 연속성을 반영하여 도출될 수 있다. 사회진화론은 특정 시점의 공간현상을 분석하고 동일 시대 다른 공간현상과 비교하거나, 특정 공간의 역사적 변천을 분석하여, 전·후 상황을 비교하는 접근논리를 구축하였다.[18]

---

17) 환경결정론(Environmental Determinism)과 환경가능론(Environmental Possibilism)이 이러한 인간과 환경의 관계를 대변한다.

18) 이러한 접근논리가 사회진화론의 전유물은 아닐지라도 고대사회로부터 제기된 이러한 접근방식의 필요성이 사회진화론을 별도의 사고체계로 분류하는 데 기여하였다.

사회진화(social evolution)의 과정은 시간의 흐름과 공간현상을 이어주는 연쇄 고리(the chain of sequences)처럼 이루어져 있다. 이러한 연쇄 고리는 단선적(linear)이 아니고, '나선형(螺旋形)의 다중 복합체(a spiral multiple complexity)'라서 이를 특정 시점에 한정하여 관찰하면 존재하는 다양한 구성요소들이 서로 아무런 상관없이 같은 공간을 채우고 있는 것처럼 보인다. 사회진화가 우성인자의 선택과 열성인자의 도태로 결국 사회 구성원들이 선호하는 '바람직한 상태'로의 수렴과정으로 이어질 것이라는 가설은 이러한 '나선형의 다중 복합체' 사회현실을 확인함으로써 기각될 수 있다.

특히 동일 시점에서의 다양한 공간현상을 분석하면 개별 구성원마다 다양한 변화의 속도로 진화(혹은 발전)하고 있음을 발견할 수 있다. 이러한 변화의 속도 차이가 각기 다른 사회 혹은 집단의 진화를 결정하는 상대성(Relativity)이다. 이러한 상대성은 현재 모든 구성원들의 고유한 존재를 인정하고 유지해주는 균형잣대이지 존재 자체를 거래하는 '관계의 교환율'이 아니다. 이러한 관점에서 사회진화론이 존재의 가치를 비교하고 거래하는 급진적 상대주의로 활용되어서는 아니 된다.

둘째, 사회진화론은 시대윤리를 인식하고 이를 실천하는 데 기여하였다. 사회진화론은 생물진화론에서의 '자연선택(natural selection)'에 해당하는 '변화의 도구(tool for change)'를 탐색하고 결정할 수 있는 논리를 제공한다. 생물진화에서 자연선택은 변화하는 환경에 적응하려는 생명체의 반응으로 완성된다. 이러한 생명체의 반응은 자연환경 변화와 병행하는 궤적을 그리며 환경변화라는 외생변수를 내부화한다. 따라서 생물진화에 기초한 사회진화론은 영원히 미완성일 수밖에 없는 '이상적 상태'를 시대변화에 적절하게 반응할 수 있는 '적정 수준'으로 치환함으로써 시대(times)별, 세대(generations)별 책임의식을 높여주고, 진화(즉, 발전)에 따른 비용분담체계를 인식시켜준다. 변화의 결산은 유한한 인간의 생애주기 관점에서 접근하기 어렵다. 그러나 사회진화론의 분석 틀은 확장된 시간좌표를 통해 변화의 혜택과 비용을 일치시키는 데 기여한다.

또한 사회진화론은 비교를 통해 다양한 공간현상의 우성인자를 도출하고, 선택함으로써 공간좌표의 범위를 확장하였다. 특히 의사결정권을 행사하고 그로부터 당장의 편익을 우선하는 현 세대(the current generations)에 유리할 수밖에 없는[19] 거대한 개발사업은 사회진화론 관점에서 시간좌표를 통해 접근할 경우 지구환경보존과 연계하여 시기, 규모, 내용을 조정할 수 있다. 현재의 인식체계로서는 방대한 생물진화의 경험을 고스란히 사회진화론에 적용할 수 없다. 하지만 생물진화 과정은 과거로부터 현재에 이르는 경험적 교훈과 이를 근거로 현재로부터 미래에 이르는 변화의 편익과 비용을 현재 세대에게 인식시켜 준다. 생물진화가 종의 지속성을 유지하기 위해 진행된다면 사회진화는 시대별 다양한 세대의 존재균형과 공간마다 다를 수밖에 없는 변화의 속도를 인정하는 상황균형을 동시에 유지하는 방향으로 진행된다.[20]

무어(Moore, 1980: 119－123)는 사회진화론이 진화의 단계를 재분류하여 현상에서의 차이점에 질서를 부여하려고 시도했지만 이론적으로나 경험적으로 비판을 면치 못하고 있다고 지적한다. 이러한 무어(1980)의 비판은 다음과 같이 요약된다. 첫째는 이제까지의 사회진화론은 너무나 다양한 현실을 지나치게 일반화 하려고 노력했기 때문에 설득력이 떨어진다는 점이다. 두 번째 비판은 사회진화론이 일련의 역사적 연쇄 고리(sequences)를 다루고, 현존하는 사회를 비교하려고 하여 심각한 이론적 문제에 직면했다는 점이다. 특정 시점에서 사회는 어떠한 항목에 기준을 두더라도 서로 다르게 진화하고 있는데, 이러한 차이를 어떻게 설명할 수 있는가? 사회진화론의 단초를 제공한 생물학적 진화론도 이 점에 있어서는 명쾌한 해답을 제공하지 못한다. 각기 다르게 변화하는 환경에 적응(adaptation)한다는 생각은 문화 차별화 현상을 설명하리라는 기대를 갖게 한다. 하지만 이러한 기대는 ① 환경을 적절하게 분류하고, ② 환경과 사회조직을 연계하며, ③ '낙후(backwardness)'와 '선진(advancement)'의 차이점을 설명할 경우에

19) 개발사업은 현 세대의 수요에 근거하여 결정된다. 따라서 장기적으로 악영향을 미칠 수 있는 개발사업도 현재 당장의 필요성 때문에 추진되는 경우가 많다. 이러한 맥락에서 거의 모든 개발사업은 사회적 할인율(Social Discount Rate: SDR)이 높을 수밖에 없다. 즉, 당장의 필요성 때문에 다음 세대가 지불해야할 비용이 늘어나는 셈이다.

20) 존재하는 모든 것은 아름답다. 왜냐하면 존재하는 모든 것은 나름대로 고유한 존재영역과 존재형태 및 방식을 유지하고 있고, 이러한 존재영역과 존재형태 및 방식에 고유한 평가 잣대를 가지고 있기 때문이다. 따라서 A의 평가 잣대로 B를 평가하거나, B의 평가 잣대로 A를 평가한다면 오류를 범하게 된다. 다만 A가 B와의 관계를 결정할 때에 한하여 A의 평가 잣대로 B를 평가할 수 있다. 그러한 평가가 A의 결정을 통해 A와 B의 관계를 설정한다면 그러한 A와 B의 관계는 A, B 각각의 존재영역, 형태, 방식의 일부를 이루기 때문이다. 또 이러한 경우는 B에게도 동일하게 적용되어야 한다.

충족된다. 그러나 이러한 세 가지 조건들은 어느 것 하나도 쉽게 접근될 과제가 아니다.

진화하는 과정의 (분석) 척도(scales)도 사회진화론의 이론적 결함과 관련된 문제이다. 설명의 편의성을 위해 사회는 단순한 형태(simple form)로부터 복잡한 형태(complex form)로 진화하고, 지배적인 생산기술에 근거한 척도를 통해 사회조직의 중요한 모든 측면을 정렬시킬 수 있다고 가정할 수 있겠지만, 현실은 반드시 그렇지 않음이 밝혀졌다. 비교대상의 사실 자료를 서양역사에 꿰맞추는 것과 순수하게 적응하는 과정에서의 문화 차별성을 설명하는 것, 그리고 진화과정에서 (진화) 단계를 설정할 수 있는 확실한 지표를 발견하는 것 등이 서로 복잡하게 얽혀있어서 사회진화론은 오히려 급진적 상대주의(relativism)로 빠져들고 있다(Moore, 1980: 120).[21]

사회진화론의 가장 큰 약점은 실제 존재하는 다양성을 하나의 기준으로 정렬시키려는 데서 비롯된다. 생물학적 진화과정에서 우성인자와 열성인자의 구분기준도 문제이다. 진화론 입장에서 보면 가장 최근에 나타난 유전인자는 모두 우성이어야 한다. 그럼에도 불구하고 다양성이 존재하는 현실에서 어느 것이 우성이고, 어느 것이 열성인지의 판별이 갖는 의미는 타당한 근거를 찾지 못한다. 세계화로 인해 모든 인류는 점차 '단일 체계(a single system)'의 부품이 되어가고 있다. 그렇다고 하여 현재의 세계를 (서로 상호작용하여) 통합된 것으로 보는 견해는 상당한 차별성과 미묘한 불일치가 분명하기 때문에 논리비약이다(Moore, 1980: 122). 진화과정에서 일관된 조건과 결과의 연쇄 고리(sequences)는 인간의 기대를 충족시키는 범위에서만 발견된다. 기대하지 못하거나, 기대하지 않은 결과라 하여 인식대상이나 분석대상에서 배제한다면 실제 존재하는 '혼돈'을 외면하는 것과 같다. 사회진화론의 이론적 얼개가 아직도 진화를 거듭하고 있는 이유가 여기에 있다.

---

21) 급진적 상대주의 사례는 서양가치 우월적 입장에서 접근한 근대화이론에서 종종 발견된다. 근대화 이론은 시계열 흐름에 의한 전·후 비교 방식과 동일 시점에서의 서로 다른 현상을 비교하는 방식으로 구분될 수 있는데, 후자의 경우에 급진적 상대주의로 전락한 사례가 많이 발견된다. 상대성(Relativity)은 서로 관련되어 있는 모든 사물이나 현상이 존재로서 균형을 이루어야 가능한데, 급진적 상대주의는 이러한 존재의 균형을 부정하고, 우월적 존재와 열등한 존재를 구분한다.

(4) 지방자치학의 진화 접근 '틀'

사회진화론이 지방자치학의 변화과정을 설명하기 위해서는 지방자치의 학문적 관심에 대한 논의가 전제되어야 한다. 지방자치의 학문적 관심은 인간의 원초적 호기심에 해당하는 '자기 인식'으로부터 출발한다. 즉, 인간은 자신 및 자신에게 영향을 미치는 환경의 변화에 가장 큰 호기심을 가지고 있다. 이러한 인간의 호기심은 철학, 자연과학, 사회과학 등으로 옮겨 가면서 '지식세계'의 전문화를 초래하였다. 이러한 인간 호기심의 명세화(specification)와 전문화는 사회진화 과정을 보는 스펜서의 관점과 일치한다.

지방자치 분야에서 인간의 지적 호기심과 관련한 변화를 진화의 맥락에서 접근하기 위해서는 다음과 같은 전제조건이 충족되어야 한다. 첫째, 지방자치 분야에서의 인간 호기심은 어떠한 지방자치가 '선진'이고 어떠한 지방자치가 '후진'인지를 판별하는 것과 관련되어 있다. 근대화이론이 그러했듯이 진화의 맥락에서 지방자치 관련 호기심의 변화를 분석하기 위해서는 전통과 근대성, 가치와 목표 등과 같이 선·후의 단계가 설정될 수 있어야 한다. 즉, 어떠한 유형의 지방자치가 '선진'이고, 어떠한 유형의 지방자치가 '낙후'에 해당하는 지를 정의할 수 있어야 한다. 둘째, 지방자치가 진화의 관점에서 접근되려면 '적응 과정'이 경제, 사회, 문화, 정치적 환경 변화와 일정한 맥락을 유지해야 한다. 지방자치는 단순 정치적 타협의 산물이 아니기 때문에 '조건과 반사'라는 일련의 연속적 연쇄 고리를 통해 실천력을 확보한다. 셋째, 지방자치의 진화는 우성인자를 통해 설명될 수 있다. 그렇더라도 지방자치의 열성인자 역시 지방자치 변화에 영향을 미친다.

3) 지방자치학의 진화: 명분과 실익의 접점을 찾아서

인간에게 시간흐름이 중요한 이유는 시간이 상황변화를 인식할 수 있는 '틀'이기 때문이다. 시간이 흘렀다고 하여 시간이 변했다고는 할 수 없다. 다만 인간은 얼마간의 시차를 두고 환경과 상황의 변화를 인식하고 측정한다. 단순한 변화는 시차만으로 측정되지만, 그러한 변화가 인과적 연쇄과정(sequences)의 일부를 이룬다면 인과율(causality)과 연쇄과정을 증명할 수 있는 상호작용 관계의 매개변수가 새로운 지적 호기심을 자극한다. 이와 같이 생명체가 환경과 상황변화에 반응하며 인과적 연쇄과정을 보일 경우는 진화론(evolutionism)의 관점에서 설명되어질 수 있다. 인간도 '진화'의 맥락에서 환경과 상황변화에 민감하게 반응하는 생명체이다. 이 경우 환경과 상황변화로부터 영향을 받는 인간은 어떠한 대응방식이 자신의 존재에 유리할 것이라는 판단이 필요하다. 이러한 판단의 잣대 혹은 기준은 따라서 진화의 방향과 속도를 결정하는 데 매우 중요하다. 지방자치와 관련하여 이러한 판단의 잣대와 기준은 크게 명분, 절차 중심의 논의, 실익추구라는 관점으로 접근되어오고 있다.

인류의 집단생활은 기존 가치를 유지, 관리하려는 명분을 필요로 한다. 기존 가치가 유지, 관리되지 않으면 과거는 부정되고, 과거의 논리로 결성된 인류집단은 존재이유를 잃게 될 것이기 때문이다. 그러나 그러한 명분은 과거와 현재를 잇는 절차 중심의 논의를 통해 인간의 실생활을 지배한다. 이러한 절차와 과정은 결국 인류 집단생활의 동기이기도 하고, 그 자체가 목표이기도 하였다. 인간활동의 동기와 목표가 진화의 속성을 지배하기 위해서는 생활의 편리성과 같은 실익이 담보되어야 한다. 결국 인류의 집단생활을 관리하기 위한 지방자치도 명분, 절차 중심의 과정, 실익추구라는 진화로부터 자유롭지 않다.

지방자치가 실익의 관점에서 접근되기 시작한 것은 장구한 인류역사에 비추어 최근의 일이다. 우선 산업사회는 규모의 경제(scale economies)에 의한 생산함수로 성숙되게 되었다. 그러나 생산은 소비의 전 단계로 결국 소비를 통해 효용을 증대하지 않으면 전체 사회의 작동체계로서는 한계를 지닌다. 따라서 후기 산업사회(post-industrial society)에 접어들면서 다양성과 차별화의 이점(economies of differentiation)이 주민 삶의 질에 더 큰 영향을 미치게 되었다. 이러한 다양성과 차별화는 소비자의 선택의 폭을 확대하여 결국 '발전'의 맥락에 부응한다. 이러한 민간부문 시장에서의 실익은 공공부문에서도 적용된다. 즉, 공공서비스 수요발생부터 생산, 전달의 경로분석은 공공재 및 공공서비스 관련 주민 부담과 만족도에 큰 영향을 미치고 있음을 밝혀주었다. 뿐만 아니라 지구적 관점에서 작은 것이 관리되지 않거나 명분이 실익을 담보하지 않으면 커다란 명제인 인류문명의 지속가능성도 실천되지 않는다는 것이다. 인류문명의 지속가능성은 명분과 실익의 접점을 이룬다.

이러한 맥락에서 이제까지 지방자치를 논의하는 관점이 명분과 절차 중심의 논의로부터 실익을 논하는 관점으로 진화하고 있다. 지방자치의 원리는 첫째, 같은 것은 같게 다룬다는 포섭원리, 둘째, 다른 것은 다르게 분산하여 다룬다는 자기 책임원리로 구성되어 있다. 즉, 지방자치는 개별 구성원의 자유에 기초하여 밑으로부터의 자기 책임과 위로부터의 포섭적 공공재 및 공공서비스 생산, 전달, 보완과 보충을 강조한다. 지방분권이 강화되어도 중앙정부의 역할이 훼손되지 않는 이유가 여기에 있다. 포섭적 공공재 및 공공서비스의 보완의 대상은 '다른 것'이고, 보충의 대상은 '같은 것'이다. 결국 지방자치가 실익추구관점으로 진화하고 있다면 지방자치를 통해 지역발전이 담보된다는 인과적 연쇄과정을 증명해야 한다.

지방자치를 통한 지역발전은 다의적이고, 다면적이라서 모두가 동의하는 내용을 찾기가 어렵다. 다만 과거 경험에 근거하여 주민들이 미래 바라는 삶의 내용은 비슷한 내용을 포함한다. 모든 사람은 현재 이후 보다 좋은 집, 안전한 지역사회, 높은 소득, 바라는 바에 접근할 수 있는 다양한 기회, 남의 결정에 종속되지 않는 자유로움, 행복한 가정, 건강, 자유 등을 바란다. 그러나 이러한 미래 희망은 모든 인류에게 같은 수준으로 현실화되지 않는다. 자유만 하더라도 모든 인간에게 조건 없이 똑같이 주어져야 하는 기본적인 자유와 이를 누릴 수 있는 조건에 따라 사람마다 다르게 주어지는 조건부 자유로 구분된다. 거주이전의 자유는 모든 인간에게 같게 주어져야 하는 기본적인 것이지만 좋은 집에서 살고 싶은 자유는 경제적 역량에 따라 사람마다 다르게 주어진다. 분권도 이러한 자유와 같아서 기본적인 것과 지방의 역량에 따라 다른 것으로 구분될 수 있을 것이다.

이와 같이 지방자치의 실익은 지방의 역량, 그리고 실천 가능성과 밀접하게 관련되어 있다. 실익을 담보하지 못하는 기제(機制)는 실천될 수 없다. 이러한 관점에서 이 글은 주민들의 '삶의 질' 향상을 지역발전으로 간주한다. 그러나 지역발전도 시대에 따라 변화하고 있다. 즉, 지역발전 현상은 시간과 공간의 상호작용의 결과물이다(소진광, 2016a: 24). 따라서 지역발전 현상은 공간현상의 변화로 인지될 수 있다. 또한 변화는 방향과 속도르 분해될 수 있다. 변화의 방향은 발전현상의 내용물, 즉 공간현상에 속하고 변화의 속도는 수단선택과 관련되어 있다. 수단은 곧 변환장치에 해당한다.

(1) 공간현상과 관련한 지역발전의 접근방식

공간현상은 인간의 행동양식에 영향을 미친다(공간 종속적). 마찬가지로 인간의 행태적 특성이 공간현상에 영향을 주기도 한다(공간 형성적). 즉, 인간활동과 공간특성은 상호작용 관계에 있다. 지역발전이 인간활동을 통해 인지되고, 측정될 수 있다는 관점은 동일한 시점에서의 공간현상을 비교함으로써 명확해진다. 이러한 비교는 기준을 필요로 하는데, 어떠한 기준을 통해 비교하느냐에 따라 지역발전의 의미가 달라진다. 이러한 공간현상의 비교기준은 다음과 같이 변화하고 있다.

첫째, 물리적 척도로부터 인간척도로의 회귀를 들 수 있다. 지역발전이 주택, 도로, 공원 등 물리적 척도(physical scale) 기준에서 인간척도(human scale), 즉 사람의 만족도 관련 기준으로 회귀하고 있다. 전통적인 지역사회에서 발전현상을 인간척도 관점에서 접근하던 시대가 있었다. 그러나 산업혁명이 물질문명의 풍요를 실현하는 데 유효한 기제로 작동하면서 이러한 '풍요'의 상징은 돈, 주택, 도로 등 물리적 단위로 측정되기 시작하였다. 그러나 후기산업사회로 접어들면서 공간현상과 삶의 풍요에 대한 차이가 드러나기 시작하여 장소의 번영(place's prosperity)과 주민의 번영(people's prosperity)이 구분되기 시작하였다.

지역발전이 이러한 물리적 척도(physical scale)로 접근된다면 발전의 최종 수혜자를 정의하기가 쉽지 않다. 즉, 누구를 위한 발전인가에 대한 의구심이 이어질 수 있다. 파키스탄 출신 경제학자 하크(Mahbub ul Haq, 1934~1998)와 인도의 경제학자 센(Amartya Sen, 1933~)은 발전현상을 물리적 척도로부터 인간척도 중심으로 전환하는 데 크게 기여하였다. 하크와 센은 1988년부터 UNDP에서 활동하면서 인간발전지수(Human Development Index: HDI)를 연구하였다. 이들이 개발한 인간발전지수는 이후 국제연합(UN)이 개발원조의 수원국을 결정하는 데 기준으로 채택되었다.

둘째, 닫힌 공간으로부터 열린 공간으로의 변화를 들 수 있다. 경제활동은 지역특성에 민감한 생산요소의 결합을 통해 반복된다. 이러한 반복적 생산요소의 결합은 지역 밖으로의 유출과 외부로부터 지역 안으로의 유입을 포함한다. 지역마다 자원이 다르고 자원의 활용여건도 다르다. 결국 생산요소는 이러한 지역특성에 따라 이동한다. 인간의 경제활동이 공간 종속적이고, 공간 형성적인 이유가 여기에 있다(Healey & Ilbery, 1990: 3). 따라서 공간선택이 제한적인 시대의 지역발전과 공간선택이 자유로운 시대의 지역발전이 다르다.

생산요소의 공간이동이 자유로운 상태에서는 한 도시나 지역 안에 주민이 필요로 하는 모든 재화와 서비스를 생산할 필요가 없게 되었다. 생산요소별로 유리한 지역특성을 활용하되 인접 지역과의 자유로운 재화와 서비스의 교환이 가능하다면 전체적인 생산 효율성 및 소비자 잉여는 증대될 것이기 때문이다. 지방분권이 중앙정부와 지방정부의 관계, 지방정부끼리의 관계에서 누구나 동의하는 기준을 도출하기가 어려울 경우 이러한 열린 공간의 상정은 매우 중요하다. 즉, 동일한 수준의 지방분권이 이루어지더라도 공간기능 분담을 통해 역량이 서로 다른 지방정부끼리의 격차를 해소할 수 있다는 가설이 가능하다. 그러나 신고전파 경제이론의 (공간) 균형화 가설은 아직도 검증되지 않고 있다. 다만 인접 지방정부끼리의 부분적 공간기능 분담을 통해 주민편익은 늘어난다.

셋째, 지역의 경제활동과 지역환경이 연동되어 있다는 점이다. Allen V. Kneese, Robert U. Ayres & Ralph C. D'arge(1970)는 지구를 하나의 단위로 하여 환경의 순환체계를 물질균형(material balance) 관점에서 분석하였다. 즉, 지구상의 물질총량은 변화가 없으며 생산, 소비, 재활용 단계별로 각각 형태를 달리하면서 인간생활에 다양한 영향을 미친다. 이러한 연구결과로 이제까지 생산, 소비를 중심으로 한 지역발전 개념이 '환경의 질'을 포함하게 되었다. 지역발전은 개별 구성원의 경제활동결과로 표현되곤 하였다. 하지만 경제활동 결과는 경제에 관한 구성원들의 의사결정 일부에 지나지 않는다. 현재의 결과보다 생산요소를 끌어들이고, 그러한 생산요소의 결합을 용이하게 하는 상태(잠재력) 혹은 생산요소를 끌어들이기 위한 의사결정이 더욱 중요하다.

지역발전의 이러한 동태적 관점은 곧 공간현상의 다양성을 함축하고 있다. 환경문제는 경제활동과 연동되어 있어서 경제활동의 결과이기도 하고 경제활동의 조건이기도 하다. 결국 환경의 질을 관리하고 유지하는 일은 지역경제 관점에서 생산요소를 유입 혹은 유출하는 일과 연계되어 있다. '발전'의 궁극적인 지향점이 삶의 질 향상이라면 환경도 당연히 발전의 개념 일부를 이루는 중요한 요소가 되어야 한다. 지속가능성(sustainability) 개념이 '발전현상'에 포함되기 시작한 연유가 여기에 있다.

지역마다, 구성원마다 미래 지향하는 것은 모두 '바람직한 상태(what ought to be)'라서 이의 지속가능성 확보는 모든 의사결정과정에서 중요하게 다루어진다. 보수나 진보 모두 이 점에 있어서는 같다. 현상 혹은 추세의 지속가능성과 그러한 지속가능성을 담보할 수 있는 환경의 질을 유지, 관리하는 일이 모두 이 영역에 속한다. 환경이 변하면 종래와 같은 의사결정은 이루어질 수 없고, 경제활동결과도 다르다. 즉, 지역환경은 지역발전의 가능성과 유연성을 결정하고, 그 자체가 지역발전의 중요한 지표이자, 제약요인인 셈이다.

넷째, 지역발전은 규모의 경제와 차별화의 이점을 동시에 충족시켜야 한다. 생산 중심의 경제활동은 종종 경제의 다른 한 축인 '소비'를 망각하는 경향을 나타내고 있다. 공급과잉으로 인한 시장의 실패가 그렇고, 필요성과 소비의 괴리가 그렇다. 규모의 경제는 생산을 효율화하는 이론이지 재화소비의 효용을 설명하는 이론이 아니다(소진광, 2016b: 24).[22] 획일성과 다양성은 모두 '삶의 질'에 중요한 영향을 미친다.

모든 지역이 같은 공간현상을 추구할 수 없지만 주민들의 '삶의 질'에 기본적인 조건을 충족시키기 위해 공공재 생산에서 일정 수준 이상의 규모의 경제를 필요로 한다. 그러나 지역의 특성 때문에 이러한 일정 수준의 '규모'를 확보하기가 쉽지 않고, 그러한 '규모'가 공공재 소비의 효용을 증대시키지도 않는다. 즉, 공공재 생산의 효율성과 이의 소비로 인한 효용은 종종 충돌하여 이의 접점을 유지하기가 어렵다. 이러한 경우 인접 다른 지방정부와의 연합(혹은 광역자치)이 해법이 될 수 있다.

아무리 낙후지역이라 하더라도 접근성을 높이고 특화된 공간기능을 인접 다른 지방정부와 분담할 경우 대도시에서와 같이 공공재 생산에서 규모의 경제를 확보할 수 있다. 즉, 지방정부끼리의 다양한 역량 차이에도 불구하고 이들 작은 지방정부끼리 상호작용을 통해 차별화의 이점을 유지하면서도 공간기능 분담(역할 분담)을 실행한다면 전체적으로 규모의 경제를 확보할 수 있다. 이러한 공간기능 분담은 차별화의 이점을 통해 전체적인 규모의 경제를 확보하게 한다.

예를 들어, 5개의 지방정부가 연합하여 5개 지역 주민들의 공공재 수요를 충

22) 생산과정에서 요소의 투입도 소비의 연속으로 이해할 수 있을 것이다. 따라서 생산현장에서도 규모의 경제와 차별화의 이점은 부가가치 극대화를 위한 판단의 준거이다.

족시키기 위한 적정한 '규모'를 만들고, 각 지방정부마다 생산한 다른 공공재를 5개 지역 주민들이 공동 소비한다면 만족도는 높아지고 생산비는 절감될 것이다. 물론 공공재마다 도달거리(range)와 최소시장규모(threshold)가 달라서 5개 연합체가 공동으로 생산할 수 없는 공공재 영역이 한정될 수 있다.[23] 예를 들어, 시간을 다투는 위급상황에 대처하기 위한 소방, 방재 업무의 경우 5개 시 · 군이 연합하여 하나의 대형 소방서를 만들고 아무리 최첨단 장비를 갖춘다 해도 위급상황 발생 시 최소 대응시간(golden time)을 놓칠 수 있다.

다섯째, 지역발전의 의미가 변하고 있다. 모든 국가와 지방정부, 공공단체는 국민, 주민의 '삶의 질' 향상을 추구한다. 그러나 '삶의 질'은 언제, 어떠한 상황에서도 소망하는 방향으로, 시간함수(속도)로 다루기가 어려운 가치에 속한다. 삶의 조건과 삶의 질은 분명 다른데도 불구하고 인간의 기본적인 존엄성 실현이라는 절박한 상황에서는 같게 느껴진다. 충분한 식량, 거주 공간(주택), 접근성 등 물리적 척도가 주민들의 '삶의 질'을 그대로 가늠하던 시대나 상황이 있을 수 있다. 하지만 '삶의 질'은 다양한 조건과 상황에서 느끼는 만족도라서 조건이나 상황 자체와는 근본적으로 다르다. 모든 지방정부가 주민 삶의 질 향상을 표방하면서도 각기 다른 정책을 내세우고 있는 사실이 이를 입증한다.

모든 인간은 개인적으로나 집단, 공동체를 통해 자신들의 삶의 조건을 개선하기 위해 노력한다. 돈을 더 많이 벌고, 좋은 집을 마련하며, 건강한 음식을 먹는 이유는 삶의 질을 높이기 위한 노력들이다. 돈을 많이 버는 이유는 그 돈을 사용하여 하고 싶은 일을 실현하기 위해서다. 돈이 많으면 선택의 폭은 넓어진다. 하지만 돈은 반드시 상대방이 있어야 사용 가능하다. 좋은 차를 구입하려면 파는 사람이 있어야 하고, 좋은 음식을 사먹으려면 역시 좋은 음식을 만들고 판매하는 사람이 있어야 한다. 결국 돈이 추구하는 만족도는 상대방과의 거래관계에 따라 다를 수 있다. 이러한 거래관계를 어떻게 관리하느냐는 거래수단인 돈의 양과도 다르다. 인간은 사회적 동물이기 때문이다. 따라서 인간의 사회적 관계를 관리할 수 있는 역량은 돈이나 주택과 같은 물리적 수단과는 다르다. 이와 같이 인간의 사회적 관계를 관리할 수 있는 역량은 물리적 수단인 경제적 자본과는 달

23) 주민등록등본과 같은 민원서류 발급업무는 규모의 경제 관점에서 어느 한 곳에 집중하기가 어렵다. 즉, 공공재의 즉시성과 현장성이 이의 효율적인 생산을 제약하는 요소이다.

리 사회적 자본(social capital)으로 불린다.

사회적 자본은 반드시 상대방과의 상호작용 관계를 다루는 수단이라서 어느 특정 개인이 이를 소유할 수 없다. 또한 사회적 자본은 돈과 같이 양적인 측정이 어렵고, 거래상황에 따라 다르게 인지된다. 사회적 자본의 개념정의가 어려운 이유가 여기에 있다. 하지만 사회적 자본의 구성성분은 대체로 신뢰, 참여, 연계망(네트워크), 제도나 규범 역량, 이타주의(altruism) 등으로 요약된다(소진광, 2004). 지방정부가 주민들의 삶의 질 향상을 도모하기 위해서는 전통적인 자본과 함께 사회적 자본을 축적해야 하는 이유가 그러한 사회적 자본의 구성성분 때문이다.

지역사회에서 신뢰가 축적되지 않으면 공동체 기반을 마련하기 어렵다. 주민참여가 없다면 지역사회 공동의 목표를 내세우기 어렵다. 주민들이 조직화되지 못하면 지역사회를 유지하기 어렵고, 제도나 규범이 지켜지지 않는다면 지역사회 안전망을 확보할 수 없다. 이타주의가 실천되지 않으면 지역사회 미래 공동가치는 창출될 수 없다. 공통기반 구축, 공동목표 정립, 지역사회 유지, 사회안전망 확보, 미래 공동가치 창출은 곧 지역(사회)발전의 구체적 내용들이다(소진광, 2004: 110).

결국 물리적인 척도인 소득, 주택, 도로, 공원 등은 발전의 조건으로 상당부분 삶의 질 향상에 기여했지만 삶의 만족도 혹은 주민 행복의 전부는 아니다. 이들 전통적인 자본은 주민 삶의 질을 향상시키기 위해 필요한 조건, 환경이지 충분한 조건이 아니기 때문이다. 이들 조건들을 효율적으로 결합, 조합하여 주민생활 만족도를 높이기 위해서는 '투입－산출' 과정의 효율화와 효과성을 담보할 수 있는 기제, 일종의 변환장치가 필요하다. 지역사회 발전과 공동체를 통한 삶의 만족도를 높이기 위하여 사회적 자본이 축적되어야 하는 이유가 여기에 있다.

이제까지 지역발전정책이 물리적인 척도인 소득, 주택, 도로, 공원 등을 어떻게 축적하고 증대시킬 것인가에 초점을 두고 있었다면 향후 지역발전정책은 이들 물리적 요소들을 투입하여 어떻게 주민 삶의 질을 향상시킬 것인가에 초점을 두어야 할 것이다. 지방자치 수준, 지방분권의 맥락은 궁극적으로 주민들의 삶의 질을 향상시킨다는 실익 관점에서 접근해야지 공공재 생산, 전달과 관련한 권력의 분배방식에 초점을 두어서는 아니 된다.

(2) 지역발전의 변환장치

변환장치와 관련한 지역발전 패러다임 변화의 하나는 '하향식'으로부터 '상향식'으로의 전환을 들 수 있다. Stöhr & Taylor(1981)는 지역발전 관련 두 가지 서로 다른 접근 패러다임을 비교하였다. 하나는 고전 경제학 맥락에서 지역발전 관련 권한이 계층적으로 행사되는 '위로부터의 발전(development from above)', 즉 하향식 접근이고, 다른 하나는 주민들르부터 의사결정이 이루어지고 권한이 행사되는 '밑으로부터의 발전(development from below)', 즉 상향식 접근이다. 하향식 접근은 '긍정적 자유'를 촉발하기 어려워 내부자원을 동원하는 데 한계를 지니고 있고, 편익분배 과정에서 갈등을 초래할 가능성이 많다. 반면 상향식 접근은 센(Sen, 1999)이 강조한 주민들의 역량강화를 통해 내부자원 동원이 가능하고, 지역발전 단위마다 비용과 편익을 일치시키기가 상대적으로 쉬워서 민주주의 작동에 기여한다.

지역발전은 분석단위가 기본적으로 일정 공간규모 이상의 공동체이기 때문에 공동이익의 증진이 우선이다. 따라서 지역발전의 관리주체는 정부에 속한다. 이러한 맥락에서 지역발전과 관련한 문제점의 확인, 내용의 수준과 관련한 목표의 정립과 지역의 제약요인 확인, 대안의 형성과 비교 및 최적 대안의 선택에 이르는 일련의 과정은 모두 정부활동에 속했다. 그러나 민주주의에서 지역발전의 주체인 정부의 구성은 주민이나 국민의 다수 지지에 의존하고 있기 때문에 정부가 지역발전 최종 수혜자인 주민과 국민의 요구를 무시하기 어렵다.

다만 주민과 국민의 지역발전 요구는 공공재정 혹은 공급능력을 초과하여 발생하는 경향이 있어서 거대 정부(giant government) 출현을 부추긴다. 이러한 거대 정부의 출현은 결국 주민과 국민 부담을 가중시켜 정부의 실패(governmental failure)로 이어질 가능성이 크다. 특히 정부가 중앙집권적으로 운영될 경우 '평균적 평등'은 가장 편리한 국민 설득기준이 된다. 이러한 '평균적 평등'은 국민 누구도 만족시키지 못하는 내부적 결함을 지니고 있어서 재원의 낭비, 기회의 낭비, 자원의 낭비를 초래한다. 따라서 지역발전을 실현하기 위한 변화의 방향설정과 변화속도를 적절한 범위 안에서 관리하기 위해서는 지역문제의 확인과 지역발전 목표의 설정, 지역이나 국가가 안고 있는 제약요소의 확인과 미래예측, 목표를 충족시킬 수 있는 대안의 형성 및 최적 대안의 선정에 이르는 일련의 계획과정을 모든 이해당사자가 공유할 필요가 있다. 이러한 계획과정의 공유는 주민이나 국민들에게 지역발전과 관련한 비용분담 및 편익분배의 공정성을 이해시키는 도구적 의미를 지니고 있다.

'발전(development)'이라는 용어는 과정의 의미(투입요소를 포함하는 개발)와 결과(산출물, output)의 의미를 동시에 포함하고 있다. 과정으로서의 발전(즉, 개발)은 일종의 변환장치와 같아서 생산요소, 즉 전통적인 자본들을 주민생활(소비과정) 만족도로 이어준다. 이러한 변환장치의 효율성은 '변화의 속도' 관점에서 측정이 가능하다. 같은 맥락에서 이러한 지역발전 변환장치는 주민들이 삶의 조건들을 '얼마만큼', '어떻게' 소비, 사용함으로써 어느 수준의 만족도를 산출하는지와 관련되어 있다. 여기서 '얼마만큼'은 이미 주어진 제약요소로 여겨지는 경우가 많다. 하지만 '어떻게'는 주민조직, 의사결정 방식과 관련하여 선택의 여지가 크다.

중앙집권과 지방분권은 이러한 주민조직, 의사결정 방식과 관련한 선택사양이다. 즉, 중앙집권과 지방분권도 지역발전의 변환장치인 셈이다. 그러나 완전한 중앙집권체제와 지방분권은 국가의 개념과 구성요소 관점에서 있을 수 없다. 두 양극단의 혼합비율은 나라마다 다르다. 상황이 다른 두 나라의 지방자치 수준을 비교하기 어려운 이유가 여기에 있다. 특히 '다른 것은 다르게, 같은 것은 같게' 다루어야 한다는 인간생활의 대원칙은 중앙집권과 지방분권의 두 극단을 주민편의를 위해 혼합해야 할 필요성을 시사하고 있다. 그렇더라도 이들 지역발전이 궁극적으로 개별 주민들의 삶의 질로 인지되어야 한다는 명분을 간과할 수 없다. 따라서 중앙집권과 지방분권과 같이 권력의 집단적 분배로는 주민들의 행복을 설명하지 못한다.

또한 설사 같은 상황, 같은 조건에 놓여있는 지역사회나, 국가라도 주민조직의 운영방식과 의사결정 방식을 달리할 수 있다. 인간은 물리적 조건이나 여건(즉, 경성적 요소, hardware)과는 다른 문화적 장치(일종의 software)를 다루면서 진화하고 있기 때문이다. 결국 객관적으로 같은 것을 주관적으로 다르게 접근하는 경우도 있을 수 있다. 이러한 관점에서 20세기 후반부터 지역발전을 이끌어내기 위한 변환장치의 하나로 중앙집권과 지방분권의 맥락과는 다른 차원에서 협치(governance)에 관한 논의가 제기되고 있다. 20세기 후반부터 지역발전의 내용으로 추가되기 시작한 사회적 자본 축적과 지속가능성 실천은 협치의 관점에서 보다 잘 설명된다.

협치란 주민생활의 현장에 초점을 둔다. 협치에 관한 다양한 논의를 종합하면 “이해당사자에 의한, 이해당사자를 위한, 이해당사자의 의사결정방식”으로 요약된다. 따라서 협치의 구성요건이나 판단준거를 설명하기 위해서는 적격한 ‘이해당사’를 정의하는 것이 매우 중요하다. 다른 사람들이 두고 있는 바둑을 훈수하여 승리에 결정적 역할을 했어도 승자가 될 수 없듯이, 다른 사람이 또 다른 사람의 삶을 대신 살 수 없듯이, 사안과 관계없는 사람들이 그 사안에 대하여 최종 판단을 내리거나 결정할 수 없다. 마을의 문제를 그 마을과 전혀 이해관계가 없는 (아무리 훌륭하다 해도) 전문가가 인식한 대로 정의한다면 정작 그 마을의 주민들은 그러한 문제를 해결, 완화, 극복할 주도권(initiative)과 자신들의 일이라는 마음가짐, 즉 주인의식(ownership)을 가지지 못할 것이다.

물론 이해당사자는 이해의 정도에 다라 계층 혹은 범위를 달리하여 정의될 수 있다. 어느 특정 사안과 관련한 이해의 정도는 그 사안과 관련한 의사결정이 초래할 영향 크기로 측정되어야 한다. 그러나 이 측정이 쉽지 않다. 의사결정으로 인한 영향 크기가 측정된다 하더라도 그러한 이해의 정도에 따라 의사결정 지분을 배분하기도 쉬운 일이 아니다. 하지만 협치방식은 정부가 공공부문을 독점하는 통치방식과는 극명한 차이를 보여준다. 물론 정부가 공공부문을 완전하게 독점하던 방식은 존재하지 않는다.[24] 공공부문의 정의도 쉽지 않아서 정부의 역할 범위에 대한 논쟁도 명확한 결론에 이르지 못한다.[25]

이러한 맥락에서 협치는 공공재 공급과잉 현상을 방지하고, 자원의 최적화를 가능케 해줄 것으로 기대된다. 이에 비해 정부가 지역발전을 독점적으로 시행할 경우 이로 인한 혜택의 최종 수혜자인 주민이나 국민은 외부효과에 편승하여 비용부담은 줄이고 편익의 분배 몫을 늘리려 할 것이다. 이러한 상황에서라면 정부의 재정건전성은 유지될 수 없고, 누적된 부채는 다음 세대로 전가될 것이다. 이러한 과정에서 우선은 경제적 지속가능성이, 그리고 장기적으로는 환경적 지속

24) 어떠한 통치도 국민들로부터 의무와 세금을 거둬들일 수 없으면 권력을 상실한다. 국민들의 의무와 세금은 아무리 일방적이고 강압적인 정부형태에서도 권력생산의 투입요소이다.

25) 공공부문과 민간부문을 구분하던 공익과 사익의 개념구분이 명확하지 못한 탓도 있다.

가능성이 실천되지 못할 것이다.

결국 가장 근본적인 인류 공동의 목표이고, 인류문명의 대전제에 속하는 지속가능성은 모든 이해당사자가 의사결정 단계부터 참여하고 과정에서의 권리와 책임을 일치시킬 경우에 실현 가능하다. 이러한 맥락에서 공동이익의 추구는 정부독점방식이 아닌 또 다른 방식, 즉 모든 이해당사자가 결정하고 과정을 공유하는 협치(governance)방식을 통해 접근되어야 한다. 협치를 구축하기 위해서는 권한과 책임을 일치시키기 위해 이해당사자를 정의하는 단계가 중요하다. 이해당사자가 정의되지 않는 협치는 실천력을 담보하지 못한다.

지역발전을 실천하기 위해서는 추진조직과 추진방식에 대한 명확한 개념이 필요하다. 여기서 추진조직은 조직형태, 지도층 구성, 조직가치, 조직의 공동목표 관점에서 정의될 수 있다. 한편 지역발전 추진방식은 관련 권한의 행사방식, 의사결정방식, 정보생산능력, 시민의 역할, 그리고 자원조달체계의 관점에서 정의될 수 있다. 협치가 종래의 정부독점방식과 다른 특성은 이들 지역발전 관련 추진조직 및 추진방식의 차이점 비교를 통해 분명해진다.

우선 추진조직의 특성에 있어서 정부독점방식은 집중형태의 조직, 공무원 출신 위주의 지도층 형성, 전통가치 축적에 초점을 둔 조직가치, 그리고 국가형성에 조직의 목표를 두고 있다. 이에 비해 협치방식은 분산형 조직형태, 모든 이해당사자간 협상의 주도자가 지도층으로 충원되고, 사회적 자본을 축적하는 데 조직가치를 두고, 시민사회를 구축하는 데 조직의 공동목표를 둔다는 측면에서 정부독점방식과 차이를 보인다.

다른 한편으로 지역발전의 추진방식에서 정부독점은 권한을 계층적, 일방적으로 행사하고, 다수결에 의한 지시와 통제로 의사결정하며, 공공부문의 정보생산에 의존하고, 시민을 정부가 생산한 공공재의 단순 소비자로 간주하고, 주민이나 국민을 외부 자원배분의 대상으로 보는 특성을 보인다. 이에 비해 협치는 관련 권한을 모든 이해당사자가 공유하고, 역할에 따른 다자간 협상을 통해 의사결정하며, 민간부문에서 생산한 정보에 대한 의존율을 높이고, 시민을 공공재 생산에 끌어들여 공동 생산자(co-producer)로 간주하며, 내·외생적 자원을 결합하고 내부 자원을 동원하는 성향을 띠고 있다. 이러한 차이는 <표 13-2>에서 정리하고 있다.

결국 협치는 주민들을 자신들의 삶의 질 향상과 관련하여 이해당사자로 만들고, 주민들에게 자신들의 삶에 대한 주도권과 주인의식을 돌려주는 의사결정 방식이다. 따라서 협치는 정부에 대한 주민통제(citizen's control)와 연계되어 있으며, 주민자치를 지향한다. 협치가 과정 혹은 절차 중심적이라는 측면에서 실익을 담보할 수 없다는 우려도 있을 수 있다. 하지만 민주주의 자체가 과정 중심적이고, 절차로서 실익을 담보할 수 있다는 사실은 이미 증명된 바 있다. 특히 민주주의를 배제하고 자본주의(capitalism)의 근간인 시장경제를 운영할 수 없음은 자명하다. 시장원리는 이미 '보이지 않는 손(invisible hands)'이라는 민주주의 작동체계가 전제되어 있다.

표 13-2 지역발전 관련 협치(governance)와 정부 독점방식 비교

구 분		통치(정부독점 방식)	협치(거버넌스)
추진 조직	조직형태	집중형태	분산형태
	지도층	정부 공무원	모든 이해당사자간 협상 주도자
	조직가치	전통적인 자본의 추적	사회적 자본 축적
	조직의 공동 목표	국가형성	시민사회 구축
추진 방식	권한행사 방식	계층적, 일방적	모든 이해당사자간 공유
	의사결정 방식	다수결에 의한 지시와 통제	역할에 따른 다자간 협상
	정보생산능력	공공부문＞민간부문	공공부문＜민간부문
	공공재 생산에 있어서 시민의 역할	소비자 혹은 의뢰인	소비자인 동시에 공동 생산자(co-producer)
	자원조달체계	외부 의존적	내·외생적 자원결합

출처: 소진광(2007: 98).

협치의 작동 공간범위는 다양하다. 개념상 국가단위의 협치도 있을 수 있고, 지역 혹은 지방단위의 협치도 있을 수 있다. 그러나 협치의 전제가 동질적 공통분모라는 점에서 공간단위가 작을수록 협치의 효과는 극대화될 수 있을 것이다. 지방발전의 이론과 실제를 탐색한 모즐리(Moseley, 2003: 9)도 "절차(process)는 결과물(product)이기도 하고, 결과는 절차를 운영하는 데 에너지와도 같다"고 주장한다. 이러한 주장은 절차로서의 협치가 지방자치의 실익인 '지방발전'을 담보할 수 있다는 논거에 해당한다. 즉, 협치는 지방자치와 지역발전을 연계하는 변환장치인 셈이다.

(3) 지역발전 기제로서의 지방자치: 명분에서 실익으로의 진화

① 민주주의 이념과 지방자치의 경제성

민주주의는 개인의 자유와 공동의 번영을 연계하는 조정과정이다. 조정을 위한 공공의 노력은 갈등을 전제로 한다. 따라서 갈등을 이유로 민주주의를 포기할 수는 없다. 즉, 민주주의는 공공재 생산 및 소비와 관련한 개인의 '책임'과 '권한'을 일치시키고, 공동체의 조직, 관리비용과 편익을 연동시킬 수 있는 사회작동체계를 구축, 운영하기 위한 집단관리방식이다. 이러한 맥락에서 지방자치의 경제적 효과를 논의하기 위해서는 우선 공공분야의 적정성이 검토되어야 하고, 지방자치를 통해 실현하고자 하는 가치에 대한 성찰이 필요하다. 지방자치의 적정수준을 도출하기 위해서는 사회체제를 유지, 관리하거나 혹은 사회적 결사체의 공동이익을 실현하기 위해 주민들이 부담해야 하는 공공재의 생산, 전달비용과 주민들이 공공재를 통해 누릴 수 있는 편익(효용)을 비교하여야 한다.

지방자치의 공간단위를 마을단위로 할 때와 읍·면·동 단위로 할 때, 그리고 현재 우리나라처럼 시·군·구 단위로 할 때, 각각의 경제적 효과는 다르다. 경제적 효율성에 한정할 경우, 공공분야도 속성과 영향 크기에 따라 우회생산과정을 거치면서 비용이 추가되고 만족도가 떨어지는 공공재와 우회생산을 거칠 경우 비용도 절감되고 만족도가 극대화되는 공공재가 구분된다. 즉, 국방과 같은 공공서비스는 '개인-지역사회-지방정부-국가'를 통합하여 하나의 단위로 생산되고 관리될 경우 한계비용은 적어지고, 개인이 느끼는 효용은 늘어난다. 하지만 쓰레기 처리와 같은 일상생활과 관련한 공공서비스는 처리과정이 우회적일수록, 즉 개인, 지역사회, 지방정부를 거쳐 국가가 이를 직접 처리할 경우 한계비용은 늘어나고 시간과 장소적 특수성에 따라 민감하게 반응하는 효용은 줄어든다.

따라서 지방자치의 발전도 이러한 민간분야와의 상호 충돌 영역을 구분하고 이 부분을 우선 시장영역으로 되돌려 주며, 공공영역도 한계비용과 효용을 고려하여 접근되어야 한다. 이 과정에서 적정한 지방자치 수준이 도출되고, 적정한 정부간 역할분담이 구분될 수 있다. 또한 공공재의 우회생산 과정이 길어지면 길어질수록 비용분담과 수혜 폭을 연계하기가 어렵다. 즉, 공공재 생산 및 전달체

계에서 경로가 길어지면 그만큼 민주주의가 작동하기 어렵게 된다. 따라서 일상생활과 관련한 공공재 및 공공서비스가 가장 작은 공동체에서 처리될 경우 경제적 효율성은 물론 정치·사회적 효율성도 증대된다. 작은 지역사회 단위에서의 지방자치 실익이 여기에 있다.

② 주민자치의 경제적 효과

민주주의 덕목은 구성원 각자의 책임과 권한을 연동시키고, 비용부담자와 수혜자를 일치시키며, 가해자와 피해자의 간격을 좁히는 데 있다. 지역간 책임과 권한이 공평하지 못하든가, 계층간 비용부담과 수혜가 왜곡되거나, 가해자와 피해자의 거리가 멀어지면 민주주의는 작동하지 않는다. 책임과 권한, 비용부담과 수혜, 가해자와 피해자의 구분은 공공재 생산 및 전달체계 분석을 통해 가능하다. 공공재 생산 및 전달과정이 길어지면 비용부담자와 수혜자의 거리가 멀어지고, 책임할당과 권한배분이 왜곡되기 쉬우며, 가해자와 피해자의 구분도 애매하다. 중앙집권체제에서 공공재가 과잉 공급되고 정책결정이 인기영합주의(populism)에 편승하는 원인이 여기에 있다. 따라서 공공재 생산 및 전달과정이 짧아야 구성원의 '책임인식'이 강화되고, 자원낭비를 방지할 수 있다.

이러한 맥락에서 주민자치는 지역사회발전을 통해 국가경쟁력을 강화할 수 있는 패러다임으로 자리잡아가고 있다. 우선 주민자치는 주민생활에 필요한 공공재 생산 및 전달과정에서 현장감을 가장 잘 반영할 수 있다. 주민자치를 실시하면 일상생활에서 비용부담자와 수혜자를 분명하게 확인할 수 있어서 비용과 편익을 일치시키기 쉽다.[26] 즉, 지역사회 주민자치를 강화하면 지역사회 완결성이 강화되고, 이 과정에서 '평균적 분배논리'는 '배분적 조화'로 전환된다. 특히 이러한 주민자치는 결국 지역간 갈등을 완화하고, 불필요한 정치비용을 절감하며, 정부 투명성을 높여 결국 국가경쟁력을 강화한다. 주민자치가 경제적 효율성과 사회·정치적 효율성을 동시에 실현할 수 있는 근거가 여기에 있다.

지방자치의 규모(공간 및 인구)에 따라 재정투입의 효율성과 편익분배의 공정성은 차이를 보인다. 즉, <표 13-3>에서와 같이 지방자치의 규모가 작아질

26) 가장 바람직한 경우는 공공재의 비용부담자와 수혜자가 일치하는 상황이다. 그러나 공공재 생산과정이 길어지면 개인은 비용부담을 다른 사람에게 전가하고 편익을 많이 챙기려고 한다.

표 13-3 공간규모에 따른 공간정의와 공간효용

구 분	공간규모(단위)	
	커질 경우(광역 경제권)	작아질 경우(마을, 지역사회)
분배의 공정성(공간정의)	감소함	증대됨
투자의 효율성(공간효용)	증대됨	감소함

출처: 소진광(2016b: 33).

수록 재정투입의 효율성은 낮아질 것이고, 편익분배의 공정성은 높아질 것이다. 반대로 지방자치의 규모가 커지면 재정투입의 효율성은 높아지고, 편익분배의 공정성은 낮아질 것이다. 따라서 지역사회발전을 경제적 효율성 측면과 편익분배과정에서의 사회적 공정성 측면을 같은 잣대로 평가하기가 어렵다.

지방자치의 규모가 커질 경우 한정된 자원이나 재원을 특정 계층, 장소, 특정 산업에 집중 투자할 수 있어서 효율성은 증대될 것이다.[27] 반면 집중투자의 과실(편익)은 우선 집중된 장소 혹은 집중 투자된 산업과 연관이 큰 주민과 지역사회에게 많이 분배될 것이다. 따라서 지방자치의 규모가 커지면 공공재 편익의 분배정의는 왜곡되기 쉽다. 나라 전체를 하나의 통치단위로 운영할 경우 이러한 비용부담과 편익분배의 왜곡은 더욱 심하다. 따라서 지역격차는 중앙집권의 산물이지 지방분권의 산물이 아니다.

지역사회가 해당 주민들의 일상생활과 관련한 모든 공공업무를 스스로의 재원과 의사결정을 통해 처리할 경우, 주민들은 그 결과의 분배과정에서 갈등이나 불만을 최소화할 수 있다. 이러한 상황에서라면 공공재 품질도 주민들이 스스로 통제할 수 있어서 적정 수준의 공공재 생산 및 전달과 상응한 비용부담을 연계할 수 있다. 일상생활과 관련한 공공재의 생산 및 전달과 관련하여 주민들이 모든 상황을 가까운 거리에서 인식하고 있는 지역사회를 하나의 자치단위로 수용하여야 할 근거가 여기에 있다. 이러한 논의는 <표 13-4>와 같이 정리될 수 있다.

27) 이 경우 통상 규모의 경제가 작동한다는 전제가 필요하다.

표 13-4 공공재 생산 및 전달경로에 따른 지방자치의 비용과 효용

구 분			경 로	
			길어질 경우(우회 경로)	짧아질 경우(직접 경로)
경제성	비용	커짐	① 자치규모가 작아야 유리	② 자치규모가 커야 유리
		작아짐	③ 자치규모가 커야 유리	④ 자치규모가 작아야 유리
	효용	커짐	⑤ 자치규모가 커야 유리	⑥ 자치규모가 작아야 유리
		작아짐	⑦ 자치규모가 작아야 유리	⑧ 자치규모가 커야 유리

즉, 주민자치의 경제적 효과는 공공재 생산 및 전달과 관련한 비용과 효용을 비교하여 판단할 수 있는데, 이는 공공재 생산 및 전달경로가 길어질 경우와 짧아질 경우에 따라 각각 다른 양상을 나타낸다. 공공재 생산과 관련하여 무조건 비용을 줄인다든가, 효용을 극대화할 수 있는 결정은 있을 수 없다. 공공분야에서도 한계효용 체감의 법칙이 적용되는 영역과 그렇지 않은 영역이 구분될 수 있지만 이 글에서는 전자의 경우를 배제한다. 따라서 자치와 관련한 부담능력과 욕구(희망)를 조화시켜 적정한 수준의 공공재 혹은 공공서비스를 생산, 전달하려는 주민의 합의가 중요하다. 이러한 주민합의는 통상 자치규모가 작을 경우에 더욱 용이하다.

우선 생산 및 전달경로가 길어질수록 한계비용이 커지는 공공재 혹은 공공서비스는 주민들에게 가까운 지역사회, 지방정부가 처리하면 경제성이 높아진다. 반면 경로가 길어질수록 한계비용이 줄어드는 공공재 및 공공서비스는 광역적으로 처리할수록 경제성이 높아진다. 같은 방식으로 공공재 생산 및 전달경로가 짧아질수록 효용이 커지는 공공재 혹은 공공서비스는 작은 단위의 주민자치를 통해 처리할 경우 경제성이 높다. 따라서 <표 13-4>는 경제성 측면에서 국가사무와 지방사무, 지방자치단체 통폐합, 지방자치계층구조를 논의할 경우 하나의 논거로 활용될 수 있을 것이다. <표 13-4>에서 주민자치의 경제성은 공공재 생산 및 전달경로가 길어질 경우 한계비용이 커지는 ①의 상황과 개별 주민이 느끼는 효용이 작아지는 ⑦의 상황, 그리고 공공재 생산 및 전달경로가 짧아질 경우 한계비용이 작아지는 ④의 상황과 주민들의 효용이 커지는 ⑥의 상황에서 확인될 수 있다.

③ 주민자치를 통한 차별화의 이점 극대화

지방자치의 공간단위 크기에 따라 주민이 느끼는 지역발전의 의미가 달라진다. 하지만 보다 근본적인 것은 21세기 '발전'의 기본적인 요소인 사회적 자본 축적, 협치 구축, 지속가능성 실천은 자치의 적정 공간규모만으로는 한계를 지닌다. '발전'의 최종 수혜자는 주민이어야기 때문이다. 동일한 산출물에 대한 개별 주민의 만족도 차이는 주도권(initiative)과 주인의식(ownership) 때문이다. 주민자치는 개별주민들에게 이러한 주도권과 주인의식을 높이기 위한 필요조건이다. 지역사회와 같이 작은 단위의 집단에서도 이해당사자의 정당한 권리가 이해의 크기만큼 확보되지 않을 가능성이 있다. 이러한 가능성은 주민자치를 통해 줄일 수 있다. 따라서 주민자치가 집단이나 단체자치보다 민주주의를 실현하는 데 더 크게 기여할 수 있다.

결국 지역발전을 담보하기 위해서는 자치의 공간단위를 적정화하고, 주민자치 요소를 강화하며, 자치 범위(업무)를 주민들의 주도권과 주인의식과 연동시켜야 한다. 주민이 지역발전의 최종 수혜자이다. 지역발전의 최종 수혜자가 지역발전에 투입되어야 할 요소 마련과 절차를 책임지기 위해서는 투명성과 공정성이 매우 중요하다. 이러한 지역발전의 투명성과 공정성은 적정한 이해(관심), 영향범위에 속한 당사자들이 문제를 공유함으로써 확보된다.

미래 바람직한 상황을 인지하는 순간, 문제는 어느 상황에서나 또 어느 때나 있을 수 있다. 따라서 공공재 최종 수혜자인 주민이 공공재를 정의하고, 스스로 제약요소를 인지하여 공공재 생산 및 전달방식을 선택하는 과정이 중요하다. 이러한 의사결정과정에 대한 참여정도가 향후 그러한 의사결정으로 인해 발생하는 이해의 지분과 연계될 경우, 개별 주민들의 권리와 의무는 일치된다. 따라서 <표 13-2>의 협치방식은 주민자치의 논거로 적용 가능하다. 이럴 경우 지역발전에서의 현시효과(band wagon effect)도 사라질 것이다. 이러한 연산으로 주민자치를 통해 지역발전의 비용은 최소화하고, 효과는 극대화할 수 있음을 유추할 수 있다.

4) 맺는 말

지방자치 혹은 지방분권에 관한 논의가 명분으로부터 실익의 관점으로 진화하고 있다. 진화란 환경변화와 특수한 상황과의 상호작용 과정에서 진행된다. 지방자치와 같이 권력의 행사와 관련한 공공부문 관리방식은 명분과 실익을 근거로 중앙집권 방식과 상호작용한다. 지방자치가 민주주의 실천수단으로 인식되던 명분에서 상황이 다른 지방의 특성을 반영하여 실질적인 지역발전을 도모할 수 있다는 실익의 관점으로 변화하고 있다. 지역발전이라는 지방자치의 실익은 지방분권 관련 이해당사자를 명확히 할 수 있고, 지방자치에 관한 주민들의 주도권과 주인의식을 높여줄 것이다. 따라서 명분을 앞세워 실익을 모두 챙기기는 어려워도 실익을 앞세워 명분을 분명히 하기는 쉽다. 이러한 관점에서 지방분권의 접근논리는 21세기 우리나라 전체와 지역 혹은 지방별로 '다른 것과 같은 것'을 정의하고 인지하며 이를 구분할 수 있는 기준을 이끌어내는 과정 혹은 절차와 밀접하게 관련되어 있다. 이러한 절차는 지방자치의 실익 관점에서 이미 결과물(즉, 지역 혹은 지방발전)을 담보할 수 있는 작동체계를 구성한다.

21세기 발전은 사회적 자본 축적, 협치 구축, 지속가능성 확보로 요약된다. 지역발전의 최종 수혜자는 지역주민들이다. 주민들이 주도권과 주인의식을 갖지 않는다면 공공재 공급과잉, 정부의 현시 효과적 정책, 개별 주민들의 권리와 의무는 왜곡된다. 지방자치는 지역사회발전을 우선하고 지방발전과 지역발전을 아우르며, 결국 국가발전으로 이어진다는 지역주의(regionalism)를 부활할 수 있는 공공부문 관리방식이다. 지방자치 명분과 실익의 접점은 협치에 근거한 모든 이해당사자(즉 주민)의 지방발전 주도권과 주인의식을 통해 가능하다. 지방발전의 주도권과 주인의식은 지방자치의 명분이자 실익이고, 절차이자 결과물이기도 하다.

지방분권으로 지역격차가 더욱 심해질 것을 우려하는 주장도 있으나, 이러한 주장은 중앙정부가 낙후된 지방정부에 대해 가지고 있는 적극적 보충의무를 간과하고 있다. 중앙정부는 하지 말아야 할 지방업무를 지방정부로 돌려주고, 이로 인해 발생할 지역격차를 완화하기 위해 낙후된 지방정부를 적극적으로 보충해주어야 한다. 소극적 보충성의 원칙에 의한 지방분권이 이루어지더라도 중앙정부의 적극적 보충성 의무가 충실하다면 지역균형발전이 가능한 이유다.

어떠한 경우에도 지역발전은 개별 주민들의 삶의 질 향상으로 이어져야 한다. 그러기 위해서는 주민들이 지역 공동의 문제를 정의하고, 공동의 목표를 세워야 하며, 스스로의 제약요인을 확인할 수 있어야 하고, 그러한 목표를 실현하기 위해 수단을 선택할 수 있어야 한다. 즉, 지역발전 변환과정에서의 주도권과 지역발전 결과에 대한 주인의식이 필요하다. 이러한 주인의식은 주민자치를 통해 배양된다. 따라서 주민자치를 통한 지역발전의 실익이 지방분권 수준의 논거가 되어야 한다. 이러한 논거가 지방자치학의 진화과정을 매개하는 유전자(DNA)이기도 하다.

참고문헌

곽현근(2009). 지역발전의 보완적 패러다임으로서 동네 거버넌스의 실험. 『한국지방정부학회 학술대회자료집』, 53-93.

박양호(2002). 지역균형과 지방분권의 통합 패러다임과 전략. 『국토』(구 국토정보), (구 국토정보다이제스트), 6-13.

소진광(2016a). 시간과 공간의 상호작용: 새마을운동 사례를 중심으로. 『한국지역개발학회지』, 28(5): 1-28.

______(2016b). 지역발전 패러다임 연구. 『지방행정연구』, 30(1): 3-39.

______(2007). 지역사회 거버넌스와 한국의 새마을운동. 『한국지방자치학회보』, 19(3): 93-112.

______(2006). 지역균형발전 정책대상으로서 지역격차인식과 개별 기업의 공간선택 한계. 『한국지역개발학회지』, 18(4): 1-24.

______(2004). 사회적 자본의 측정지표에 관한 연구. 『한국지역개발학회지』, 16(1): 89-118.

______(2000). Social Capital and Regional Development Paradigm. 『한국지역개발학회지』, 12(3): 1-16.

______(1999). 사회적 자본 형성을 위한 지역사회개발논리. 『지역사회개발연구』, 24(1): 29-47.

______(1998). 삶의 질 개념과 도시정책적 함의. 『지역사회개발연구』, 23(1): 65-84.

이윤재·최승훈·허목화(2009). 낙후지역 발전 패러다임의 변화와 낙후성 전환에 관한 탐색적 분석. 『한국사회학회 사희학대회 논문집』, 935-958.

조명래(2007). 생태적 지역발전 패러다임의 모색. 『한국지역개발학회지』, 19(3): 87-106.

하성규(2011). 지역개발학의 정체성과 발전방향. 『한국지역개발학회지』, 23(4): 1-17.

Bailly, Antoine S., Philippe Brun., Roderick J. Lawrence. Marie-Claire Rey. eds.(2000). *Socially Sustainable Cities; Principles and Practices*. ECONOMICA.

Brown, Lawrence A.(1988). Reflections on third world development: ground level reality exogenous forces, and conventional paradigms. *Economic Geography*, 64(3): 255-278.

Coleman, James S.(1974). *Power and the Structure of Society: Comparative Modern Government*.

Friedmann, John. & Clyde Weaver(1979). *Territory and Function: The Evolution of Regional Planning*. University of California Press.

Glasson, John(1974). *An Introduction to Regional Planning*. Hutchinson.

Gore, Charles(1984). *Regions in Question: Space, Development Theory and Regional Policy*. Methuen.

Haq, Mahbub ul(1995). *Reflections on Human Development*, Oxford University Press.

Healey, Michael J. & Brian W. Ilbery(1990). *Location & Change: Perspectives on Economic Geography*. Oxford University Press.

Hodge, Graeme A. & Carsten Greve(2007). Public-Private Partnerships: An International Performance Review. *Public Administration Review*, 67(3): 545-558.

Levy, Marion J. Jr.(1965). Patterns (Structures) of Modernization and Political Development, *The ANNALS of the American Academy of Political and Social Science*, 358(1): 29-40.

Kneese, Allen V., Robert U. Ayres & Ralph C. D'arge(1970). *Economics and the Environment: A Materials Balance Approach*, RfF.

Meadows, Donella H., Dennis L. Meadows., Jørgen Randers. & William W. Behrens Ⅲ (1972). *The Limits to Growth: A Report for the Club of Rome's Project on the Predicament of Mankind*.

Moore, Wilbert E.(1980). *Social Change 2nd Edition*, Prentice-Hall Foundations of Modern Sociology Series.

Moseley, Malcolm J.(2003). *Rural Development: Principles and Practice*. London: SAGE

Publications.

Moulton, Stephanie. & Charles Wise(2010). Shifting Boundaries between the Public and Private Sectors: Implications from the Economic Crisis. *Public Administration Review*, 70(3): 349–360.

Parsons, Talcott(1951). *The Social System*. New York: The Free Press.

Putnam, Robert(1993). *Making Democracy Work: Civic Traditions in Modern Italy*. Princeton University Press.

Reyes, Giovanni E.(2001). Four Main Theories of Development: Modernization, Dependency, World–System, and Globalization. University of Pittsburgh.

Rostow, W. W.(1959). The Stages of Economic Growth. *The Economic History Review, Second Series*, XII(1): 1–16.

Sachs, Ignacy(1974). Alternative Patterns of Development; Environment and Development. *SCOPE*, 385–390.

Sanderson, Stephen K.(1990). *Social Evolutionism: A Critical History*. Basil Blackwell.

Schumacher, E. F.(1973). *Small is beautiful*. William Collins Sons & Co Ltd.

Seers, D.(1967). *The Meaning of Development. IDS Communication 44, Brighton, UK: Institute of Development Studies*.

Sen, Amartya(1999). *Development as freedom(1st ed.)*. New York: Oxford University Press.

______(1982). *Poverty and Famines: An Essay on Entitlement and Deprivation*. Oxford University Press.

Stöhr, Walter B. & D. R. Fraser Taylor(1981). *Development from Above or Below?* John Wiley and Sons.

Taylor, Nigel(1998). *Urban Planning Theory since 1945*. SAGE Publications.

United Nations(1951). *Measures of the Economic Development of Underdeveloped Countries*. New York.

3. 한국지방자치학회의 미래 역할

김찬동(충남대학교 교수)

1) 자치분권의 동향

최근 자치분권개헌에 대한 논의가 활발하다. 특히 문재인 정부는 “대한민국은 분권국가이다”라는 선언을 개헌내용에 포함시키겠다는 공약도 하였다. 국정의 주요한 의제가 될 것은 확실해 보인다. 내년 지방선거 이전에 헌법개정안을 준비할 것으로 보이고, 2018년 6월에는 국민투표를 하겠다고 약속하고 있는 상황이다.

한국은 지방자치를 재도입한지 27년이 되고 있지만, 여전히 지방자치단체의 재정자립도는 60%대에서 50% 초반대로 오히려 떨어지고 있는 상황이다. 다시 말해 지방자치의 구조와 틀이 왜곡되어 있기 때문에 자치를 잘하려고 노력하면 할수록 오히려 더 중앙정부와 국가에 의존해야 하는 구조가 되어 있다.

이 점에서 현재의 지방자치를 규정하고 있는 구조와 제도를 다시 손질하고 기본적인 재설계를 하여야 할 것이다. 이 점에서 지방자치의 본질이 무엇이고, 지방자치의 가치와 철학이 무엇인지를 먼저 합의하여야 하고, 이를 바탕으로 한 헌법구조 속에 중앙집권적이고 행정부우위의 구조의 폐단을 밝혀내고, 헌법정신을 제대로 구현할 수 있는 방법으로서 자치분권의 재설계가 논의되어야 할 것이다.

이러한 논의는 단지 학계만의 논의로 그쳐서는 안 되고, 시민들과 언론의 공감대를 얻어가면서 자치분권의 재설계가 논의되어야 할 것이다. 그런데 이러한 논의를 정계에만 맡겨두면, 정당의 이해관계에만 치우칠 위험성이 있다. 그래서 학계의 관점에서 비정당적인 관점에서 논의하고 합의하는 노력이 필요하다. 이 점에서 학계는 다음 세대를 육성하고 길러내는 학자로서 국가의 20년 이후 혹은 30년 이후의 미래를 바라보면서 바람직한 그림을 그려야 할 것이고, 그 그림에 부합하는 인재교육을 해야 할 것이다.

2) 학회의 역사와 현재, 그리고 문제점

한국지방자치학회는 30년의 역사 동안 지방자치에 대한 논의의 중심에 서 있다. 특히 행정학회와는 그 역할분담이 되어 있다. 국가행정에 대한 논의는 한국행정학회가 다루지만, 지방자치에 대한 논의는 한국지방자치학회가 다룬다는 암묵적인 합의가 역대 회장들간에 있는 것이다. 또 한국지방자치학회는 학자와 연구자들만이 아니라 행정의 실무에 있는 실무자와 지방의원 등도 참여하는 이론과 실무가 종합되는 학회로서의 특성을 가지고 있다고 할 수 있다. 특히 지방자치의 발전에 기여하는 조례를 제정한 지방의회와 의원들을 표창하는 제도도 가지고 있다.

현재 학회의 선거에 참여하는 정회원들은 약 400~500명 정도가 되고 있고, 이들은 전국의 대학과 실무의 현장에서 한국의 지방자치발전을 위하여 중심적인 역할을 하는 사람들이다. 그런데 문제는 지방자치학을 가르치는 정체성(identity)를 명확히 하고 있는가라는 점이다. 행정학을 가르치는 분과의 하나로 여기고 있어서 지방자치학(혹은 자치행정학)으로서의 고유성과 전문성을 가지고 가르치고 있는가라는 점이다. 이 점에서 지방자치학의 정체성을 바탕으로 지방자치학의 인재를 길러내고 있는가라는 질문도 던져보게 된다. 즉, 지방자치학을 배운 학생들이 대부분 지방자치단체의 공무원으로 들어가는 경우가 많고, 중앙정부의 부처에 들어가더라도 자치분권의 가치와 철학을 가지고 과연 사무를 기획하고 정책을 입안하고 있는가라는 점이다.

이것이 가능하려면, 지방자치학계의 회원들이 중심이 되어서 지방자치학의 정체성을 명확히 하고, 행정학과의 관계성을 정립시켜주어야 할 것이다. 행정학회와의 차별성과 고유성을 가지는 지방자치학회로서의 정체성을 명확히 해야 할 것이다.

이러한 문제의식을 가지고 미래의 한국지방자치학회의 방향을 몇 가지 간단히 적어본다.

3) 지방자치학회의 미래

지방자치학회는 첫째, 지방자치학의 본질을 헌법정신과 연결하여 구현해내는 허브적 학회가 되어야 할 것이다. 헌법정신으로서 주권재민과 민주공화정을 구체화하자는 논의가 일어나고 있다. '이것이 나라이냐?'라는 논의에는 이러한 헌법정신이 무력화된 것에 대한 분개가 있는 것이다. 이 점에서 주권재민의 구체적인 실현으로서 국가의 형성만이 아니라 지방정부의 형성에도 주민은 주권자로서 참여하여야 한다는 논리를 개발하고 이를 헌법과 지방자치법에 구현해 들어가야 한다. 이러한 시민운동의 중심에 학회가 있어야 할 것이다.

둘째, 한국의 지방자치단체의 역량과 발전에 학계의 기여와 역할이 요구된다. 즉, 한국지방자치가 역주행하고 있는데 대한 책임의식과 부담감을 학회는 가져야 할 것이다. 어떻게 해서 이렇게 지방자치를 재도입한지도 26년이나 되고 있는데, 이렇게 지방자치가 오히려 역주행하고 있는가에 대한 명확한 진단이 필요하다. 그리고 이러한 진단을 바탕으로 처방을 내려줄 수 있어야 하고, 이를 위한 치료를 학계가 전문성을 가지고 실행해 나가야 할 것이다.

셋째, 지방자치학은 민주주의의 발전과 민주화운동의 완성을 위하여 가장 필요한 부분이고, 차세대의 민주공화정 인재를 길러내는 요체이기도 하다. 이 점에서 지방자치학의 학문적 정체성을 새롭게 할 필요가 있다. 민주행정과 책임행정을 풀뿌리에서부터 경험하고, 그러한 경험을 바탕으로 자치인재와 국가적 인재들이 길러지며, 시민교육의 장이기도 하다는 인식을 가지고 초중고 학교교육과 대학교양교육의 핵심으로서 자치학이 강의되어지고 경험되어져야 할 것이다. 이를 위한 중심적인 노력이 학회차원에서 이루어져야 할 것이다

넷째, 이웃나라 일본의 경우에는 학계의 다양한 전문가들이 참여하여 10년이나 20년을 주기로 하여 당시의 논의되어지는 학계의 논점들을 5권 내외의 책으로 정리하여 그 시대의 논점을 읽을 수 있도록 한다. 매우 인상적인 부분이었다. 우리 지방자치학계도 40~50여 명의 학자들이 참여하여 30주년을 기념하는 자치학의 논점을 정리하고, 차후 10년 단위로 이러한 논의들을 정기적으로 출간하도록 할 필요가 있을 것이다.

다섯째, 자치분권의 문제는 법학, 재정학, 행정학, 정치학, 경제학, 사회복지

학, 언론학, 사회학 등 다양한 분야의 학문분과들이 함께 다루어야 할 영역이기도 하다. 그런데 이러한 논의의 중심을 잡아야 할 학회가 한국지방자치학회라고 여겨진다. 내년의 헌법개정에서 단지 대통령의 권력분립만이 아니라 국가와 지방, 국정과 자치정, 국가행정과 자치행정의 권력분립 논의가 거시적인 담론으로 반영되면, 이를 구체적인 법률차원에서 위헌문제제기라든가 자치분권의 패러다임에 부합하는 법률체계로 재설계해나가는 방대한 작업을 지방자치학회가 거점이 되어서 다양한 학회의 연합적 신디케이트를 형성하여 논의해나가야 할 것이다. 이것은 학계만이 아니라, 국회나 행자부 등과도 실무 위원회를 만들어서 논의해 나가야 할지도 모른다.

요컨대, 한국지방자치학회의 역할과 기대는 점점 더 커질 것으로 예상된다. 특히 헌법개정에서 자치분권적 조항들이 들어가게 된다면, 한국행정개혁의 중심에 서서 학계가 역할을 해나가야 할지 모른다. 이를 위하여 중진학자들만이 아니라, 젊은 학자그룹들도 함께 참여하는 팀을 만들어 나갈 필요가 있다. 또 이 논의는 시민적 기반을 가져야 할 것이기에 다양한 시민단체들과의 협력과 참여를 이끌어낼 필요성이 있다.

준비위원회

하혜수 위원장(제20대 회장, 경북대)
문병기 부위원장(한국방송통신대)
김주원(강원연구원)
김찬동(충남대)
배귀희(숭실대)
정광호(서울대)
채원호(가톨릭대)
홍준현(중앙대)
김철회 간사(한남대)

자문위원

이주희(제9대 회장, 전 행정안전부 지방행정연수원)
최병대(제13대 회장, 한양대)
임승빈(제21대 회장, 명지대)
최진혁(제22대 회장, 충남대)

한국지방자치학회 30년사

펴낸날 제1판 제1쇄 2018년 10월 22일
지은이 한국지방자치학회 편
펴낸이 임춘환
펴낸곳 도서출판 대영문화사
주소 (본사) 사무실: 경기도 고양시 일산서구 주화로 70
우신프라자 307호 (㊏ 10387)
(본사) 물류센터: 경기도 고양시 일산서구 덕산로
107번길 68-50 (㊏ 10205)
등록 1975년 12월 26일 제3-16호
전화 (031)913-3062, (031)914-3884~3885
팩스 (031)913-3839
홈페이지 http://www.dymbook.co.kr

ISBN 978-89-7644-722-7
값 27,000원

* 잘못된 책은 바꾸어 드립니다.